DAS ISLAM BUCH

BIG IDEAS

DAS ARCHITEKTUR-BUCH
DAS ASTRONOMIE-BUCH
DAS BIOLOGIE-BUCH
DAS BLACK-HISTORY-BUCH
DAS CHEMIE-BUCH
DAS DESIGN-BUCH
DAS DC BUCH
DAS FEMINISMUS-BUCH
DAS FILM-BUCH
DAS GESCHICHTS-BUCH
DAS ISLAM-BUCH
DAS KLASSISCHE-MUSIK-BUCH
DAS KUNST-BUCH
DAS LGBTQIA*-BUCH
DAS LITERATUR-BUCH
DAS MANAGEMENT-BUCH
DAS MARVEL BUCH
DAS MATHEMATIK-BUCH
DAS MEDIZIN-BUCH
DAS MYTHOLOGIE-BUCH
DAS ÖKOLOGIE-BUCH
DAS PHILOSOPHIE-BUCH
DAS PHYSIK-BUCH
DAS POLITIK-BUCH
DAS PSYCHOLOGIE-BUCH
DAS BUCH DER RECHTS-GESCHICHTE
DAS RELIGIONEN-BUCH
DAS SOZIOLOGIE-BUCH
DAS *STAR WARS*-BUCH
DAS WIRTSCHAFTS-BUCH
DAS WISSENSCHAFTS-BUCH
DER ERSTE WELTKRIEG
DER ZWEITE WELTKRIEG

EINFACH ERKLÄRT

DAS ISLAM BUCH

DK

DK | Penguin Random House

DK London

Mit Beiträgen von Rageh Omaar, Farhad Daftary, Aya Khalil, Ibrahim Mogra, Salma Haidrani, Andrew Hammond, Andrew Humphreys, Shelina Janmohamed, Charles Tieszen, Colin Turner, Mahshid Turner
Lektorat Jonathan Metcalf, Liz Wheeler, Andrew Humphreys, Scarlett O'Hara, Camilla Hallinan, Christine Stroyan
Gestaltung und Bildredaktion Amy Child, Renata Latipova, James Graham, Anna Hall, Rakesh Kumar, Karen Self
Umschlaggestaltung Surabhi Wadhwa, Sophia MTT, Suhita Dharamjit, Priyanka Sharma, Saloni Singh
Herstellung Andy Hilliard, Jude Crozier

Für die deutsche Ausgabe:
Projektbetreuung Carola Wiese, Ute Heek
Herstellungskoordination Bettina Bähnsch
Herstellung Claudia Bürgers

Titel der englischen Originalausgabe:
Big Ideas: The Islam Book

Übersetzung Claudia Riefert
Lektorat Carmen Söntgerath

ISBN 978-3-8310-4333-0
5902-316422-21817-03

Druck und Bindung Manipal Technologies Limited, Indien

FSC www.fsc.org MIX Papier | Fördert gute Waldnutzung FSC® C018179

www.dk-verlag.de

AUTOREN UND BERATER

RAGEH OMAAR, VORWORT

Rageh Omaar machte sich einen Namen als BBC-Korrespondent, als er 2003 während des Einmarsches in den Irak aus Bagdad berichtete. Für den britischen Sender berichtete er außerdem aus Afghanistan, dem Nahen Osten und Afrika. Später arbeitete er für Al Jazeera English, bevor er zu ITV News wechselte, wo er als Redakteur und Moderator tätig ist. Rageh hat viele Dokumentationen für das britischen Fernsehen gedreht, darunter für die BBC *Das Leben des Mohammed*. Er ist Autor von *Revolution Day: The Real Story of the Battle for Iraq* (2005) und *Only Half of Me: Being a Muslim in Britain* (2006).

DR. FARHAD DAFTARY, BERATER

Dr. Daftary ist eine Autorität auf dem Gebiet der Schia-Studien, insbesondere der ismailitischen Tradition. Er hat mehr als 200 Artikel und Lexikoneinträge sowie weltweit anerkannte Werke verfasst, zum Beispiel *A History of Shi'i Islam* (2013). Er ist außerdem Herausgeber von Werken wie *Islam: An Illustrated Journey* (2018). Farhad Daftary ist Kodirektor und Leiter der Abteilung für Akademische Forschung und Publikationen am Institute of Ismaili Studies in London.

AYA KHALIL, BERATERIN

Aya Khalil ist amerikanisch-ägyptischer Abstammung, studierte Pädagogin und Autorin des Bildbandes *The Arabic Quilt: An Immigrant Story*. Die Werke der Journalistin, die sich vor allem mit muslimischen Themen beschäftigt, wurden in *The HuffPost* und im *The Christian Science Monitor* sowie auf MuslimGirl.com veröffentlicht. Sie bloggt über islamische Themen und postet Geschichten wie »10 Words & Phrases To Avoid if You're #FlyingWhileMuslim«.

IBRAHIM MOGRA, BERATER

Ibrahim Mogra ist Imam, Direktor von Mogra Faith & Culture Consultancy Limited und Mitglied des Muslim Council of Britain. 2016 verlieh ihm der Erzbischof von Canterbury »für seinen nachhaltigen Beitrag zur Verständigung zwischen den abrahamitischen Glaubensrichtungen« den Hubert Walter Award für Versöhnung und interreligiöse Zusammenarbeit. Er ist Herausgeber und Autor mehrerer Lehrbücher.

SALMA HAIDRANI

Die preisgekrönte Autorin und Journalistin Salma Haidrani lebt in London und schreibt für *i-D*, *Vice*, *Dazed*, *HUNGER* und *GQ* über Glauben heute, Frauenrechte, soziale Themen und Randgruppen. Sie ist Mitautorin der Bestseller-Anthologie *It's Not About the Burqa: Muslim Women on Faith, Feminism, Sexuality and Race* (2019).

ANDREW HAMMOND

Andrew Hammond war Journalist beim Radiosender BBC Arabic und arbeitete für Reuters in Ägypten, Saudi-Arabien und den Vereinigten Arabischen Emiraten. Später analysierte er für das European Council on Foreign Relations (ECFR) die Nahostpolitik. Er studierte Geschichte des Islams und Arabisch an der Londoner School of Oriental and African Studies sowie Türkisch und osmanisches Türkisch an der Universität Oxford, wo er auch promovierte. Zu seinen Werken zählen *The Islamic Utopia: The Illusion of Reform in Saudi Arabia* (2012) und *Popular Culture in North Africa and the Middle East* (2017).

ANDREW HUMPHREYS

Der Journalist, Autor und Publizist Andrew Humphreys arbeitete in Ägypten, Zentralasien, Indien, Marokko, Syrien und der Türkei. Er war Mitbegründer und Chefredakteur von *The Cairo Times*, seine Beiträge sind in den Zeitungen *Financial Times*, *The Sunday Times* und *The Telegraph* erschienen. Er hat zwei Bücher über den ägyptischen Staat im 19. Jahrhundert verfasst, erschienen bei der American University in Cairo Press.

SHELINA JANMOHAMED

Shelina Janmohamed ist Vizepräsidentin für islamisches Marketing bei der Werbeagentur Ogilvy. Unter dem Titel *Küss mich, Kismet: wie ich muslimisch korrekt die große Liebe fand* (2011) schrieb sie über das Aufwachsen als britische Muslimin; ihr Buch *Generation M: Young Muslims Changing the World* (2016) beschreibt eine junge muslimische Generation, die Glauben und Moderne zusammenbringt. Im Jahr 2009 wurde sie von der Equality and Human Rights Commission (EHRC) als eine der 100 mächtigsten muslimischen Frauen Großbritanniens gewürdigt.

DR. CHARLES TIESZEN

Dr. Charles Tieszen beschäftigt sich mit der Geschichte der religiösen Ideen. Der Fellow der Royal Historical Society befasst sich mit der historischen Entwicklung des islamischen Denkens und der Geschichte der Beziehungen zwischen muslimischen und nicht muslimischen Gemeinschaften. Sein jüngstes Werk ist *The Christian Encounter with Muhammad* (2020).

DR. COLIN TURNER

Dr. Colin Turner ist Direktor der International Foundation for Muslim Theology und war bis 2017 Lektor an der Universität Durham. Als Historiker gilt sein Hauptinteresse der muslimischen Theologie, der Koranauslegung sowie dem Leben und Werk von Bediuzzaman Said Nursi. Er ist Autor zahlreicher Bücher und Artikel, darunter *Islam: The Basics* (2005) und *The Quran Revealed: A Critical Analysis of Said Nursi's Epistles of Light* (2013).

DR. MAHSHID TURNER

Dr. Mahshid Turner, Leiterin der International Foundation for Muslim Theology, ist Forscherin und Dozentin. Sie studierte Theologie an der Universität Durham und publiziert Werke über Muslimische Theologie, Philosophie und Koraninterpretation. Sie ist seit 2015 die erste muslimische Geistliche einer britischen Universität.

INHALT

MOHAMMED
570–632

DER KORAN

EINE ISLAMISCHE IDENTITÄT
632–786

DAS GOLDENE ZEITALTER DES ISLAMS
756–1526

REFORM UND NEUBELEBUNG
1527–1979

DER ISLAM HEUTE

VORWORT

Zu Beginn des 7. Jahrhunderts n. Chr. kletterte ein Mann, der gerade 40 Jahre alt geworden und als Waise aufgewachsen war, einen Felsen hinauf, um in der Nähe von Mekka – einer bedeutenden Handelsstadt in der arabischen Wüste, in der zahlreiche Götter verehrt wurden – eine Höhle aufzusuchen. Solche Rückzüge hatte er schon oft unternommen, um in der Einsamkeit Stille und innere Einkehr zu suchen. Dort oben empfing er seine erste Offenbarung durch den Engel Gabriel (arab.: Dschibril); es war nur ein einziges Wort: »Lies.« Von Angst überwältigt, entgegnete er: »Aber ich kann nicht lesen!« Erneut kam der göttliche Befehl: »Lies.« Dann, wie durch ein Wunder, begann er, der sich dessen nicht für fähig hielt, die ersten Worte eines neuen heiligen Buches zu rezitieren. Dieser Mann, Mohammed, sollte zum Propheten werden, und die Offenbarungen, die in der Höhle von Hira begannen, sollten als Koran, als heiliges Buch des Islams, bekannt werden – einer Religion, der heute 1,8 Mrd. Menschen folgen.

Dass am Anfang das Wort »lies« stand, halte ich für einen ganz entscheidenden Aspekt bei der Entstehung des Islams. Ich kann mir kein anderes Wort vorstellen, das für das Verständnis dieser Religion relevanter wäre als dieses. Ich bin selbst als Muslim aufgewachsen, und einen großen Teil meines Lebens als Reporter habe ich in den letzten 25 Jahren damit verbracht, über Umwälzungen, Konflikte und humanitäre Tragödien in muslimischen Ländern zu berichten. Ob es der Irak war oder Indonesien, Somalia oder Syrien, Bosnien oder Bangladesch – immer habe ich versucht, Zuschauern aller Glaubensrichtungen (und denjenigen ohne Religion) die Konflikte zu erklären, die es zwischen Muslimen und dem Westen, zwischen Muslimen und Nichtmuslimen, aber auch unter Muslimen selbst gab. Bei meinen Einsätzen hatte ich immer Bücher im Gepäck – Bücher wie dieses, das Sie nun in Ihren Händen halten. Auf meinen Reisen durch die islamische Welt habe ich in diesen turbulenten Jahrzehnten immer wieder Diplomaten, Soldaten und Mitarbeiter von Hilfsorganisationen getroffen, die sich ein Nachschlagewerk wünschten, das die Grundlagen des Islams, die Geschichte dieser Religion und die Ideen, die sie inspirierten, auf verständliche Weise erklärt.

Hier ist es. Dieses Buch ist eine Wissensquelle von unschätzbarem Wert – für Muslime und Nichtmuslime gleichermaßen. Die Informationen zum »Goldenen Zeitalter« des Islams, zur Kalligrafie, zu den Rechten der Frauen im Islam oder zum Aufstieg des Extremismus helfen uns allen, ob wir uns als Muslime bezeichnen oder nicht, diesen Glauben besser zu verstehen. Klar geschrieben und kreativ illustriert, hält dieses Buch keine Frage für zu trivial, um von Interesse zu sein. Und egal, wie viel oder wenig Sie über die islamische Geschichte und die muslimische Welt bereits wissen: Dieses Buch wird Ihnen nicht nur einen Zugang eröffnen – es wird Sie begeistern!

Rageh Omaar

EINLEI

TUNG

Dieses Buch erläutert nicht nur die Grundlagen des Islams, sondern auch die Prinzipien wichtiger islamischer Kulturen sowie politischer und sozialer Bewegungen, die auf dieser Religion basieren.

Der Islam ist neben dem Judentum und dem Christentum eine der drei großen monotheistischen Weltreligionen. Er wurde Anfang des 7. Jahrhunderts n. Chr. von Mohammed begründet, einem Kaufmann aus der Stadt Mekka auf der Arabischen Halbinsel. Er empfing von Gott Offenbarungen, die im Koran (dem heiligen Buch des Islams) aufgezeichnet sind, und predigte sie seinen Anhängern.

Mohammed verkündete keine völlig neue Religion, sondern forderte die polytheistischen Bewohner der Arabischen Halbinsel dazu auf, zur Anbetung des einen wahren Gottes zurückzukehren.

Dies war der Gott der abrahamitischen Religionen, der den Menschen die Propheten Ibrahim (Abraham), Musa (Moses) sowie Isa (Jesus) – nach Ansicht der Muslime nicht Gottes Sohn, sondern ebenfalls ein Prophet – gesandt hatte. Für die Muslime ist Mohammed der letzte in der Reihe der Propheten. Die drei sogenannten Buchreligionen teilen den Glauben an die Vergänglichkeit des Lebens, an das Gebet und gute Taten, an die Pflicht, vor Gott Rechenschaft abzulegen, und die Gewissheit, am Jüngsten Tag zu Gott zurückzukehren. All dies steht im Koran geschrieben, der zusammen mit den Aussprüchen und Handlungen des Propheten die Blaupause für das Leben der Muslime vorlegt.

» Man kann nicht über Muslime oder den Islam reden, wenn man nichts darüber weiß. «

Ghostface Killah
amerikanischer Rapper, 2015 im Interview mit dem *Vice Magazine*

Die Verbreitung des Islams

Der Islam ist eine ganzheitliche Religion, die alle Aspekte des Lebens umfasst. Traditionell gab es keine Trennung zwischen dem, was die westliche Welt als Kirche und Staat bezeichnet. Mohammed und seine Nachfolger waren zugleich religiöse, politische und militärische Führer. Die islamischen Ideen verbreiteten sich rasch von der Arabischen Halbinsel über den Nahen Osten nach Nordafrika. Der Islam drang bis Europa vor, schlug Wurzeln in Südspanien und verbreitete sich über Zentralasien auch in Indien und China. Muslimische Händler brachten den Islam nach Südostasien, wo er auf den Inseln des Indischen Ozeans Fuß fasste.

Während die Religion expandierte, definierten muslimische Gelehrte die islamische Identität, indem sie die mündlichen Überlieferungen überprüften und niederschrieben. In diesem Prozess entstand ein islamisches Rechtssystem (die Scharia), die Wissenschaft der Koranauslegung, ein islamischer Kalender, und religiöse Traditionen bildeten sich heraus.

Manche waren gegen eine Kodifizierung der Religion und folgten ihrer eigenen Auslegung des Islams – sie wurden später als Sufis bekannt. Es gab zudem Differenzen um die Frage, wer Mohammeds Nachfolger sein sollte; eine Gruppe spaltete sich von der Hauptströmung ab, die Schia.

Ein Goldenes Zeitalter

Der Islam schuf große Bildungszentren, die Raum für theologische Studien und die Ausformulierung des islamischen Rechts boten, aber

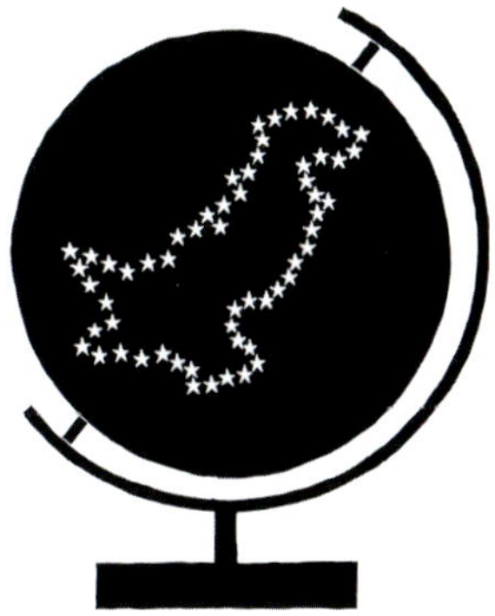

auch das Studium der Philosophie, Medizin und Astronomie ermöglichten. In einer Epoche, in der das Wissen der antiken Welt – insbesondere das der Griechen – im Begriff war, verloren zu gehen, sorgten islamische Gelehrte für die Bewahrung dieses Wissens, und sie bauten darauf auf. Es entstanden mächtige islamische Reiche, zunächst in der arabischen Welt – in Damaskus in Syrien (Umayyaden), Bagdad im Irak (Abbasiden) und Kairo in Ägypten (Fatimiden und Mamluken) –, später auch in der Türkei (Osmanen), in Persien (Safawiden) und Indien (Mogulreich).

Der Islam in der Moderne

Erst Ende des 17. Jahrhunderts kam die Ausbreitung des Islams zum Stillstand. Die christlichen Reiche Europas begannen, den Einfluss des Islams zurückzudrängen und muslimische Staaten zu kolonisieren. Diese Epoche endete erst Mitte des 20. Jahrhunderts. Der Islam stand oft im Brennpunkt des Widerstandes gegen die Kolonialmächte und diente nationalistischen Bewegungen als Inspiration. Mitte des 20. Jahrhunderts erwachte der Islam wieder zum Leben, florierte weltweit und stellte sich den Herausforderungen der modernen Zeit – blieb aber gleichzeitig seinen traditionellen Werten treu.

Heute umspannt der Islam den gesamten Globus. Das Pew Research Center, ein amerikanisches Meinungsforschungsinstitut, schätzte die Anzahl der Muslime 2015 weltweit auf 1,8 Mrd., was den Islam zur zweitgrößten Religion nach dem Christentum macht. Der Islam ist auch die am schnellsten wachsende Religion der Welt. Im Jahr 2020 war fast jeder vierte Mensch Muslim. Mit Blick auf die Zukunft schätzt das Pew Research Center, dass die Zahl der Muslime bis 2050 auf 2,76 Mrd. bzw. 29,7 Prozent der Weltbevölkerung steigen wird – das heißt, fast jeder dritte Mensch auf der Welt wird dann ein Muslim sein.

Im Laufe seiner 1400-jährigen Geschichte hat der Islam die Welt mitgeprägt, sei es in politischer, kultureller, spiritueller oder anderer Hinsicht. In den kommenden Jahren wird sein Einfluss weiter zunehmen, und deshalb ist es sowohl für Muslime wie auch für Nichtmuslime von Nutzen, die prägenden Ideale dieser Religion besser zu verstehen.

> »Der Islam wird von vielen missverstanden. Die Extremisten beherrschen die Schlagzeilen; diejenigen von uns, die ihre Religion praktizieren und nach den Gesetzen dieses Landes leben, bieten keinen Anlass für Nachrichten.«
>
> **Sadiq Khan**
> seit 2016 Bürgermeister von London

Hinweis zu den Schreibweisen

Die islamische Terminologie ist von arabischen Begriffen geprägt. In wissenschaftlichen Kreisen erfolgt die Transliteration des Arabischen ins Deutsche anhand der Regeln der Deutschen Morgenländischen Gesellschaft. Außerhalb wissenschaftlicher Kreise gibt es keine festgelegte Umschrift – so kann der Name des Propheten im Deutschen auf vielerlei Art und Weise geschrieben werden, z. B. Mohammed, Muhammad oder Mohamet. In diesem Buch werden Schreibweisen verwendet, die im Deutschen gut lesbar sind. Statt »Allah« (dem arabischen Namen Gottes) wird das Wort »Gott« benutzt. ■

MOHAM

570–632

MED

570
Mohammed wird **in Mekka** auf der Arabischen Halbinsel geboren.

582
Der christliche Mönch Bahira erkennt in Mohammed **prophetische Größe.**

595
Mohammed **heiratet Chadidscha,** eine wohlhabende Witwe und Geschäftsfrau.

597
Geburt von Mohammeds erster Tochter **Zeinab.**

610
Der Engel Dschibril erscheint Mohammed und übermittelt ihm die erste **Offenbarung des Korans.**

613
Mohammed **predigt den Islam** öffentlich in Mekka.

619
Chadidscha und Mohammeds Onkel Abu Talib sterben. In der islamischen Tradition das **Jahr der Trauer.**

Im 6. Jahrhundert n. Chr. standen die Länder rund um das östliche Mittelmeer unter der Herrschaft des Byzantinischen Reichs, während in den fruchtbaren Ebenen Mesopotamiens die Kultur der persischen Sassaniden blühte. Die Wüsten im Süden der Arabischen Halbinsel waren die Heimat halbnomadischer Stämme ohne gemeinsame Führung, die um die Kontrolle über Handelsrouten stritten und sich ständig bekriegten.

Nach islamischer Tradition wurde um 570 in Mekka auf der Arabischen Halbinsel ein Junge in den Stamm der Quraisch geboren, der den Namen Mohammed erhielt. Im Alter von sechs Jahren verlor er seine Eltern und wuchs in der Obhut seines Onkels auf. Er wurde ein erfolgreicher Kaufmann und gründete eine Familie. Später zog er sich oft zum Meditieren in eine Höhle zurück. Bei einer solchen Gelegenheit suchte ihn der Engel Dschibril (Gabriel) auf, der ihm das Wort Gottes offenbarte. Drei Jahre nach der ersten Offenbarung begann Mohammed – Muslime fügen seinem Namen oft den Satz *sallallahu alayhi wa sallam* (»Gottes Segen und Friede sei mit ihm«) hinzu – in Mekka zu predigen und Anhänger um sich zu scharen.

Er predigte Reinheit und Gerechtigkeit, vor allem Gerechtigkeit für die Armen, und mit seiner Verurteilung der Götzendienerei der wohlhabenden Elite machte er sich viele Feinde. Um der Verfolgung zu entgehen, führte Mohammed seine Gemeinde ins 340 km entfernte Medina, wo seine Botschaft positiv aufgenommen wurde. Dieser Auszug ist als Hidschra bekannt.

Der Kern des Glaubens

Mohammeds Religion wurde als »Islam« (arab.: »Unterwerfung«) und ihre Anhänger als »Muslime« bekannt. In Medina wurden die Grundsätze des Glaubens entwickelt, die auf den Lehren Mohammeds beruhen. Von zentraler Bedeutung war die Überzeugung, dass es nur einen Gott gibt – ein radikaler Anspruch im polytheistischen Arabien des 7. Jahrhunderts. Darüber hinaus mussten die Muslime anerkennen, dass dieser eine Gott, im Arabischen »Allah« genannt, Mohammed als seinen letzten Propheten gesandt hatte. Gott hatte seine Botschaft beginnend mit Adam auch früheren Propheten anvertraut, und Mohammed erhielt über einen Zeitraum von 23 Jahren die letzte göttliche Offenbarung, die im Koran niedergeschrieben ist.

622 – Um der Verfolgung zu entgehen, führt Mohammed seine Anhänger in der **Hidschra** (Auswanderung) nach **Medina.**

622 – Die **Gemeindeordnung von Medina** begründet die erste islamische Gemeinschaft.

624 – Mohammed heiratet seine **dritte Frau Aischa,** die Tochter von Abu Bakr.

624 – Mohammed und seine Anhänger werden in der **Schlacht von Uhud** besiegt.

627 – Mohammed überlebt einen Angriff auf Medina, die **Grabenschlacht.**

630 – Mohammed **pilgert nach Mekka** und erobert die Stadt; **Medina und Mekka** sind jetzt die heiligen Städte des Islams.

631 – Muslimische Armeen **erobern die Arabische Halbinsel** und zwingen ihre Stämme zur Annahme des Islams.

632 – Nach kurzer Krankheit **stirbt Mohammed mit 63 Jahren in Medina.**

Die Beispiele, die Mohammed durch sein Leben setzte, vermittelten seinen Anhängern die fünf Säulen ihres Glaubens, beginnend mit der Anerkennung des einen Gottes und seines Propheten Mohammed. Die anderen Säulen umfassten fest geregelte tägliche Gebete, Nächstenliebe und die Verpflichtung zum Fasten und zur Pilgerfahrt nach Mekka.

Kampf ums Überleben

Pilgerreisen waren in Arabien üblich: Seit Jahrhunderten pilgerte man zur Kaaba, einem alten Schrein in Mekka, der mit Statuen der vielen Gottheiten gefüllt war, die von den Stämmen verehrt wurden. Die Mekkaner vertrieben Mohammed auch deswegen aus ihrer Stadt, weil er für das lukrative Pilgergewerbe eine Bedrohung darstellte. Selbst in der Ferne blieb er eine Gefahr, und die Muslime Medinas mussten mit Waffengewalt gegen die Mekkaner vorgehen, um ihr Überleben zu sichern. Nach jahrelangen Kämpfen eroberten die Muslime schließlich Mekka. Als Mohammed die Kontrolle über die Stadt übernahm, befreite er als erstes die Kaaba von ihren Götzen und widmete den Schrein der Verehrung des einen Gottes. Mohammed kehrte nach Medina zurück, unternahm aber immer wieder Pilgerreisen zur Kaaba. Bei seiner Abschiedspilgerfahrt im Jahr 632 beobachteten Mohammeds Begleiter jede seiner Handlungen und Gesten. Sie sollten ein Vorbild für alle Muslime sein und sind als Haddsch (die fünfte Säule des Islams) im Glauben verankert.

Bleibendes Vermächtnis

Als Mohammed 622 die Hidschra unternahm, stand er an der Spitze einer kleinen, ausgegrenzten Gemeinschaft. Als er nur zehn Jahre später unerwartet starb, kontrollierten die Muslime einen Großteil der Arabischen Halbinsel. Die Stämme, die den Islam angenommen hatten, nahmen den militärische Erfolg als Zeichen dafür, dass die Botschaft Mohammeds richtig und Gott in der muslimischen Gemeinschaft stets gegenwärtig war.

Viele Glaubenssätze, die Mohammed verkündete, waren nicht neu. Es waren Prinzipien, die Gott bereits früheren Gesandten offenbart hatte, aber es hatte eines letzten Propheten bedurft, um die Botschaft zu erneuern. So konnte der Islam seine Wurzeln bis zum ersten Propheten – Adam – zurückverfolgen, und er sollte auch nach dem Tod des letzten Propheten weiterbestehen. ■

DU WUSSTEST WEDER, WAS DAS BUCH IST NOCH DER GLAUBE

KORAN 42:52

IM KONTEXT

THEMA
***Al-dschahiliya*, die Zeit der Unwissenheit**

WANN UND WO
Vor dem 7. Jh. n. Chr., Arabische Halbinsel

FRÜHER
1. Jh. Die Römer kontrollieren das östliche Mittelmeer und die Arabische Halbinsel.

3. Jh. Der Nahe Osten wird von Byzanz und vom Sassanidenreich beherrscht.

5. Jh. Der Stamm der Quraisch übernimmt die Kontrolle über Mekka und verwandelt die Stadt in ein Handelszentrum, das Pilger und Kaufleute anzieht.

SPÄTER
570 Mohammed wird in Mekka in den Stamm der Quraisch geboren. Der letzte Prophet eint die arabischen Stämme unter einem einzigen Gott.

Das wichtigste Konzept des Islams ist die unteilbare Einheit Gottes. Er ist also eine monotheistische Religion. Auf dieser Grundlage basiert der Glauben aller Muslime.

Als Mohammed 613 begann, den Islam zu verkünden, sollte das Konzept der Einheit Gottes seine Anhänger zusammenschweißen. Die arabischen Stämme jener Zeit waren gespalten, ohne gemeinsame Führung und schwach, und sie beteten zahlreiche Götter an – Götter, die mit den Worten des Korans »nichts erschaffen können, vielmehr selbst erschaffen sind; die es nicht vermögen, sich

Die Arabische Halbinsel war in der Zeit vor Mohammed ein politisches Vakuum, flankiert von zwei verfeindeten Reichen und den Überresten einer einst bedeutenden Zivilisation im Süden.

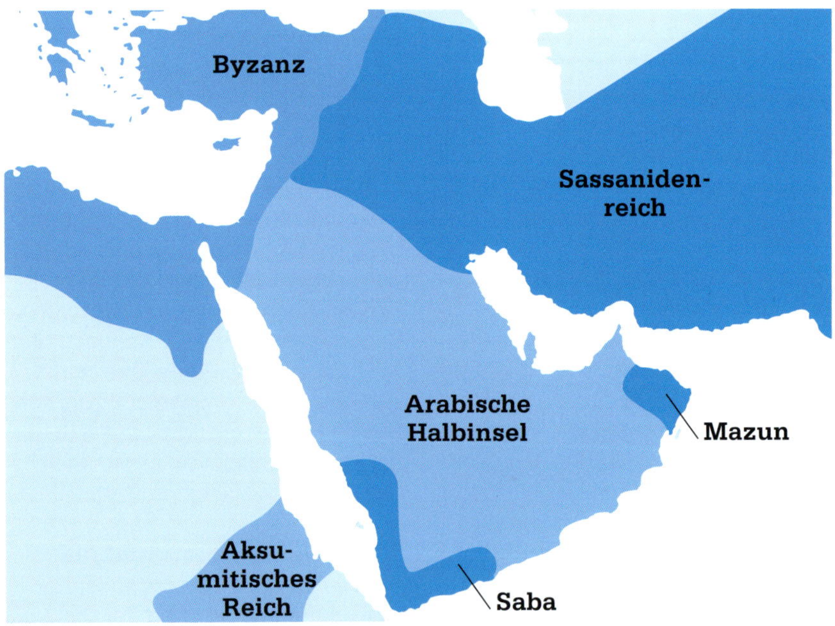

Siehe auch: Mohammeds frühes Leben 22–27 ▪ Die Kaaba in Mekka 34–35 ▪ Der Aufstieg des politischen Islams 238–241

» Der Prophet entwurzelte die Praktiken der *dschahiliya* Stück für Stück. «

Abul Ala Maududi
(1903–1979)

selbst zu schaden oder zu nützen, und die auch keine Macht über Tod und Leben und Auferstehung haben« (25:3). Vor dem Islam lebten die arabischen Stämme in der *al-dschahiliya,* der »Zeit der Unwissenheit«.

Vorislamische Mächte

In den Jahrhunderten vor Mohammeds Geburt war die Arabische Halbinsel im Nordwesten vom Byzantinischen Reich und im Osten vom Sassanidenreich umgeben. Die beiden Großmächte blockierten sich gegenseitig im Kampf um die Vorherrschaft. Im Süden der Halbinsel lag das reiche und fruchtbare Saba (Jemen), eine der ältesten Zivilisationen der Region, das auf eine komplexe Geschichte zurückblickte; das Königreich war jedoch im 6. Jahrhundert bereits zerbrochen.

Dazwischen erstreckten sich die Wüsten Zentralarabiens. Hier lebten Nomadenstämme, die sich gegenseitig bekriegten und von der Kontrolle der regionalen Handelsrouten lebten.

Vorislamische Religionen

Christen, Juden und Zoroastrier gab es auf der Arabischen Halbinsel bereits vor dem 7. Jahrhundert, doch die Wüstenstämme verbanden diese Religionen mit den Großmächten und misstrauten ihnen.

Einer eigenen Religion maßen die Araber wenig Bedeutung bei, galt ihre Loyalität doch in erster Linie dem eigenen Stamm. Aber auch sie hatten heilige Orte. Diese Kultstätten waren Gottheiten wie dem Hochgott al-Ilah und seinen Töchtern al-Lat, al-Uzza und Manat geweiht. Ein bedeutender al-Ilah geweihter Schrein war die Kaaba bei dem Brunnen Zamzam in Mekka.

Die Göttin al-Lat mit ihrem heiligen Löwen. Marmorrelief aus dem 2. Jh. n. Chr. an einem Altar aus dem Baaltempel von Palmyra (Syrien).

Viele Araber hatten das Nomadenleben schon lange aufgegeben. So hatten sich in der Oase Yathrib – dem späteren Medina – zwei jemenitische Stämme niedergelassen, um dort Landwirtschaft zu betreiben. Ende des 5. Jahrhunderts siedelten sich in der Gegend von Mekka die Quraisch an. Der Stamm trieb Handel und Viehzucht und machte aus Mekka eine wohlhabende Stadt. Islamischen Historikern zufolge fehlte den Stämmen jedoch eine moralisch-ethische Lebensweise. Dies sollte sich erst ändern, als Mohammed im 7. Jahrhundert seine Offenbarungen empfing und als Prophet zu wirken begann. ■

Die moderne *dschahiliya*

Dschahiliya als Konzept lässt sich weit über das vorislamische Arabien hinaus verfolgen. Der Begriff war Anfang des 20. Jh. vor allem bei islamischen Reformern populär, die den Einfluss des Westens missbilligten und die Art und Weise kritisierten, wie viele Muslime ihn aufnahmen.

Der islamistische Schriftsteller Abul Ala Maududi (1903–1979) aus Pakistan prägte den Begriff »moderne *dschahiliya*«, die er als »neue Barbarei« und unvereinbar mit dem Islam bezeichnete. Der ägyptische Reformer Sayyid Qutb (1906–1966) schrieb in seinem Korankommentar: »Die Menschen werden … entweder durch Gottes Gesetz regiert … Oder sie werden durch ein von Menschen erfundenes Gesetz regiert … In diesem Fall sind sie in der *dschahiliya*«. Für Qutb war die *dschahiliya* eine »Herrschaft von Menschen durch Menschen«, die sie zu Dienern untereinander statt zu Dienern Gottes machte.

MOHAMMED IST … GESANDTER GOTTES UND SIEGEL DER PROPHETEN

KORAN 33:40 UND HADITH

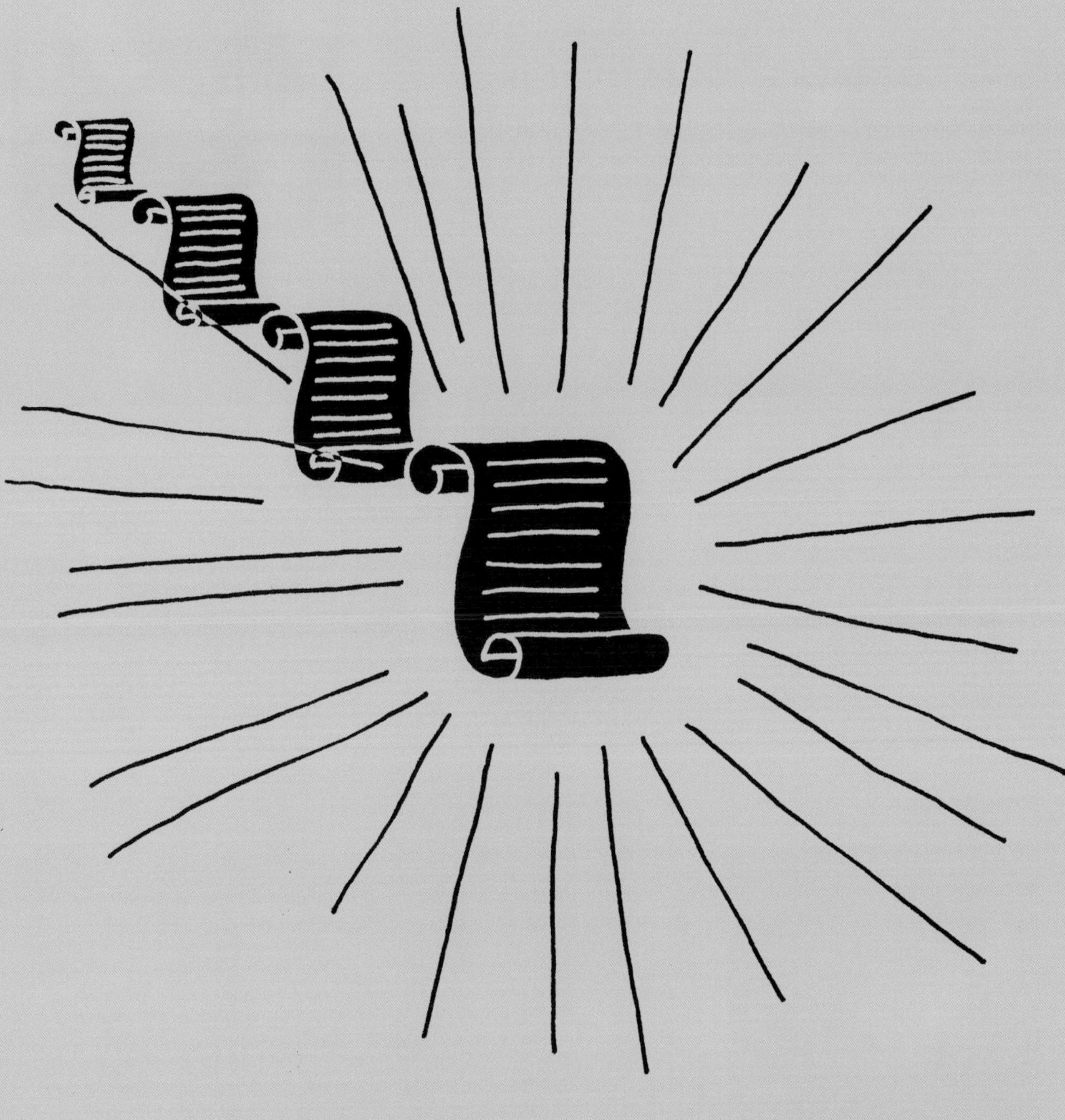

IM KONTEXT

THEMA
Mohammeds frühes Leben

WANN UND WO
570–622 n. Chr., Arabische Halbinsel

FRÜHER
2000–1500 v. Chr. In der Bibel schließt Gott einen Bund mit dem Patriarchen Abraham; der Islam erkennt Abraham als einen der ersten Propheten an.

14.–13. Jh. v. Chr. Laut jüdischer, christlicher und muslimischer Tradition erhält der Prophet Moses Gottes Gebote auf dem Berg Sinai.

1. Jh. n. Chr. Jesus, später im Islam als Prophet verehrt, sagt die Ankunft eines letzten Gesandten Gottes voraus.

SPÄTER
19. Jh. In Indien behauptet Mirza Ghulam Ahmad, ein Prophet mit neuer Botschaft zu sein, die den Islam reformiert.

Nach islamischer Tradition lebte um 582 ein christlicher Einsiedler namens Bahira in der syrischen Wüste. Eines Tages zog mit einer Karawane ein Junge vorbei. Bahira sprach mit ihm und kam zu dem Schluss, dass das Zeichen der Prophetie auf dem Kind läge. Er sei zu Großem bestimmt, sagte Bahira den Betreuern des Jungen, man solle gut für ihn sorgen. Der kleine Junge war Mohammed: Er sollte der Prophet des Islams werden.

Mohammed wurde 570 in Mekka (Makkah) in die Sippe Banu Haschim aus dem Stamm der Quraisch geboren. Sein Vater starb vor seiner Geburt, seine Mutter, als Mohammed sechs Jahre alt war. Sein Großvater Abd al-Muttalib nahm ihn in seine Obhut, starb aber, als Mohammed acht Jahre alt war. Seitdem zog ihn sein Onkel Abu Talib auf. Sie lebten in ärmlichen Verhältnissen, und Mohammed arbeitete mit seinem Onkel als reisender Händler. Später heiratete er und gründete eine Familie. Mohammed war für seine Freundlichkeit gegenüber den Armen bekannt, führte ansonsten aber ein unauffälliges Leben.

Der Erzengel Dschibril erschien Mohammed, um ihm den Koran zu offenbaren. Manchmal nahm Dschibril die Gestalt eines Mannes an; manchmal sandte er nur mit seiner Stimme Offenbarungen.

Der Engel sprach: »Lies!«

Mohammed meditierte oft tagelang in einer Höhle am Dschabal an-Nur (»Berg des Lichts«) im Mekkatal. Im Jahr 610, in der 27. Nacht des heutigen Ramadans (dem neunten Monat des islamischen Kalenders), wurde er in seiner Höhle von einer göttlichen Präsenz aus dem Schlaf gerissen. Der Überlieferung zufolge erschien ihm der Engel Dschibril (arabischer Name für Gabriel), der Mohammed befahl: »Lies!«

Chadidscha

Chadidscha bint Chuwailid war die erste Ehefrau Mohammeds. Sie wurde zwischen 555 und 567 in Mekka geboren. Chadidscha war eine verwitwete, wohlhabende Kauffrau, die Handel mit Syrien und dem Jemen betrieb. Sie heuerte Mohammed als Karawanenbegleiter an und erhielt positives Feedback über die ehrenvolle Art und Weise, wie Mohammed seine Geschäfte führte – zudem brachte er doppelt so viel Gewinn wie erwartet von der Reise zurück. Sie machte ihm einen Heiratsantrag; den meisten Überlieferungen zufolge war sie 40 und Mohammed 15 Jahre jünger als sie, aber er nahm den Antrag an.

Chadidscha war bis zu ihrem Tod im Jahr 619 Mohammeds einzige Ehefrau (ihr Mausoleum, hier abgebildet, stand bis 1925 in Mekka). Es ist umstritten, wie viele Kinder das Paar hatte, aber man geht von sechs bis acht aus, von denen jedoch nur vier das Erwachsenenalter erreichten. Obwohl Mohammed später noch zehnmal heiraten sollte, blieb er Chadidscha treu, und sie wird von den Muslimen bis heute als »Mutter der Gläubigen« bezeichnet.

Siehe auch: *Al-dschahiliya,* die Zeit der Unwissenheit 20–21 ▪ Die fünf Säulen des Islams: Saum 46–49 ▪ Die Korankompilation 64–69 ▪ Der Aufbau des Korans 70–75 ▪ Den Glauben anderer tolerieren 80–81 ▪ Die Aussprüche und Handlungen des Propheten 118–123

Mohammed entgegnete: »Ich kann nicht lesen.« Der Engel umarmte Mohammed und befahl ihm erneut zu lesen. Dies geschah dreimal, bis Mohammed fragte: »Was soll ich lesen?« Dschibril antwortete mit der ersten Offenbarung, den ersten fünf Versen des Korankapitels 96:

Trag vor im Namen deines Herrn, der schuf,
den Menschen aus Geronnenem schuf!
Trag vor! Denn dein Herr ist's, der hochgeehrte,
der mit dem Schreibrohr lehrte,
den Menschen, was er nicht wusste, lehrte.

In einer anderen Koranpassage (53:3–10) heißt es, Mohammeds Begegnung mit dem Engel Dschibril bestätige, dass der Prophet nicht seine eigenen Worte verkündete, sondern nur vortrug, was ihm von Gott eingegeben wurde:

Und er spricht nicht aus eigenem Belieben,
es ist nur Eingebung, die ihm geschenkt.
Der stark an Kraft ist, hat ihn unterrichtet,
der Herr der Größe, sich dann aufgerichtet,
dieweil am höchsten Horizont er stand,
dann nahekam, ganz nah bei ihm sich fand,
zwei Bogenlängen oder näher noch war er bei ihm:
Da offenbart' er seinem Knechte, was er ihm offenbarte.

Angst vor dem Wahnsinn

Mohammed hatte entsetzliche Angst. Er fürchtete, er sei von einem Dschinn, einem bösen Geist, besessen. Er stieg höher auf den Berg, um sich in den Tod zu stürzen, wurde sich in einer weiteren Vision aber einer überwältigenden, alles überragenden Präsenz bewusst und hörte eine Stimme sagen: »O Mohammed! Du bist der Gesandte Gottes, und ich bin Dschibril.«

Mohammed lief nach Hause und erzählte, immer noch angsterfüllt, seiner Frau Chadidscha, was geschehen war. Sie versuchte ihn zu beruhigen und brachte ihn zu ihrem Cousin Waraka, der Priester des christlich-nestorianischen Glaubens und in der Heiligen Schrift bewandert war. »

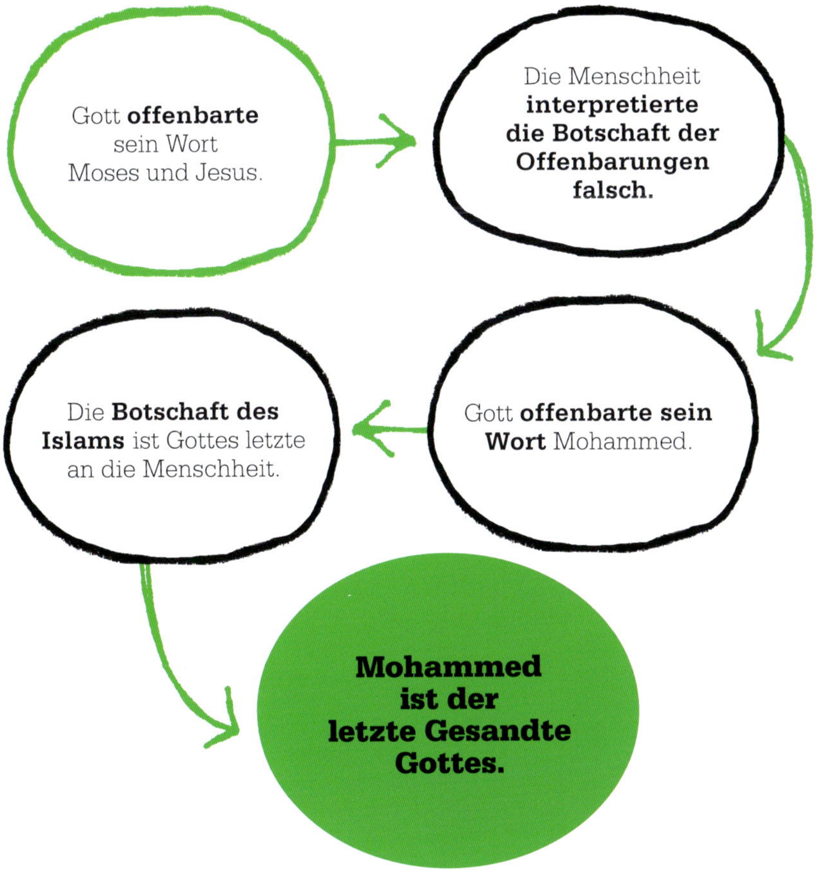

» Ebenso sandten wir zu euch, aus eurer Mitte, einen Gesandten, der euch unsere Verse vorträgt und euch läutert. «

Koran 2:151

Waraka hörte Chadidscha an und sagte: »Wenn du die Wahrheit sprichst, o Chadidscha, dann ist das höchste Gesetz, das zu Moses kam, nun zu ihm gekommen; gewiss ist er der Prophet dieses Volkes.«

Islamischen Gelehrten zufolge erhielt Mohammed in den folgenden zwei Jahren etwa zehn weitere Offenbarungen, die er aber nicht öffentlich bekannt gab. Es soll eine Zeit großer Verzweiflung für Mohammed gewesen sein, in der er oft daran dachte, sein Leben zu beenden.

Der Wendepunkt kam in Form einer Offenbarung, die ihm göttliche Bestärkung gab:

Beim lichten Morgen
und bei der Nacht, wenn sie still ist!
Dein Herr hat dich nicht aufgegeben noch verschmäht.
Wahrlich, das Jenseits ist besser für dich als das Diesseits.
Dein Herr wird dir geben, dass du zufrieden bist.
Hat er dich nicht als Waise gefunden und Zuflucht gewährt?
Hat er dich nicht als Irrenden gefunden und auf den rechten Weg geführt?
Hat er dich nicht als Armen gefunden und reich gemacht?
Die Waise also bedrücke nicht!
Den Bettler also schelte nicht!
Doch von der Gnade deines Herrn berichte!

Diese Offenbarung (Kapitel 93 des Korans) soll Mohammed den Glauben gegeben haben, von Gott zum Propheten seines Volkes auserwählt zu sein.

» Mohammed ist … Gesandter Gottes und Siegel der Propheten. «

Koran 33:40

Eine Religion namens Islam

Um 613 begann Mohammed, öffentlich zu den Einwohnern Mekkas zu predigen, anfangs vor allem zu den Angehörigen seines Stammes, den Quraisch. Seine Botschaft war einfach. Vom traditionellen arabischen Ehrenkodex ausgehend konzentrierte sie sich auf klare soziale Botschaften: ein genügsames Leben, Fürsorge für die Armen und die Aufteilung des Reichtums zum Wohle der Gemeinschaft.

Mohammed wollte, dass sich die Quraisch der Barmherzigkeit Gottes gewahr wurden. Gott hatte den Menschen und das Universum erschaffen, und es war richtig, dass der Mensch Gott regelmäßig anbetete. Mohammed sprach von al-Ilah, dem Hochgott der Araber, der in der Kaaba in Mekka angebetet wurde. Die Quraisch sollten die Verehrung aller anderen Götter aufgeben.

Mohammeds Botschaft, der Islam, bedeutet auf Arabisch »Unterwerfung« und bezieht sich auf den Akt der Unterwerfung des Menschen unter Gott. Die Anhänger des Islams heißen Muslime (»diejenigen, die sich unterwerfen«).

Die ersten Muslime

Mohammeds Frau Chadidscha akzeptierte von Anfang an die Wahrheit der Offenbarungen und gilt daher als erste Muslimin. Abu Talib lehnte die neue Religion ab, aber andere Familienmitglieder schlossen sich Mohammed an, auch sein Cousin Ali ibn Abi Talib. Ein weiterer früher Konvertit war Abu Bakr, ein Freund der Familie und ein einflussreicher Mekkaner,

Muslimische Pilger besuchen die Hira-Höhle am Dschabal an-Nur (heutiges Saudi-Arabien), wo Mohammed seine erste Offenbarung von dem Engel Dschibril erhielt.

Der Prophet des Islams wird in Kalligrafien glorifiziert, die Moscheen und andere religiöse Stätten mit seinem Namen schmücken.

»Im Herzen des Muslims ist das Heim Mohammeds.«

Muhammad Iqbal
indischer Philosoph (1877–1938)

der dem Islam viele neue Anhänger zuführen konnte. Ali und Abu Bakr sollten später wichtige Rollen in der Entwicklung des Islams spielen.

Die Offenbarungen stillten ein Bedürfnis der Araber. Gott hatte den Juden und Christen Propheten und Schriften (die Bibel und die Thora) gesandt, aber die Araber hatten keinen eigenen Propheten. Mohammed brachte seinem Volk eine Botschaft Gottes in arabischer Sprache.

Der letzte Gesandte

Mohammed erhielt bis zum Ende seines Lebens Offenbarungen. Sie waren weniger spektakulär als die Engelserscheinungen am Dschabal an-Nur; viel häufiger überkamen sie den Propheten in einer Art Trance. Sie erfolgten nicht immer in verbaler Form; Mohammed hatte auch viele Visionen. Es war nicht leicht für den Propheten. Von ihm ist der Ausspruch überliefert: »Niemals habe ich eine Offenbarung erhalten, ohne zu glauben, mir sei meine Seele herausgerissen worden.« Die Inhalte der Offenbarungen waren unterschiedlich: Sie reichten von spirituellen Fragen bis hin zu Themen, die den Aufbau einer neuen Gemeinschaft regeln. Im Laufe der Zeit dominierten jedoch zwei Kerninhalte: Erstens, es gibt nur einen Gott. Dieser Monotheismus stand im Gegensatz zum mekkanischen Polytheismus, bei dem Hunderte Götter angebetet wurden. Zweitens: Die Offenbarungen des Korans waren Botschaften, die Gott der Menschheit durch Mohammed sandte. Mohammed verkündete den Islam nicht als neue Religion mit einer neuen heiligen Schrift, sondern als Fortsetzung der Offenbarungen Gottes. Die Juden und Christen hatten bereits heilige Schriften, aber sie hatten die Offenbarungen verfälscht – eine letzte Botschaft war nötig. Mohammed ist also das Siegel der Propheten und der letzte Gesandte. ■

Historische Quellen zu Mohammed

Der Koran ist die Grundlage des Islams, enthüllt aber – abgesehen von Mohammeds Vortrefflichkeit – nicht viel über den Propheten: Er wird nur viermal namentlich genannt. Aus diesem Grund wandten sich die Muslime Sekundärtexten zu: dem Hadith, Berichten über seine Aussprüche und Handlungen, die von den Gefährten des Propheten überliefert wurden, und der *sira*, Berichten über Ereignisse aus dem Leben Mohammeds (z. B. Militärexpeditionen und politische Reden). Auf Grundlage dieser Quellen verfassten vier Historiker der klassischen islamischen Epoche Werke über das Leben Mohammeds. Der erste war Muhammad ibn Ishaq (704–768). Obwohl die Geschichten oft wundersamer Natur sind, enthalten sie auch Kritik. Aufzeichnungen über Mohammeds freimütige dritte Ehefrau Aischa zum Beispiel enthalten kritische Bemerkungen, die sie über ihren Ehemann machte.

EUER BLUT IST MEIN BLUT

DER PROPHET MOHAMMED, ZWEITES GELÖBNIS VON AQABA

IM KONTEXT

THEMA
Hidschra, die Flucht aus Mekka

WANN UND WO
622, Mekka

FRÜHER
610 Bei einem spirituellen Rückzug erhält Mohammed die erste Offenbarung von Dschibril.

613 Mohammed beginnt, den Einwohnern Mekkas das Wort Gottes zu verkünden. Sie verfolgen den Propheten und seine Anhänger.

SPÄTER
630 Nach jahrelangem Krieg schwört Mekka seinen Eroberern unter Mohammed die Treue. Wie Medina wird auch Mekka eine heilige Stadt des Islams. Von hier aus breitet sich der Islam aus und wird zur Religion der gesamten Arabischen Halbinsel.

Seit 613 beanspruchte Mohammed die Autorität eines Propheten. Er war der letzte Gesandte Gottes – im Koran wird er als »das Siegel« bezeichnet. Seine Mission bestand darin, den Monotheismus zu predigen, die Verehrung des einen wahren Gottes, und die Menschen zum rechten Glauben zurückzuführen.

Im Laufe der Jahre gewann Mohammed eine Gruppe von Anhängern, die sich von der Botschaft des Islams überzeugen ließen und die göttlichen Offenbarungen rezitierten – den Koran.

Siehe auch: Mohammeds frühes Leben 22–27 ▪ Die Umma, die islamische Gemeinschaft 32–33 ▪ Die Kaaba in Mekka 34–35 ▪ Die fünf Säulen des Islams: Salat 42–43

Mohammed versammelt in **Mekka** eine **Gruppe von Anhängern** um sich, die als **Muslime** (»die sich Gott unterwerfen«) bekannt werden.

↓

Die meisten Mekkaner blicken mit Groll auf Mohammed und **verfolgen ihn und seine Anhänger.**

↓

Eine Gruppe aus **Medina nimmt den Islam an** und lädt Mohammed in ihre Stadt ein.

↓

Mohammed flieht aus Mekka und trifft, verfolgt von den Quraisch, in **Medina** ein.

↓

Die Hidschra – Mohammeds Flucht nach Medina – **markiert den Beginn des islamischen Kalenders.**

Widerstand gegen die Botschaft

Viele Mekkaner lehnten Mohammeds Botschaft ab und nahmen ihm bitter übel, dass er die Ungerechtigkeiten ihrer Gesellschaft verurteilte, die der Prophet in der Vernachlässigung von Tugend und Moral, vor allem im Hinblick auf die Armen, sah.

Mohammed kritisierte die Missachtung der Lehren früherer Propheten und den Götzendienst in der Kaaba. Er rief die Bewohner Mekkas auf, zur Anbetung des einen Gottes zurückzukehren. Die Kaaba mit ihrem Götterpantheon war zu dieser Zeit das bedeutendste Heiligtum der Arabischen Halbinsel und ein Wallfahrtszentrum für Pilger aus der ganzen Region. Die Gebühren, die die Mekkaner von den Pilgern verlangten, brachten der Stadt Status und Reichtum.

Mohammeds Angriff auf den Polytheismus bedrohte diese Einnahmequelle. Deshalb schlug dem Propheten in Mekka Misstrauen und sogar Hass entgegen. Die Muslime wurden für ihren Glauben verfolgt, manche ermordet. Der Tradition zufolge verließ 615 eine Gruppe von Muslimen Mekka und suchte im christlichen Aksumitischen Königreich, jenseits des Roten Meeres (im heutigen Äthiopien), Zuflucht. ››

Die Nachtreise

Mohammeds Nachtreise, die zur selben Zeit wie die Hidschra stattfand, wird im Koran kurz erwähnt:

Gepriesen sei, der seinen
Knecht nachts reisen ließ
von der heiligen Anbetungsstatt zur fernsten,
um die herum wir Segen spendeten,
um ihm von unseren Zeichen einige zu zeigen! (17:1)

Der Prophetenbiograf Ibn Ishaq und mehrere Hadithe liefern weitere Details. Sie beschreiben eine wundersame Nachtreise (arab.: *isra*), in der Mohammed auf dem fliegenden Ross Buraq von Mekka nach Jerusalem ritt. Dort angekommen, stieg er in den Himmel *(miradsch)* auf, wo er viele Propheten traf. Ihm wurde sogar eine verhüllte Vision Gottes gewährt, der der muslimischen Gemeinde befahl, 50-mal am Tag zu beten. Als der Prophet um eine mildere Pflicht bat, wurde die Zahl auf fünf Tagesgebete herabgesetzt. Die Geschichte dient dazu, die Bedeutung Jerusalems in der heiligen Geografie des Islams zu manifestieren, eine Grundlage für die fünf täglichen Gebete zu schaffen und Mohammed als spirituellen Führer zu bestätigen.

Salman al-Farsi wuchs als Zoroastrier auf und war der erste persische Muslim. Diese Illustration aus dem 16. Jh. zeigt ihn, wie er Händler vom Stamm der Quraisch über die neue Religion befragt.

Im Reich von Aksum wurden die Muslime gut aufgenommen und erhielten eine Audienz beim König. Als er fragte, ob sie etwas von Gott brächten, rezitierte ein Muslim eine Koranpassage über Maria, die Mutter Jesu. Als er die Parallelen zu den Evangelien erkannte, weinte der König. Den Flüchtlingen wurde Sicherheit gewährt; 622 kehrten viele jedoch nach Mekka zurück, um sich wieder Mohammed anzuschließen; eine zweite Welle von Muslimen kehrte 628 nach Medina zurück.

Der Pakt mit Medina

Die in Mekka verbliebenen Muslime sahen sich weiterhin Verfolgung und Morddrohungen ausgesetzt. Zunächst suchte man in der Stadt Taif Zuflucht, doch die Einladung aus Medina erwies sich als vielversprechender. Bei seinem Besuch in Medina im Jahr 620 traf Mohammed eine kleine Gruppe, die den Islam annahm. Diese neuen Muslime reisten im folgenden Jahr als Pilger nach Mekka und brachten weitere Konvertiten mit, die sich Mohammed anschließen wollten. Sie erzählten ihm von der wachsenden muslimischen Gemeinschaft in Medina und versprachen, ihm und seiner Botschaft zu folgen. Diese Vereinbarung wurde als »Erstes Gelöbnis von Aqaba« bekannt, benannt nach einem Hügel nördlich der Stadt, wo das Treffen stattfand.

622 reiste eine Gruppe von Muslimen im Rahmen einer Pilgerfahrt nach Mekka. Sie trafen Mohammed, versprachen ihm ihre Unterstützung und luden ihn ein, in Medina Zuflucht zu suchen. Diese Entscheidung war nicht leicht. Zu gehen, bedeutete, sein eigenes Blut, den Stamm der Quraisch, aufzugeben und rivalisierenden Stämmen die Treue zu erklären – was nach arabischem Empfinden an Verrat grenzte.

Mohammed bat um die Zusicherung, dass er und seine Anhänger unter den Medinensern gleichbehandelt würden. Sie fragten im Gegenzug, was geschähe, wenn Gott ihm nach seinem Umzug Erfolg bescheiden würde: Würde er auch ihnen treu bleiben? Wie der Dichter Kaab ibn Malik al-Ansari, ein Gefährte des Propheten, überliefert, antwortete Mohammed: »Euer Blut ist mein Blut. Ich werde im Leben und im Tod mit euch sein und ihr mit mir.«

In der islamischen Tradition wird der Pakt, den die Einwohner Medinas mit Mohammed schlossen, als »Zweites Gelöbnis von Aqaba« bezeichnet. Diese Medinenser wurden *ansar* (»Helfer«) genannt.

Ein gescheiterter Mordanschlag

Mit wohlwollenden Anhängern in Medina, Absicherungen und einer göttlichen Offenbarung, die ihn ermutigte, nach Medina auszuwandern, konnte Mohammed nun Pläne zur Flucht aus Mekka schmieden. Zuerst verließen 70 Muslime heimlich die Stadt in Richtung Medina.

In Mekka empörten sich Mitglieder von Mohammeds Stamm

über das Bündnis, das er mit den Medinensern geschlossen hatte, und planten einen Mordanschlag gegen ihn. Die Angreifer stellten sich nachts rund um das Haus des Propheten auf. Zum Glück war Mohammed vor dem Mordanschlag gewarnt. Sein Cousin (und künftiger Schwiegersohn) Ali ibn Abi Talib legte sich in das Bett des Propheten, und Mohammed stahl sich durch das Fenster davon.

Erst am nächsten Morgen erkannten die Attentäter, dass man sie hereingelegt hatte. Wütend über die Täuschung, setzten die Quraisch ein Kopfgeld von 100 Kamelen aus für jeden, der den Propheten und Abu Bakr zurückbringen würde – lebendig oder tot.

Die Hidschra

Die Flüchtlinge versteckten sich drei Tage in einer Höhle, um dann nach Medina aufzubrechen. Währenddessen suchten die Quraisch in ganz Arabien nach ihnen.

Ein Verfolger, Suraqa bin Malik, spürte Mohammed und Abu Bakr auf, aber als er sich ihnen näherte, stolperte sein Pferd und stürzte. Suraqa stieg wieder auf, doch der Huf seines Pferdes blieb im Sand stecken. Suraqa war nah genug, um einen Pfeil abzuschießen, was ihm aber nicht gelang. Gott schien tatsächlich mit Mohammed und Abu Bakr zu sein, und egal was Suraqa auch versuchte, sie würden siegreich sein. Als er seine Unterlegenheit erkannte, gab er auf. Währenddessen warteten die Muslime, die bereits in Medina eingetroffen waren, unruhig auf die Ankunft des Propheten.

Ein Hadith von Muhammad al-Buchari aus dem 9. Jahrhundert besagt, dass ein jüdischer Einwohner, der auf das Dach seines Hauses geklettert war, den Propheten und seine Gefährten in der Ferne erblickte. Er rief: »O ihr Araber! Hier ist der große Mann, auf den ihr gewartet habt!« Mohammed lagerte drei Tage am Rand Medinas und betrat dann die Stadt.

So beendete Mohammed 622 seine Reise nach Medina. Der Umzug von Mekka nach Medina galt als so bedeutend, dass die Hidschra im islamischen Kalender das Jahr Null markiert. ■

» Wer auf dem Wege Gottes auswandert, der findet im Land viele Zufluchtsstätten und weiten Raum. «

Koran 4:100

Im Jahr 623, kurz nach der Hidschra, errichteten die Muslime ihre erste Moschee in Medina. Sie ist auf dieser ägyptischen Fliese aus dem 16. Jh. zu sehen.

DIE BESTE GEMEINSCHAFT, DIE JEMALS FÜR DIE MENSCHEN GESCHAFFEN WURDE

KORAN 3:110

IM KONTEXT

THEMA
Die Umma, die islamische Gemeinschaft

WANN UND WO
622–630, Medina

FRÜHER
612–613 Mohammed beginnt, das Wort Gottes zu verkünden, wofür er verfolgt wird.

622 Mohammed und seine Anhänger werden eingeladen, in Medina zu leben, wo sie von muslimischen Konvertiten freundlich empfangen werden.

SPÄTER
630 Nachdem Mekka eine islamische Stadt geworden ist, beginnen Mohammeds Armeen, Arabien zu erobern.

632 Nach Mohammeds Tod übernimmt Abu Bakr die Führung der Muslime. Er und die auf ihn folgenden Raschidun-Kalifen erweitern die Reichweite des Islams auf den östlichen Mittelmeerraum.

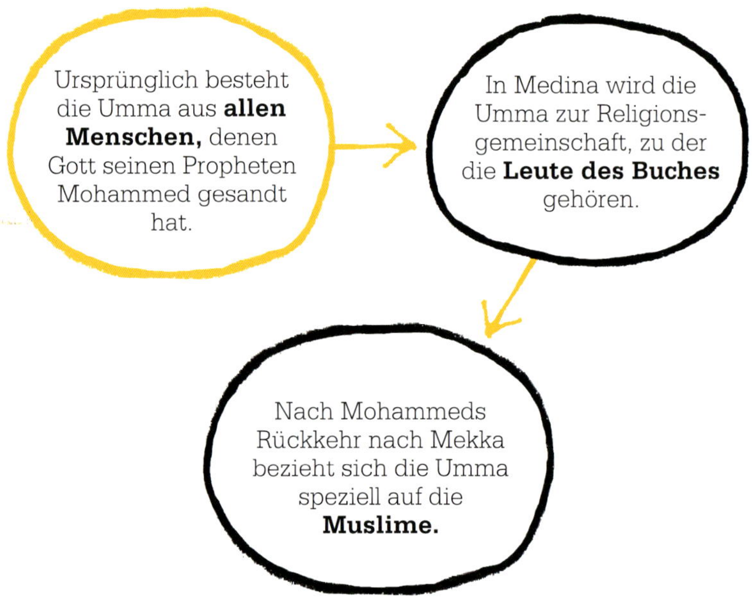

Nach seinem Umzug begann Mohammed, die Stämme zu einen und seinen Herrschaftsanspruch durchzusetzen. Er gründete eine eigenständige Gemeinschaft, die Umma, er selbst war ihr Anführer. Zur Umma gehörten anfangs auch Nichtmuslime; sie war mehr politische Instanz als religiöse Körperschaft. Später wurde das Konzept der Umma neu definiert und umfasste nur noch Muslime. Obwohl Mohammed in der Stadt freundlich empfangen wurde und Fähigkeiten als Anführer besaß, wurde seine Botschaft nicht von allen Gemeinden akzeptiert. Die Muslime wurden zudem immer wieder von mekkanischen Stämmen angegriffen.

Mohammed übte Vergeltung, indem er Überfälle auf mekkanische Kamelkarawanen unternahm, eine Strategie, die den Vorteil hatte, dass sie der muslimischen Gemeinde Geld einbrachte.

Siehe auch: Hidschra, die Flucht aus Mekka 28–31 ▪ Die fünf Säulen des Islams: Haddsch 50–55 ▪ Die Nachfolger des Propheten 102–103 ▪ Die rechtgeleiteten Kalifen 104–107

» Wenn ihr über irgendeine Sache im Streit seid, so muss sie vor Gott und vor Muhammad gebracht werden. «

Gemeindeordnung von Medina

Was als Angriff auf eine Karawane begann, eskalierte 624 in der Schlacht von Badr, aus der Mohammed siegreich hervorging. Der Koran schreibt diesen Erfolg göttlicher Gunst zu: »Gott half euch doch schon bei Badr, als ihr unterlegen wart« (3:123). Vers 3:13 besagt:

Ihr hattet ein Zeichen an zwei Gruppen, welche aufeinandertrafen: Die eine kämpfte auf dem Wege Gottes, ungläubig war die andere. Sie sahen klaren Blicks jene als doppelt so viele an, wie sie selber waren.
Gott stärkt mit seinem Beistand, wen er will.

Später im Jahr 624 kämpften die Muslime in der Schlacht von Uhud erneut gegen die Mekkaner. Als muslimische Kämpfer ausscherten, um die Quraisch zu verfolgen, wurden die Muslime von der Flanke angegriffen, und viele starben. Auch Mohammed erlitt schwere Verletzungen und war gezwungen, sich mit seinen Truppen zurückzuziehen.

Rückkehr nach Mekka

Nachdem die Mekkaner Medina zweimal belagert hatten und abgewehrt wurden, unterzeichneten sie 628 den Vertrag von Hudaibiya, der einen zehnjährigen Waffenstillstand vereinbarte und den Muslimen erlaubte, nach Mekka zu pilgern.

630 kehrte Mohammed nach Mekka zurück und nahm die Stadt mit Leichtigkeit ein. Er war nicht gekommen, um die Quraisch zu bestrafen, sondern um die Anbetung falscher Götter zu beenden. Er ritt zur Kaaba, umrundete sie siebenmal, wobei er *»Allahu akbar!«* (»Gott ist groß!«) rief, und zerschlug dann jedes Götzenbild am Schrein.

Dieses Ereignis symbolisierte den endgültigen Sieg des Islams. Von hier aus sollte sich die Botschaft des Propheten – die Rückkehr zum Monotheismus in einer von Gott erwählten Gemeinschaft – in der ganzen Welt verbreiten. ▪

Die Muslime bauen eine Moschee in Medina. Die 622 errichtete Masdschid Quba wird von Pilgern bis heute zum Abschluss der Haddsch besucht.

» O ihr Quraisch, Muhammad steht mit einem gewaltigen Heer vor den Toren Mekkas. Ihr könnt seinem Heer nicht widerstehen. «

Abu Sufyan
Anführer der Quraisch in Mekka, 630

Die Gemeindeordnung von Medina

Nach seiner Ankunft in Medina war es Mohammed ein Anliegen, die Stammeskämpfe in der Stadt zu beenden und durch die Gemeindeordnung die Gleichstellung seiner Anhänger zu erreichen. Der Text deklariert das Dokument als »Urkunde von Muhammad, dem Propheten zwischen den Gläubigen und Muslimen …, sowie denen, welche … Glaubenskrieg mit ihnen kämpfen«, und versichert: »Sich uns anschließende Juden bekommen Hilfe und Gleichbehandlung.« Die neun Stämme, die sich unter der Gemeindeordnung versammelten, sollten »eine von allen Völkern getrennte Umma« bilden – eine Gemeinschaft, der inzwischen 10 000 Mitglieder angehörten. Dem Vertrag zufolge kam Mohammeds Autorität direkt von Gott. Er schlichtete Streitigkeiten, und unter seiner Führung konvertierten viele zum Islam.

LEITPUNKT FÜR DIE WELTBEWOHNER

KORAN 3:96

IM KONTEXT

THEMA
Die Kaaba in Mekka

WANN UND WO
624–630, Mekka

FRÜHER
2000–1500 v. Chr. Ibrahim (in der Bibel Abraham) erhält von Gott den Befehl, die Fundamente für ein Gotteshaus zu legen.

Ab 4. Jh. v. Chr. Im Nabatäischen Königreich ist die Kaaba der Gottheit Hubal geweiht.

5. Jh. v. Chr. Der Stamm der Quraisch kontrolliert Mekka. Die Kaaba ist eine Pilgerstätte für arabische Stämme, die dort eine Vielzahl von Göttern verehren.

SPÄTER
Ab 630 Die Kaaba ist das größte Heiligtum des Islams und das Ziel der Haddsch, der jährlichen Pilgerfahrt. Muslime richten sich bei jedem Gebet nach der Kaaba aus.

Der Koran enthüllt, dass Ibrahim (Abraham) und seinem Sohn Ismail von Gott befohlen wurde, die Fundamente der Kaaba zu legen (2:125–127). Aus diesem Grund ist sie im Arabischen auch als *bait allah* (Haus Gottes) bekannt. Abgesehen von Koranpassagen gibt es jedoch kaum historische Quellen, die die Ursprünge der Kaaba belegen.

Frühen Korankommentatoren zufolge soll die Stätte vor der Erschaffung des Menschen ein Ort der Engelsanbetung gewesen sein. Adam und Eva, so wurde vermutet, hätten dort ein Gotteshaus erbaut, das während der Sintflut unterging.

> »Siehe, das erste Haus, das für die Menschen errichtet wurde, ist das in Bekka, als Segen und als Leitpunkt für die Weltbewohner!«
>
> **Koran 3:96**

Die Kaaba war in vorislamischer Zeit das bedeutendste der vielen Heiligtümer der arabischen Stämme. 360 Götzenbilder umgaben den Schrein – vielleicht ein Hinweis auf die Anzahl der dorthin pilgernden Stämme.

Die Reinigung

Eingebettet in die Ostecke des Schreins lag der heilige Schwarze Stein, der als Himmelsgeschenk verehrt wurde. Im Jahr 605 bauten die Quraisch die Kaaba nach einem Großbrand wieder auf. Als es daran ging, den Schwarzen Stein wieder in seine Position zu bringen, konnten sich die fünf Sippen des Stammes nicht einigen, wer die Ehre haben sollte. Der Überlieferung zufolge wurde Mohammed um Schlichtung gebeten; er wies die fünf Sippenführer an, den Stein auf ein Tuch zu legen, das Tuch gemeinsam hochzuheben und den Stein zu positionieren.

Als der Prophet 630 nach Mekka zurückkehrte, reinigte er die Kaaba von Götzenbildern, sodass sie von nun an als Mittelpunkt der muslimischen Gottesanbetung dienen konnte. Die Kaaba richtete das Gebet an den einen wahren Gott, für den sie ursprünglich bestimmt

Siehe auch: *Al-dschahiliya,* die Zeit der Unwissenheit 20–21 ▪ Die Umma, die islamische Gemeinschaft 32–33 ▪ Die fünf Säulen des Islams: Haddsch 50–55 ▪ Die Geburtsstunde von Saudi-Arabien 232–237

> »Damals, als Abraham die Fundamente von dem Haus errichtete mit Ismael: »Unser Herr! Nimm es von uns an! Siehe, du bist der Hörende, der Wissende.««
>
> **Koran 2:127**

war, und verkörperte das von Ibrahim begründete Fundament des monotheistischen Islams.

Der Aufbau der Kaaba

Die Kaaba besteht aus Granit und ist würfelförmig. Ihre Wände haben eine Höhe und Breite von jeweils 12 m. Das leicht geneigte Dach ermöglicht den Abfluss von Regenwasser aus einem Wasserspeier. An der Nordostfassade gibt es eine Tür, durch die die Wächter des Stammes Bani Schaiba zweimal im Jahr eintreten, um das schmucklose Innere zu reinigen. Die Kaaba befindet sich im Zentrum der *masdschid al-haram,* der Heiligen Moschee. 624 ordnete eine Offenbarung an, dass die *qibla* (Gebetsrichtung) vom Jerusalemer Tempelberg zur Kaaba geändert werden sollte.

Besondere Bedeutung kommt ihr bei der Haddsch zu, der jährlichen Pilgerfahrt. Die Muslime schauen die Kaaba im Gebet nicht nur an, sie umkreisen sie auch in ritueller Umrundung siebenmal. Deshalb gelten die Kaaba und die Stadt Mekka als die heiligsten Stätten des Islams. ▪

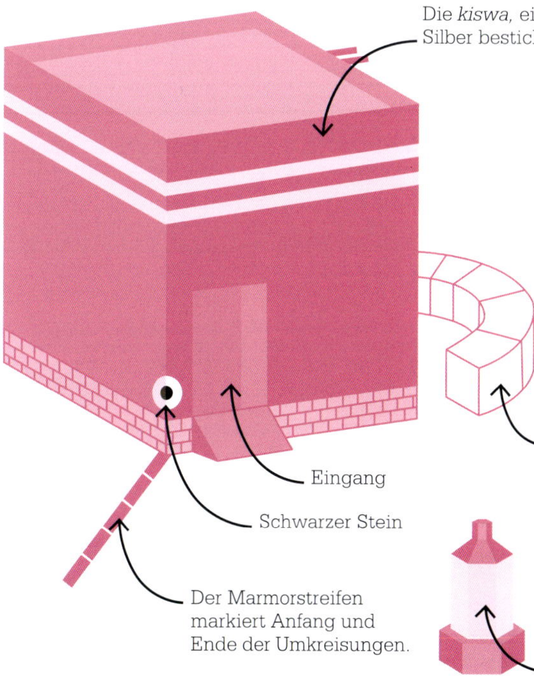

Die Kaaba in Mekka, ursprünglich ein Heiligtum aus Schlamm und Stein, wurde für die vorislamischen Araber zum »Nabel der Welt«. Als Haus Gottes ist es heute während des jährlichen Haddsch das Ziel von mehr als 2 Mio. Pilgern.

Die *kiswa*

Um das Haus Gottes zu ehren, wird die Kaaba mit einem kostbare Tuch *(kiswa)* bedeckt – eine Tradition aus vorislamischer Zeit, die 630 nach der Eroberung Mekkas übernommen wurde. Mohammed ließ die Kaaba angeblich mit einem weißen jemenitischen Tuch verhüllen.

Heute fertigen 200 Arbeiter in einer Fabrik in Mekka jährlich eine neue *kiswa* für die Haddsch an. Das Tuch kostet fast 5 Mio. US-Dollar und besteht aus schwarzer Seide, die mit Baumwolle gefüttert und mit Koranversen aus Gold- und Silberfäden bestickt ist. Das Tuch wird überwiegend in Handarbeit hergestellt, aber Maschinen helfen, die Produktion zu beschleunigen.

Die neue *kiswa* wird am zweiten Tag der Haddsch an der Kaaba angebracht, während die Pilger zum Berg Arafat aufbrechen. Am Ende der Haddsch wird die *kiswa* entfernt und in Stücke geschnitten, die unter Würdenträgern verteilt werden.

ES GIBT KEINE GOTTHEIT AUSSER GOTT

DER PROPHET MOHAMMED

IM KONTEXT

THEMA
Die fünf Säulen des Islams: Schahada

WANN UND WO
610–632, Arabische Halbinsel

FRÜHER
Ab 1000 v. Chr. Thora und Talmud legen die Regeln für das jüdische Leben fest, die Teil von Gottes Bündnissen mit Israel sind.

1. Jh. n. Chr. Das Christentum übernimmt die jüdischen Bündnisse, insbesondere die Zehn Gebote.

610 Mohammed erhält die ersten Offenbarungen des Korans.

SPÄTER
680 Der schiitische Islam führt zusätzliche »Säulen« des Glaubens ein.

8. Jh. Islamische Rechtsschulen entwickeln weitere Interpretationen.

Schahada (Glaubensbekenntnis) →	Es gibt keinen Gott außer Gott, und **Mohammed** ist der **Gesandte Gottes.**
Salat (Gebet) →	Anbetung Gottes und **Verkündung** seiner Größe
Zakat (Almosengeben) →	Verehrung Gottes, **Anerkennung seiner Souveränität** und Fürsorge **für die Bedürftigen**
Saum (Fasten) →	**Reinigung** vor Gott in seiner großen Barmherzigkeit
Haddsch (Pilgerfahrt nach Mekka) →	Durch sie bejahen Muslime die **Einheit der muslimischen Gemeinschaft** und **nähern sich Gott.**

Überlieferungen zufolge fragte der Engel Dschibril Mohammed: »Was ist der Islam?« Mit anderen Worten: Was ist das Wesen der Religion? Was sind die Dinge, die man als Muslim tun muss?

Mohammed soll geantwortet haben, dass Muslime nur Gott anbeten dürfen, beten, Spenden geben und im Ramadan fasten müssen. Diese Praktiken bilden zusammen mit der Pilgerfahrt nach Mekka, die jeder Muslim mindestens einmal in seinem Leben unternehmen soll, die fünf Säulen des Islams. Auf Arabisch heißen sie *schahada, salat, zakat, saum* und *haddsch*.

Rituelle Praxis

Alle Muslime erkennen die fünf Säulen an, obwohl einzelne Zweige des Islams eigene Ergänzungen hinzufügen. Als *ibadat* (gottesdienstliche Handlungen) bekannt, sind die fünf Säulen die Kernpraktiken des Glaubens. Durch die Ausführung dieser Handlungen ist man ein Muslim.

Obwohl sie für das Glaubenssystem des Islams von zentraler Bedeutung sind, entstand das Konzept der fünf Säulen – und auch der Begriff »Säule« selbst – erst lange nach der Zeit des Propheten, im 9. Jahrhundert, als die Islamgelehrten begannen, die Worte und Handlungen des Propheten (Hadith) zu sammeln.

Die Befragung Mohammeds durch Gabriel ist im *Gabriel-Hadith* niedergeschrieben. Es steht in einer Sammlung des Gelehrten al-Buchari (810–870), die zu den frühesten Werken gehört, in denen die fünf »Prinzipien« aufgeführt werden.

Siehe auch: Die fünf Säulen des Islams: Salat 42–43 ▪ Die fünf Säulen des Islams: Zakat 44–45 ▪ Die fünf Säulen des Islams: Saum 46–49 ▪ Die fünf Säulen des Islams: Haddsch 50–55 ▪ Die sechs Säulen des Glaubens 86–87 ▪ Die Entstehung des schiitischen Islams 108–115

Die Gelehrten zwangen den Gläubigen keinen neuen Gottesdienst auf, sondern reflektierten, was in der islamischen Praxis bereits etabliert war. Die Muslime verkündeten bereits die Einheit Gottes, beteten fünfmal täglich, übten sich in Nächstenliebe, hielten Fastenzeiten ein und unternahmen die Pilgerfahrt. In den islamischen Werken – allen voran dem Koran – hat jede der fünf Säulen ihre eigene Geschichte und Betrachtungsweise.

Die Säulen und der Koran

Der Koran erwähnt keine »fünf Säulen des Islams« – zumindest nicht als Sammlung von Praktiken –, sondern beschreibt diese unabhängig voneinander.

Die Schahada (das Glaubensbekenntnis) steht nicht vollständig im Koran, aber Sure 8:20 gebietet denen, die dem Islam folgen: »Gehorcht Gott und seinem Gesandten!« Das Konzept des Gebets findet sich im gesamten Koran: Sure 20:130 rät, »lobpreise deinen Herrn, bevor die Sonne aufgeht und bevor sie untergeht! Zu bestimmten Zeiten von der Nacht, da preise, und an den Tagesenden!«

> »O ihr, die ihr glaubt! Gehorcht Gott und seinem Gesandten! Kehrt euch nicht von ihm ab, da ihr doch hört.«
>
> **Koran 8:20**

Sure 48:29 beschreibt den Akt der Anbetung so: »Du siehst sie knien, niederfallen im Streben nach Gottes Gnade und Wohlgefallen. Die Spuren ihres Niederfallens sind ihnen ins Gesicht gezeichnet.«

Sure 5:12 ist eine von vielen, die das Almosengeben behandeln: »Wenn ihr das Gebet verrichtet und die Armensteuer gebt … dann will ich eure Missetaten tilgen.« Eine Passage von Sure 2 erwähnt das Fasten, eine andere rät zur Pilgerfahrt: »Vollzieht für Gott die Pilgerfahrt und auch die kleine Wallfahrt!« (2:196).

Wie auf den nächsten Seiten erklärt wird, gehören zu jeder der Säulen noch detailliertere Anforderungen und Variationen, die sich den Bedürfnissen entsprechend entwickelt haben.

Dennoch verkörpern die fünf Säulen des Islams heute die kollektive Identität für das Leben als Muslim. Sie sind die Mindestpflichten, an die Muslime sich halten müssen. Ihre Direktheit ist Absicht, denn Muslime sollen Gott frei von der Last religiöser Vorschriften folgen. Wie der Koran den Muslimen erklärt, hat Gott »euch in der Religion nichts auferlegt, was euch beschwert« (22:78).

Das Glaubensbekenntnis

Die fünf Säulen haben keine feste Reihenfolge, aber ganz vorn steht meist die Schahada: Sie ist das Grundelement des Islams. Das Glaubensbekenntnis besteht aus »

Die Säulen des schiitischen Islams

Sunniten wie Schiiten praktizieren die fünf Säulen. Während die schiitischen Ismailiten sieben Säulen kennen, hat der schiitische Hauptstrom fünf »Wurzeln« oder Glaubensgrundsätze *(usul ad-din)* und zehn »Zweige« oder Praktiken *(furu ad-din)*. Diese schiitische Entsprechung zu den sunnitischen fünf Säulen umfasst Salat (Gebet), Saum (Fasten), Zakat (Almosen) und die Haddsch (Pilgerfahrt nach Mekka) sowie:

Khums – Zusätzlich zur Zakat wird eine Kapitalertragssteuer von 20 % erhoben.
Dschihad – Das Bemühen, Gutes zu tun, z. B. indem man nicht lügt und Müll aufsammelt
Amr bil-maaruf – Andere Menschen zu guten Taten ermutigen
Nahi-anil-munkar – Böses verbieten und andere davon abhalten, Unrecht zu tun
Tawalla – Dem Propheten und denen, die den geraden Weg gehen, Liebe entgegenbringen
Tabarra – Distanzierung von denen, die Gott verspotten oder beleidigen

Ein Schiite beim Gebet in Kerbela (Irak). Die schiitischen Muslime erweitern die Schahada um die Worte »Ich bezeuge, dass Ali der Freund Gottes ist«.

zwei Sätzen, die Muslime aussprechen, um ihre Unterwerfung unter Gott zu bezeugen und ihn zu lobpreisen:

Es gibt keine Gottheit außer Gott. Mohammed ist der Gesandte Gottes.

Auf Arabisch lauten diese Worte: *La ilaha illa llah, Muhammadun rasul Allah.*

Wenn Muslime die Schahada aussprechen, beginnen sie oft mit *ashadu ana* oder »ich bezeuge, dass …«. Das Wort Schahada stammt von einem arabischen Verb ab, das »aussagen« oder »bezeugen« bedeutet. Die Worte sind nicht nur eine Verehrungsformel, sondern weisen auf ein Leben hin, das die Unterwerfung unter Gott reflektiert.

Der Koran erwähnt zwar die zwei Sätze der Schahada und ähnliche Aussagen, verbindet diese aber nicht zu einem Glaubensbekenntnis. Sure 47:19 erinnert Mohammed, »dass es keinen Gott gibt außer den einen Gott«, während Sure 48:29 formuliert: »Mohammed ist der Gesandte Gottes« (einigen Übersetzungen zufolge auch »Mohammed ist Gottes Apostel«). Diese Koranpassagen wirken nicht wie rituelle Aussagen, sondern stehen in einem viel weiteren Kontext. Die beiden Sätze wurden später von muslimischen Gelehrten zu einem Zeugnis des islamischen Glaubens verbunden. Beweise dafür, wie lange es dauerte, die Schahada zu formulieren, liefern islamische Münzen aus dem späten 7. Jahrhundert. Sie tragen die Botschaft »Es gibt keinen Gott außer Gott allein«, was fast, aber nicht ganz der Schahada entspricht. Dasselbe gilt für die Inschriften auf dem Felsendom *(Qubbat al-sakhra)* in Jerusalem, dem ältesten erhaltenen Baudenkmal des Islams, das 691–692 n. Chr. erbaut wurde; sie beziehen sich auf Gott und Mohammed, verwenden aber nicht die Formel der Schahada, die für Inschriften auf späteren Moscheen üblich ist.

> »So wisse, dass es keinen Gott gibt außer den einen Gott, und bitte um Vergebung für deine Schuld und für die gläubigen Männer und die gläubigen Frauen.«
>
> **Koran 47:19**

Zeugnis ablegen

Der erste Satz der Schahada – »Es gibt keine Gottheit außer Gott« *(La ilaha illa llah)* – ist eindeutig ein Hinweis auf Gott als monotheistische Gottheit und eine Verneinung des vorislamischen Polytheismus. Gottes Einheit ist das Grundprinzip des Islams.

Der zweite Satz der Schahada – »Mohammed ist der Gesandte Gottes« *(Muhammadun rasul allah)* – erkennt an, dass Mohammed Offenbarungen von Gott erhielt und dass diese die letzten Offenbarungen sind, die der Menschheit gesandt werden. Die Formel bezeichnet Mohammed ferner als Träger der göttlichen Führung und das höchste Beispiel dafür, was es bedeutet, Gott zu folgen.

Auf den ersten Blick hebt sich die Schahada von den anderen Säulen dadurch ab, dass sie den rechten Glauben und keine Glaubenspraktiken anspricht. Sie wird in den täglichen Gebeten ausgesprochen, hat aber auch praktische Einsatzbereiche. So wird sie von Muslimen ausgesprochen, um deutlich zu machen, dass eine Handlung um Gottes willen vollzogen wird, ein Konzept, das als *niya* bekannt ist.

Die *niya* kann eine verbale Äußerung oder eine innere Haltung

Dieses Baby wird bei einer *aqiqa*-Zeremonie in der Stadt Mazar-i-Sharif (Afghanistan) gepriesen, wenn zum zweiten Mal seit der Geburt des Kindes die Schahada rezitiert wird.

Die Schahada ist in der muslimischen Architektur allgegenwärtig, wie hier unter dem 70 m hohen Minarett der Großen Moschee in Dubai (VAE).

> »Mohammed ist der Gesandte Gottes. Und diejenigen, die mit ihm sind – hart sind sie gegen die Leugner, untereinander aber voll Erbarmen.«
>
> **Koran, 48:29**

sein. Die wichtigste Bedeutung kommt der Schahada beim Übertritt zum Islam zu. Wer die Schahada in Anwesenheit von zwei muslimischen Zeugen ausspricht, wird automatisch zum Muslim. Kindern, die von Muslimen geboren werden, wird bei der Geburt der *adhan* (Gebetsruf) ins Ohr geflüstert, zu dem auch die Schahada gehört. Die Formel wird sieben Tage nach der Geburt während der *aqiqa*-Zeremonie, bei der das Kind in die Familie aufgenommen wird, erneut rezitiert. Am Ende des Lebens sollen die Schahada-Formeln die letzten Worte sein, die ein Muslim im Augenblick seines Todes hört.

Die Schahada ist nicht nur ein verbales Bekenntnis, sondern schmückt auch viele islamische Gebäude und ziert Nationalsymbole wie Flaggen und Wappen. Im Privaten ist sie auch oft auf Kleidungsstücken und Schmuck abgebildet.

Die Schahada so zu verwenden, ist Ausdruck der islamischen Identität und trägt dazu bei, den öffentlichen Raum als islamisch zu kennzeichnen, so wie das verbale Glaubensbekenntnis dazu beiträgt, die muslimische Identität zu bestätigen. ■

Schahada im Wind

Aufgrund ihrer zentralen Bedeutung für den Islam erscheint die Schahada auf vielen Nationalsymbolen. So zeigt etwa die Flagge Saudi-Arabiens ein Schwert, über dem die Schahada geschrieben steht.

Das Glaubensbekenntnis gilt als heilig, und darauf muss bei der Gestaltung und der Verwendung der Flagge Rücksicht genommen werden. Sie wird niemals auf Halbmast gesetzt – das würde die Schahada entehren – und niemals senkrecht aufgehängt, es sei denn, es handelt sich um eine Sonderflagge.

Wenn die saudische Flagge zu Werbezwecken genutzt wird – z. B. abgedruckt auf Fußbällen oder auf Einwegtrinkbechern, die in den Mülleimer geworfen werden – kommt es oft zu Kontroversen. So fühlten sich Muslime beleidigt, als eine deutsche Brauerei zur Ehrung der 32 Teilnehmerstaaten der Fußball-Weltmeisterschaft 2018 auch die saudische Fahne auf die Kronkorken von Bierflaschen druckte; eine britische Pub-Kette musste in diesem Zusammenhang die saudische Fahne von ihren Wimpeln entfernen.

KOMMT ZUM GEBET, KOMMT ZUR RETTUNG

GEBETSRUF

IM KONTEXT

THEMA
Die fünf Säulen des Islams: Salat

WANN UND WO
610–632, Arabische Halbinsel

FRÜHER
5.–6. Jh. v. Chr. Als Hesekiel und die Männer der Großen Versammlung aus dem babylonischen Exil nach Jerusalem zurückkehren, führen sie Gebete und andere rituelle Handlungen für die Juden ein.

1. Jh. n. Chr. In den Evangelien stellt Jesus das Gebet als Weg dar, um Gottes Segen zu empfangen.

SPÄTER
2007 Muszaphar Shukar, ein muslimischer Astronaut, betet an Bord der Internationalen Raumstation.

Heute Eine Studie berichtet 2017, dass die Mehrheit der Muslime (in den USA z. B. zwei Drittel) täglich betet.

Die zweite Säule des Islams betrifft die Gebete (arab.: *salat*). Natürlich können Muslime jederzeit Gebete an Gott richten, aber die Hauptgebete des Islams sind vorgegeben, formell und dienen der Anbetung Gottes, indem man ihn – wie Mohammed es tat – lobpreist und seine Einheit bezeugt.

Die Gebete finden fünfmal täglich statt: bei Sonnenaufgang *(fadschr)*, am frühen Nachmittag *(zuhr)*, am späten Nachmittag *(asr)*, bei Sonnenuntergang *(maghrib)* und am Abend *(ischa)*. Der Muezzin ruft die Muslime zum Gebet auf.

» Wenn ihr euch dann wieder sicher fühlt, verrichtet das Gebet! Siehe, das Gebet ist eine zeitlich festgelegte Vorschrift für die Gläubigen. «

Koran 4:103

In früheren Zeiten, und manchmal auch heute noch, stieg der Muezzin auf einen Turm oder ein Minarett der Moschee und sang laut den Gebetsruf *(adhan)*. Heute werden diese Rufe meist über Lautsprecher – oder einen Wecker zu Hause – übermittelt.

Rituelle Waschungen

Wenn Muslime zum Gebet gerufen werden, sollen sie in die Moschee gehen oder, wenn dies nicht möglich ist, privat beten. Den Gebeten gehen rituelle Waschungen *(wudu)* voraus, ohne die ein Muslim nicht als gereinigt für den Gottesdienst gilt.

Nachdem sie die Absicht *(niya)* bezeugt haben, *wudu* auszuführen, waschen die Muslime zuerst die Hände, den Mund und die Nasenlöcher mit sauberem Wasser, dann das Gesicht, Unterarme, Kopf und Ohren sowie Füße und Knöchel, da diese während der Gebete den Boden berühren.

Wie oft dieses Ritual durchgeführt wird, variiert je nach Tradition. Nachdem die Muslime sich gereinigt haben, müssen sie auch dafür sorgen, dass der Raum, in dem sie beten, sauber ist.

Gebetsräume in Moscheen gelten bereits als rein, aber zu Hause,

Siehe auch: Mohammeds frühes Leben 22–27 ▪ Die fünf Säulen des Islams: Schahada 36–41 ▪ Die sechs Säulen des Glaubens 86–87 ▪ Initiationsriten 256–259

Ein *rakat* ist eine Abfolge festgelegter Bewegungen und bildet eine von mehreren Einheiten des islamischen Gebets. Gläubige stellen sich in Richtung Mekka auf und beginnen mit der Anrufung »Gott ist groß«, um ihre Gebetsabsicht zu verkünden.

Der Betende beginnt mit einer Rezitation von Versen aus dem Koran …

gefolgt von einer Verbeugung mit den Händen auf den Knien.

Dann kommt er wieder ins Stehen, während er Gebete aufsagt …

bevor er sich niederwirft und mit der Stirn den Boden berührt.

Dann sitzt der Betende mit den untergeschlagenen Füßen auf dem Boden …

und wirft sich erneut nieder, um den *rakat* abzuschließen.

bei der Arbeit oder in der Öffentlichkeit verwenden die Gläubigen einen Gebetsteppich *(sadschada)*.

Die Muslime stellen sich mit dem Gesicht in Richtung Mekka auf. Die Gebetsrichtung wird in Moscheen durch eine Nische (Mihrab) markiert. Muslime, die andernorts beten, können einfach Richtung Mekka blicken, so, wie es der Koran sagt: »Gott ist der Osten und der Westen: Wohin ihr euch auch wendet, dort ist Gottes Angesicht« (2:115). Um die genaue Richtung zu finden, kann man auch eine App oder einen markierten Kompass nutzen.

Das Gebet

Der Akt des Betens beginnt mit der Erklärung: »Gott ist groß« *(Allahu akbar)*. Nun wird eine festgelegte Reihe von Gebeten rezitiert, die Koranpassagen enthalten. Dann wird die Schahada wiederholt und Frieden angeboten. Die Gebete werden auf arabisch gesprochen und gehen mit Verbeugungen und Niederwerfungen (s. o.) sowie dem Heben und Senken der Hände einher.

Die Waschungen, Rituale und Gebetszeiten vermitteln den Muslimen ein Gefühl der Einheit. Ob in einer Moschee oder zu Hause, sie beten zur gleichen Zeit wie andere Muslime auf der Welt. Schon dies allein erinnert an Gottes Größe. ▪

Sunnitische Muslime beten fünfmal täglich. Schiiten kombinieren das zweite und dritte sowie das vierte und fünfte Gebet, beten also dreimal täglich.

Freitagsgebet

Gläubige Muslime beten fünfmal täglich, aber das wichtigste Gebet der Woche ist *al-dschuma*, das Freitagsgebet.

In einem Hadith wird Mohammed zitiert: »Der beste Tag, an dem die Sonne aufgeht, ist der Freitag: Adam wurde an diesem Tag erschaffen, an diesem Tag ging er ins Paradies ein und wieder an einem Freitag wurde er aus diesem hinausgeschickt; auch das Jüngste Gericht wird an diesem Tag anbrechen«.

Auch der Koran legt den Freitag als heiligen Tag der Verehrung fest – in der Sure al-Dschuma heißt es: »Wenn am Tag der Versammlung zum Gebet gerufen wird, so macht euch auf, um Gottes zu gedenken, und lasst den Handel ruhen!« (62:9).

Neben Gebeten umfasst der Freitagsgottesdienst auch eine Predigt. Am Freitagsgebet in der Moschee nehmen auch viele Muslime teil, die sonst nicht regelmäßig beten.

ENTRICHTET DIE ARMENSTEUER UND GEHORCHT GOTT!

KORAN 58:13

IM KONTEXT

QUELLE
Die fünf Säulen des Islams: Zakat

WANN UND WO
610–632, Arab. Halbinsel

FRÜHER
1. Jh. n. Chr. Die Juden kodifizieren das Konzept der *tzedaka*: »Tun, was richtig und gerecht ist«. Das bedeutet die Pflicht zum Almosengeben.

SPÄTER
632–634 Abu Bakr ist der erste muslimische Führer, der ein Zakat-System einführt. Einige Stämme weigern sich zu zahlen, was zu den Ridda-Kriegen führt.

717–720 Überlieferungen zufolge wird in der Regierungszeit des Kalifen Umar II. keine Zakat eingezogen, weil niemand sie braucht.

2020 Islamische Finanzexperten schätzen die jährlichen Zakat-Ausgaben auf 200 Mrd. bis 1 Bio. US-Dollar.

Die dritte Säule des Islams ist Zakat, das Almosengeben. Ein Hauptthema des Korans und der Predigten Mohammeds war der Umgang mit den Armen und den Benachteiligten.

Im Koran steht geschrieben: »Und die Eltern sollt ihr gut behandeln, und den Verwandten, die Waise, den Armen, den verwandten Nachbarn und den fernerstehenden, den Begleiter und den ›Sohn des Weges‹ und die Sklaven« (4:36).

Der Koran stellt ebenfalls klar, dass ein Mensch nicht nur durch seinen Glauben rechtschaffen ist, sondern auch durch die Art, wie er Bedürftige behandelt (2:177). Er weist darauf hin, dass die Liebe zu Gott sich durch die Liebe zu den Schwächsten zeigt. Die Zakat ist das wichtigste Mittel, mit dem gläubige Muslime diese Liebe zeigen.

Aus theologischer Sichtweise bedeutet das: Wenn alles, was ein Muslim erhält, ein Segen Gottes ist, dann ist es richtig, dass er einen Teil dieses Überflusses an Gott zurückgibt, indem er denen gibt, die weniger haben. In diesem Sinn kann man die Zakat als eine Reinigungssteuer sehen – so wie Waschungen den Körper und Gebete Herz und Seele reinigen, reinigt die Zakat das Besitztum der Muslime und macht sie gottgefällig.

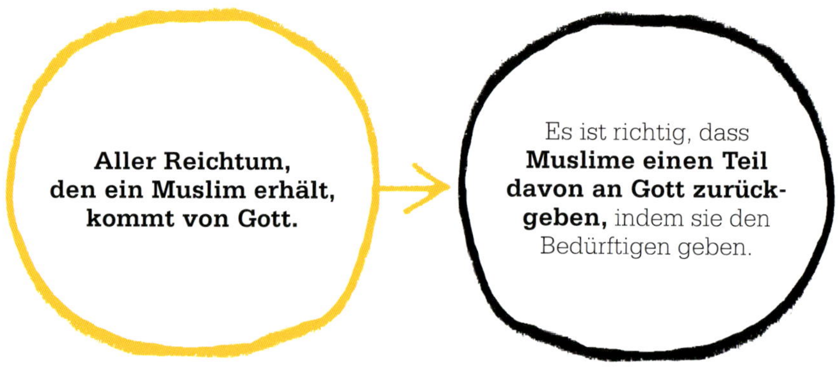

Siehe auch: Die fünf Säulen des Islams: Schahada 36–41 ▪ Die fünf Säulen des Islams: Saum 46–49 ▪ Die Aussprüche und Handlungen des Propheten 118–123

»Gebt ihr Almosen in aller Offenheit, so ist das gut! Doch wenn ihr sie verheimlicht und sie den Armen gebt, so ist das für euch besser …«

Koran 2:271

In ihrer reinsten Form sollte die Zakat den Bedürftigen in der eigenen Nachbarschaft gezahlt werden. Ein Muslim sollte seine Gemeinde kennen, um diese Hilfsbedürftigen zu finden. So fördert die Zakat soziales Engagement und Verantwortungsbewusstsein. In der Praxis ist es jedoch üblich, dass die Muslime die Zakat an eine der zahlreichen staatlichen oder nicht staatlichen Institutionen entrichten.

Wer zu Lebzeiten nicht spendet, wird am Jüngsten Tag zur Rechenschaft gezogen.

Bezahlung der Zakat

Mit Ausnahme der Ärmsten wird von jedem Muslim erwartet, jährlich Zakat zu spenden. Die Zakat muss zahlen, wer ein Mindesteigentum *(nisab)* von 87,48 g Gold oder 612,36 g Silber besitzt. Die Zakat ist für jeden fällig, der ein Vermögen besitzt, das über dem *nisab* liegt. Dazu gehören Ersparnisse, Wertpapiere sowie der Geldwert von Gold, Silber und Schmuck. Der Prozentsatz der Zakat liegt traditionell bei 2,5 Prozent oder einem Vierzigstel.

In vielen Gemeinden liegt das Almosengeben im eigenen Ermessen. Ob der Einzelne tatsächlich zahlt oder nicht, wird durch Gruppenzwang oder das Pflichtgefühl der einzelnen Gemeindemitglieder bestimmt. Es gibt jedoch auch Länder wie etwa Saudi-Arabien, in denen die Zakat Pflicht ist und durch den Staat eingezogen wird.

Zakat al-fitr

Eine weitere, weniger bedeutende Spendenpflicht am Ende des Ramadans ist die *zakat al-fitr*. Die Armen erhalten Geld, damit sie am *eid al-fitr,* dem Fest am Ende des Fastenmonats, teilnehmen können. Die *zakat al-fitr* wird lange vor den Festtagen gegeben.

Auch diese Praxis geht auf den Propheten zurück: Mohammed legte den Spendenbetrag auf Grundnahrungsmittel im Volumen eines *saa* (entspricht vier doppelten Handvoll Getreide, Reis oder Datteln) fest. Heutzutage wird allerdings eher Geld gespendet. Karitative Websites legen einen Wert fest, der auf dem aktuellen Preis von Grundnahrungsmitteln basiert (etwa 15 Dollar pro Familienmitglied). ■

»Lass sie wissen, dass Allah ihnen die Pflicht auferlegt hat, ein Almosen … aus ihrem Vermögen zu zahlen, das von ihren Reichen genommen und ihren Armen zurückgegeben wird.«

Der Prophet Mohammed

Arten der Zakat

Aus dem Koran werden acht Kategorien von Zakat-Empfangsberechtigten abgeleitet:

Al-fuqara (»die Armen«) – Diese Zakat wird gesammelt, um Menschen in Not Sozialhilfe und ein Sicherheitsnetz zu bieten.
Al-masakin (»die Bedürftigen«) – Geht an alle, die nach einer Krise oder Naturkatastrophe Hilfe benötigen
Al-gharimin – Menschen, die mit Schulden belastet sind
Al-muallafati qulubuhum (»die Versöhnung der Herzen«) – Zur Förderung des Islambildes
Fi sabilillah (»die auf dem Weg Gottes«) – Förderung des islamischen Wertesystems
Ibn al-sabil (»Reisende«) – Flüchtlinge und Binnenvertriebene
Fir-riqab – Menschen in Gefangenschaft oder Sklaverei, also Menschen, die zu Unrecht inhaftiert oder Opfer von Menschenhandel sind
Al-amilina alayha – Die Verwalter der Zakat; ein Teil der Zakat kann zur Deckung von Verwaltungskosten verwendet werden.

OH IHR, DIE IHR GLAUBT! DAS FASTEN IST EUCH VORGESCHRIEBEN

KORAN 2:183

IM KONTEXT

THEMA
Die fünf Säulen des Islams: Saum

WANN UND WO
622, Arabische Halbinsel

FRÜHER
5. Jh. v. Chr. Die Thora legt zum jüdischen Versöhnungsfest Jom Kippur 25 Fastenstunden fest.

1. Jh. n. Chr. Jesus fastet nach seiner Taufe 40 Tage, um sich darauf vorzubereiten, Gottes Willen auszuführen (Lukas 4:1).

SPÄTER
1918–1947 Mahatma Gandhi fastet während seines Kampfes für die indische Unabhängigkeit 17-mal: Seine längste Fastenzeit dauert 21 Tage. Für Gandhi ist das Fasten nicht nur eine spirituelle Praxis, sondern auch ein Mittel des gewaltlosen Widerstandes.

Die vierte Säule des Islams ist das Fasten (arab. *saum*). Muslime können zur spirituellen Reinigung oder als Buße für Sünden fasten. Das Fasten kann auch andere rituelle Pflichten ersetzen, die ein Muslim nicht zu erfüllen vermag. Ein Beispiel dafür gibt Sure 2:196: »Wer von euch aber krank ist [und die Pilgerfahrt nicht vollziehen kann] … der leiste Ersatz durch Fasten, Almosen oder Opfer.«

Fasten im Ramadan

Saum hat eine besondere Bedeutung im Ramadan, dem neunten Monat des islamischen Mondkalen-

Siehe auch: Mohammeds frühes Leben 22–27 ▪ Hidschra, die Flucht aus Mekka 28–31 ▪ Die fünf Säulen des Islams: Schahada 36–41 ▪ Der islamische Kalender 116–117

ders. In diesem Monat (im Jahr 610) empfing Mohammed die ersten Offenbarungen. Das erste Fastengebot wurde in der Hidschra erlassen, als die Muslime von Mekka nach Medina flohen.

In der 30-tägigen Fastenzeit im Ramadan sind alle erwachsenen Muslime dazu verpflichtet, tagsüber auf Speisen und Getränke (einschließlich Wasser) zu verzichten. Da keine Substanzen in den Körper gelangen dürfen, sind auch Rauchen und Geschlechtsverkehr verboten.

Im Streben nach Tugend sollen Muslime im Ramadan auch darauf verzichten zu fluchen, zu kämpfen und zu lästern. Das Fasten soll jedoch nicht anstrengender sein, als eine Person ertragen kann (»Gott will für euch das Leichte, das Schwere will er nicht für euch«, erklärt Sure 2:185). Ältere Menschen und Personen, die krank, schwanger oder auf Reisen sind, sollen nicht fasten – es wird jedoch erwartet, dass sie es später nachholen.

Muslime und Nichtmuslime, die in der Öffentlichkeit essen, trinken oder rauchen, können in einigen muslimischen Ländern zu Geld- und Gefängnisstrafen verurteilt werden. In anderen muslimischen Gemeinwesen geht es entspannter zu, und auch im Ramadan finden dort Kaffeehäuser ihr Publikum.

> »Das Fasten ist ein Schutz, mit dem sich der anbetend Dienende vor dem Höllenfeuer schützt.«
>
> **Der Prophet Mohammed**

Die Nacht der Bestimmung

Durch den Verzicht auf Nahrung wird der Fastende dazu ermutigt, nach innen zu schauen, über spirituelle Fragen und Unrecht, das er begangen hat, nachzudenken und sich mit dem Leid seiner Mitmenschen zu befassen. Als fromme Handlung gilt es, den Koran zu lesen – passend im Ramadan, da der Text in 30 Abschnitte *(dschuz)* unterteilt werden kann, von denen täglich einer gelesen wird.

Die 27. Nacht des Ramadans (*lailat al-qadr*, »Nacht der Bestimmung« oder »Nacht der Allmacht«) erinnert an die Nacht, in der »

Die Ramadan-Mahlzeit wird gemeinsam mit der Familie oder bei großen Versammlungen eingenommen, wie hier am Busbahnhof al-Satwa (Dubai).

Mohammed die erste Offenbarung erhielt. Sie gilt als die heiligste Nacht des Jahres, in der dem Koran zufolge ein Akt der Anbetung mehr belohnt wird als 1000 Monate Gebet (Sure 97).

Feiern im Ramadan

Muslime dürfen im Ramadan nur essen und trinken, »bis ihr im Morgengrauen einen weißen von einem schwarzen Faden unterscheiden könnt« (2:187).

Kurz vor Tagesanbruch versammeln sich die Familien zu einem Frühstück *(suhur)*, das den ganzen Tag über satt halten soll. Bei Sonnenuntergang, nach dem Abendgebet, brechen die Muslime das Fasten – wie es der Prophet vor mehr als 1400 Jahren tat – mit einem Schluck Wasser und einigen Datteln. Danach folgt das Abendessen *(iftar)*. Die Familien treffen sich zu einem gemeinsamen Festmahl, für das besondere Spezialitäten zubereitet werden, die dem Ramadan vorbehalten sind.

Moscheen, Hilfsorganisationen und Wohlhabende bauen Zelte und Tische auf, damit mittellose Muslime jeden Abend in den Genuss einer kostenlosen *iftar*-Mahlzeit kommen. In den arabischen Golfstaaten halten die Scheichs *madschalis* mit kostenlosem Essen ab. Wer es sich leisten kann, besucht die Ramadanzelte der Fünf-Sterne-Hotels, in denen üppige und teure Speisen serviert werden.

Gleichzeitig sind die Ramadan-Abende mit Shopping und Fernsehen ausgefüllt. Viele Sender zeigen ihre größten Shows im Ramadan, z. B. Seifenopern und Spielshows mit hohen Geldpreisen. Viele strenggläubige Muslime klagen über die Kommerzialisierung des heiligen Monats.

Das Ende der Fastenzeit wird mit einem dreitägigen Fest begangen, dem *eid al-fitr* (Fest des Fastenbrechens, Zuckerfest), in muslimischen Staaten Nationalfeiertage.

Das *eid al-fitr* ist ein bedeutender Anlass, der mit Festmahlen und

> »Die Nacht der Bestimmung ist besser als tausend Monate.«
>
> **Koran 97:3**

> »Es gibt Menschen, die fasten und von ihrem Fasten nichts haben außer Hunger.«
>
> **Der Prophet Mohammed**

Geschenken gefeiert wird. Kinder erhalten Kleidung und Süßigkeiten. In muslimischen Staaten werden die Festlichkeiten auch an öffentlichen Orten begangen, und es wird viel gegessen (nun tagsüber statt nachts).

Die Ursprünge des Ramadans

Obwohl sich viele Ramadan-Bräuche erst im Laufe der Zeit entwickelt haben, liegen die Ursprünge des Fastens im Koran. Die zweite Sure gebietet:

Oh ihr, die ihr glaubt! Das Fasten ist euch vorgeschrieben,
so wie es denen vorgeschrieben war, die vor euch waren …
an abgezählten Tagen.
Doch wer von euch erkrankt oder auf Reisen ist,
für den ist eine Anzahl anderer Tage möglich.
Für jene, die es vermögen, ist die Armenspeisung ein Ersatz.
Wer aus eigenem Antrieb Gutes tut, dem kommt es selbst zugute.
Und dass ihr fastet, das ist gut für euch, sofern ihr Wissen habt.
(2:183–184)

Diese Passage verdeutlicht, dass der Ramadan den Islam mit Juden- und Christentum verbindet, den beiden anderen Buchreligionen, die ebenfalls Fastenzeiten und anschließende Feiertage kennen.

Dennoch hat der Ramadan einen ganz eigenen Charakter und ist typisch islamisch. Er wird anders zelebriert als die freudlose Fastenzeit des Christentums oder der Jom Kippur im Judentum. Obwohl der Ramadan eine Zeit spiritueller Disziplin, persönlicher Selbstbesinnung und Reinigung ist, soll er aber auch fröhlich sein. Deshalb kommen die Muslime jeden Abend zu gemeinsamen Mahlzeiten zusammen, um das Fasten zu brechen.

Der Ramadan dient aber auch noch einem anderen Zweck. In diesem Monat fand die Schlacht von Badr statt. Ali und sein Sohn Husain wurden geboren, Chadidscha, die erste Frau des Propheten, starb, und Mekka wurde erobert. Der durch den Ramadan bestärkte Gemeinschaftssinn festigt die muslimische Identität, indem er die Muslime an die Geschichte ihrer Religion erinnert. ■

Ramadan-Laternen *(fanous)* kamen im Kairo der Fatimidenzeit auf und sind auch heute noch eine beliebte Tradition.

Die Ramadan-Spezialitäten variieren von Land zu Land, oft gehören aber Dattelkuchen *(kahk)* dazu, die zum *eid al-fitr* gegessen werden.

Flexible Fastenzeiten

Aufgrund des islamischen Mondkalenders beginnt der Ramadan im Vergleich zum Gregorianischen Kalender jedes Jahr 11 Tage früher als im Jahr zuvor. Wenn der Ramadan in die heißen Julitage fällt, ist das Fasten anstrengender. (Die arabische Wurzel *alramad* bedeutet »sengende Hitze«).

Auch die Dauer von Sonnenauf- bis Sonnenuntergang variiert. Während die meisten Muslime 11 bis 16 Stunden fasten, können im Polarkreis zwischen Morgengrauen und Dämmerung über 22 Stunden liegen. Bis vor Kurzem gab es keine muslimischen Gemeinschaften in der Arktis, dies hat sich mit der globalen Migration jedoch geändert. Da es unmöglich ist, sich an die strengen Regeln zu halten, mussten die Muslime andere Wege finden, um die Fastenzeiten festzulegen – z. B. Fasten in den Stunden, die dem nächstgelegenen islamischen Land entsprechen, oder die Synchronisierung der Fastenzeiten mit Mekka.

O ALLĀH, DA BIN ICH EILEND ZU DIR GEKOMMEN; DA BIN ICH

TALBIYA (PILGERGEBET)

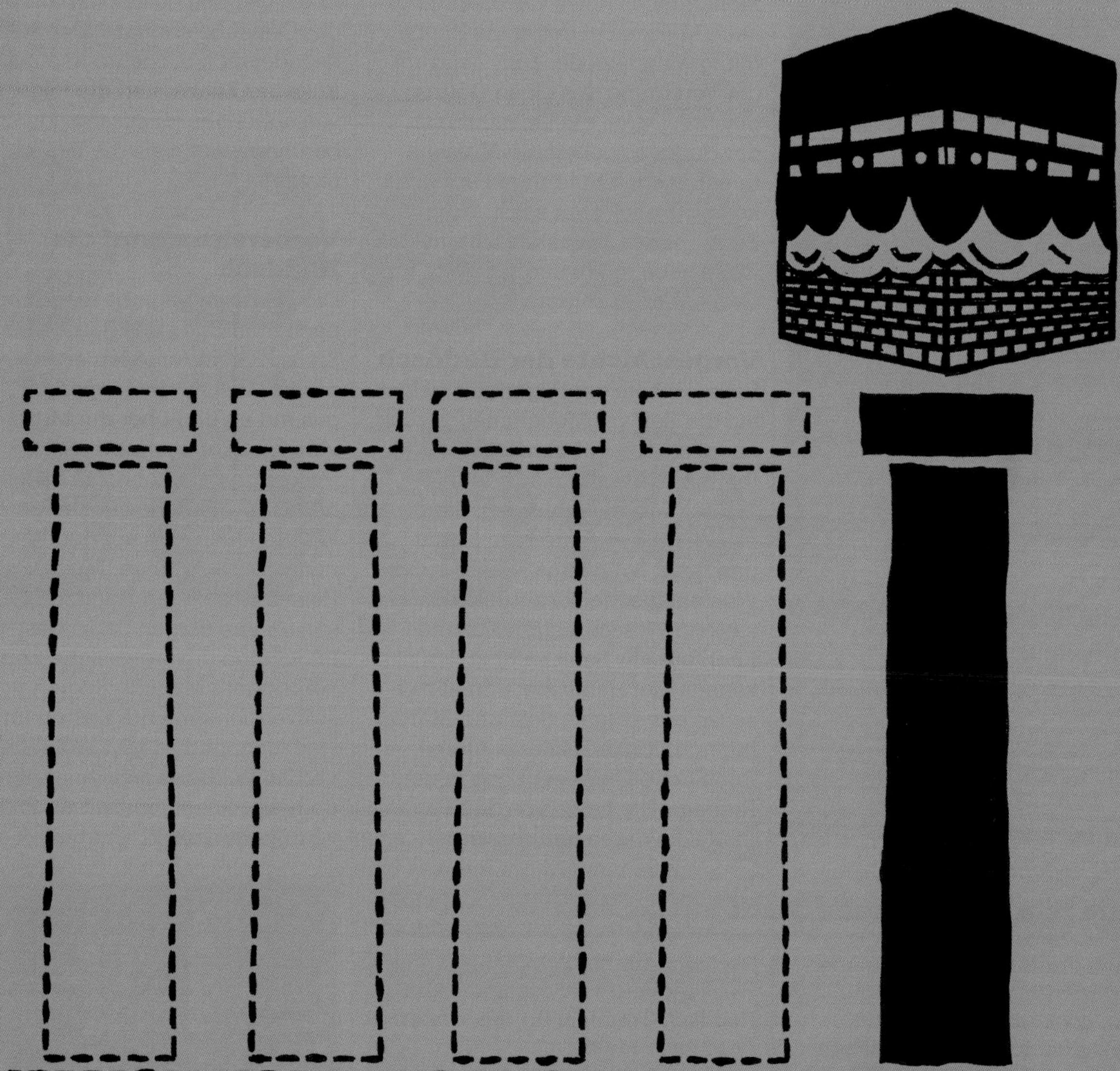

MOHAMMED IST NICHTS ALS EIN GESANDTER, DEM ANDERE GESANDTE VORAUSGEGANGEN SIND

KORAN 3:144

IM KONTEXT

THEMA
Der Tod des Propheten

WANN UND WO
632, Medina

FRÜHER
632 Mohammed hält seine Abschiedspredigt am Berg Arafat und erinnert seine Anhänger daran, freundlich miteinander umzugehen und auf Blutfehden zu verzichten.

SPÄTER
632 Die Umma wählt Abu Bakr, den Schwiegervater des Propheten, zum ersten Kalifen und Führer der Muslime.

634–656 Abu Bakr wird als Kalif abgelöst von Umar und Uthman und schließlich von Ali, dem Cousin und Schwiegersohn Mohammeds.

661 Ali, der letzte der vier »rechtgeleiteten Kalifen«, wird ermordet. Das darauffolgende Zerwürfnis spaltet den Islam in Sunniten und Schiiten.

Nach der Eroberung Mekkas (630) kehrte Mohammed nach Medina zurück. Er festigte seine Macht in Arabien, indem er Allianzen schuf und neue Muslime bekehrte. 632 unternahm der Prophet seine Abschiedspilgerreise nach Mekka und schuf damit ein Vorbild für die spätere Haddsch. Im März desselben Jahres hielt er seine Abschiedspredigt, in der er die Muslime aufforderte, die Lehren des Korans zu befolgen. Kurze Zeit später kehrte er nach Medina zurück. Im Sommer 632 erkrankte er und zog sich mit seiner Lieblingsfrau Aischa in sein Haus zurück. Die Tradition besagt, dass er, fiebernd und schwach, seinen Kopf auf ihren Schoß legte und starb.

Umar ibn al-Chattab, ein enger Gefährte Mohammeds, war so schockiert, dass er nicht an den Tod des Propheten glaubte und behauptete, er würde nach 40 Tagen zurückkehren, so wie Moses nach seinem Zusammentreffen mit Gott zu seinem Volk zurückgekehrt war. Abu Bakr, Mohammeds Schwiegervater, erinnerte Umar daran, dass Mohammed sie stets davor gewarnt hatte, ihn so zu verehren, wie die Christen Jesus verehrten; er sei kein Gott, sondern ein Sterblicher gewesen. Seinen Tod zu leugnen, bedeute, die Wahrheit zu leugnen.

> »Wer Mohammed angebetet hat, der wisse, dass er gestorben ist, wer aber Gott anbetet, nun der lebt noch und wird nie sterben.«
>
> **Abu Bakr**
> (573–634)

Von der Ablehnung zur Annahme des Islams

Abu Bakr sprach in der Moschee neben Mohammeds Haus zur muslimischen Gemeinde und bestätigte, dass der Prophet verstorben sei. »Wer Mohammed angebetet hat, der wisse, dass er gestorben ist, wer aber Gott anbetet, nun der lebt noch und wird nie sterben.« Dann rezitierte er Vers 3:144 aus dem Koran, der dem Propheten nach der Schlacht von Uhud offenbart wurde.

Die Muslime hatten in Uhud so schwere Verluste erlitten, dass

Siehe auch: Mohammeds frühes Leben 22–27 ▪ Die Nachfolger des Propheten 102–103 ▪ Die rechtgeleiteten Kalifen 104–107 ▪ Die Kalifate der Umayyaden und Abbasiden 136–139

Mohammeds Grab in seiner Moschee in Medina liegt hinter Schutzwänden verborgen. Der Schrein wird im Rahmen der Haddsch von unzähligen Pilgern besucht.

man munkelte, auch Mohammed sei getötet worden. Vers 3:144 versichert:

Mohammed ist nichts als ein Gesandter,
dem andere Gesandte vorausgegangen sind.
Wenn er nun stirbt oder getötet wird,
macht ihr dann etwa auf eurem Absatz kehrt?
Wer auf seinem Absatz kehrt macht, der wird Gott keinen Schaden antun.
Den Dankbaren jedoch wird Gott vergelten.

Als Umar diese Worte hörte, akzeptierte er Mohammeds Tod.

Der Islam nach Mohammed

Der Schock über Mohammeds Tod saß tief. Er hatte jeden Schritt seiner Anhänger geleitet. Doch er hinterließ nicht nur Richtlinien, nach denen die Muslime leben sollten, sondern eine politisch starke Gemeinschaft, die im Glauben verbunden war. Nach der Hidschra hatte sich die Gemeinde, die Mohammed in Medina um sich scharte, stark vergrößert. Die Muslime beherrschten fast ganz Arabien und hatten Frieden unter die Stämme gebracht. Mohammed hatte eine Gemeinschaft aufgebaut, die sein Vermächtnis bewahren und darauf aufbauen konnte.

Obwohl man sich uneinig war, wie es weitergehen und wer die Nachfolge des Propheten antreten sollte, blieb die Umma stark. Das lag vor allem daran, dass Mohammed keine politische Macht, sondern eine gerechte Gesellschaft angestrebt hatte. Er war kein Gott, sondern ein Mensch, und lieferte damit ein Vorbild für alle Muslime. ■

Die grüne Kuppel

Nach Mohammeds Tod war unklar, wo er begraben werden sollte. Einige schlugen vor, ihn in Mekka – dort, wo seine Verwandten lebten – beizusetzen. Andere wollten ihn in Jerusalem beerdigen, wo sich die Gräber früherer Propheten befanden. Schließlich einigte man sich darauf, ihn in Medina beizusetzen. Einige meinten, er solle in der Moschee begraben werden, in der er gepredigt hatte, aber Abu Bakr sagte, Mohammed habe geäußert, Propheten sollten dort begraben werden, wo sie sterben. Der Prophet wurde also unter seinem Bett in Aischas Haus (neben der Moschee) begraben.

In der Regierungszeit des Kalifen Walid (reg. 705–715) wurde die Moschee des Propheten *(al-masdschid an-nabawi)* so umgebaut, dass sie das Grab Mohammeds umschloss. Im Laufe der Jahre wurde sie immer weiter ausgebaut, vor allem in der Epoche des Mamlukensultans Qayit-Bey (reg. 1468–1496). Heute markiert eine grüne Kuppel den Ort der letzten Ruhestätte Mohammeds.

WAS SIND DAS HIER FÜR GÖTTERBILDER, DIE IHR VEREHRT?

KORAN 21:52

IM KONTEXT

THEMA
Die (bildliche) Darstellung des Propheten

WANN UND WO
630, Mekka

FRÜHER
Seit 500 v. Chr. Im Judentum ist das einzige Abbild Gottes der Mensch. Da Gott keine sichtbare Gestalt hat, ist es absurd, Bilder von ihm zu schaffen oder anzubeten.

3.–4. Jh. n. Chr. Obwohl die Bibel Götzenbilder verbietet, beginnen die frühen Christen, Jesus und die Heiligen auf christlichen Fresken und Mosaiken figürlich darzustellen.

SPÄTER
Heute Auch im Medienzeitalter halten die Muslime an dem Verbot fest, Gott oder den Propheten bildlich darzustellen.

Ein Grundsatz des Islams ist die Einheit Gottes. Diesen Glaubenssatz zu verletzen – sei es, indem man andere Götter anbetet oder behauptet, Gott sei nicht eins, oder etwas kreiert, das ihn repräsentiert –, stellt die größte Sünde dar. Zwischen Mensch und Gott soll nichts stehen.

Der Koran verbietet Darstellungen Gottes nicht grundsätzlich, doch die Muslime versuchten die bildliche Darstellung Gottes zu verhindern, um Götzenanbetung zu vermeiden. Dieses Verbot gilt auch für die Darstellung Mohammeds und aller anderen Propheten des Islams. Hier reagierten die Muslime auf die Christen, die sie für irregeleitet hielten, weil sie Jesus als göttliches Wesen ansahen. Mohammed befürchtete, dass die Menschen ihn anbeten würden, sollten sie Bilder seines Gesichts sehen.

> »Der Gesandte Allāhs […] hatte weder eine außergewöhnliche Körpergröße noch war er klein.«
>
> **Ali ibn Abi Talib**
> Mohammeds Cousin und Schwiegersohn
> (599–661)

Zur Rechtfertigung des Verbots wird oft ein Hadith zitiert, in dem der Prophet warnte: »Wahrlich, diejenigen, die diese Bilder gemacht haben, werden am Tage der Auferstehung bestraft. Zu ihnen wird gesagt werden: Macht das lebendig, was ihr geschaffen habt!« Ein Mensch, der versucht, ein Abbild Gottes zu schaffen, spielt demnach Gott und ist zum Scheitern verurteilt.

Manchmal nimmt das Verbot extreme Formen an, wie im Fall der Buddhas von Bamiyan (Afghanistan). Die kolossalen Statuen wurden im 6./7. Jahrhundert in einen Felsen gehauen. Unter muslimischer Herrschaft unangetastet, wurden sie 2001 von den Taliban gesprengt. Der Taliban-Führer Mullah Omar sagte, er habe die Statuen aus Protest gegen die mangelnde globale Sorge um das Wohlergehen Afghanistans abreißen lassen, in anderen Quellen lobte er die Tat jedoch als Götzenzerstörung.

Siehe auch: Die Entstehung des schiitischen Islams 108–115 ▪ Die religiöse Kunst der islamischen Kalligrafie 190–191 ▪ Islamische Kunst und Architektur 194–201

Islamische Gebäude sind oft mit religiösen Kalligrafien verziert, wie diese Moschee in Istanbul (Türkei).

» Wahrlich, diejenigen, die diese Bilder gemacht haben, werden am Tage der Auferstehung bestraft. «

Der Prophet Mohammed

Ein verschleiertes oder flammendes Gesicht

Der sogenannte Islamische Staat (IS) denkt ähnlich wie die Taliban: Er zerstörte Baudenkmäler in Syrien und schockierte damit die Welt. Solche Ansichten sind nicht repräsentativ für den Islam. Zu Lebzeiten Mohammeds war die Einstellung zu Bildnissen unklar: So kritisierte der Prophet einen Wandteppich seiner Frau Aischa, weil darin Bilder eingenäht waren; als sie aus dem Wandteppich Kissenbezüge nähte, sagte er jedoch nichts.

Nach der Eroberung Mekkas wurden alle Götzen aus der Kaaba entfernt und zerstört. Ein Gemälde von Maria und Jesus ließ Mohammed jedoch intakt, weil er respektierte, dass es von Wert für die Christen war. Es gibt viele Beispiele dafür, dass die Muslime religiöse Porträts ablehnen, aber es gibt auch Beispiele dafür, dass sie einen Hang zu solchen Bildern haben, einhergehend mit dem Argument, dass diese Vorliebe keinen Götzendienst darstellt. Wie andere Weltreligionen auch hat der Islam eine komplexe Theologie religiöser Kunst.

Die Schiiten waren schon immer offener für Bildnisse von Mohammed. Der Prophet wurde – unter sunnitischen und schiitischen Herrschern – auf vielen persischen Miniaturen dargestellt. Abgesehen von wenigen Ausnahmen wird das Gesicht des Propheten verschleiert oder symbolisch als Flamme dargestellt, um ihm Ehre zu erweisen.

Auch heute achten viele Muslime darauf, das Gesicht des Propheten nicht bildlich darzustellen. Nichtmuslime, die versuchen, Mohammed künstlerisch darzustellen, werden von Muslimen als respektlos empfunden. ▪

Die *Jyllands-Posten*-Affäre

2005 veröffentlichte die dänische Tageszeitung *Jyllands-Posten* unter dem Titel »Muhammeds ansigt« (Das Gesicht Mohammeds) zwölf Karikaturen. Die meisten zeigten Mohammed, einige der Zeichnungen waren sehr provokativ. Wie der Herausgeber der Zeitung klarstellte, waren sie als Satire auf die Kritikresistenz der Muslime gedacht.

Islamische Glaubensführer forderten eine Entschuldigung, da die Karikaturen zu Protesten, Unruhen und später sogar zu Terroranschlägen in Paris und Kopenhagen führten.

Kommentatoren verglichen die Karikaturen damals mit der Flaggenverbrennung in den USA. Sie stellten fest, dass viele Amerikaner für ein Verbot der Flaggenverbrennung sind, weil sie darin einen Angriff auf ihre Identität und auf ganz Amerika sehen. Die Muslime denken genauso, wenn Sie den Eindruck gewinnen, dass ihr Prophet missachtet wird.

DER KOR

AN

Al-fatiha, die Eröffnungssure des Korans, ist ein Kerntext des Islams. Sie wird bei den täglichen Gebeten rezitiert; der erste Vers der *al-fatiha* eröffnet – bis auf eine – jede Sure des Korans.

↑

DIE ERÖFFNUNG

Sure 4, ***an-nisa*** (»Die Frauen«), enthält legislative Verse zur Regelung von Beziehungen und Ehen.

↑

DIE FRAUEN

Die 12. Sure, ***Joseph,*** erzählt von der Misshandlung des Propheten Joseph durch seine Brüder und seinem Leben in Ägypten.

↑

JOSEPH

Sure 36, ***ya-sin,*** ist nach den Buchstaben benannt, mit denen sie beginnt: *Y (ya)* und *S (sin)*. Sie definiert den Koran als göttlichen Ursprungs.

↑

YA-SIN

DIE KUH

↓

Sure 2, ***al-baqara,*** ist die längste Koransure (286 Verse). Sie enthält die Geschichte der Kuh, die Gott von seinem Volk als Opfer forderte, als Moses es aus Ägypten herausführte.

DIE BUSSE

↓

Sure 9, ***at-tauba,*** ist die einzige Koransure, die nicht mit dem Vers »Im Namen Gottes, des barmherzigen Erbarmers« eröffnet wird.

DIE HÖHLE

↓

Sure 18, ***al-kahf,*** erzählt die Geschichte der Höhlenschläfer, die 300 Jahre in einer Höhle schlafen, um religiöser Verfolgung zu entgehen.

DER PRUNK

↓

Sure 43, ***az-zuchruf,*** mahnt, dass die Güte Gottes nicht in materiellem Reichtum liegt, sondern im Glauben und in Gottesliebe.

Mohammed erhielt die ersten Offenbarungen des Korans durch den Engel Dschibril im Jahr 610; in den kommenden 23 Jahren folgten viele weitere Offenbarungen. Während dieser Zeit floh der Prophet nach Medina, eroberte später Mekka und verbrachte seine letzten Jahre wieder in Medina – während er immer neue göttliche Botschaften empfing. Die Offenbarungen wurden Mohammed Vers für Vers und Sure für Sure übermittelt, und er gab sie an seine kleine Gemeinde weiter.

Ein Buch wie kein anderes

Der Koran ist schwer zu beschreiben, weil er auf verschiedenen Ebenen wirkt. In erster Linie ist er ein Bericht über Gott, der Quelle der gesamten Schöpfung. Aber er enthält auch Geschichten von den Patriarchen und Propheten der hebräischen Bibel und des Alten Testaments. Darüber hinaus enthält der Koran Vorschriften für das gesellschaftliche Leben, Gebete zu Gott und eine Beschreibung über die Entstehung des Universums.

Er ist eine Schrift für die Araber in ihrer eigenen Sprache; der Text ist elegant, poetisch und berührt den Leser durch seine Schönheit. Der Sprecher ist durchweg Gott: Er wendet sich direkt an den Leser und zeigt seine Barmherzigkeit, stellt aber auch harte Strafen für diejenigen in Aussicht, die vom geraden Weg des Glaubens abweichen.

Mohammeds Anhänger lernten die Offenbarungen auswendig und schrieben sie auf alles nieder, was ihnen in die Hände kam: Palmwedel, Pergament und sogar Kamelknochen.

Nach dem Tod des Propheten wurden diese Fragmente gesammelt und kodifiziert. Handschriftliche Koranexemplare wurden dann in das gesamte sich schnell vergrößernde islamische Reich verschickt.

120 Jahre nach der ersten Offenbarung hatte sich der Koran zum kulturellen, geistigen und gesellschaftspolitischen Bezugspunkt einer Zivilisation entwickelt, die sich von der Iberischen Halbinsel im Westen bis zum indischen Subkontinent im Osten erstreckte.

Die wichtigste Botschaft

Trotz unterschiedlicher Denkweisen sind sich alle Muslime welt-

DER BARMHERZIGE

Sure 55, ***ar-rahman,*** tadelt die Menschen für ihre Undankbarkeit gegenüber Gott, der sie mit einer Fülle von Segnungen überhäuft.

ER BLICKTE FINSTER DREIN

Sure 80, ***abasa,*** wurde dem Propheten offenbart, nachdem er sich von einem Blinden abgewandt hatte, der seine Predigt unterbrach.

DAS BEBEN

Die dramatische 99. Sure, ***az-zalzala,*** befasst sich mit dem Jüngsten Tag, an dem die Erde schreckliche Erdbeben und andere Katastrophen erleiden wird.

DAS FRÜHLICHT

Sure 113, ***al-falaq,*** ist ein kurzes Kapitel, das (oft zusammen mit der 114. Sure) rezitiert wird, um Gottes Schutz vor Sünden anzurufen.

DAS HEREINBRECHEN

Sure 56 mit dem geheimnisvollen Namen ***al-waqi'a*** enthält Hinweise auf den unausweichlichen Weltuntergang.

DAS GERONNENE

Die ersten fünf Verse der 96. Sure, ***al-alaq,*** waren die ersten, die Mohammed offenbart wurden; sie markieren den Beginn seiner prophetischen Mission.

DIE TREUE HINGABE

Sure 112, ***al-ichlas,*** ist den meisten Muslimen vertraut. Ihre vier Verse bekräftigen die Einheit und das Einssein *(tauhid)* Gottes.

DIE MENSCHEN

An-nas ist die 114. und letzte Sure des Korans. Sie bittet Gott um Schutz vor bösen Menschen und Geistern.

weit einig: Die zentrale Botschaft des Korans ist die göttliche Einheit *(tauhid)*.

Der Koran präsentiert sich als Buch für jene, die »an das Verborgene glauben«. Seine zentrale Botschaft ist nicht die Existenz, sondern die Einheit Gottes: Der Koran beweist nicht die Existenz des Schöpfers, sondern zeigt auf, dass niemand Gott ebenbürtig ist. Gott allein schuf das Universum und hält seine schützende Hand über die Welt mit all ihren Geschöpfen.

Die Einheit Gottes und die Ablehnung der Idee, dass die Natur oder der Zufall an der Schöpfung beteiligt sind, bilden den Schlüssel zum Verständnis des Korans. Sämtliche Lehren des heiligen Buches – ob Recht, Theologie, Philosophie oder politische Theorien betreffend – sind vom Geist der göttlichen Einheit durchdrungen.

Im Zentrum des Korans steht auch soziale Gerechtigkeit. Die Muslime sollen den Bedürftigen helfen, Gerechtigkeit und Mitgefühl zeigen, Almosen geben und in Solidarität mit den Hungernden fasten. Diese Praktiken sollen dazu beitragen, eine stabile und beständige Gesellschaft zu schaffen. Mohammed wollte keine neue Religion begründen. Er erinnerte die Araber lediglich an ihren alten Glauben an Gott und an die Zeit, als alle Menschen gerecht behandelt wurden.

Das lebendige Wort Gottes

Der Koran steht im Zentrum des Islams und ist für Muslime so bedeutend wie Jesus für die Christen. Jesus wird in der christlichen Bibel als »das fleischgewordene Wort« beschrieben. Für Muslime ist der Koran das ewig lebendige Wort Gottes, das sich nicht nur im heiligen Buch, sondern auch in der Natur und im Gefüge des Universums offenbart, die der Koran reflektiert.

Die Muslime glauben, dass der Koran dem Propheten offenbart wurde, um den Menschen ihre Rolle auf Erden zu zeigen, damit sie verstehen, warum sie hier sind. Der Koran gilt also als göttliche Hilfe, den Menschen gesandt, um das Rätsel ihrer Existenz zu lösen. Als Wort Gottes wurde er vor 1400 Jahren zunächst nur von einem einzigen Mann in Arabien anerkannt, und heute folgt ihm darin ein Drittel der Menschheit. ■

DIES IST DAS BUCH, IN DEM KEIN ZWEIFEL IST

KORAN 2:2

IM KONTEXT

THEMA
Die Korankompilation

MEHR ZUM THEMA
Sure 2, »Die Kuh« *(al-baqara),* erklärt: »Dies ist das Buch, in dem kein Zweifel ist.« Nach ihr ist der Koran beständig, makellos, unveränderlich und einzigartig.

Sure 10, »Jona« *(Yunus),* beginnt mit einem Disput zwischen den Muslimen und ihren Gegnern, die Mohammed unterstellen, er habe die Offenbarungen erfunden: »Bring eine andere Lesung als diese herbei, oder tausche sie um!« (10:15). Als Antwort folgt, dass der Koran Gottes Wort und unveränderlich ist.

In Sure 25, »Die Offenbarung« *(al-furqan),* fragen Ungläubige, warum der Koran nicht in einem Stück offenbart wurde; die Antwort lautet: »Das geschah so, um mit ihm dein Herz zu stärken« (25:32).

Für Muslime steht fest, dass der Koran dem Propheten durch göttliche Offenbarungen eingegeben wurde. Die Offenbarungen begannen, als Mohammed 40 Jahre alt war, und dauerten bis zu seinem Lebensende an. Unsicher ist, wann die Offenbarungen aufgeschrieben wurden und wann der Koran vorlag, den wir heute kennen.

Viele muslimische Gelehrte glauben, dass der Koran bereits zu Mohammeds Lebenszeit verschriftlicht wurde. Mohammed habe die Verse – während sie ihm offenbart wurden – seinen Anhängern rezitiert, die seine Worte dann aufschrieben. Laut Koran war Mohammed Analphabet – in mehreren Versen steht, dass der Prophet »schriftunkundig« war (z. B. 7:157 und 7:158). Einige Gelehrte verweisen darauf, dass der Prophet am Ende seines Lebens erklärte: »Ich hinterlasse euch zwei wichtige Dinge … das Buch Gottes und meine Sunna«. Diese Aussage sollte symbolisch betrachtet werden: Das »Buch« lag wahrscheinlich nur als Korpus mündlicher Offenbarungen vor, war aber noch nicht kompiliert.

Frühe Koranfragmente wie dieses aus dem 8. Jh., das in Sanaa (Jemen) gefunden wurde, sind inhaltlich identisch mit dem Koran, den wir heute kennen.

Diese Sicht wird von dem Schreiber Zaid ibn Thabit bestätigt. Er war einer jener Muslime, die Mohammed selbst dazu auserwählt hatte, die Offenbarungen auswendig zu lernen, um sie rezitieren zu können, und aufzuschreiben.

Ibn Thabit bestätigte, dass der Koran zu Mohammeds Lebzeiten noch nicht »vollständig zu einem Buch zusammengetragen« war.

Dass er »zusammentragen« und nicht »geschrieben« sagte,

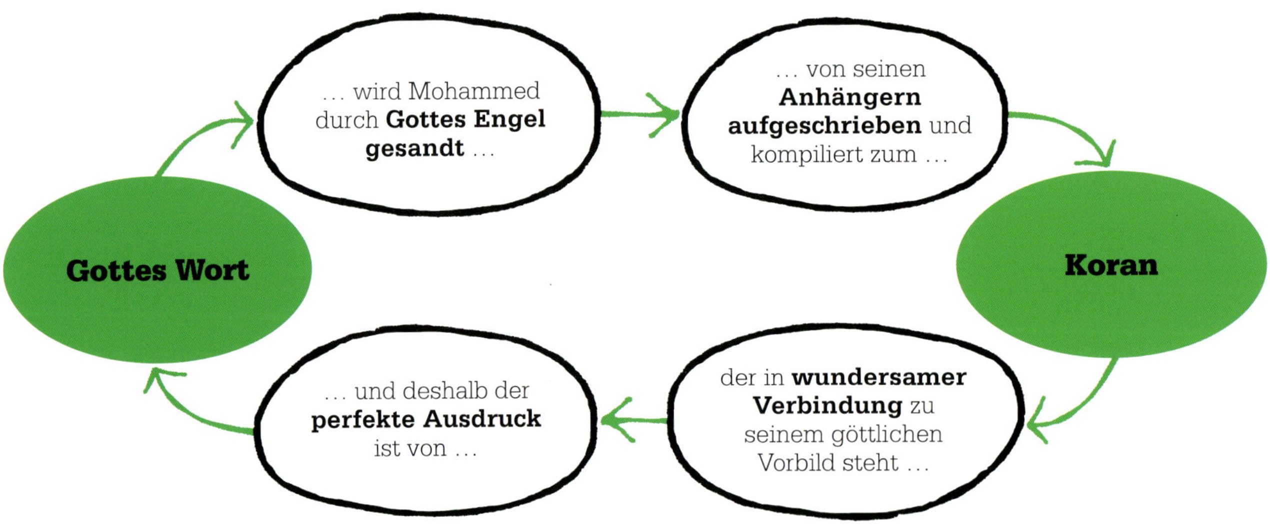

Siehe auch: Mohammeds frühes Leben 22–27 ▪ Der Tod des Propheten 56–57 ▪ Der Aufbau des Korans 70–75 ▪ Die rechtgeleiteten Kalifen 104–107

mag darauf hindeuten, dass einzelne Teile des Korans vielleicht bereits in Schriftform existierten, aber wohl noch nicht Kapitel für Kapitel in eine feste Reihenfolge gebracht in einem fertigen Buch vorlagen. Vielleicht galt der Koran zu Lebzeiten des Propheten als »ein in Arbeit befindliches Werk«. Mohammed wurden immer wieder neue Verse und auch ganze Kapitel offenbart, und er konnte nicht wissen, wann seine Mission beendet sein würde.

Sammlung und Kompilation

Als Katalysator für die Entscheidung, den Koran zusammenzutragen und aufzuschreiben, wirkte die Schlacht von Yamama, die kurz nach Mohammeds Tod im Jahr 632 stattfand. In dieser Schlacht triumphierten die Muslime über den Stamm der Banu Hanifa, deren Führer Mohammed nacheiferte und sich ebenfalls zum neuen Propheten erklärt hatte. Viele der Gefährten Mohammeds starben in dieser Schlacht, darunter zahlreiche Rezitatoren *(qurra)*, die im Auftrag des Propheten die göttlichen Offenbarungen auswendig gelernt hatten, um sie unter den Muslimen zu verbreiten.

Die Muslime fürchteten, der Verlust so vieler *qurra* könne den Fortbestand des Korans in Gefahr bringen, und so beschlossen die Führer der Umma, den Koran zusammenzutragen und aufzuschreiben. Verschiedene historische Quellen berichten, wie und unter wessen Leitung dies geschah. Hafsa, eine der Witwen des Propheten, soll viele lose Blätter der heiligen Schrift besessen haben. Die muslimischen Führer riefen alle, die im Besitz von Koranversen waren, dazu auf, diese Texte vorzulegen. So kamen Koranverse zusammen, die auf Tontafeln, Palmwedeln und sogar Tierknochen notiert waren. Das gesamte Material wurde einem Kompilationskomitee übergeben, das aus vier (einige Quellen sprechen von fünf) hochrangigen Weggefährten des Propheten bestand. Sie erhielten den Auftrag, die Texte zu kopieren und mit den Rezitationen der *qurra* zu vergleichen. Jeder Vers wurde durch das mündliche Zeugnis von mindestens zwei *qurra* validiert. Verse, die nur mündlich überliefert waren, wurden einer genauen Prüfung unterzogen.

> »Diese Lesung hier, sie ist doch nicht ersonnen – ganz ohne Gottes Zutun.«
>
> **Koran 10:37**

Die Reihenfolge der Texte hatte der Überlieferung zufolge noch der Prophet selbst festgelegt: Mohammed wies bei jeder neuen Offenbarung darauf hin, welchen Stellenwert diese im Verhältnis zu den früheren hatte. Diese Reihenfolge wurde zu Lebezeiten des Propheten beachtet, wenn man die Texte im Gebet rezitierte, und später wurde sie der Kompilation zugrunde gelegt.

Der Kodex

Nach seiner Fertigstellung wurde der Kodex (ein aus losen Blättern zusammengesetztes Buch) in die Verwahrung von Abu Bakr – dem ersten Kalifen der islamischen Gemeinschaft nach dem Tod des Propheten – gegeben. Abu Bakr übergab den Kodex seinem Nachfolger Umar. »

Das Wort »Koran«

Die genaue Bedeutung des Wortes »Koran« (arab.: *quran*) ist unbekannt. Vier mögliche Wurzeln werden diskutiert: Die erste ist die Wortwurzel *qaraa* (dt. »sammeln« oder »zusammenstellen«). In dieser Bedeutung ist der Koran ein Buch, das unter dem Schutz Gottes zusammengestellt wurde.

Die zweite Wortwurzel, *qarana* (»Vereinigung« oder »Verbindung«), bezieht sich auf das Verbinden von Buchstaben zu Wörtern, von Wörtern zu Versen und von Versen zu Kapiteln.

Die dritte Wortwurzel ist *qarain* (»Symbol« oder »Beweis«). Im Kontext des Korans wird dieses Wort als Hinweis darauf verstanden, dass ein Vers andere Verse erläutert und Argumente für weitere Verse liefert.

Die vierte – und anerkannteste – Wurzel, *qiraat* (»Rezitation«), gilt als am wahrscheinlichsten, da der Koran eine Abfolge von Rezitationen ist.

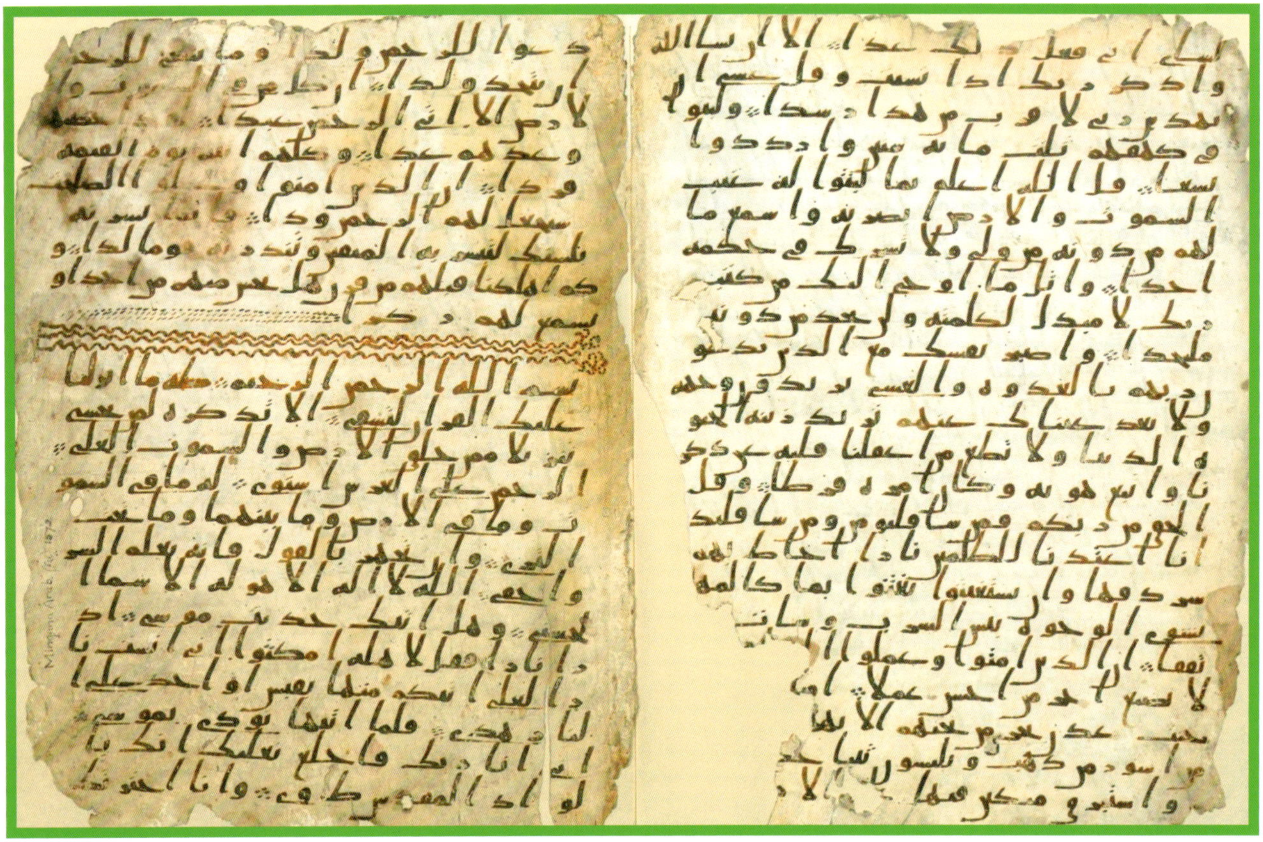

Der Birmingham-Koran ist kein Buch, sondern ein zweiseitiges Manuskript aus Koranfragmenten. Eine Radiokarbondatierung hat ergeben, dass der Text aus Mohammeds Lebenszeit stammt.

» Wir haben es in eine Lesung aufgeteilt, damit du sie den Menschen vorträgst mit Bedachtsamkeit. «

Koran 17:106

Während der zehnjährigen Herrschaft Umars verbreitete sich der Islam weit über die Grenzen Arabiens hinaus.

Im Zuge der islamischen Expansion entsandte Umar korankundige Gefährten des Propeten zur Verbreitung von Gottes Wort. So reisten allein zehn Gefährten nach Basra (Irak), ein älterer Gefährte namens Ibn Masud begab sich nach Kufa (Irak), und andere machten sich auf den Weg nach Damaskus (Syrien). Einer Überlieferung zufolge wurden auch Gefährten in den Jemen und nach Bahrain entsandt.

Der uthmanische Kodex

Unter Umars Nachfolger Uthman wurde die muslimische Nation größer und vielfältiger: Die Konvertiten aus den neu eroberten Gebieten kamen aus vielen Provinzen, Völkern und Stämmen. Sie rezitierten den Koran in arabischen Dialekten oder schlechtem Arabisch (wenn es nicht ihre Muttersprache war). Dadurch schlichen sich Unterschiede in der Aussprache der Rezitationen ein, was zu Disputen über die korrekte Bedeutung der Koranverse führte.

Die muslimischen Ältesten erkannten bald, dass darin eine große Gefahr lag: Diese Diskrepanzen würden langfristig die Einheit der islamischen Gemeinschaft gefährden. So beschloss Uthman schließlich im Jahr 653, das Problem zu lösen, bevor es außer Kontrolle geriet. Überlieferungen zufolge ließ er Kopien von dem Originalkodex aus der Zeit Abu Bakrs anfertigen. Diese Kopien wurden im Dialekt des mekkanischen Stammes der Quraisch niedergeschrieben.

Ein Exemplar dieser revidierten Ausgabe wurde in Medina aufbewahrt, die anderen in jeden Winkel des muslimischen Reiches verschickt, zusammen mit dem Befehl, alle anderen Koranmanuskripte und -fragmente zu verbrennen.

Das ewige Buch

Die meisten islamischen Gelehrten akzeptieren, dass Abu Bakr den Koran zusammenstellte und Uthman ein verbindliches Buch daraus schuf.

Einige westliche Wissenschaftler vermuten hingegen, dass die Standardisierung des Korans erst zu einem viel späteren Zeitpunkt stattfand. In den 1970er-Jahren behauptete John Wansbrough von der Londoner School of Oriental and African Studies (SOAS), dass der Koran nicht zur Zeit des Propheten, sondern über einen Zeitraum von 200 Jahren kompiliert wurde. Der Historiker Michael Cook und seine Kollegin Patricia Crone stellen in ihrem Buch *Hagarism: The Making of the Islamic World* (1977) die Authentizität der muslimischen Überlieferungen zum Aufstieg des Islams infrage.

Eine Radiokarbonmessung früher Koranfragmente, die vor Kurzem von der Universität Birmingham (Großbritannien) durchgeführt wurde, scheint die traditionelle Sichtweise jedoch zu bestätigen. Die Messung hat ergeben, dass die Pergamente mit 95-prozentiger Genauigkeit aus der Zeit zwischen 568 und 645 – also aus der Lebenszeit des Propheten Mohammed – stammen.

Die Datierung wird zudem dadurch gestützt, dass der Koran keine Ereignisse aus der Zeit nach Mohammeds Tod erwähnt. Der Uthmanische Koran gilt deshalb als das Buch, das die gesammelten Offenbarungen enthält, wie sie dem Propheten von Gott übermittelt wurden. Er ist seit 1400 Jahren unverändert und besteht immer aus denselben 114 Kapiteln und 6200 Versen, die stets in derselben Reihenfolge angeordnet sind. ■

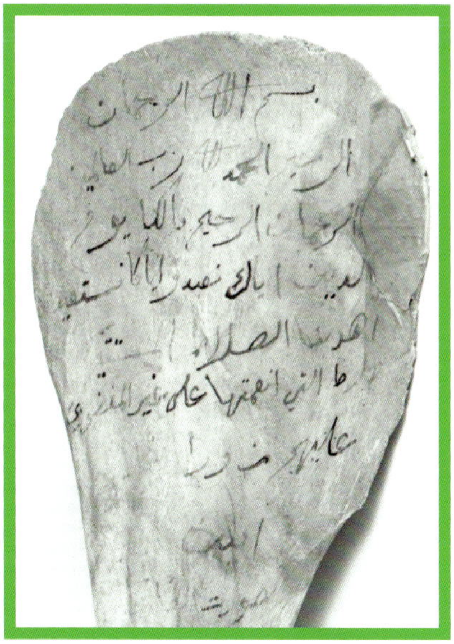

Da es kein Papier gab, wurden Koranverse auf alle möglichen Materialien geschrieben, z. B. diese Zeilen aus der Fatiha auf das Schulterblatt eines Kamels.

» Siehe, wir machten es zu einer Lesung auf Arabisch, vielleicht begreift ihr ja. Siehe, es ist im Urbuch bei uns, wahrhaft erhaben, weise. «

Koran 43:3–4

Die Gefährten des Propheten

Als Gefährten *(sahaba)* werden die Personen bezeichnet, die zur Zeit Mohammeds lebten und persönlichen Kontakt zu ihm hatten. Sie gelten als Schlüsselfiguren der islamischen Geschichte, denn die Zeugnisse der *sahaba* bewahrten nach dem Tod des Propheten das Wissen über die Handlungen und Aussprüche Mohammeds (Hadith) und trugen es weiter. Die Hadithe bilden die Grundlage für die muslimische Lebensweise (Sunna) und den islamischen Verhaltens- und Gesetzeskodex (Scharia).

Es gibt verschiedene Kategorien von *sahaba,* so etwa die *muhadschirun* (»Auswanderer«), die Anhänger Mohammeds, die mit ihm von Mekka nach Medina flohen, und die *ansar* (»Helfer«), die Einwohner von Medina, die den Propheten aufnahmen.

Die Namen und (Kurz-) Biografien der bekanntesten Gefährten sind in den frühen islamischen Wissenschaftswerken aufgezeichnet – eines davon umfasst über 3000 Einträge.

GELEIT FÜR GOTTESFÜRCHTIGE

KORAN 2:2

IM KONTEXT

THEMA
Der Aufbau des Korans

MEHR DAZU
Sure 39 »Die Scharen« *(az-zumar)* ist ein gutes Beispiel für eine mekkanische Sure. Sie ist kurz, beginnt mit einer Bekräftigung der Autorität des Korans (»Das Buch, es ist herabgesandt von Gott«) und spricht dann über die Schöpfung und die Rolle des Korans (»In dieser Lesung haben wir den Menschen Gleichnisse aller Art geprägt« 39:27).

Sure 5 »Der Tisch« *(al-maida)* ist ein Paradebeispiel für eine medinensische Sure. Sie umfasst 120 Verse und erläutert Themen wie Nahrungsmittelverbote, rituelle Hygiene, Bestrafung bei Diebstahl, Buße für Eidbruch, Testamentsverfassung und viele andere Fragen praktischer Natur.

Der Koran wird oft für seinen Aufbau kritisiert. Seine Kapitel (Suren) und Verse wirken willkürlich zusammengesetzt. Der Koran hat keine Linearität, keinen richtigen Anfang, keine Mitte und auch kein richtiges Ende. Die Themen und Protagonisten wechseln mit verwirrender Häufigkeit, was es dem Leser erschwert, der Erzählung zu folgen. Die erste Offenbarung steht in den Versen 1–5 der 96. Sure – die restlichen 14 Verse der Sure wurden später offenbart.

Die größte Kritik kommt von denen, die den Koran in einer Übersetzung lesen. Für die meisten arabischsprachigen Muslime ist der Koran jedoch ein sprachliches und stilistisches Wunderwerk. Er gilt als unnachahmlich, als ein Werk, das so einzigartig ist, dass ihm nichts gleichkommt.

Kapitel und Vers

Der Koran ist eine vergleichsweise kurze Lektüre, kürzer als das Neue Testament der christlichen Bibel. Dass Koranausgaben dennoch oft voluminös sind, liegt daran, dass die meisten Exemplare erläuternde Fußnoten enthalten, die oft länger sind als der Text selbst. Der Korantext deckt ein breites Themenspektrum ab: Er liefert den Gläubigen Anleitungen für den Gottesdienst, das Leben nach dem Tod, Ehe und Familie, den Umgang mit Bedürftigen, das gesellschaftliche Leben, Politik und Wirtschaft und sogar Hygienefragen. Damit bietet er einen umfassenden Leitfaden für alle Lebensbereiche (und darüber hinaus).

Das Buch ist in *sura* (»Kapitel«) und *ayat* (»Verse«) unterteilt. Diese Übersetzung ist zwar nicht perfekt, aber durchaus angemessen, weil die Suren und *ayat* mehr

> »Die aber ungläubig sind und unsere Zeichen Lüge nennen, die werden Bewohner des Höllenfeuers sein, ewig bleiben sie dort.«
>
> **Koran 2:39**

Auswendiglernen und Rezitation

Zur besseren Orientierung nummerieren westliche Gelehrte die Kapitel und Verse des Korans, aber Muslime ziehen es vor, die Namen der Suren zu verwenden oder den Anfang der jeweiligen Koranpassage zu zitieren. Diese Methode erfordert nicht nur große Vertrautheit mit dem Korantext, sondern auch ein gutes Erinnerungsvermögen. Viele Muslime lernen den Koran teilweise auswendig; manche prägen sich sogar das gesamte Buch ein. Den Koran auswendig zu lernen, bringt Ansehen und Segen, und ein Muslim, der dies vermag, wird als *hafiz* (»Hüter«) des Korans bezeichnet. Ein *hafiz* hält Gottes heiliges Buch am Leben und genießt großen Respekt. Die *hafiz* werden bei den Gebeten in der Moschee, aber auch bei anderen Ritualen und Zeremonien gern als Koranrezitatoren eingesetzt. Ihre Fähigkeiten werden so hochgeschätzt, dass die Auditorien bei Rezitationswettbewerben oft bis auf den letzten Platz gefüllt sind.

Junge Afghanen lesen im Koran. Manche Eltern lesen ihren Kindern den Koran anstelle von Kinderreimen vor und bringen ihnen das Rezitieren von Koranversen bei.

Siehe auch: Mohammeds frühes Leben 22–27 ▪ Die Korankompilation 64–69 ▪ Die Fatiha, die erste Sure 76–77 ▪ Was der Koran über Gott aussagt 78–79 ▪ Die materielle Form des Korans 88–89 ▪ Tafsir, die Kunst der Koranauslegung 90–91

Die Suren oder Kapitel des Korans beziehen ihren Namen oft von den Geschichten oder Themen, die sie behandeln. Sie sind nicht in narrativer oder chronologischer Reihenfolge angeordnet. Egal, welche Sure man liest – jede bestätigt dem Leser den göttlichen Willen.

oder weniger die gleiche Funktion haben wie die Kapitel und Verse der Bibel.

Die Suren

Das Wort *sura* bedeutet »Zeile« oder »Zaun«, also alles, was dazu dient, Dinge voneinander zu trennen. Der Koran hat 114 Suren, die unterschiedlich lang sind. Die Suren sind nicht chronologisch oder nach Themen geordnet, sondern nach ihrer Länge. Die längeren Kapitel stehen am Anfang, die kürzeren am Ende des Korans. Eine Ausnahme ist die kurze Sure *al-fatiha,* die den Koran eröffnet.

Jede Sure hat einen Namen. Er reflektiert das Hauptthema der jeweiligen Sure, stellt also eine inhaltliche Zusammenfassung dar. Die zweite Sure, »Die Kuh« *(al-baqara),* bezieht sich z. B. auf das goldene Kalb, das von Aaron hergestellt und von den Israeliten angebetet wurde, während Moses auf dem Berg Sinai war. Die Sure hat 286 Verse, erwähnt das Kalb, nach dem sie benannt ist, aber weniger als zwölfmal.

Koranunkundige können am Namen einer Sure nicht immer deren Hauptthema erkennen. Ausnahmen sind Sure 4, »Die Frauen« *(an-nisa),* die über Ehefrauen spricht, und Sure 12, »Joseph« *(Yusuf),* die sich der Geschichte des Propheten Joseph widmet. Diese Sure sticht dadurch hervor, dass sie einen deutlichen Anfang, eine Mitte und ein Ende hat.

Aya

Dass *aya* traditionell mit »Vers« übersetzt wird, reflektiert nur seine Funktion als kürzeste Einheit des Korans. *Aya* bedeutet in Wirklichkeit jedoch »deutliches Zeichen« oder »Beweis« und reflektiert den islamischen Glauben, dass der Koran das gesamte Universum verkörpert und seine Einzelteile Zeichen oder Beweise für die Existenz Gottes sind. Jeder nummerierte Abschnitt dieses Koranzitats ist ein *Aya*:

[1] Wenn die Erde geschüttelt wird in ihrem Beben,
[2] und die Erde ihre Lasten muss von sich geben
[3] und der Mensch sagt: «Was musste sie erleben?«
[4] An jenem Tage wird sie Kunde über sich abgeben,
[5] da dein Herr ihr diese eingegeben.
[6] An jenem Tage werden die Menschen getrennt hervorkommen,damit sie ihre Taten zu sehen bekommen.
[7] Wer Gutes tat, vom Gewichte eines Stäubchens, wird es sehen.
[8] Und wer Böses tat, vom Gewichte eines Stäubchens, wird es sehen.
Sure 99

Diese acht *ayat* (Plural von *aya*) bilden zusammen die 99. Koransure (»Das Beben«, arab. *az-zalzala*). »

Die *ayat* bestehen nicht immer aus vollständigen Sätzen; in Sure 99 erstreckt sich ein Satz z. B. über die ersten fünf *ayat*. Andere *ayat* wiederum bestehen nur aus wenigen Worten.

In den meisten arabischen Koranausgaben wird dem Leser die Anzahl der *ayat* angezeigt, da auf jeden *aya* eine kleine Rosette folgt und jede Rosette die Nummer des jeweiligen Verses enthält. In den deutschen Koranübersetzungen erfolgt die Verszählung meist am Rand.

Während die Gewohnheit, die Verse zu unterteilen und die Unterteilungen zu markieren, auf eine jahrhundertealte Praxis zurückgeht, wurde die Nummerierung der Verse erst später eingeführt. Heute ist sie in der muslimischen Welt mehr oder weniger Standard.

Da die Suren unterschiedlich lang sind, enthalten sie auch eine unterschiedliche Anzahl von Versen. So besteht Sure 108, »Die Fülle« *(al-kauthar)*, aus lediglich drei *ayat*. Die längste Sure, »Die Kuh« *(al-baqara)* hingegen umfasst 286 *ayat*.

Beginn der Suren

(Fast) jede Sure im Koran beginnt mit der Bismillah, auf Arabisch *bismillahi l-rahmani l-rahim* (»Im Namen Gottes, des barmherzigen Erbarmers«), die auch die erste Zeile der *al-fatiha* bildet. Eine Ausnahme ist Sure 9, »Die Buße« *(at-tauba)*. Hier formuliert Gott ein Ultimatum an die Gegner des Islams in der kürzlich eroberten Stadt Mekka. Ihnen wird die Barmherzigkeit Gottes entzogen. Im Anschluss an die Bismillah steht vor 29 Koransuren eine Buchstabenkombination. Diese Buchstaben werden zusammengeschrieben, aber jeder Buchstabe soll einzeln ausgesprochen werden.

Sure 2, »Die Kuh«, beginnt beispielsweise mit den Buchstaben *alif, lam, mim* oder A, L, M. Einige Kapitel sind sogar nach den Buchstaben benannt, mit denen sie

> »Wir haben ja auf dich herabgesandt klare Zeichen, und nur die Ruchlosen leugnen sie.«
>
> **Koran 2:99**

Historische Ausgaben des Korans sind oft kunstvoll mit Umrahmungen verziert. In dieser Ausgabe aus Kairo (14. Jh.) sieht man die Rosetten, die die Verse der *al-fatiha* markieren.

Den Koran auf einem Tablet zu lesen, setzt sich durch; es gibt sogar Koran-Apps. Der Text wird mit diakritischen Aussprachezeichen in verschiedenen Farben versehen.

beginnen, so etwa Sure 20, die *ta-ha* oder »T H« genannt wird. Die Bedeutung dieser Buchstaben ist unbekannt und gibt Anlass zu manchen Spekulationen. Klassische Korankommentatoren neigen zu der Ansicht, dass die Buchstaben für Wörter und Begriffe stehen, die sich auf die Namen oder Attribute Gottes beziehen. Andere begnügen sich mit der These, dass nur Gott die Bedeutung der Buchstaben kennt.

Die mekkanischen Suren

Eine weitere Unterteilung des Korans mag für den normalen Gläubigen von geringerer Bedeutung sein als für islamische Wissenschaftler: Die Gelehrten unterscheiden zwischen den Suren, die Mohammed in Mekka – zu Beginn seiner prophetischen Mission – und in Medina offenbart wurden. Die mekkanischen Suren sind oft kürzer als die medinensischen. Sie befassen sich mit den Grundlagen des Glaubens, mit Glaubensgemeinschaften und der Geschichte. Wenn sich eine Sure also mit metaphysischen Fragen, Gottes Einheit, Geschichten von den Patriarchen und Propheten der Vergangenheit oder mit Himmel, Hölle und Jenseits befasst, wurde sie wahrscheinlich in Mekka offenbart.

Die frühen Offenbarungen sind rhythmisch und bildhaft. Viele beginnen mit Schwüren. So setzt Sure 95 mit den Worten ein: »Bei den Feigenbäumen! Bei den Olivenbäumen! Beim Berge Sinai! Bei diesem sicheren Ort!« Spätere mekkanische Kapitel sind ruhiger und enthalten Erläuterungen über die Wahrheit der göttlichen Botschaft am Beispiel von Natur und Geschichte. Sie sind formeller als andere Suren und befassen sich vor allem mit Glaubenslehren. Gott wird in diesen Kapiteln oft als »der Barmherzige« bezeichnet.

» Trag die Lesung vor, getragen! Siehe, wir werden dir auferlegen ein schweres Wort. «

Koran 73:4–5

Die medinensischen Suren

Die medinensischen Suren unterscheiden sich deutlich von den mekkanischen, da Mohammed inzwischen das Oberhaupt einer großen Gemeinschaft von Muslimen war. Es geht in den medinensischen Suren deshalb weniger darum, die Legitimation des Propheten und Beweise für Gottes Zeichen aufzuzeigen, sondern darum, rechtliche und soziale Fragen zu erörtern, Pflichten und Verhaltensnormen zu benennen und Ratschläge zu geben, wie diese Regeln innerhalb der muslimischen Gemeinschaft umgesetzt werden können.

Ein Beispiel dafür ist Sure 24, in der die Muslime dazu aufgefordert werden, vier Zeugen aufzurufen, um den Vorwurf des Ehebruchs zu untermauern. Dies war ein Schutz für Frauen in einer Gesellschaft, in der es schon als verdächtig galt, wenn ein Mann und eine Frau, die nicht miteinander verwandt waren, zusammen gesehen wurden. Anschuldigungen von Personen, die keine vier Zeugen benennen können, sollen abgewiesen und die Ankläger hart bestraft werden, so fordert es diese Sure. ■

IM NAMEN GOTTES, DES BARMHERZIGEN ERBARMERS

KORAN 1:1

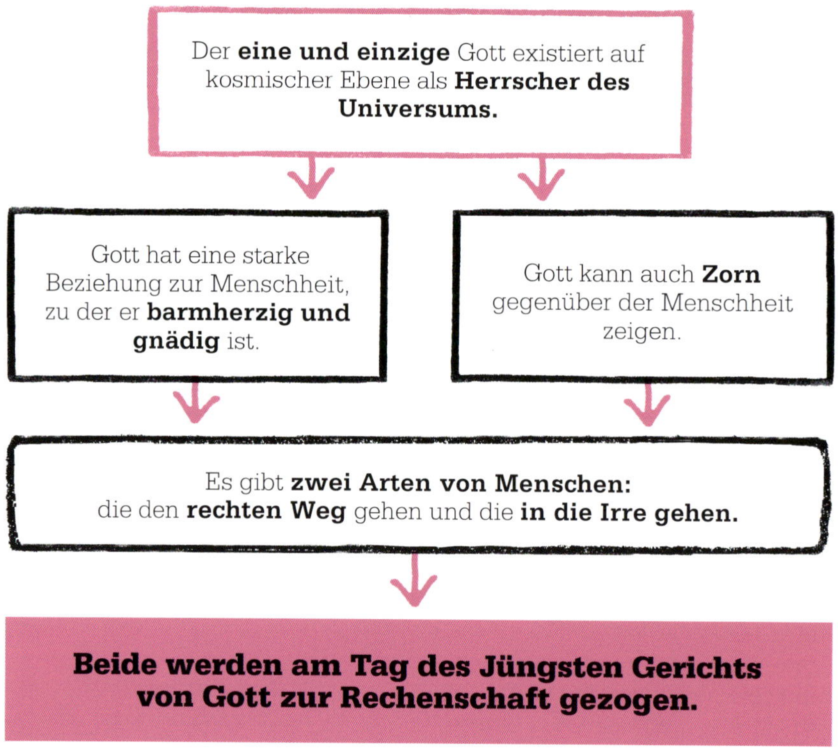

IM KONTEXT

THEMA
Die Fatiha, die erste Sure

MEHR ZUM THEMA
Sure 16, »Die Bienen« *(an-nahl),* warnt davor, andere Götter anzubeten. Sie spricht von den Begünstigten und von denen, die auf Abwege geraten sind. »Hätte Gott gewollt, er hätte euch zu einer einzigen Gemeinde gemacht. Aber Gott führt in die Irre, wen er will, und wen er will, führt er den rechten Weg« (16:93).

Sure 36, *Ya-sin,* manchmal auch das Herz des Korans genannt, betont die Einheit Gottes und erinnert: »Beim weisen Koran! Siehe, du bist einer der Abgesandten auf einem geraden Weg« (36:2–4).

Sure 55, »Der Barmherzige« *(ar-rahman),* beschreibt die Ressourcen, die Gott der Menschheit zur Verfügung stellt, und züchtigt sie für ihren Mangel an Dankbarkeit.

Die erste Sure des Korans, »Die Öffnende« *(al-fatiha),* ist wohl der bekannteste aller Korantexte und nimmt in der islamischen Liturgie und im muslimischen Glauben einen besonderen Platz ein. Die Fatiha eröffnet nicht nur den Koran – obwohl sie nicht zu den ersten Offenbarungen gehört –, sondern ist als Anrufung auch ein integraler Bestandteil des täglichen Gebets (Salat). Sie wird einzeln oder in einer Gruppe leise rezitiert, wenn die Gläubigen Gott lobpreisen oder danken wollen.

Siehe auch: Die fünf Säulen des Islams: Schahada 36–41 ▪ Die fünf Säulen des Islams: Salat 42–43 ▪ Die religiöse Kunst der islamischen Kalligrafie 190–191

Die sieben Verse der Fatiha lauten wie folgt:

Im Namen Gottes, des barmherzigen Erbarmers.
Lobpreis sei Gott, dem Herrn der Weltenbewohner,
dem barmherzigen Erbarmer,
dem Herrscher am Tage des Gerichts!
Dir dienen wir, dich rufen wir um Hilfe an.
Leite uns den rechten Weg,
den Weg derer, denen du gnädig bist,
nicht derer, denen gezürnt wird,
noch derer, welche irregehn!
(1:1–7)

Die Fatiha ist eine Deklaration der göttlichen Einheit und eine Anerkennung von Gottes »schönsten Namen« und perfekten Attributen. Sie kann als Bitte um Führung, Hilfe und Barmherzigkeit dienen. Sie dient als Bekräftigung der göttlichen Macht und Herrschaft sowie als Eingeständnis der Abhängigkeit des Menschen von Gottes Beistand und Erlösung.

Die Fatiha ist eine Zusammenfassung der islamischen Botschaft. Als solche sieht man sie oft als Kalligrafie, hier beispielsweise an der Kuppel der Hagia Sophia (Istanbul).

» Es zählt kein Gebet für denjenigen, der die Eröffnende Sura des Qur'ān nicht rezitiert hat. «

Der Prophet Mohammed

Die Bismillah

Der erste Vers der Fatiha (»Im Namen Gottes, des barmherzigen Erbarmers«) steht – bis auf eine Ausnahme – am Anfang jeder Koransure. Er heißt *bismillah* (wörtlich »Im Namen Gottes«) und wird vor jeder großen Unternehmung ausgesprochen. Am häufigsten hört man die Bismillah vor einer Mahlzeit, aber die Muslime sprechen sie auch aus, wenn sie das Haus verlassen, auf eine Reise gehen, eine schwierige Aufgabe angehen und sogar – denn dazu ermutigt ein Hadith – vor dem Geschlechtsverkehr. Auf dem indischen Subkontinent werden Bismillah-Zeremonien abgehalten, um die Aufnahme von Kindern in den Islam zu feiern.

Gnade und Barmherzigkeit

Die Fatiha ist auch von Bedeutung, weil sie einen Aspekt des Göttlichen betont, der oft übersehen wird: die Gnade und Barmherzigkeit Gottes. Den Schöpfer als barmherzig *(rahman)* zu bezeichnen, unterstreicht die Barmherzigkeit, die Gott seiner Schöpfung erweist. Den Schöpfer als gütig *(rahim)* zu beschreiben, betont das Mitgefühl, das Gott individuell jedem Wesen erweist. Dass die Bismillah bis auf eine Ausnahme vor jeder Sure steht, zeigt die Bedeutung, die der Koran der göttlichen Barmherzigkeit zuschreibt. Dies reflektiert auch Koranvers 21:107, der besagt, dass Mohammed »aus Barmherzigkeit zu den Weltbewohnern« gesandt wurde. ▪

Die Mutter des Buches

Die Fatiha hat viele weitere Namen. In der islamischen Tradition heißt sie *umm al-quran* (»Mutter des Korans«) oder *umm al-kitab* (»Mutter des Buches«). In der arabischen Welt versieht man Zusammenfassungen oder Kerninhalte gern mit dem Zusatz »Mutter von …«.

Die Fatiha wird aber auch »Mutter des Buches« genannt, weil sie das erste Korankapitel bildet und das kanonische Gebet einleitet. Weitere Namen der Fatiha sind *al-saba al-mathani* (»Die sieben oft wiederholten Verse«) oder »Der großartige Koran«. Der Historiker at-Tabari erklärte, dass in den sieben Versen der Fatiha die Botschaft des gesamten Korans zusammengefasst ist.

Bisweilen wird die Fatiha auch als *al-schifa* (»die Heilung«) bezeichnet, denn der Tradition zufolge soll Mohammed gesagt haben, die Fatiha sei ein Heilmittel, das gegen jedes Leiden und jedes Gift hilft.

HERR DER WELTEN-BEWOHNER

KORAN (1:2)

Den Menschen wird gesagt, dass **alle Fülle in Gottes Hand ist.**

→ **Sie wissen nicht,** ob das wahr ist.

→ Sie müssen es einfach **glauben und akzeptieren.**

→ **Sie können über Gott nachdenken, aber sie können ihn nicht begreifen.**

IM KONTEXT

THEMA
Was der Koran über Gott aussagt

MEHR ZUM THEMA
Sure 23, »Die Gläubigen« *(al-muminun),* bezieht sich auf die Schöpfung der Menschheit durch Gott: »Den Menschen schufen wir aus einem Extrakt aus Lehm« (23:12–14). Sie bestätigt auch, dass Gott den Himmel und die Natur schuf.

Sure 24, »Das Licht« *(an-nur),* enthält die *ayat an-nur,* lyrische, fast mystische Verse über das Wesen Gottes: »Gott ist das Licht der Himmel und der Erde. Sein Licht ist einer Nische gleich, in welcher eine Leuchte steht. Die Leuchte ist in einem Glas, das Glas gleicht einem funkelnden Gestirn« (24:35).

Sure 25, »Die Offenbarung« *(al-furqan),* sagt, dass Gott »alles schuf und alles trefflich maß« (25:2).

Eine Kernbotschaft des Korans besteht darin, dass Gott transzendent ist und von den Menschen nicht erfasst werden kann. Gott ist unnahbar in dem Sinne, dass er vollkommen anders ist als alles, was er geschaffen hat. Gleichzeitig ist er jedoch, wie der Koran ebenfalls mitteilt, dem Menschen »näher noch als seine Halsschlagader« (50:16).

Indem der Koran die Gegenwart Gottes in der irdischen Welt betont, lässt er die Gläubigen wissen, dass Gott kontinuierlich am Schöpfungsakt beteiligt ist. Der Gott des Korans ist ein »aktiver« Schöpfer und kein Gott, der in sechs Tagen den Himmel und die Erde erschuf und am siebten Tag ruhte. Gott befindet sich in einem Akt der »fortwährenden Schöpfung«.

Kein Bedarf an Beweisen

Der Koran bemüht keine rationalen und philosophischen Argumente, um zu beweisen, dass es Gott gibt. Tatsächlich versucht er überhaupt nicht, die Existenz Gottes zu beweisen. Ebenso wie die Propheten vor Mohammed will er nur die Einheit Gottes bekunden.

Siehe auch: Die Korankompilation 64–69 ▪ Die Fatiha, die erste Sure 76–77 ▪ Die sechs Säulen des Glaubens 86–87

Das Wort Allah besteht aus den arabischen Buchstaben *alif* (1), *lam* (2 und 3) und *ha* (4), die von rechts nach links gelesen werden. Die diakritischen Zeichen über und unter den Buchstaben zeigen die Aussprache der Vokale an, werden aber nicht immer mitgeschrieben.

Für den Koran ist Gott unteilbar und hat keinen Körper wie der Mensch. Der Koran offenbart alle Aspekte des göttlichen »Charakters«, die der Mensch mit seinem Intellekt und logischem Denkvermögen erfassen kann.

Zum Thema Einheit sagt der Koran in aller Deutlichkeit, dass Gott »keinen Sohn annahm und mit niemandem die Herrschaft teilte« (25:1). In Sure 2:255 erfahren wir zudem: »Ihn fasst nicht Schlummer und nicht Schlaf«, während Sure 6:59 Gottes Allwissenheit hervorhebt: »Er weiß, was auf dem Festland und im Meer ist. Kein Blatt fällt herab, er wisse es denn.«

Es gibt aber auch Passagen im Koran, die sich auf Gottes Hände und Augen beziehen: »Gottes Hand ist über ihren Händen« (48:10). Die meisten Muslime verstehen diese Aussagen als Allegorie. Sie wörtlich zu nehmen, würde bedeuten, Gott menschliche Eigenschaften zuzuschreiben und ihn mit seiner Schöpfung zu vergleichen – was eine große Sünde ist. Es gibt jedoch auch die sogenannten Literalisten, die darauf bestehen, dass jedes Wort des Korans für bare Münze genommen werden muss.

Gott ist unergründlich, er kann aber durch den »Schleier« seiner Schöpfungen wahrgenommen werden, denn diese sind »Zeichen« *(ayat),* die auf Gott hinweisen. Der Koran hält die Gläubigen immer wieder zur Meditation über diese Schöpferzeichen an, auf dass die Menschen nicht nur Kenntnis von Gottes Universum erlangen – sie sind auch dazu aufgerufen, sich selbst und die Welt sorgsam zu studieren, um den Schöpfer besser kennenzulernen und zu verstehen. ▪

» Hüte dich, denn Gott lässt sich mit keiner Eigenschaft beschreiben. «

Ali ibn Abi Talib
(599–661)

Gottes schöne Namen

»Allah« ist ein universeller Name für Gott; er steht nicht für einen rein islamischen Gott. Auch der Gott der christlichen Bibel und der jüdischen Thora wird mit dem Namen Allah bezeichnet.

Philologen zufolge ist das Wort »Allah« eine Verkürzung des arabischen *al-ilah* (»der Gott«). Es ist etymologisch verwandt mit *allaha* und *elohim,* den aramäischen und hebräischen Namen für Gott.

Das Wort »Gott« wird im Koran über 3000 Mal erwähnt, und die »vollkommenen Eigenschaften« dieses Gottes werden in unzähligen Textstellen beschrieben, beispielsweise *ar-rahman* (»der Erbarmer«), *ar-rahim* (»der Barmherzige«), *al-malik* (»der Herrscher«), *al-quddus* (»der Heilige«) oder *al-salaam* (»der Frieden«).

Entgegen der verbreiteten Auffassung hat Gott nicht nur 99 Namen, sondern unzählige: Wo auch immer Vollkommenheit existiert – in Form von Schönheit, Weisheit oder Macht –, besitzt Gott diese Eigenschaft im Absoluten. Gott ist allwissend, allmächtig und allgegenwärtig.

KEIN ZWANG IST IN DER RELIGION

KORAN 2:256

IM KONTEXT

THEMA
Den Glauben anderer tolerieren

MEHR ZUM THEMA
Sure 22, »Die Pilgerfahrt« *(al-haddsch),* Vers 67–69: »Für jede Gemeinschaft haben wir einen Ritus gemacht, den sie verrichten sollen; und sie sollen nicht darüber mit dir streiten! … Und wenn sie mit dir streiten, so sprich: ›Gott weiß am besten, was ihr tut!‹ Gott richtet zwischen euch am Tag der Auferstehung in dem, worin ihr uneins wart.«

Sure 109, »Die Ungläubigen« *(al-kafirun),* ist eine kurze Sure, die sich gegen religiöse Intoleranz ausspricht: »O ihr Ungläubigen! Ich verehre nicht, was ihr verehrt, und ihr verehrt nicht, was ich verehre, und nicht verehre ich, was ihr verehrt habt, und ihr verehrt nicht, was ich verehre. Euch eure Religion und mir die meine!«

Der Islam erkennt lediglich einige Teile der christlichen Bibel als göttliche Offenbarung an: die ersten fünf Bücher des Alten Testaments, die Psalmen Davids und die Evangelien. Viele Patriarchen des Alten Testaments (z. B. Noah, Abraham, Hiob und Moses) werden auch im Koran als Gesandte Gottes gepriesen. Jesus wird ebenfalls als Prophet verehrt, jedoch nicht als Sohn Gottes anerkannt – ein Konzept, das der Koran ablehnt. Biblische Figuren wie Joseph, dem eine ganze Sure gewidmet ist, werden

Vergleich der abrahamitischen Religionen

	Moses 1391–1271 v. Chr.	**Jesus** 4 v. Chr.–30 n. Chr.	**Mohammed** 570–632 n. Chr.
Das Judentum glaubt an Moses, aber nicht an die Propheten Jesus und Mohammed.			
Das Christentum glaubt an Jesus als Sohn Gottes und verehrt Moses als Propheten, erkennt aber die Prophetie Mohammeds nicht an.			
Der Islam verehrt Moses, Jesus und Mohammed als Propheten, die mit der Botschaft des Monotheismus zu den Menschen gesandt wurden.			

Siehe auch: Die Umma, die islamische Gemeinschaft 32–33 ▪ Das islamische Spanien 166–171 ▪ Die Kreuzritter aus muslimischer Sicht 180–181 ▪ Der Islam in Europa 210–215

» Siehe, die glauben, und die Juden und die Sabier und die Christen – die an Gott glauben … die werden keine Furcht empfinden und sollen auch nicht traurig sein. «

Koran 5:69

im Koran viel häufiger erwähnt als Mohammed.

Die Muslime glauben, dass die heiligen Schriften der Juden und Christen – der »Völker des Buches« – korrumpiert wurden und deshalb eine unbestechliche, endgültige Offenbarung (der Koran) vonnöten war.

Zwischen Islam und Christentum bestehen theologische und dogmatische Unterschiede, aber der Koran enthält viele Verweise auf die christlichen Texte, beispielsweise auf Jesus und die Patriarchen des Alten Testaments. Die ersten Leser des Korans und Mohammed selbst scheinen also mit der Bibel vertraut gewesen zu sein.

Die schutzbefohlenen Völker

Die Koranverse »Kein Zwang ist in der Religion« (2:256) und »Euch eure Religion und mir die meine!« scheinen die Glaubensfreiheit und den friedlichen Umgang mit religiösen Minderheiten zu gewähren.

Andere Textstellen zeigen jedoch eine ambivalentere Haltung gegenüber Juden und Christen. Zwar stehen die Christen »den Gläubigen in Liebe am nächsten« (5:82), aber Muslime sollen sich Juden und Christen nicht zu »Vertrauten« nehmen (5:51). In diesen Versen dürften sich die Erfahrungen Mohammeds und der ersten muslimischen Gemeinden widerspiegeln. Anfangs suchte er die Akzeptanz der Christen und Juden; als deren Anführer ihn aber als falschen Propheten bezeichneten, wurde ihm offenbart, sich von ihnen zu distanzieren. In der Gemeindeordnung von Medina, die Mohammed mit den medinensischen Juden aushandelte, wurden die Juden in die Umma aufgenommen.

Im Zuge der Ausbreitung des islamischen Glaubens wurde jüdischen und christlichen Gemeinschaften der Status *ahl al-dhimma* (»schutzbefohlene Völker«) zuerkannt. Ihre Rechte und Pflichten konnten in der Praxis an verschiedenen Orten und zu verschiedenen Zeiten abweichend geregelt sein. Typischerweise durften die *dhimmi* jedoch immer ihre Religion ausüben (auch wenn sie weniger Privilegien genossen als die Muslime). Sie waren verpflichtet, eine Sondersteuer *(dschizya)* zu entrichten. Das weitgehend harmonische Zusammenleben von Muslimen und den »Völkern des Buches« in Medina zur Zeit Mohammeds, im muslimischen Spanien und im Osmanischen Reich spiegelt dieses koranische Ideal wider. ▪

Der Koran und die Bibel

Wer den Koran, die hebräische und die christliche Bibel liest, findet viele gemeinsame Charaktere und Geschichten. Die Korantexte setzen Vertrautheit mit den jüdischen und christlichen Schriften voraus, nehmen bei einigen Details jedoch Korrekturen vor. Im Koran vergibt Gott Adam und Hawwa (Eva), bevor er sie aus dem Paradies schickt, weil sie ihn um Gnade anflehen – in der Bibel werden sie verstoßen und verflucht. In einer (in der Bibel nicht erwähnten) Wundertat erhebt sich das Jesuskind aus der Krippe, um die Ehre seiner Mutter zu verteidigen, als Missgünstige sie der Unzucht beschuldigen. Der Koran sagt auch, dass die Juden Jesus nicht töteten – es erschien ihnen nur so. In Wahrheit wurde Jesus von Gott lebendig in den Himmel erhoben. Die Muslime glauben, dass Jesus in einer zweiten Wiederkunft zurückkehren wird, um den falschen Messias zu bekämpfen und Frieden auf Erden zu schaffen.

» Die Juden sprechen: ›Die Christen gründen ihren Glauben ja auf nichts.‹ Die Christen sprechen: ›Die Juden gründen ihren Glauben ja auf nichts.‹ … Doch Gott wird zwischen ihnen richten am Tag der Auferstehung, in dem, worin sie uneins waren. «

Koran 2:113

UND VON ALLEM SCHUFEN WIR PAARE
KORAN 51:49

IM KONTEXT

THEMA
Frauen im Koran

MEHR ZUM THEMA
Sure 4, »Die Frauen« *(an-nisa),* ist das meistzitierte Korankapitel zum Thema Frauen. Sie richtet sich an Mütter, Schwestern, Töchter, Ehefrauen, Geschiedene, Witwen, Waisen, Sklavinnen und Frauen, die des Ehebruchs bezichtigt werden, und legt den Rechtsrahmen für Fragen wie Erbschaft und Ehe fest.

Sure 24, »Das Licht« *(an-nur),* befasst sich mit weiblicher Sittsamkeit: »Und sprich zu den gläubigen Frauen, dass sie … ihre Scham bewahren und ihren Schmuck nicht zeigen sollen, bis auf das, was ohnehin zu sehen ist, und dass sie sich ihren Schal um den Ausschnitt schlagen …« Diese Worte wurden von einigen übersetzt als » … dass sie ihr Kopftuch über ihren Ausschnitt fallen lassen … und ihren Ausschnitt bedecken« (24:31).

Die 4. Sure, *an-nisa* (»Die Frauen«), beginnt mit den Worten: »Ihr Menschen! Fürchtet euren Herrn, der euch aus *einem* Wesen schuf und der daraus sein Gegenüber erschuf und der aus beiden viele Männer und Frauen entstehen ließ!« (4:1). Der Vers spricht ein Grundkonzept der koranischen Lehren an: dass die Geschlechter einander ergänzen. Sie wurden »aus *einem* Wesen« erschaffen. Diese Vorstellung wird in Sure 51 bekräftigt: »Den Himmel bauten wir mit Kraft … Und von allem schufen wir Paare« (51:47–49).

Siehe auch: Die Korankompilation 64–69 ▪ Der moderne Scharia-Staat 266–269 ▪ Ein feministischer Islam? 292–299 ▪ Hidschab und Niqab 300–303

In der islamischen Geschichte mussten Frauen oft zu Hause beten. Viele Moscheen haben heute Gebetsbereiche für Frauen, z. B. die Al-Barka-Moschee in Bekasi (Indonesien).

Der Koran enthüllt, dass auf gläubige Männer und Frauen eine Belohnung im Jenseits wartet: »Siehe, den muslimischen Männern und muslimischen Frauen … den frommen Männern und frommen Frauen … den Männern und den Frauen, die Gottes oft gedenken, all denen hält Gott Vergebung und reichen Lohn bereit« (33:35). Männer und Frauen sind in Gottes Augen also gleich.

Geschützte Rechte

Der Koran entstand im Arabien des 7. Jahrhunderts – in einer Stammesgesellschaft, in der Frauen als Besitztum galten und kaum Rechte hatten. Die im Koran gelehrte Gleichberechtigung war in diesem kulturellen Umfeld beispiellos und verbesserte die Stellung der Frauen in der arabischen Gesellschaft enorm.

Der Koran untersagte Praktiken wie den weiblichen Kindsmord und den sexuellen Missbrauch von Sklavinnen. Er verlieh Frauen Heirats-, Scheidungs-, Sorge-, Erbschafts- und Eigentumsrechte, die sie vorher wahrscheinlich nicht besessen hatten. Der Koran erlaubt zwar die Vielehe (»Heiratet von den Frauen, was euch gut dünkt – zwei, drei oder vier!«), stellt jedoch die Bedingung, dass die Ehefrauen angemessen und gleichberechtigt behandelt werden müssen und dass jeder Mann, der dies nicht vermag, »nur eine« heiraten darf (Koran 4:3).

Diese Lehren garantieren die finanzielle Sicherheit geschiedener Frauen: Sure 2 (»Die Kuh«) legt fest, dass ein Mann seiner geschiedenen Frau nichts abnehmen darf, was er ihr geschenkt hat, und fügt hinzu, sie soll freundlich behandelt werden und ihr soll kein Schaden oder Unrecht entstehen. Geschiedene Frauen dürfen erneut heiraten: »Das sind die Schranken Gottes. Überschreitet die Schranken Gottes nicht!« (Koran 2:229). »

» Die Gläubigen, die Männer wie die Frauen, die stehen einander bei. «

Koran 9:71

Maryam (arab. für Maria) wird im Koran hochverehrt – Sure 19 trägt ihren Namen. Dieses persische Gemälde aus dem 17. Jh. zeigt sie mit ihrem Sohn Isa (Jesus).

Maryam, die Mutter Jesu

Der Koran erwähnt rund 25 weibliche Charaktere, aber nur Maria (arab. Maryam), die Mutter Jesu (Isa), wird namentlich genannt. Der Name »Maryam« kommt im Koran öfter vor als der Name »Maria« im Neuen Testament der Bibel. Sure 19 ist sogar nach ihr benannt. Die Muslime verehren Maryam, aber die Gelehrten erkennen sie heute nicht mehr als Prophetin an (im Unterschied zu einigen muslimische Autoren des Mittelalters). Andere Frauen im Koran sind die Königin von Saba, die Mutter von Moses, die Frauen und Töchter Mohammeds, die Töchter Lots und die Frau des Meisters von Joseph in Ägypten. Unter ihnen sticht die Königin von Saba als einzige Frau hervor, deren Hauptrolle nicht die einer Ehefrau oder Tochter war. Aus diesem Grund wird sie von Feministinnen gern als historisches Beispiel für weibliche Führerschaft und das Recht der Frauen auf politische Herrschaft angeführt.

Die Sure gebietet: »Wer von euch abberufen wird und Frauen hinterlässt: Verfügung zu ihren Gunsten ist: Lebensunterhalt für ein Jahr, nicht Ausweisung« (2:240). Die Sure legt auch fest, dass die Ehefrau ein Viertel des Eigentums ihres Mannes erben soll.

In zwei Bereichen begünstigt der Koran jedoch die Männer: Der erste betrifft die gesetzlichen Zeugenaussagen. In einigen Rechtsfällen ist das Geschlecht der Zeugen unwichtig, aber beim Abschluss von Finanzverträgen ist ein männlicher Zeuge zwei Frauen gleichgestellt. Einige Gelehrte meinen, diese Regelung reflektiere lediglich, dass die Frauen im Arabien des 7. Jahrhunderts weniger erfahren in Finanzfragen waren – Chadidscha, die erste Frau des Propheten und eine angesehene Kauffrau, bildet hier eine markante Ausnahme.

Der zweite Bereich betrifft das Erbschaftsrecht: Töchter erhalten nur die Hälfte von dem, was ihre Brüder erben. Diese Regelung wird oft mit dem Argument gerechtfertigt, dass Männer die zusätzliche Pflicht hatten, ihre Frauen im Haushalt zu unterstützen. So fortschrittlich der Koran auch war, er reflektiert die Lebensumstände seiner Entstehungszeit und billigt die geteilten Geschlechterrollen in der Familie.

Patriarchale Autorität

Einer der umstrittensten Koranverse, Vers 34 der Sure »Die Frauen«, wird oft für den patriarchalen Charakter der islamischen Gesellschaft und die damit einher-

» Der Mann und die Frau sind beide Gottes Schöpfung, und Gott … hat nie die Absicht, einen aus seiner Schöpfung zu unterdrücken. «

Sayyid Qutb
ägyptischer Denker
(1906–1966)

gehende Benachteiligung muslimischer Frauen verantwortlich gemacht:

Die Männer stehen für die Frauen ein,
deshalb, weil Gott den einen von ihnen den Vorzug vor den anderen gewährte
und weil sie etwas von ihrem Vermögen aufgewendet haben.
Die frommen Frauen sind demütig ergeben,
hüten das Verborgene, weil auch Gott es hütet.
Die aber, deren Widerspenstigkeit ihr befürchtet, die ermahnt,
haltet euch fern von ihnen auf dem Lager, und schlagt sie.
Wenn sie euch gehorchen, dann unternehmt nichts weiter gegen sie.

Der erste Satz wird so interpretiert, dass die Männer den Frauen überlegen sind. Der Vers steht jedoch im Widerspruch zur Gesamtbotschaft des Korans, der Männer und Frauen fast durchweg als gleichwertig darstellt. Moderne Theoretiker hinterfragen diese Interpretation: Haben alle Männer Autorität über alle Frauen? Ist die Autorität auf das männliche Oberhaupt der Familie beschränkt? Hat nur der Ehemann die Autorität über seine Frau?

Die Meinungen tendieren zu Letzterem; der Satz sei mit Vorbehalt zu betrachten, denn der einzige Grund für die Autorität des Mannes sei die finanzielle Unterstützung, die er seiner Frau gibt. Wissenschaftler weisen darauf hin, dass der Vers das Verhältnis zwischen Ehemann und Ehefrau (und nicht generell die Beziehung zwischen Mann und Frau) behandelt.

Der letzte Teil des Verses – in dem Strafen für »ungehorsame« Ehefrauen angesprochen werden – ist noch umstrittener, vor allem, was die letzte Anweisung betrifft. Im Arabischen wird das Verb *daraba* verwendet, das u. a. »schlagen« bedeuten kann. Viele Muslime finden es schwer, diesen Vers mit der Gesamtbotschaft des Korans und den Handlungen des Propheten in Einklang zu bringen, der in einem Hadith sagte: »Der Beste von euch ist derjenige, der am besten zu seiner Frau ist«.

Früher und heute

Das in Sure 4:34 beschriebene Schlagen stellt zwar eine Verbesserung gegenüber der vorislamischen Zeit dar, aber moderne Übersetzungen versuchen, dem Vers eine weniger sexistische Bedeutung zu geben. 2007 veröffentlichte die iranisch-amerikanische Autorin und Muslimin Laleh Bakhtiar die erste feministische Übersetzung des Korans. Darin stellt sie die vermeintliche Erlaubnis zum Schlagen von Frauen infrage, indem sie das Verb *daraba* als »weggehen von« übersetzt. Konservative Gelehrte verstehen den Vers wörtlich – unter dem Vorbehalt, dass er keine Lizenz für häusliche Gewalt erteilt und Frauen nur im äußersten Fall geschlagen werden dürfen.

Die islamische Feministin Asma Lamrabet kritisiert, dass religiöse Texte fast nur von Männern interpretiert werden. Sie setzt sich dafür ein, dass auch Frauen religiöse Autoritäten sein dürfen.

Sätze wie die zitierten sind letztlich Geiseln ihrer Interpreten. Wenn Frauen im Islam unterdrückt wurden (und werden), dann deswegen, weil sich problematische kulturelle Traditionen hartnäckig halten und Korangebote fehlinterpretiert werden – oder weil eine unglückliche Verquickung von beidem besteht. Grundsätzlich gelten Frauen und Männer im Koran als gleichwertig – sie weisen körperliche Unterschiede auf, sind aber beide Gottes Geschöpfe. Der Koran lehrt, dass Männer und Frauen geschaffen wurden, um sich zu ergänzen, sich gegenseitig Glück und Zufriedenheit zu schenken und gemeinsam das Land zu bebauen, um im Diesseits und Jenseits Erlösung und ewige Glückseligkeit zu finden. ■

OH IHR, DIE IHR GLAUBT! GLAUBT AN GOTT

KORAN 4:136

IM KONTEXT

THEMA
Die sechs Säulen des Glaubens

MEHR ZUM THEMA
Sure 4, »Die Frauen«, zielt darauf ab, die muslimische Gemeinschaft zu schützen, indem sie das richtige Verhalten für die Gläubigen festlegt. Dazu gehören auch die sechs Säulen des Glaubens (4:136).

Sure 50, »Qaf«, befasst sich mit der Wiederauferstehung und dem Jüngsten Tag. Sie spricht von den »zwei Empfangsbereiten« (50:17) bzw. *kiraman katibin,* den Engeln, die jede Handlung eines Menschen aufzeichnen.

Sure 112, »Die treue Hingabe«, ist eine kurze Erklärung des *tauhid,* der absoluten Einheit Gottes.

Die Glaubenslehre *(aqida)* und die rituellen Praktiken des Islams werden im Koran und Hadith klar definiert.

Die fünf Säulen des Islams *(arkan al-islam)* beziehen sich auf **rituelle Handlungen.**

Die **sechs Säulen des Glaubens** *(arkan al-iman)* beziehen sich auf **unanfechtbare Glaubenssätze.**

Zusammen mit den in Koran und Hadith beschriebenen sozialen Verpflichtungen und Verboten **definieren diese Säulen den Islam als Religion und Lebensweise.**

Neben den »fünf Säulen des Islams« beachten Muslime auch die »sechs Säulen des Glaubens«. Im Gegensatz zu ersteren sind die Säulen des Glaubens nicht greifbar und befassen sich mit Glaubensfragen, die der Definition der Religion dienen. Fünf der sechs Säulen werden in einem Koranvers (4:136) erwähnt: der Glaube an den einen Gott, seine Engel, seine Schriften, seine Apostel und den Jüngsten Tag. Die sechste Säule des Glaubens ist die »göttliche Bestimmung« *(qadar),* die auch mit »Schicksal« oder »Vorbestimmung« übersetzt wird. Über die Feinheiten der Interpretation – vor allem von *qadar* – vertreten Sunniten und Schiiten verschiedene Ansichten, aber die sechs Säulen sind unanfechtbar.

Im Mittelpunkt des Korans steht der Glaube an den einen

Siehe auch: Hidschra, die Flucht aus Mekka 28–31 ▪ Die fünf Säulen des Islams: Schahada 36–41 ▪ Die fünf Säulen des Islams: Salat 42–43 ▪ Die fünf Säulen des Islams: Zakat 44–45 ▪ Die fünf Säulen des Islams: Saum 46–49 ▪ Die fünf Säulen des Islams: Haddsch 50–55

» Sprich: Er ist Gott, der Eine Gott, der Beständige, er zeugte nicht und wurde nicht gezeugt, und keiner ist ihm ebenbürtig. «

Koran, Sure 112

Gott *(tauhid)*. Von diesem Konzept hängt alles andere ab. Gott ist einzigartig, hat keine Beigesellen und zeugt nicht, noch wurde er gezeugt. Die höchste Sünde (arab.: *schirk*) im Islam ist die Anbetung von jemandem oder etwas anderem außer Gott – also Götzendienst oder Polytheismus. Der Koran sagt, Gott verzeiht alles, außer, »dass ihm etwas beigesellt wird« (4:48).

Engel und Propheten

Der Koran spricht häufig von Engeln, unsichtbaren Wesen einer höheren Ordnung, die einem Hadith zufolge aus Licht erschaffen wurden. Die Engel haben die Funktion, Botschaften des Weltenschöpfers an seine Diener zu übermitteln. Das markanteste Beispiel ist Erzengel Dschibril (Gabriel), der Mohammed die Offenbarungen überbrachte. Das arabische Wort für Engel, *malak,* trägt diesen Bezug zur Kommunikation in sich, denn es lässt sich herleiten von dem Verb *laaka* (»auf eine Mission schicken«).

Die Muslime sollen nicht nur an die letzte Offenbarung – den Koran – glauben, sondern auch die Texte anerkennen, die ihm vorausgingen, die Thora und die Evangelien. Die früheren Schriften demonstrieren, dass Gott die Menschheit nie im Stich ließ, sondern ihr immer wieder Boten sandte. Der Tradition zufolge gab es 124 000 Propheten, die die Botschaft der göttlichen Einheit verkündeten. Im Koran werden 25 Gesandte erwähnt, aber nur fünf von ihnen wurden heilige Schriften offenbart: Noah, Ibrahim (Abraham), Moses, Jesus und Mohammed.

Der Jüngste Tag

Ein Viertel des Korans ist dem Leben nach dem Tod und der Seele gewidmet, da der Glaube an Gott den Glauben an das Jenseits voraussetzt. Am Jüngsten Tag (auch: Tag des Gerichts, arab.: *yaum ad-din*) wird das Universum zerstört. Die Toten werden auferstehen, um vor Gott zu treten und für ihre Taten Rechenschaft abzulegen. Die Rechtschaffenen werden mit einem Platz im Paradies belohnt, während Ungläubige und Sünder in die Hölle kommen.

Die sechste Säule *(qadar)* des Glaubens ist für die Muslime das Bekenntnis zur Allwissenheit Gottes. Er weiß alles, was geschah, und alles, was noch kommen wird. Dieses Wissen wird auf einer »wohlverwahrten Tafel« *(al-lauh al-mahfuz)* bewahrt. Aber auch wenn die Handlungen der Menschen dort verzeichnet sind, sind sie nicht vorherbestimmt – die Geschöpfe Gottes besitzen einen freien Willen. Gott jedoch kennt jede ihrer Handlungen bereits im Voraus. ■

Während der *miradsch* (Himmelsreise) stieg Mohammed auf seinem Reittier Buraq in den Himmel auf und weilte unter den Engeln, die auf dieser Miniatur (17. Jh.) dargestellt sind.

IN EINEM WOHL-VERWAHRTEN BUCH, DAS NUR DIE REINEN BERÜHREN

KORAN 56:79

IM KONTEXT

THEMA
Die materielle Form des Korans

MEHR ZUM THEMA
Sure 2, »Die Kuh« (die längste Sure des Korans), befasst sich mit dem Thema Reinheit. »Sie fragen dich nach der monatlichen Regel. Sprich ›Sie ist ein Leiden. Darum meidet die Frauen, wenn sie die Regel haben, und nähert euch ihnen nicht, bis sie rein sind!‹ … Siehe, Gott liebt die Bußfertigen, und er liebt die, die sich reinigen« (2:222).

Sure 9, »Die Buße«, enthält zwei Verse, die sich auf den Zustand der Reinheit und der Unreinheit beziehen: »Die Beigeseller sind doch unrein. Daher sollen sie sich … nicht der geheiligten Anbetungsstätte nahen« (9:28) und »Gott liebt die, die sich reinigen« (9:108).

Die Muslime glauben, dass der Koran auf einem himmlischen Prototyp basiert, einem Buch, das auf Arabisch verfasst ist und bei Gott im Himmel weilt. Es wurde Mohammed in Form von Offenbarungen überbracht und erst später aufgezeichnet. Der Glaube, dass die heilige Schrift im Himmel existiert, gebietet, dass der Mensch mit ihrer irdischen Form sorgfältig umgehen muss.

Der Koran beschreibt sich als ein »edles« Buch, »das nur die Reinen berühren« (56:77–79). Esoterische Koranauslegungen deuten diesen Vers als Metapher und glauben, dass nur die geistig Reinen die wahren Inhalte des Buches »berühren« – also verstehen – können. Der populärere literalistische Ansatz hingegen legt den Vers wörtlich aus. Die beiden Interpretationen schließen sich jedoch nicht gegenseitig aus.

> »Es ist ein furchtbares Vergehen, wenn ein Mann, auch unwissentlich, auf dem Koran sitzt.«
>
> **Ogier Ghiselin de Busbecq**
> flämischer Diplomat
> (16. Jh.)

Ein Buch über allen anderen

Getreu dem Vers »das nur die Reinen berühren« behandeln die meisten Muslime den Koran wie ein heiliges Objekt. Personen, die rituell unrein sind – weil sie nicht gewaschen sind oder ihre Menstruation haben – dürfen den Koran nicht berühren.

In muslimischen Haushalten kommt dem Koran oft auch im wahrsten Sinne des Wortes ein hoher Stellenwert zu: Er wird gern ganz oben im Bücherregal des Hauses aufbewahrt – wahrhaftig ein »Buch, das über allen anderen Büchern steht«. Obwohl der Koran die Botschaft Gottes ist, offenbart, um gelesen und reflektiert zu werden, nimmt man ihn in manchen Haushalten doch eher selten zur Hand.

Vor allem zu besonderen Anlässen (Geburten, Todesfällen

Siehe auch: Die fünf Säulen des Islams: Salat 42–43 ▪ Die Korankompilation 64–69 ▪ Der Aufbau des Korans 70–75

Um dem Koran Respekt zu zollen, lesen Muslime ihn auf einem Klappständer *(rehal)*. Der Koran soll nie auf dem Fußboden liegen.

und Eheschließungen) wird er heruntergenommen und gelesen. Und wenn Muslime ihr Haus für längere Zeit verlassen, gibt es den Brauch, unter dem Koran hindurchzugehen, bevor man die Reise antritt.

Der Koran sollte mit großer Vorsicht getragen werden, am besten in einer Tasche, um ihn nicht zu beschädigen. Fällt er versehentlich herunter, ehrt man ihn, manchmal mit einem Kuss. Manche Muslime, die unachtsam mit dem Koran umgegangen sind, leisten eine wohltätige Spende.

Das heilige Buch entsorgen

Der Respekt vor dem Koran gilt auch für alte, abgenutzte Exemplare. Sie werden nicht einfach weggeworfen, sondern in ein Tuch gewickelt und an einem Ort vergraben, der nur selten von Menschen besucht wird (oft auf dem Gelände einer Moschee oder auf einem Friedhof). Manche Muslime akzeptieren auch das Verbrennen oder Schreddern des Buchs oder sie beschweren es mit einem Stein und versenken es in einenm fließenden Gewässer.

Natürlich geht nicht jeder auf diese Weise mit dem Koran um. Viele Muslime betrachten ihn eher als eine Art »Arbeitsbuch«, das nicht wie ein unantastbarer Gegenstand behandelt, sondern fleißig gelesen, rezitiert und studiert wird. Auch diese Muslime verehren den Koran, sehen darin aber in erster Linie etwas, das gelebt werden muss. ■

» Siehe, diese Lesung leitet zu dem, was recht und richtig ist … «

Koran 17:9

Erschaffen oder nicht erschaffen?

Die Frage, ob der Koran erschaffen ist, wurde in der Frühzeit des Islams heiß diskutiert – mit Auswirkungen, die bis heute spürbar sind. Die Tinte und das Papier des Korans sowie der Klang der Worte, mit denen er rezitiert wird, sind natürlich erschaffen. Aber wie steht es um das Wort Gottes? Wurde es »erschaffen« oder existierte es schon immer und ist somit »nicht erschaffen«?

Wer die Ewigkeit des Korans leugne, so die Befürchtung, leugne auch die Göttlichkeit der Offenbarung und ihre ewige Gültigkeit. Wenn der Koran erschaffen sei, argumentierten Theologen, müsse er das Produkt historischer Umstände sein – und änderten sich diese Umstände, würde zwangsläufig auch der Koran seine Gültigkeit verlieren. Im Konzept der »Erschaffenheit« des Korans sahen sie eine Gefährdung der Glaubensgrundlagen und der islamischen Autorität.

NEU IN JEDEM ZEITALTER, FRISCH FÜR JEDES VOLK

DSCHAFAR AS-SADIQ (8. JH.)

IM KONTEXT

THEMA
Tafsir, die Kunst der Koranauslegung

WANN UND WO
883, Bagdad

FRÜHER
610–632 Mohammed erhält Offenbarungen, die von seinen Gefährten auswendig gelernt werden.

632 Nach Mohammeds Tod lässt Abu Bakr die Offenbarungen zu einem Buch – dem Koran – zusammenstellen.

7.–8. Jh. Muslimische Gelehrte sammeln mündliche Aussprüche des Propheten und seine Kommentare zu Koranversen (Hadith).

SPÄTER
1972 Abul Ala Maududi beendet sein Werk *Tafhim-ul-quran* (»Auf dem Weg zum Verständnis des Korans«), eine einflussreiche Kombination orthodoxer und moderner Koraninterpretationen.

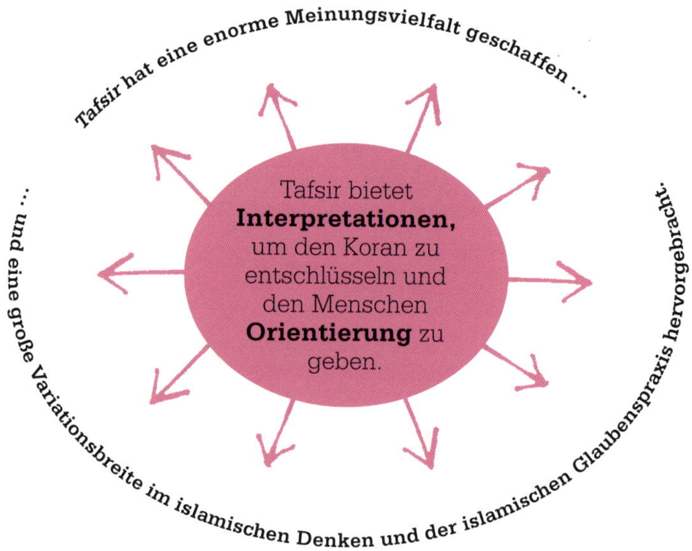

Der Koran kann auf vielen Ebenen gelesen und verstanden werden. Manche Verse haben eine einfache und eingängige Botschaft. Der Text wurde jedoch vor langer Zeit niedergeschrieben und enthält viele Aussagen, die uns heute unverständlich sind. Das liegt zum Teil daran, dass manche Wörter mehrere oder inzwischen veränderte Bedeutungen haben. Manchmal ist ein Vers in historischen Situationen verwurzelt: Sure 111 beginnt mit den Worten »Verdorren sollen Abu Lahabs Hände!« und droht: »Brennen wird er in einem Feuer … samt seiner Frau, die das Brennholz trägt – um ihren Hals einen Palmfaserstrick gelegt.« Hier ist der Kontext natürlich sehr wichtig. Um die Nuancen des Korans verstehen zu können, muss ein Leser mit dem historischen Kontext vertraut sein und wissen, wann und wo der Text offenbart und aufgezeichnet wurde.

Schon bald nach dem Tod des Propheten entwickelte sich Tafsir,

Siehe auch: Mohammeds frühes Leben 22–27 ▪ Die Korankompilation 64–69 ▪ Die Aussprüche und Handlungen des Propheten 118–123 ▪ Die Gründung Pakistans 242–247

Muslime lesen den Koran und lernen ihn auswendig, aber nicht selten gibt seine Sprache Rätsel auf. Tafsir liefert Hinweise, um die Verse richtig zu deuten.

eine Wissenschaft, die sich der Koraninterpretation widmet.

Gelehrte der Koranauslegung

Das Wort *tafsir* ist eine Ableitung von der Verbwurzel *fassara* (»interpretieren«). In den prägenden Jahren des Islams (7./8. Jahrhundert) stützte sich die Koraninterpretation vorwiegend auf die Hadithe, die Kommentare des Propheten und seiner Gefährten zum Koran enthielten. Doch bald schon erkannten die Muslime, dass es notwendig war, die Mehrdeutigkeiten des heiligen Buches Vers für Vers ausführlich zu erklären. Das führte zu einer Erweiterung des Tafsir auf Bereiche wie Linguistik, Jurisprudenz und Theologie und zur Entstehung einer Gelehrtengruppe namens *mufassirun*.

In Studienzentren wie Medina, Mekka und Bagdad wurden Tafsir-Schulen gegründet. Ihre Interpretationen deckten den gesamten Koran ab und wurden in Büchern veröffentlicht, die grammatische Erklärungen, Erläuterungen historischer Zusammenhänge und persönliche Meinungen enthielten. Das 883 entstandene Tafsir-Werk von at-Tabari, einem berühmten *mufassir* aus der klassischen Periode (839–923), ist der früheste erhaltene Korankommentar.

Der Sufi und Theologe as-Suyuti (1445–1505), der in Kairo lebte und über 500 Werke verfasste, sagte, ein *mufassir* müsse das klassische Hocharabisch beherrschen, Kenntnisse in 15 Fachgebieten – wie Theologie, Jurisprudenz und Sprachwissenschaft – besitzen und den historischen Kontext kennen, in dem die Verse offenbart wurden. Nur einem *mufassir,* der diese und eine Reihe weiterer Anforderungen erfülle, könne man vertrauen, um Fehlinterpretationen oder eine zu wörtliche Lesart des Korantextes zu vermeiden.

Ein kontinuierlicher Prozess

Der Umstand, dass Tafsir ein fortlaufender Prozess ist, der keine verbindlichen Kommentare hervorbringt, wurde im 8. Jahrhundert vom sechsten Imam der Schia, Dschafar as-Sadiq, so erklärt: »Gott schuf [den Koran] nicht für ein bestimmtes Zeitalter oder ein bestimmtes Volk, deshalb ist er in jedem Zeitalter neu, frisch für jedes Volk, bis zum Jüngsten Tag.« Die Tafsir-Tradition setzt sich bis heute fort. Bedeutende *mufassirun* der Moderne sind Abul Ala Maududi (1903–1979) – besser bekannt als Gründer der pakistanisch-islamistischen Partei Jamaat-e-Islami –, der 30 Jahre lang an seiner Koranübersetzung und -interpretation arbeitete, sowie der schiitische iranische Gelehrte Allama Tabatabai (1904–1981), der zwischen 1954 und 1972 ein 27-bändiges Werk mit Korankommentaren verfasste. ▪

At-Tabari

Abu Dschafar Muhammad ibn Dscharir at-Tabari wurde 839 in Tabaristan (Iran) geboren und verbrachte den Großteil seines Lebens als Gelehrter in Bagdad, wo er 923 starb. Sein Ruf als Autor beruht vor allem auf zwei Werken: einer 8000-seitigen Geschichte der Propheten und Könige von der Schöpfung bis 914–915 und seinem Korankommentar.

Das 883 fertiggestellte *Tafsir at-Tabari* ist das früheste erhaltene Werk, das den Versuch unternimmt, ein umfassendes Verständnis der Korantexte zu liefern. In über 30 Bänden fasst es die enorme Vielfalt von Hadithen und Kommentaren muslimischer Gelehrter zusammen und ordnet sie nach ihrer Kompatibilität ein. Das Werk erläutert auch lexikalische Bedeutungen von Wörtern und untersucht deren Anwendung in der arabischen Kultur. At-Tabaris Geschichts- und Tafsir-Werke gelten als die größten ihrer Art.

» Wer immer absichtlich über mich eine Lüge verbreitet, wird mit Sicherheit seinen Platz im Höllenfeuer einnehmen. «

Der Prophet Mohammed

DIE IHREN HERRN FÜRCHTEN, FÜHRT MAN ZUM PARADIESESGARTEN HIN IN SCHAREN

KORAN 39:73

IM KONTEXT

THEMA
Das koranische Konzept des Paradieses

MEHR ZUM THEMA
Sure 9, »Die Buße« *(at-tauba),* enthält eine Textstelle, in der das Paradies als Garten beschrieben wird: »Den Gläubigen, den Männern wie den Frauen, hat Gott Gärten verheißen, unter denen Bäche fließen – ewig werden sie dort weilen –, und gute Wohngefilde in den Gärten Eden« (9:72).

Sure 47, »Mohammed«, bezieht sich auf die Schlacht von Badr und beschreibt das Paradies so: »In ihm sind Ströme von Wasser … Ströme von Milch … Ströme von Wein, süß für die Trinkenden, und Ströme von ungetrübtem Honig« (47:15).

Laut Koran sollen alle Menschen zu der ihnen vorherbestimmten Zeit sterben und zu Gott zurückkehren (6:60). Nach ihrem Tod werden die Muslime begraben: Feuerbestattungen sind im Islam verboten. Irgendwann endet die Welt mit der Vernichtung allen Lebens, dem Tag des Jüngsten Gerichts (arab.: *yaum ad-din*). An diesem Tag wird das Schicksal jedes Menschen gemäß dem Buch der Taten besiegelt, in dem alle Handlungen der Menschen aufgezeichnet sind. Diejenigen, deren gute Taten schwerer wiegen als die schlechten, gehen ins Paradies *(dschanna)* ein. Der Koran enthält mehrere Beschreibungen des Paradieses, z. B. in Sure 55, die von bewässerten Gärten, »guten, schönen« Jungfrauen (55:70) und dem Leben der glückseligen Gläubigen spricht: »Auf Ruhepolstern lehnen sie, mit Decken aus Brokat« (55:54).

Dem Hadith zufolge hat das Paradies acht Tore, von denen jedes einer tugendhaften islamischen Praxis entspricht; so gibt es z. B. das *bab al-salah* für die, die pünktlich beteten; das *bab al-rayyan* für die, die fasteten, und das *bab al-haddsch* für die Pilger. Die Ansichten darüber, ob Nichtmuslime ins Paradies dürfen, variieren. Sure 2:62 – »Wer an Gott glaubt und an den Jüngsten Tag und rechtschaffen handelt, die haben ihren Lohn bei ihrem Herrn« – deutet an, dass es möglich ist. ■

Das Paradies, hier in einer persischen Miniatur, besteht aus einer Reihe von Ebenen, von Engeln bewacht. Die höchste Ebene heißt *firdaus*.

Siehe auch: Die sechs Säulen des Glaubens 86–87 ▪ Das Paradies auf Erden 202–203 ▪ Initiationsriten 256–259

FORT DANN MIT DEN BEWOHNERN DES FLAMMENMEERS!

KORAN 67:11

IM KONTEXT

THEMA
Das koranische Konzept der Hölle

MEHR ZUM THEMA
Sure 4 enthält zahlreiche Hinweise auf die Hölle und ihre Strafen, z. B.: »Siehe, diejenigen, die nicht an unsere Zeichen glauben, die werden wir im Höllenfeuer brennen lassen. Ist ihre Haut verbrannt, so tauschen wir sie ihnen gegen eine andere, damit sie die Strafe schmecken« (4:56).

Sure 37 spricht vom *zaqqum*-Baum, der »emporwächst aus dem Höllenfeuer. Seine Dolden sehen aus wie Köpfe von Satanen« (37:62–65).

Sure 78 enthüllt: »Die Hölle wird zu einem Hinterhalt, für die Aufsässigen ein Einkehrort. Sie werden darin Ewigkeiten bleiben und dort nicht kosten Kühle noch Getränk, nur siedend heißes Wasser und nur Eiter« (78:21 –25).

Am Jüngsten Tag werden die, deren schlechte Taten überwiegen, in die Qualen von *dschahannam* (der Hölle) verbannt. Der Koran enthält unzählige Schilderungen dessen, was die Sünder dort erwartet, immer wieder wird von Feuer und Flammen gesprochen.

Das Heilige Buch beschreibt die Sünden, die in die Hölle führen, sehr detailliert: Dazu gehören u. a. der Tod als Ungläubiger (»Die werden Bewohner des Höllenfeuers sein, darin sie ewig bleiben« – 2:217), der Mord an einem Gläubigen (4:93), Heuchelei (4:145) und Blasphemie (39:60). Je nach Sündengrad wird es verschiedene Stufen geben (6:132): Die Heuchler werden in die tiefsten Tiefen der Hölle geworfen. Die Hadithe beschreiben weitere Details der Hölle, die im Koran nicht zu finden sind: Laut dem *Sunan an-Nasai* sagte Mohammed, es gebe sieben Sünden, die einen Menschen in die Hölle bringen, etwa die Flucht vor dem Kampf und die Verleumdung einer keuschen Frau. Obwohl die Sünder dem Koran zufolge für immer in der Hölle bleiben, argumentieren manche Gelehrte, dass die Hölle nicht nur eine Strafe ist: Sie bietet auch die Chance auf Erlösung, wie Sure 6:128 offenbart, in der es heißt: »Das Höllenfeuer wird eure Wohnstatt sein. Ewig bleiben sie dort – wenn Gott es nicht anders will.« In einem Hadith äußert Mohammed den Wunsch: »Wahrlich, ein Tag soll über die Hölle kommen, an dem kein einziger Mensch mehr darin ist.« ■

> »Der Weg zum Paradies führt bergauf, während der Weg zur Hölle bergab führt. Anstrengung erfordert also der Weg zum Paradies und nicht der zur Hölle.«
>
> **Al-Ghazali**
> persischer Gelehrter
> (1056–1111)

Siehe auch: Hidschra, die Flucht aus Mekka 28–31 ▪ Die sechs Säulen des Glaubens 86–87

EINE ISLAMIS IDENTIT

632–786

CHE
ÄT

632
Abu Bakr wird von einem Rat der Prophetengefährten zum ersten Kalifen (Nachfolger Mohammeds) gewählt.

633
Abu Bakr führt auf der Arabischen Halbinsel die Ridda-Kriege gegen abtrünnige Stämme.

638
In der Regierungszeit von Umar erobern arabische Armeen **Jerusalem.**

641
Arabische Armeen erobern das **Sassanidenreich.**

656
Ali ibn Abi Talib, der Schwiegersohn und Cousin Mohammeds, wird der vierte Kalif.

661
Ali wird ermordet und der Statthalter Syriens, **Muawiya,** ergreift die Macht.

680
Alis Sohn Husain wird auf Befehl des Umayyadenkalifen Yazid in **Kerbela** ermordet.

Mohammed hat Bemerkenswertes erreicht. Als Überbringer von Gottes Wort vermittelte er die Botschaft des Korans zunächst nur einer kleinen Gruppe von Anhängern, aus der schließlich eine Gemeinschaft von Gläubigen entstand, die Umma, die bis zum Jahr 630 mindestens 10 000 Personen umfasste.

Mohammed entwickelte sich zu einem politischen Führer, der Menschen unterschiedlichen Glaubens vereinte, und zu einem Militärführer, der seine Gemeinschaft in den Krieg gegen die Handelsstämme Mekkas führte und daraus siegreich hervorging. Er bot seinen Anhängern die Vision einer gerechteren und spirituell erfüllenderen Lebensweise und präsentierte sich als das Vorbild, dem die Muslime nacheifern sollten. Im Jahr 632 starb er.

Die Zeit nach Mohammed

Die ersten 30 Jahre nach dem Tod des Propheten mussten die Muslime dafür sorgen, dass Mohammeds Gemeinschaft nicht zerfiel und seine Lehren nicht in Vergessenheit gerieten. Als der muslimische Rat den Nachfolger des Propheten – Abu Bakr (reg. 632–634) – auswählte, sah sich der neue Führer mit einem Aufstand der arabischen Stämme konfrontiert, die sich vom Islam abwandten. In den Ridda-Kriegen besiegte Abu Bakr die Rebellen und brachte die Arabische Halbinsel unter muslimische Herrschaft.

Die Nachfolger Abu Bakrs, Umar (reg. 634–644) und Uthman (reg. 644–656), ebenfalls enge Gefährten des Propheten, setzten die Expansion weit über Arabien hinaus fort. Zehn Jahre nach Mohammeds Tod hatten die islamischen Armeen Damaskus, Jerusalem, Ägypten und einen Großteil des Sassanidenreiches erobert.

Sie gingen mit Eifer und Grausamkeit vor, doch die Eroberungen waren auch aus anderen Gründen erfolgreich. Die Muslime ließen die Verwaltungssysteme, die sie in den byzantinischen und persischen Gebieten übernommen hatten, nahezu unverändert und begnügten sich damit, die Geschäfte wie zuvor weiterzuführen. Sie verfolgten eine Politik der Religionsfreiheit und zwangen den besiegten Völkern den Islam nicht auf. Vielmehr erhoben sie eine Steuer für Nichtmuslime, um die Kriegskassen zu füllen.

Dauerhafte Spaltung

Die Auswahl von Mohammeds Nachfolger verlief nicht ganz einstimmig.

692

Fertigstellung des **Felsendoms** in Jerusalem, des ältesten erhaltenen Bauwerks der islamischen Architektur.

711

Eine muslimische Armee unter Führung von Tarek ibn Ziad **überquert von Nordafrika das Mittelmeer** und besiegt eine westgotische Armee in Spanien.

717

Der Umayyadenkalif Umar II. kommt an die Macht. Er ist der erste Kalif, der die **Islamisierung der Gesellschaft** fördert.

732

Spanisch-muslimische Armeen **rücken nordwärts nach Frankreich vor,** werden aber zwischen Tours und Poitiers von den Franken unter Karl Martell besiegt.

750

Saffah, der erste **Abbasidenkalif,** ermordet fast alle Mitglieder der Umayyadendynastie.

756

Der überlebende Umayyade Abd ar-Rahman gründet ein neues Kalifat in *al-andalus* (Spanien) mit der **Hauptstadt Córdoba** und spaltet sich vom Kalifat der Abbasiden ab.

786

Harun ar-Raschid wird Kalif, und die Abbasidendynastie erreicht ihre Blütezeit.

Einige setzten sich dafür ein, dass Ali (der Cousin und Schwiegersohn des Propheten, den man bereits dreimal übergangen hatte) Kalif werden sollte. Er wurde schließlich zum vierten Kalifen gewählt, jedoch 661 von Fanatikern ermordet. Daraufhin ergriff der Statthalter von Damaskus die Macht und vererbte sie an seinen Sohn. Seine Herrschaft wurde von Alis Familie angefochten und führte zur Schlacht von Kerbela, in der Alis Sohn Husain ums Leben kam. Sein Tod vertiefte die Spaltung zwischen den Anhängern Alis (den Schiiten) und den Sunniten.

Die Kodifizierung des Islams

Unter der neuen Dynastie Umayyaden erwies sich die Spaltung zwischen den Sunniten und Schiiten nicht als Hindernis für die weitere Expansion. Das Wachstum des Islams ging mit einer Konsolidierung der Religion einher. Da die Muslime sich nicht mehr an Mohammed wenden konnten, um Antworten auf ihre Fragen zu bekommen, hatte Kalif Uthman für die Vereinheitlichung des Korantextes gesorgt. Unter den Umayyadenkalifen studierten Religionsgelehrte die Aussprüche und Handlungen des Propheten (Hadith) und sammelten diese in autorisierten Bänden. Diese Hadith-Sammlungen wurden zu einer Quelle für das islamische Recht (Scharia) und zum Schlüssel für die Koranauslegung (Tafsir). In dieser Zeit erfolgte die Kodifizierung vieler Praktiken, die wir heute als islamisch bezeichnen. Die Gelehrten legten Vorschriften zum Gebetsablauf, zu den Almosen (Zakat) u.v.m. fest. Sie verkündeten Regelungen zu Alkoholkonsum, Glücksspiel und Ernährung. Sie richteten einen Mondkalender und feste Termine für islamische Feiertage ein. Die islamischen Rechtsinstitutionen wuchsen und brachten vier Rechtsschulen hervor – die jeweils nach ihren Gründern benannten Hanafiten, Malikiten, Schafiiten und Hanbaliten.

Die Kodifizierung des Glaubens gefiel nicht allen. Manche Muslime versuchten, zu den spirituellen Wurzeln des Islams zurückzukehren: Sie wurden später als Sufis bekannt. Oft geächtet und verfolgt, erwiesen sie sich als erstaunlich widerstandsfähig.

Zwischenzeitlich wurden die Umayyaden von den Abbasiden ausgelöscht, die nach ihrem Sieg ein Goldenes Zeitalter der islamischen Kultur einläuteten. ■

DIE GANZE ERDE IST EINE MOSCHEE

DER PROPHET MOHAMMED

IM KONTEXT

THEMA
Ein islamischer Ort der Anbetung

WANN UND WO
Um 622, Medina

FRÜHER
Vor dem Islam Niemand kennt die Ursprünge der Kaaba, aber sie wurde wohl schon in der frühen Besiedlungszeit Arabiens als Schrein genutzt.

SPÄTER
715 Der Umayyadenkalif Walid I. lässt am Standort einer christlichen Kathedrale in Damaskus (Syrien) eine Großmoschee erbauen.

1575 Sinan, der größte Architekt des Islams, vollendet sein Meisterwerk, die Selimiye-Moschee in Edirne (Türkei), für den osmanischen Sultan Selim II.

Muslime dürfen ihre fünf täglichen Gebete fast überall verrichten, solange der Ort, an dem sie beten, sauber ist oder wo zumindest durch das Auslegen eines Gebetsteppichs Sauberkeit erreicht werden kann. Es werden nur wenige Orte benannt, an denen nicht gebetet werden darf: Dazu gehören das Dach der Kaaba in Mekka, Friedhöfe, Mülldeponien, Schlachthöfe, Toiletten, Hauptstraßen und die Rastbereiche von Kamelen. Einigen Hadithen zufolge ist jedoch die ganze Welt ein *masdschid* (ein »Ort der Niederwerfung«). Von diesem arabischen Wort leitet sich – möglicherweise über das spanische

Siehe auch: Mohammeds frühes Leben 22–27 ▪ Die Kalifate der Umayyaden und Abbasiden 136–139 ▪ Das osmanische Kalifat 186–189 ▪ Islamische Kunst und Architektur 194–201

Eine Moschee hat nur wenige Grundelemente: Am wichtigsten sind ein sauberer Gebetsraum, ein Mihrab, der die Gebetsrichtung anzeigt, und eine saubere Wasserquelle für die Waschungen. Weitere optionale Bestandteile dienen rein symbolischen Zwecken.

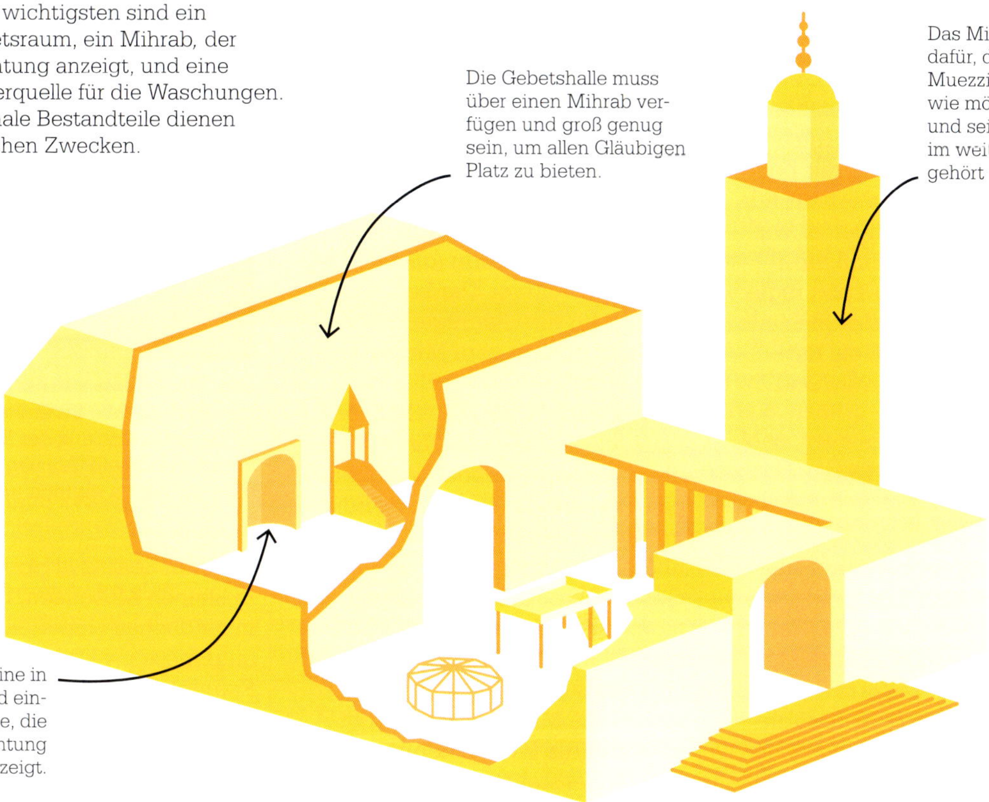

mezquita (Moschee) – der deutsche Begriff »Moschee« ab.

Da ein Ort der Niederwerfung fast überall sein kann, sind Moscheen im Islam keine sakralen Räume wie z. B. christliche Kirchen. Beim Bau einer Moschee muss der Boden nicht geweiht werden. Die Moschee ist weltweit zum zentralen Symbol des Islams geworden. Obwohl zum Beten nicht unbedingt notwendig, bietet sie den Muslimen einen Ort der Gemeinschaft und stiftet Identität. Auf diese Weise dient die Moschee der Sache des Islams, wie es in einem Hadith heißt: »Wer eine Moschee errichtet … dem errichtet Allāh ein gleiches (Haus) im Paradies.«

Die ersten Moscheen

In der mekkanischen Phase von Mohammeds Mission wurde der Bereich um die Kaaba als Masdschid bezeichnet. Aus Sicherheitsgründen beteten Mohammed und seine Anhänger jedoch in ihren Wohnhäusern.

Die erste richtige Moschee war der Tradition zufolge die *masdschid al-taqwa* oder »Moschee der Frömmigkeit«, die der Prophet und seine Anhänger errichteten, als sie 622 nach Medina geflohen waren. Als er die Oase südlich von Medina erreichte, band der Prophet sein Kamel los und sagte, wo es stehenbleibe, werde er eine Moschee erbauen.

Mohammed wohnte für kurze Zeit in einem Haus neben der neuen Moschee und zog um, als im Zentrum der Stadt eine größere Moschee erbaut wurde.

Dieses größere Gotteshaus wurde *masdschid an-nabawi* (Prophetenmoschee) genannt. In einem ummauerten Hof bot es der ganzen Gemeinde Platz, und die einfache Konstruktion ließ sich leicht erweitern, wenn es erforderlich war. Die Wände der Moschee bestanden aus Lehmziegeln, aus Palmstämmen wurden Säulen errichtet, die einen überdachten Bereich trugen, der die Betenden vor der Mittagssonne schützte. Er war mit Palmblättern gedeckt. »

ER WAR UNS ALS MUSLIM ÜBERLEGEN

AT-TABARI, *TARIKH AL-TABARI* (UM 915)

IM KONTEXT

THEMA
Die Nachfolger des Propheten

WANN UND WO
632–634, Arabische Halbinsel

FRÜHER
Um 570–632 Mohammed begründet den Islam und ist der erste Anführer der Muslime. Bei seinem Tod hinterlässt er keinen Nachfolger.

SPÄTER
634 Abu Bakr wird als Kalif von Umar ibn al-Chattab abgelöst, der zehn Jahre regiert. Auf ihn folgen Uthman und Ali ibn Abi Talib. Zusammen werden diese vier Kalifen als *raschidun* (»rechtgeleitet«) bezeichnet.

661 Die syrischen Umayyaden gehen siegreich aus dem Nachfolgekrieg hervor. Sie errichten ein neues Kalifat in Damaskus und machen das Amt des Kalifen erblich.

Als Mohammed 632 nach kurzer Krankheit verstarb, geriet die muslimische Gemeinschaft in eine Krise. Mohammed war für immer fort, und der Koran stellte klar, dass nach ihm kein weiterer Gesandter kommen würde. Als letzte Offenbarung Gottes musste der Koran den Menschen bis zum Ende der Zeit genügen. Aber wer sollte Mohammed als Führer der Gemeinschaft folgen, und wie sollte diese Person ausgewählt werden? Ebenso wichtig war die Frage, welcher Art die Legitimation des Nachfolgers sein sollte.

Die meisten Muslime glaubten, Mohammed habe zu diesem

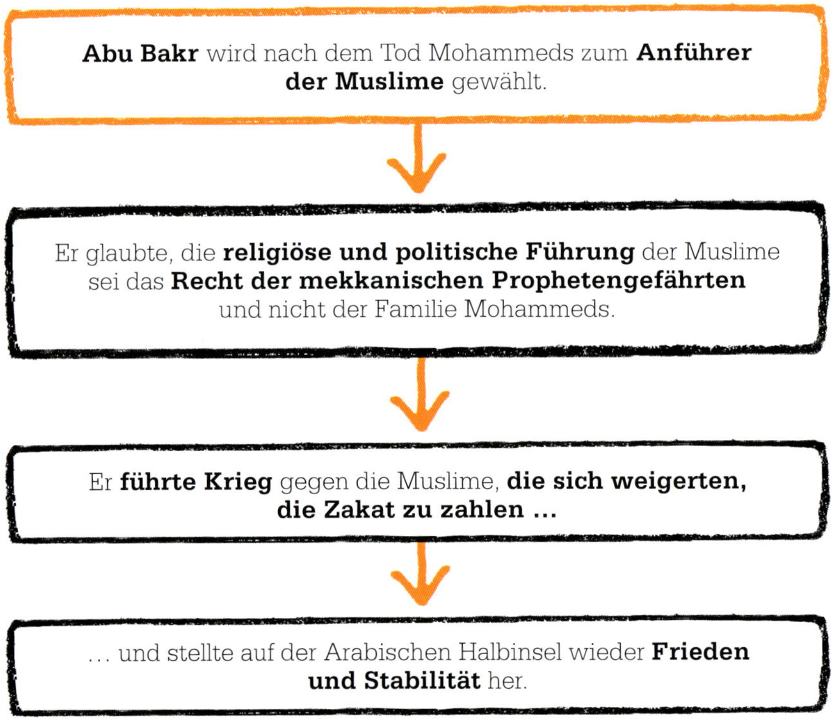

Siehe auch: Die Umma: Die islamische Gemeinschaft 32–33 ▪ Der Tod des Propheten 56–57 ▪ Die rechtgeleiteten Kalifen 104–107 ▪ Die Entstehung des schiitischen Islams 108–115 ▪ Sunniten und Schiiten im Nahen Osten heute 270–271

Thema geschwiegen, da er weder einen Nachfolger ernannt noch ein Wahlverfahren vorgeschlagen hatte.

Andere meinten, der Prophet habe seinen Schwiegersohn und nächsten männlichen Verwandten Ali zum Nachfolger ernannt: Alis Anhänger wurden als *schia* oder »Partei« Alis bezeichnet. Sie entwickelten sich später zur Schia; es kam zu einer Spaltung zwischen den Schiiten und der Mehrheit der Muslime, die später als Sunniten (diejenigen, die dem Weg des Propheten oder seiner Sunna folgen) bekannt wurden – eine Spaltung, die bis heute besteht.

Der erste Kalif

Trotz der von seinen Unterstützern eingeforderten Ansprüche sollte Ali nicht der neue Anführer der Muslime werden. Das Amt des Kalifen (arab. *khalifa,* »Nachfolger«) ging an Mohammeds Schwiegervater Abu Bakr. Er wurde von einem Ältestenrat gewählt, der Ali für zu unerfahren hielt, um die Führung zu übernehmen.

In den letzten zehn Lebensjahren des Propheten war Abu Bakr Mohammeds engster Berater gewesen, hatte aber – abgesehen davon, dass er 631 die Pilgerreise nach Mekka leitete und den erkrankten Propheten kurz vor seinem Tod als Gebetsführer in Medina vertrat – keine bedeutenden öffentlichen Ämter innegehabt.

Der persische Historiker Muhammad at-Tabari (839–923) zitiert den Prophetengefährten Mohammed bin Saad bin Abi Waqqas, der sagte: »Ich fragte meinen Vater, ob Abu Bakr der erste Muslim war. Er sagte: ›Nein, mehr als 50 nahmen den Islam vor Abu Bakr an; aber er war uns als Muslim überlegen.‹.«

> »Mir wurde die Autorität über euch gegeben. Wenn ich es gut mache, helft mir, und wenn ich es falsch mache, korrigiert mich.«
>
> **Abu Bakr**
> (573-634)

Die Ridda-Kriege

Als neuer Kalif stand Abu Bakr vor der Herausforderung, die aufkeimenden Stammesaufstände niederzuschlagen. Die Beduinenstämme hatten Mohammed als Gesandtem Gottes die Treue geschworen und sich bereit erklärt, die Almosensteuer (Zakat) zu zahlen. Nach dem Tod des Propheten distanzierten sich viele Stämme von diesen Vereinbarungen und argumentierten, ihre Treue habe Mohammed und nicht seinem Nachfolger gegolten. Einige sagten, sie würden Muslime bleiben, aber keine Steuern zahlen, während andere sich selbst zu Propheten erklärten.

Abu Bakr, der einen Zusammenbruch der Umma und den Rückfall in vorislamische Verhältnisse fürchtete, unternahm eine Reihe von Feldzügen gegen die Stämme. Die sogenannten Ridda-Kriege (Kriege gegen die Abtrünnigen) wurden im Auftrag des Kalifats von General Chalid ibn al-Walid (585–642) ausgeführt. Als Abu Bakr friedlich im Schlaf starb, war es ihm gelungen, die Stämme wieder unter medinensische Kontrolle zu bringen. ■

Abu Bakr

Abu Bakr, auch bekannt als *al-Siddiq* (»der Aufrichtige«), wurde 573 in Mekka in einen Clan der Quraisch hineingeboren. Er arbeitete als Stoffhändler, besuchte oft Syrien und den Jemen und war ein wohlhabender Mann. Als er hörte, dass ein Mann namens Mohammed einen neuen Glauben predigte, besuchte er ihn und bekehrte sich als einer der ersten zum Islam. Abu Bakr soll als Verbreiter des Glaubens hart gearbeitet haben. Er kaufte Sklaven, die zum Islam übergetreten waren, und befreite sie. Er war Schatzmeister und beriet Mohammed in Stammesbeziehungen. Seine prominente Stellung unter den Muslimen wurde durch Mohammeds Heirat mit Abu Bakrs Tochter Aischa noch verstärkt. Kurz vor seinem Tod bat Mohammed Abu Bakr, die Gebete in der Moschee zu leiten, was als Signal für seine Legitimation als Nachfolger des Propheten angesehen wurde. Abu Bakr war zwei Jahre, zwei Monate und 15 Tage lang Kalif; 634 erlag er einer Krankheit.

EINEN NACHFOLGER WILL ICH EINSETZEN AUF DER ERDE!

KORAN 2:30

IM KONTEXT

THEMA
Die rechtgeleiteten Kalifen

WANN UND WO
634–661, Arabische Halbinsel und Irak

FRÜHER
um 570–634 Mohammed ist der erste Anführer der islamischen Gemeinschaft. Als er stirbt, übernimmt Abu Bakr, der erste rechtgeleitete Kalif, seine Nachfolge.

SPÄTER
661 Muawiya, der Statthalter von Syrien, tritt Alis Nachfolge an und macht das Kalifenamt erblich. Seine Umayyadendynastie regiert 89 Jahre, bevor die Abbasiden an die Macht kommen.

1258 Als die Mongolen Bagdad plündern, wird der letzte regierende Abbasidenkalif ermordet und die Herrschaft der Kalifen beendet.

Auf Abu Bakr folgten die Kalifen Umar ibn al-Chattab (reg. 634–644), Uthman ibn Affan (reg. 644–656) und Ali ibn Abi Talib (reg. 656–661). In arabischen Quellen werden sie alle als »rechtgeleitete Kalifen« bezeichnet. Sie gelten neben Mohammed als die vier Kalifen, die gottgeleitet waren und die islamische Gemeinschaft richtig anführten. Ihre Herrschaft endete mit einem Bürgerkrieg, an dessen Sieger das Kalifat fiel.

Befehlshaber der Gläubigen

Kurz vor seinem Tod ernannte Abu Bakr Umar zum zukünftigen Kalifen.

Siehe auch: Der Tod des Propheten 56–57 ▪ Die Koranikompilation 64–69 ▪ Ein Nachfolger für den Propheten 102–103 ▪ Die Entstehung des schiitischen Islams 108–115 ▪ Die Kalifate der Umayyaden und Abbasiden 136–139

»Über jedem unehrlichen Mann stehen zwei Wächter: Der eine ist sein Besitztum, der andere seine Lebensweise.«

Umar ibn al-Chattab
(584–644)

Obwohl Umar ein enger Gefährte des Propheten gewesen war, wurde sein Kalifat von den Anhängern Alis bekämpft: Sie waren bestürzt, dass ihr Kandidat – wie bei Abu Bakrs Wahl – erneut übergangen wurde. Dennoch stieß Umar, dem Ali als Berater diente, in seiner zehnjährigen Regierungszeit kaum auf interne Widerstände. Als er Kalif wurde, gab Umar sich den Beinamen *amir al-muminin* (»Befehlshaber der Gläubigen«), um zu betonen, dass er ein spiritueller und politischer Anführer sein würde. Umar hatte nicht vor, Mohammeds Mission als Prophet nachzueifern, sondern wollte seine Position als universaler Anführer der Muslime hervorheben.

Unter Umar erfolgten die ersten großen Eroberungen, die als Fortsetzung der Ridda-Kriege begannen. Von der Arabischen Halbinsel aus preschten muslimische Armeen nach Norden vor: 633 fiel die Region des heutigen Iraks, 634 folgte Damaskus. 636 besiegten die Araber in der Schlacht am Jarmuk eine byzantinische Armee und beendeten damit die 1000-jährige griechischsprachige Vorherrschaft am östlichen Mittelmeer. Im selben Jahr besiegten die Muslime in der Schlacht von Qadisiya am Euphrat auch die Sassaniden.

Weitere Eroberungen

Im Jahr 638 belagerten die Muslime Jerusalem. Kalif Umar nahm die Kapitulation der Stadt persönlich an. 639 stürmten die Muslime Ägypten. Im Jahr 640 eroberten sie die byzantinische Festung Babylon – von dort aus sollte sich später die Stadt Kairo entwickeln; 641 folgte die Einnahme Alexandrias. Damit war die erste arabische Eroberungswelle beendet. Innerhalb von nur sieben Jahren hatten Umars Armeen ein Reich geschaffen, das in jener Zeit nach China das zweitgrößte war.

Ein weiterer Triumph Umars lag im Verwaltungsbereich. Er erkannte, dass die Loyalität der Besiegten von entscheidender Bedeutung für den Erfolg des »

Die ersten vier Kalifen des Islams (Abu Bakr, Umar, Uthman und Ali, abgebildet auf dieser türkischen Miniatur) waren Freunde Mohammeds, was ihnen eine übergeordnete Stellung verlieh.

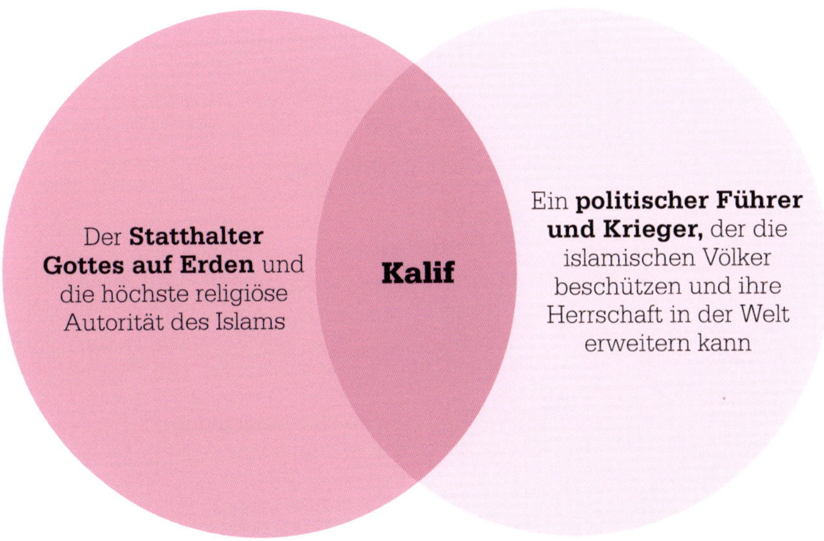

islamischen Reiches war, und sorgte dafür, dass die eroberten Länder kaum soziale Veränderungen hinnehmen mussten. So beließ er die Verwaltungsstrukturen in den neuen Territorien weitgehend wie vor der Eroberung, z. B. in Syrien, wo das byzantinische Beamtentum erhalten blieb, oder in Persien, wo die alten Strukturen und Persisch als Hauptsprache beibehalten wurden. Umar zwang den eroberten Völkern den Islam nicht auf, sondern gewährte ihnen Religionsfreiheit.

Aufkeimende Spannungen

644 wurde Umar von einem persischen Sklaven ermordet. Sein Vermächtnis als arabischer Eroberer wurde noch übertroffen von seiner genügsamen Lebensführung; so soll er oft nur in seinen Umhang gehüllt in der Moschee geschlafen haben. Nach Umars Tod wählte ein Rat *(schura)* aus Prophetengefährten Uthman zum nächsten Kalifen.

» Das Vertiefen in weltliche Angelegenheiten bringt Dunkelheit ins Herz, das Vertiefen in Angelegenheiten der kommenden Welt bringt Licht ins Herz. «

Uthman ibn Affan
(?–656)

Uthman war ein frommer Mann und einer der ersten Anhänger Mohammeds, aber auch seine Ernennung löste bei den Anhängern Alis Groll aus.

Unter Uthman expandierte das Reich weiter – wenn auch langsamer. Seine Truppen eroberten 649 Zypern und brachten die Sassaniden zu Fall. Das größte Vermächtnis dieses Kalifen war jedoch die endgültige Kanonisierung des Korans.

Uthmans Herrschaft war von finanziellen Schwierigkeiten überschattet – Kritiker sahen darin eine Folge seiner verschwenderischen Staatsausgaben. Noch schlechter für seinen Ruf war die Vetternwirtschaft, die man ihm vorwarf, denn Uthman besetzte Machtpositionen gern mit Mitgliedern seines eigenen Clans (der Umayyaden). Es kam zu Aufständen in Ägypten und im Irak, und eine Gruppe von Rebellen begab sich nach Medina. Dort fanden sie Uthman allein vor und ermordeten ihn. Als er getötet wurde, las er angeblich gerade den Koran, der bei dem Mord mit Blut bespritzt wurde. Noch Jahrhunderte später wurde der sogenannte »Koran von Uthman«, ein Koranexemplar, das angeblich mit dem Blut des ermordeten dritten Kalifen befleckt war, bei festlichen Anlässen von den Abbasidenkalifen ausgestellt.

Der erste muslimische Bürgerkrieg

Nach Uthmans Tod ging das Kalifat an Ali über, den Cousin und Schwiegersohn Mohammeds, der sich als einer der ersten zum Islam bekannt hatte. Trotz seiner Legitimation und der langen Zeit, die er auf das Kalifenamt gewartet hatte, traf seine Wahl nicht nur auf Zustimmung. Sein Kalifat wurde von einer Gruppe hochrangiger Muslime (darunter der Prophetengenosse Zubair ibn al-Awwam und Aischa, die Witwe Mohammeds) angefochten. Auch die Umayyaden

In der Kamelschlacht besiegte Ali ibn Abi Talib eine Armee, die u. a. von Aischa (der Witwe des Propheten) angeführt wurde, die die Kämpfe von einem Kamel aus leitete.

Die Große Moschee von Kufa soll von Kalif Umar erbaut worden sein, besonders eng ist die Stadt aber mit Ali verbunden, der 661 vermutlich an dieser Stelle ermordet wurde.

(der Clan des ermordeten Uthman) setzten Ali unter Druck. Sie machten den neuen Kalifen nicht verantwortlich für das Attentat, forderten aber, dass er die Mörder ihres Angehörigen bestrafte – sonst würde Muawiya ibn Abi Sufyan, das Oberhaupt der Umayyaden, ihm den Treueeid verweigern.

Bereits im ersten Jahr von Alis Herrschaft kam es zum ersten muslimischen Bürgerkrieg. Im Dezember 656 traf Ali in der Kamelschlacht von Basra (so benannt nach Aischas Reittier, von dem aus sie den Kampf leitete) auf die Armeen von Zubair. Ali gewann die Schlacht: Zubair wurde getötet, und Aischa zog sich nach Medina zurück.

» Rechtfertige dich nie, denn wer dich mag, wird es nicht brauchen, und wer dich nicht mag, wird dir nicht glauben. «

Ali ibn Abi Talib
(599–661)

Das Ende der rechtgeleiteten Kalifen

Ali kehrte nicht nach Medina zurück, sondern machte Kufa (Irak) – wo seine Verbündeten lebten – zur neuen Hauptstadt des Kalifats. Zubair war besiegt, aber die Bedrohung durch Muawiya blieb bestehen. Muawiya regierte Syrien als autonome Provinz und war Befehlshaber einer großen Armee. Er erhob keinen Anspruch auf das Kalifat, bestand aber darauf, dass Ali die Mörder Uthmans bestrafte, die ausgerechnet zu Alis Verbündeten im Irak gehörten.

657 führte Ali seine irakischen Streitkräfte ins Tal des Euphrats, wo er auf Muawiyas Truppen traf. Bei Siffin, in der Nähe der heutigen Stadt Raqqa, kam es zu wochenlangen Gefechten, aber als eine große Schlacht unausweichlich schien, rissen die syrischen Streitkräfte Blätter aus ihren Koranen, spießten sie auf Speerspitzen und forderten ein Schiedsverfahren gemäß dem heiligen Buch Gottes. Ali erklärte sich einverstanden: Im nächsten Jahr sollten sich Vertreter der gegnerischen Parteien zu Verhandlungen treffen.

Manche von Alis Anhängern waren bestürzt und hielten seine Entscheidung für einen Fehler. Diese Gruppe von Dissidenten, die als Charidschiten (»die, die sich absondern«) bekannt wurden, entwickelte später eigene theologische Konzepte und abweichende politische Strategien.

Ali fügte den Sezessionisten 658 in der Schlacht von Nahrawan eine schwere Niederlage zu, aber schließlich sollten die Charidschiten das letzte Wort behalten: Drei Jahre später verschaffte sich ein Charidschit Zutritt zu Alis Wohnräumen und ermordete ihn.

Trotz der Probleme, die die Kalifate Uthmans und Alis begleiteten, gilt die Zeit der *raschidun*, der rechtgeleiteten Kalifen, bis heute als die reinste Form der islamischen Gesellschaft. Es war die Ära, in der die Muslime ein Imperium aufbauten, das Gottes letzte Offenbarung an die Menschheit reflektierte und durch den Klebstoff des Glaubens zusammengehalten wurde. In diesen 30 Jahren entstand die endgültige Form des Korans, und die göttlichen Offenbarungen wurden für künftige Generationen aufgezeichnet. ■

Die Charidschiten

Nachdem die Charidschiten Ali getötet hatten, rebellierte diese Splittergruppe gegen die Umayyaden (die den rechtgeleiteten Kalifen nachfolgten). Die für Puritanismus und Fanatismus bekannten Charidschiten betrachteten jeden Muslim, der eine schwere Sünde beging, als Abtrünnigen. Sie verabscheuten Mischehen, lehnten Kontakte zu anderen Muslimen ab und bestanden auf einer wörtlichen Auslegung des Korans. Im 14. Jh. schrieb ein Gelehrter über sie: »Würden sie je an Stärke gewinnen, würden sie die ganze Erde zerstören … sie würden kein Kind, männlich oder weiblich, keinen Mann und keine Frau am Leben lassen, denn sie glauben, die Menschen haben eine Korruption verursacht, die nur durch Massenmord behoben werden kann.«

DER IMAM IST GOTTES AUSERWÄHLTER FÜHRER

ALI IBN ABI TALIB (601–661)

IM KONTEXT

THEMA
Die Entstehung des schiitischen Islams

WANN UND WO
Um 680, Irak

FRÜHER
632 Mohammed stirbt, ohne einen Nachfolger zu ernennen.

SPÄTER
909–1171 Die Fatimiden, die behaupten, von der Tochter des Propheten (Fatima) abzustammen, werden die erste schiitische Dynastie. Sie errichten eine neue Hauptstadt in al-Qahira (dem späteren Kairo), von der aus sie große Teile Nordafrikas und Westarabiens beherrschen.

Um 1501 Die persische Safawidendynastie konvertiert zum schiitischen Islam. Bis heute ist der Iran (das alte Persien) die größte Bastion der Schia in einer sunnitisch geprägten islamischen Welt.

Etwa 12–15 % aller Muslime gehören dem schiitischen Islam an, der oft als Sekte oder Religionsgemeinschaft bezeichnet wird. Er ist keines von beidem: Die schiitische Tradition des Islams – die Schia – ist eine dogmatische, theologische und juristische Untergruppe des Islams.

Der Begriff Schia ist eine Abkürzung der arabischen Formulierung *schiat Ali* (»Partei Alis«). Diese Partei bestand aus den Anhängern von Ali ibn Abi Talib, dem Cousin und Schwiegersohn des Propheten, die forderten, dass er nach dem Tode Mohammeds der Anführer der Muslime werden sollte. Die Nachfolgekrise in der Zeit der rechtgeleiteten Kalifen führte schließlich zur Entstehung der Schia als einer eigenständigen Minderheitsgruppierung im Islam. Nichts hat eine tiefere Spaltung unter den Muslimen verursacht als die Schia, und sie besteht bis heute fort.

Alis Ansprüche

Als Mohammed starb, ohne – wie viele sagten – einen Nachfolger zu bestimmen, glaubte die Mehrheit der Muslime, dass die Wahl eines Anführers durch Konsens am besten mit den Konzepten der Sunna (dem Leben und den Lehren des Propheten) zu vereinbaren sei.

Eine Gruppe glaubte jedoch, dass Mohammed einen Mann auserwählt hatte, der seine Rolle als Anführer der Muslime übernehmen sollte: Ali ibn Abi Talib, der nicht nur ein Cousin des Propheten und einer der ersten Anhänger des Islams, sondern auch der Ehemann von Mohammeds Tochter Fatima war. Ali und Fatima waren häufig in Mohammeds Gesellschaft gewesen und wurden kollektiv als *ahl al-bait* (»Leute des Hauses«) bezeichnet, mit anderen Worten, sie hatten zum

» Es ist ein Naturgesetz, dass die Bäume mit den süßesten Früchten am meisten geschüttelt werden. «

Ali ibn Abi Talib
(599–661)

Nach dem Tod Mohammeds glauben viele Muslime, dass die **Wahl ihres Anführers** auf Grundlage der Sunna (dem Leben und den Lehren des Propheten) erfolgen muss.

↓

Der sunnitische Islam folgt einem **durch Konsens ausgewählten Anführer.**

Nach Mohammeds Tod glaubt die Partei Alis (die Schia), dass Gott eine **Linie von Nachfolgern** aus der Prophetenfamilie festgelegt hat.

↓

Die Schia wird von einem **von Gott erwählten Imam** angeführt.

Siehe auch: Die rechtgeleiteten Kalifen 104–107 ▪ Das Safawidenreich 192–193 ▪ Die Entstehung des islamischen Modernismus 222–223 ▪ Die iranische Revolution 248–251 ▪ Sunniten und Schiiten im Nahen Osten heute 270–271

Haushalt des Propheten gehört. Ali galt als loyal und furchtlos. Als der Prophet starb, war sein Schwiegersohn 28 Jahre alt, und der Ältestenrat, der Mohammeds Nachfolger auswählte, hielt ihn für zu jung für das Kalifenamt.

Alis Anhänger wiesen auf Koranverse hin, die ihrer Ansicht nach belegten, dass der Führer der Muslime der Familie des Propheten entstammen müsse. Sie zitierten eine Predigt, die Mohammed nach seiner letzten Pilgerreise gehalten hatte: Er hielt die Karawane in Ghadir Chumm an, fasste Ali an der Hand und erklärte: »Jeder, dessen Patron ich bin, der hat auch 'Al'ī zum Patron.«

656, nach dem Tod Uthmans, wurde Ali schließlich zum Kalifen gewählt, aber die Muslime blieben gespalten. Um seine Herrschaft zu verteidigen, musste Ali militärische Maßnahmen ergreifen, doch schon fünf Jahre nach seinem Amtsantritt wurde er ermordet – ironischerweise von ehemaligen Anhängern, die glaubten, er habe nicht entschlossen genug gehandelt, um Uthmans Mörder zu bestrafen und seine Position als Kalif zu verteidigen.

Das Massaker von Kerbela

Nach Alis Tod erwarteten viele, dass das Kalifat an seinen ältesten Sohn Hasan übergehen würde. Doch Muawiya, der Statthalter von Syrien, forderte Hasan heraus und riet ihm, alle Ansprüche auf das Kalifat aufzugeben, um ein Blutvergießen zu vermeiden. Hasan stimmte zu, stellte aber die Bedingung, dass Muawiya nicht den Titel »Befehlshaber der Gläubigen« verwenden und keinen Nachfolger ernennen sollte. Hasan zog sich nach Medina zurück, wo er 669/670 von seiner Frau vergiftet wurde (wahrscheinlich auf Betreiben Muawiyas). Von Damaskus aus herrschte Muawiya 20 Jahre lang als Kalif. Als er 680 schwer erkrankte, ernannte er – statt sein Versprechen gegenüber Hasan einzulösen – seinen Sohn Yazid zu seinem Nachfolger. Muawiya schrieb Briefe an die regionalen Statthalter und befahl ihnen, dem neuen Kalifen die Treue zu halten. Viele sträubten sich, vor allem im Irak, wo die Familie des Propheten zahlreiche Unterstützer hatte. Es wurden Briefe nach Medina geschickt, und man drängte Hasans jüngeren Bruder Husain, in den Irak zu kommen. Seine Anhänger versprachen, die Syrer zu vertreiben und »die Seele des Islams zurückzuerobern«. Husain verließ Medina mit 18 Familienmitgliedern in einer Gruppe von 70 Personen. Drei Wochen später erreichten sie Kufa, wo sie von den Umayyaden empfangen wurden, die ihnen befahlen, nach Medina zurückzukehren. Husain führte seine Gruppe jedoch zum Euphrat, wo sie in der Ebene von Kerbela (heute eine Großstadt im Irak) rasteten. Dort wurden sie von einer 4000-köpfigen Armee eingekesselt, die versuchte, Husain und seine Anhänger auszuhungern und zum Aufgeben zu zwingen. Am siebten Tag griffen Husain und seine Krieger den Feind an und wurden »

Schiitische Pilger gedenken am Imam-Husain-Schrein in Kerbela dem Märtyrertod Husains, der am 10. Muharram 680 ermordet wurde.

» Eine für Husain vergossene Träne wäscht hundert Sünden fort. «

Schiitisches Sprichwort

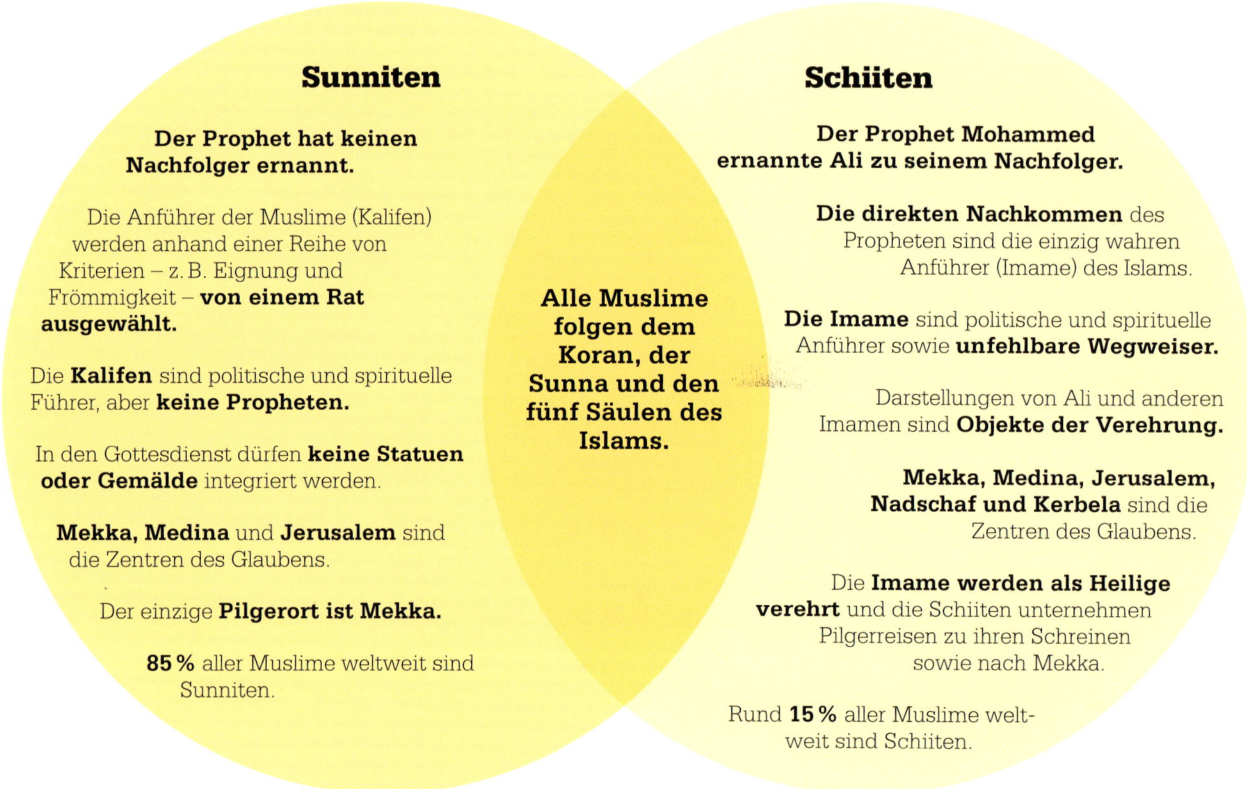

Die Unterschiede zwischen Sunniten und Schiiten sind gering; beide befolgen dieselben islamischen Grundsätze. Ihre Ansichten unterscheiden in der Frage, wer nach dem Tod des Propheten die Führung der Muslime übernehmen soll und in den historischen Erfahrungen, die beide Gruppen seit dieser Zeit machten.

niedergemetzelt. Der Enkel des Propheten soll als einer der letzten gestorben sein. Sein Kopf wurde abgetrennt, auf einen Speer gespießt und zu Yazid geschickt. Die Schlacht – von den Schiiten als Massaker von Kerbela bezeichnet – war für die Anhänger Alis der Anlass, sich zusammenzuschließen und eine eigene Religionsgemeinschaft zu begründen.

Die Zwölfer-Schia

Alle Schiiten folgten dem Grundgedanken, dass die Familie des Propheten im Islam eine besondere Stellung einnimmt. Auch die Sunniten verehrten die Familie des Propheten, aber die Schiiten glaubten, nur die Familie des Propheten sei dafür qualifiziert, die Umma zu leiten und das Amt des Kalifen oder – laut schiitischer Terminologie – des Imams zu übernehmen.

Doch dieser Grundgedanke warf viele Fragen auf: Wer gehörte zur Familie des Propheten? Alle Nachkommen von Alis Söhnen Hasan und Husain? Wie verhielt es sich mit deren Kindern? Dann könnte es sehr viele Kandidaten für das Amt des Imams geben. Sollte nur der Älteste Imam werden? Solche Fragen hatten weitreichende Konsequenzen für die Führung der Schia. Es gab viele Dispute, und die Schia spaltete sich schnell in verschiedene Gruppierungen. Nach dem Tod Husains wurde sein Sohn Ali Zain al-Abidin zum Imam (geistlichen Oberhaupt) der Schiiten ernannt. Dieser Titel wurde bis zum zwölften Imam vom Vater auf den Sohn übertragen.

Der zwölfte und letzte Imam, Muhammad ibn Hasan, starb nicht, sondern ging 874 in die Verborgenheit und wird als messianischer Imam al-Mahdi zurückkehren. Seine Rückkehr wird den Beginn des endgültigen Kampfes für das Gute signalisieren, der im Islam das Ende der

Welt darstellt. Die Schiiten, die diesem Glauben anhängen, werden als »Zwölfer-Schiiten« oder »Imamiten« bezeichnet – sie bilden die Mehrheit der Schiiten. Die meisten Einwohner des Irans sind Zwölfer; der ehemalige iranische Präsident Mahmud Ahmadinedschad hielt in Kabinettssitzungen immer einen leeren Stuhl für den Imam al-Mahdi frei.

Ismailiten und Zaiditen

Der zweite große Zweig der Schia (entstanden im 8. Jahrhundert) sind die Ismailiten, bekannt als »Siebener-Schia«. Sie ziehen die Legitimationslinie der Imame von Dschafar as-Sadiq zu seinem zweiten Sohn Ismail, der als Imam betrachtet wurde, aber vor seinem Vater starb. Im Gegensatz zu den Zwölfer-Schiiten erkennen die Ismailiten nicht die Legitimation von Ismails jüngerem Halbbruder Musa al-Kazim an, sondern betrachten Muhammad ibn Ismail (»Sohn Ismails«) als ihren siebenten Imam. Einige Ismailiten glauben, dass er der letzte Imam war; deshalb werden sie »Siebener-Schiiten« genannt. Andere Ismailiten glauben, dass das Imamat von Muhammad ibn Ismail durch Erbfolge bis zum jetzigen 49. Imam (der in direkter Linie vom Propheten Mohammed abstammt) weitergegeben wurde. Die ismailitischen Imame tragen seit dem 19. Jahrhundert den Titel Aga Khan – der aktuelle Imam, Prinz Schah Karim al-Husseini, ist unter dem Namen Karim Aga Khan V. bekannt. Die Ismailiten leben heute unter der Führung des Aga Khan in einer Diaspora. Ein weiterer Zweig der Schia zieht die Linie der Imame von Ali Zain al-Abidin zu dessen jüngerem Sohn Zaid (und nicht zu dessen älterem Sohn Muhammad al-Baqir) – daher ihr Name Zaiditen. Sie leben heute nur noch im Nordjemen. »

> »Wir sind Gottes, und zu ihm kehren wir zurück.«
>
> **Koran 2:156**
> rezitiert 680 von Imam Husain in Kerbela

Die Ismailiten treten in jüngster Zeit mit karitativen und pädagogischen Aktivitäten ihres Anführers hervor, die im Aga Khan Museum in Toronto (Kanada) präsentiert werden.

Was die Schiiten glauben

Die schiitischen Traditionen teilen mit den Sunniten den Glauben an die göttliche Einheit *(tauhid)*, das Prophetentum sowie die Auferstehung und das Jenseits. Zusätzlich glauben die Schiiten an zwei weitere Prinzipien – die göttliche Gerechtigkeit *(adl)* und das Imamat *(imama)*. Zusammen bilden diese fünf Konzepte die »Glaubensartikel« der Schiiten.

Was die ersten drei Prinzipien betrifft, so gibt es kaum Unterschiede zwischen Sunniten und Schiiten. In Bezug auf die göttliche Gerechtigkeit glauben beide Gruppen, dass die Menschen den Unterschied zwischen Gut und Böse kennen und einen freien Willen haben. Die Sunniten glauben jedoch außerdem, dass Gott unsere Entscheidungen schon kennt, bevor wir sie treffen, und dass unser Schicksal vorherbestimmt ist. Die größte Differenz zwischen Sunniten und Schiiten betrifft das Imamat. Die Schiiten glauben, dass die Imame des »Hauses Alis« die prophetische Mission Mohammeds fortsetzen. Für sie sind die Imame von Gott inspirierte geistige und politische Nachfolger des Propheten, die ein unfehlbares, gottgegebenes Wissen besitzen.

Die Sunniten finden dieses besondere Element des schiitischen Glaubens nicht nur fragwürdig, sondern auch dogmatisch inakzeptabel. Auch in Bezug auf Frömmigkeit bestehen Unterschiede zwischen Sunniten und Schiiten. Die Schiiten pilgern zu den Heiligtümern der Imame und ihrer Nachkommen, die im Persischen *imamzadeh* genannt werden. An diesen Heiligtümern bitten sie die Imame, in ihrem Namen bei Gott Fürbitte einzulegen, eine Praxis, die als *tawassul* bekannt ist. Sunniten betrachten dieses Ritual als höchst unorthodox. Die Schiiten feiern auch die Traditionen der Imame und die mit ihnen verbundenen Ereignisse, z. B. das Aschura-Fest, das an den Tod Husains in Kerbela erinnert.

Bei Rechtsfragen und Alltagspraktiken unterscheiden sich Schiiten und Sunniten kaum. Doch während sich die Sunniten nach der Sunna des Propheten richten, beziehen die Schiiten auch die zwölf Imame als Quellen spiritueller und politischer Führung mit ein. Im Gegensatz zum Sunnismus ist die Schia eine hoch strukturierte Tradi-

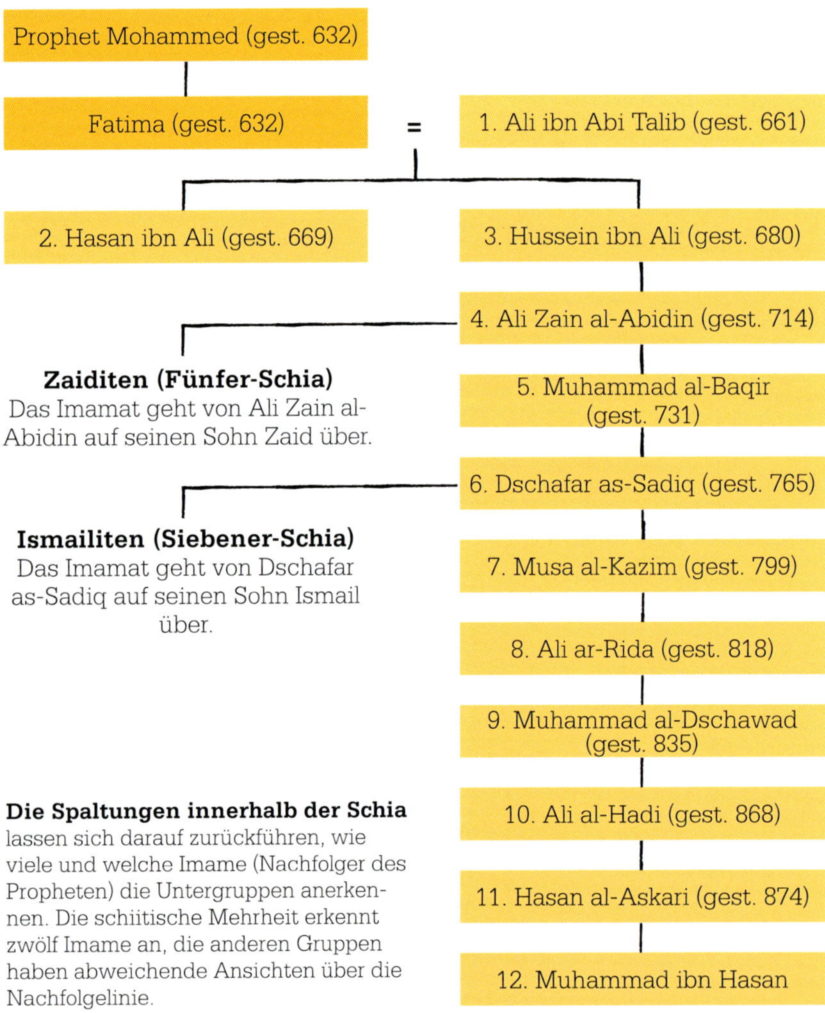

Die Spaltungen innerhalb der Schia lassen sich darauf zurückführen, wie viele und welche Imame (Nachfolger des Propheten) die Untergruppen anerkennen. Die schiitische Mehrheit erkennt zwölf Imame an, die anderen Gruppen haben abweichende Ansichten über die Nachfolgelinie.

> »Die Religion [der Islam] wird fortbestehen … bis zwölf Kalifen, alle von den Quraisch, über euch regiert haben.«
>
> **Der Prophet Mohammed**

» Schiiten und Sunniten können miteinander leben und zusammenarbeiten, getreu ihren eigenen Interpretationen des Islams, aber verbunden im Glauben. «

Schah Karim al-Husseini
amtierender Aga Khan (*1936)

tion ohne organisierten Klerus. Die Schiiten betonen auch die esoterische Interpretation des Korans.

Aufstieg zur Macht

Nach Ali kam kein schiitischer Imam mehr an die Macht. Erwähnenswert ist der 6. Imam Dschafar as-Sadiq, der als Rechtsgelehrter an der Entwicklung der schiitischen Glaubenslehre beteiligt war. Der 8. Imam, Ali ar-Rida, auch bekannt als Imam Reza, wäre fast an die Macht gekommen: Er wurde vom Abbasidenkalifen al-Mamun, der den Islam einen wollte, zum Erben ernannt; doch er starb vor dem Kalifen – wohl an einer Vergiftung. Sein Grab in Maschhad (Iran) ist bis heute ein Wallfahrtsort.

Im 10. Jahrhundert konnten die Schiiten erstmals die Macht ergreifen, als sie nach der Flucht vor den Abbasiden in Tunesien eine neue Dynastie gründeten: Die Fatimiden (benannt nach Fatima, Tochter des Propheten und Ehefrau Alis) übernahmen die Herrschaft über Ägypten und gründeten eine neue Hauptstadt (Kairo), in der sie über 200 Jahre lang regierten. Weitere Bedeutung erlangte die Schia im 16. Jahrhundert mit der Gründung des Safawidenreiches, dessen Herrscher den Iran in eine schiitische Nation verwandelten; die Schia ist bis heute Staatsreligion.

Imam Ali, der erste schiitische Imam, ist ein beliebtes Motiv für Porträtbilder (hier in Kaschan, Iran), vor allem im *muharram,* dem Monat von Husains Märtyrertod.

Ein moderner schiitischer Staat

Nicht immer standen die Schiiten im Ruf, radikal zu sein. Die Politisierung des schiitischen Klerus erfolgte im 19. Jahrhundert durch eine neue Generation schiitischer Theoretiker. Ihren Höhepunkt fand sie 1979 mit der Iranischen Revolution, in der Ayatollah Chomeini dem Regime von Mohammad Reza Schah Pahlavi ein Ende setzte und damit die erste moderne islamische Republik der Welt begründete. Seitdem hat der Iran ein schiitisches Regierungssystem, das als »Statthalterschaft des Rechtsgelehrten« bezeichnet wird und dessen oberster Führer als Stellvertreter für den Imam al-Mahdi fungiert.

Am Beispiel des Irans wird die entscheidende Differenz zwischen Sunniten und Schiiten deutlich, die nicht die Theologie, sondern die Führungsfrage betrifft. Abgesehen von dem 1400-jährigen Disput um die Nachfolge des Propheten, gibt es zumindest in islamischen Rechtsfragen größere Differenzen zwischen sunnitischen Gruppen als zwischen Sunniten und Schiiten. ■

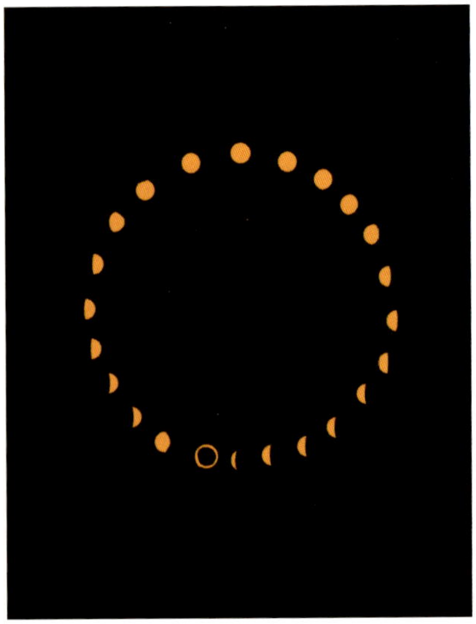

DEM MOND BESTIMMTEN WIR STATIONEN

KORAN 36:39

IM KONTEXT

THEMA
Der islamische Kalender

WANN UND WO
Um 638, Arabische Halbinsel

FRÜHER
8000 v. Chr. In Schottland entsteht der älteste bekannte Mondkalender in Form von zwölf nach den Mondphasen ausgerichteten Gruben.

46 v. Chr. Julius Cäsar führt den Julianischen Kalender ein, einen Mondkalender.

442 n. Chr. Der mekkanische Kalender wechselt zum Lunisolarkalender, in den gelegentlich ein zusätzlicher Monat eingefügt wird, um das Pilgergewerbe zu steuern.

SPÄTER
1582 Die katholischen Staaten Europas führen den Gregorianischen Kalender ein, der mit Schaltjahren den Julianischen Kalender verbessert.

Im Jahr 638, sechs Jahre nach dem Tod Mohammeds, beklagte sich ein Beamter Umars über die fehlenden Datumsangaben in der offiziellen Korrespondenz. Man könne nicht erkennen, welche Anweisungen die neuesten seien. Daraufhin wurde beschlossen, dass die Muslime ein eigenes Kalendersystem bekommen sollten.

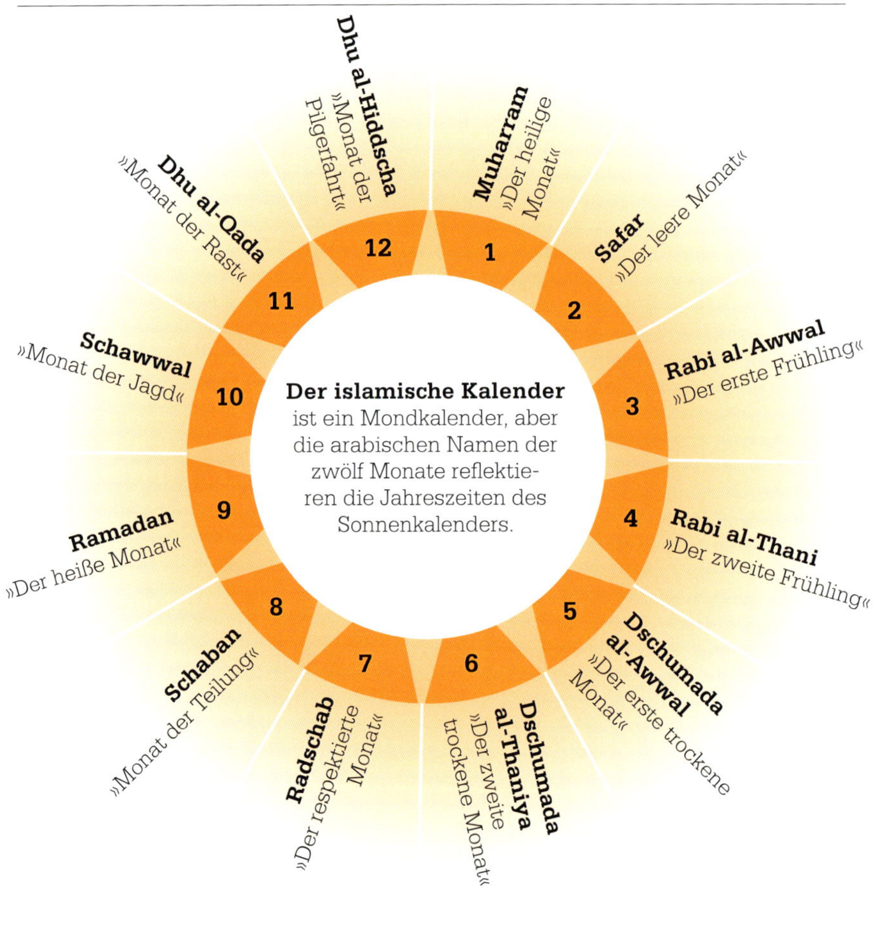

Siehe auch: Hidschra, die Flucht aus Mekka 28–31 ▪ Die fünf Säulen des Islams: Saum 46–49 ▪ Die fünf Säulen des Islams: Haddsch 50–55 ▪ Islamische Astronomie 162–163

Das Jahr von Mohammeds Ankunft in Medina und die Gründung der Umma – 622 n. Chr. nach dem Gregorianischen Kalender – sollte das Jahr 1 markieren. Da die Gründung der Umma auf die Hidschra des Propheten (die Flucht aus Mekka) zurückzuführen ist, wurde der neue Kalender Hidschra-Kalender genannt. Die Jahresangaben tragen den Anhang »AH«, lateinisch für *anno hegirae* (»im Jahr der Hidschra«) bzw. im Deutschen »d. H.« (»[Jahr] der Hidschra«). Die Jahre vor der Hidschra werden mit dem Kürzel »v. H.« (»vor der Hidschra«) versehen.

Unterschied von elf Tagen

Der Hidschra-Kalender basiert auf den Monatszyklen des Mondes. Obwohl ein Mondmonat theoretisch von der Sichtung einer neuen Mondsichel bis zur nächsten verläuft, wird die Sichtung in der Praxis nicht mehr als Messmethode verwendet. Die Kalendertage verlaufen in Übereinstimmung mit den astronomischen Berechnungen der Umlaufbahn des Mondes. Einige islamische Rechtsschulen machen eine Ausnahme beim ersten Tag des Ramadans, der traditionell mit der Sichtung der neuen Mondsichel beginnt. So steht das Anfangsdatum des Ramadans oftmals bis kurz vor Beginn noch nicht fest.

> »Die Zahl der Monate bei Gott ist zwölf – Vorschrift Gottes, vom Tage an, da er die Himmel und die Erde erschaffen hat.«
>
> **Koran 9:36**

Die Monate des Jahres sind abwechselnd 29 und 30 Tage lang; sie summieren sich zu einem zwölfmonatigen Mondjahr, das nur 354 oder 355 Tage umfasst. Der Gregorianische Kalender hingegen folgt dem Sonnenjahr, das 365 oder 366 Tage umfasst. Der islamische Kalender hat keine Schaltjahre. Deshalb kann das aktuelle islamische Jahr nicht berechnet werden, indem man einfach 622 Jahre vom Gregorianischen Kalender abzieht, denn alle 33 Jahre ist der Hidschra-Kalender dem Gregorianischen Kalender um ein Jahr voraus. Da das Hidschra-Jahr elf Tage kürzer ist als das gregorianische Jahr, wandern die islamischen Monate »rückwärts« durch die Jahreszeiten. Wenn der Ramadan in einem Jahr am 12. April beginnt, wird er also im folenden Jahr am 1. April beginnen.

Nutzung im Alltag

Die meisten muslimischen Länder nutzen zwei oder mehr Kalendersysteme. Der Iran verwendet drei: den Hidschra-Kalender zur Bestimmung der islamischen Fest- und Fastentage; einen Sonnenkalender (den offiziellen iranischen Kalender), dessen Jahr 1 ebenfalls ab der Hidschra Mohammeds gilt; und den Gregorianischen Kalender. Der Gregorianische Kalender wird unter Muslimen am häufigsten verwendet, v. a. von Unternehmen, die Kontakte mit Kunden in Übersee pflegen. ▪

Wichtige Daten des islamischen Kalenderjahres

Neben dem Ramadan und den Festen *eid al-fitr* und *eid al-adha* (bei denen Gemeinschaftsmahlzeiten gekocht werden, s. l.) gibt es noch weitere wichtige Daten für Muslime. Das islamische Neujahr *(ras as-sana al-hidschriya)* am 1. Muharram ist in muslimischen Ländern ein weltweiter Feiertag. Am 10. Muharram wird das *aschura*-Fest gefeiert, bei dem die Schiiten dem Märtyrertod des Prophetenenkels Husain gedenken. Am 12. Rabi al-Awwal ist der *maulid an-nabi,* der Geburtstag des Propheten. Dieser Festtag wird in der gesamten islamischen Welt gefeiert, mit Ausnahme von Katar und Saudi-Arabien, deren Islamauslegung *maulid*-Feiern verbietet.

Am 12. Radschab feiert man *lailat al-miradsch*, die Himmelsreise des Propheten. Manche Muslime rezitieren in dieser Nacht spezielle Gebete, zünden Kerzen an und hängen Lichterschmuck auf. Am 15. Schaban wird *lailat al-baraa* (»Die Nacht der Erlösung«) gefeiert, in der Gott besonders barmherzig sein soll. Die Zwölfer-Schiiten feiern an diesem Tag auch den Geburtstag des zwölften Imams.

WER SICH VON MEINER SUNNA ABWENDET, GEHÖRT NICHT ZU MIR

DER PROPHET MOHAMMED

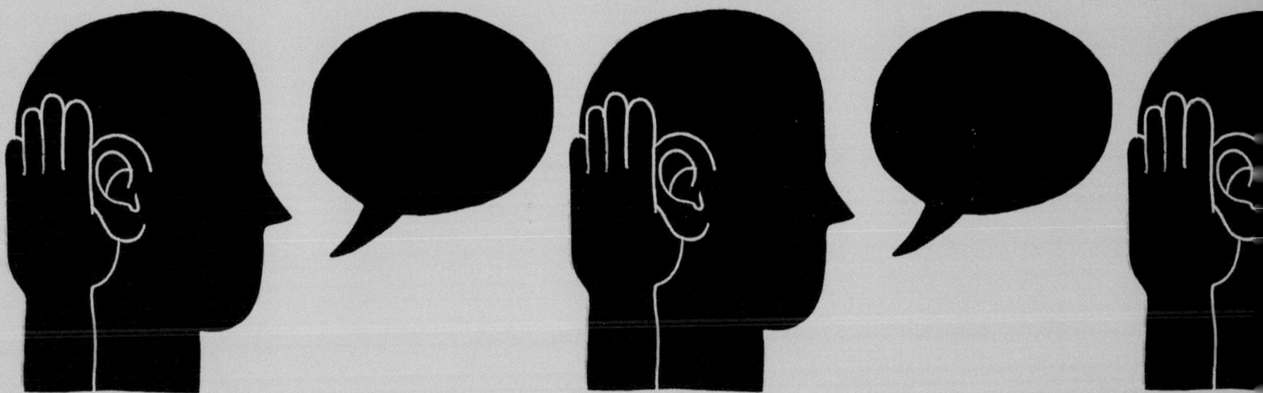

IM KONTEXT

THEMA
Die Aussprüche und Handlungen des Propheten

WANN UND WO
9. Jh., Arabische Halbinsel

FRÜHER
570–632 Mohammeds Anhänger nehmen sich seine Aussprüche und Handlungen zum Vorbild für die richtige muslimische Lebensweise.

SPÄTER
um 767–820 Der Rechtsgelehrte al-Schafi'i legt unter Berufung auf einen Hadith des Propheten fest, dass der Koran im Lichte des Hadith auszulegen ist und nicht umgekehrt.

19. Jh. Die Koranisten lehnen die Autorität des Hadith ab – ihrer Ansicht nach darf die islamische Rechts- und Glaubenspraxis nur auf dem Koran basieren.

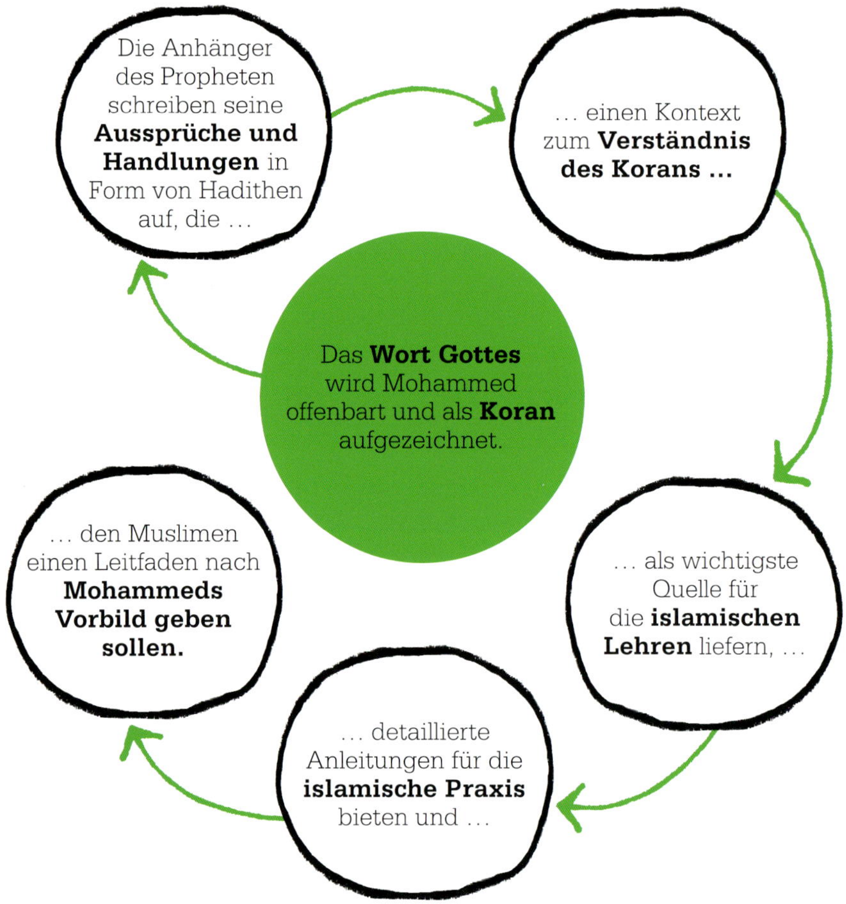

Der Islam basiert auf zwei Arten von Schriftzeugnissen. Der Kern der Religion ist der Koran, den die Muslime als das Wort Gottes betrachten, wie es Mohammed offenbart wurde. Ergänzt wird der Koran durch die Lehren des Propheten: Die als Hadithe bekannten Anekdoten berichten von den Worten und Handlungen Mohammeds und seiner Gefährten. Die beiden Schriftzeugnisse unterscheiden sich darin, dass der Koran – im Unterschied zu den Hadithen – das Wort Gottes ist.

Die Anzahl der Hadithe ist umstritten, aber selbst wenn man alle ausschließt, deren Echtheit nicht belegt ist, geht ihre Zahl in die Tausende. Aus den Hadithen wissen die Muslime fast alles über Mohammeds Privatleben und seine prophetische Mission. Findet man die Antwort auf eine Frage zum Islam oder zum Leben als Muslim nicht im Koran, dann geben auf jeden Fall die Hadithe Orientierung. Insgesamt bilden die Hadithe die Sunna (»Handlungsweise«) des Propheten und ein Vorbild, dem alle Muslime nacheifern.

Die Anwendungsbereiche des Hadith

Viele islamische Alltagspraktiken wurzeln nicht im Koran, sondern in den Hadithen. Die Koranverse sind oft allgemein formuliert; die Hadithe werden genutzt, um Details einzufügen. So schreibt der Koran beispielsweise das Beten vor, die Hadithe schildern die Rezitationen und Handlungen, die beim Gebet auszuführen sind. Sie erklären auch, wie die anderen Säulen des Islams richtig befolgt werden, etwa die Menge Almosen, die der Gläubige geben soll, die Fasten-

Siehe auch: Mohammeds frühes Leben 22–27 ▪ Die fünf Säulen des Islams: Schahada 36–41 ▪ Der Tod des Propheten 56–57 ▪ Gottes Führung durch die Scharia 128–133

regeln ebenso wie die Haddsch-Rituale.

Die Hadithe, die fast alle Lebensbereiche abdecken – von Rechtssprüchen bis zum Umgang mit Frauen – gehören zu den Hauptquellen der Scharia (des islamischen Rechts). Einige Hadithe informieren über Umgangsformen (wie man Gäste empfängt, was man tun soll, wenn eine Fliege im Getränk landet), andere sind esoterischer Natur: Ein Hadith gibt die Größe Adams mit »60 Armen« an, während ein anderer die oft zitierten 72 Huris (Jungfrauen) verspricht, die den Märtyrer im Himmel erwarten.

Aussagen, die dem Koran zugeschrieben werden, stammen in Wahrheit oft aus Hadithen. Es gibt vermeintliche Hadithe, die Juden, Christen oder Homosexualität verurteilen, und solche, die als Strafe für Ehebruch die Steinigung und als Strafe für den Abfall vom Glauben den Tod vorsehen; manche Gelehrte zweifeln deren Echtheit jedoch an.

» Gott der Allmächtige sagte, betet mich an, und ich werde eure Herzen mit Reichtum erfüllen. «

Der Prophet Mohammed

Die Erstellung von Hadith-Sammlungen

Nach dem heutigen Stand der Forschung tauchten Hadith-Sammlungen in Buchform erstmals im 9. Jahrhundert auf – es verging also viel Zeit, bis die Aussprüche und Handlungen des Propheten aufgeschrieben wurden. Für diese zeitliche Lücke gibt es mehrere Erklärungen: Die Hadithe wurden bereits zu Lebzeiten des Propheten aufgezeichnet, jedoch erst viel später zusammengetragen. Vielleicht wurden die Berichte aber auch mündlich überliefert und erst aufgezeichnet, als sie in Vergessenheit zu geraten drohten. Manche Historiker vermuten, dass die frühen Kalifen das Aufschreiben der Hadithe verboten, aus Angst, die Muslime würden den Propheten mit Gott und die Hadithe mit den Koranoffenbarungen gleichsetzen.

Bis zum 9. Jahrhundert kursierten in der islamischen Welt zahllose Hadithe (oft verfasst von Einzelpersonen, die eigene Interessen vorantreiben wollten). Die Situation geriet außer Kontrolle, sodass mehrere Rechtsgelehrte unabhängig voneinander begannen, die zuverlässigsten Hadithe zu verbindlichen Sammlungen zusammenzutragen.

Die wichtigsten Sammlungen

Die wichtigsten Hadith-Sammlungen des sunnitischen Islams sind *Sahih al-Buchari* und *Sahih Muslim,* die von Muhammad al-Buchari (810–870) bzw. Muslim ibn al-Haddschadsch (um 815–874) zusammengestellt wurden; *sahih* bedeutet »authentisch«. Die meisten Sunniten betrachten Bucharis Werk als den verbindlichsten religiösen Text nach dem Koran. Seine mehrbändige Sammlung umfasst 7275 Hadithe. Das thematisch geordnete Werk enthält 93 Kapitel zu Glauben, Gebet, »

Betende Schiiten in Karatschi (Pakistan). Einem Hadith zufolge müssen die Muslime am Jüngsten Tag Rechenschaft darüber ablegen, wie gut sie gebetet haben.

Eine Hochzeit in Shkodra (Albanien). Einem Hadith zufolge werden Frauen wegen ihres Reichtums, ihrer Abstammung, ihrer Schönheit oder ihrer Frömmigkeit geheiratet – Letzteres ist jedoch der beste Grund.

Waschungen, Almosen, Fasten, Handel, Erbschaft, Straftaten, Testamenten, Eid, Krieg, Essen und Trinken, aber auch Ehe, Jagd und Anstandsregeln auf der Toilette. Muslims Sammlung umfasst 4000 Hadithe und ist ebenfalls nach Themen geordnet.

Sowohl al-Buchari als auch Muslim waren dafür bekannt, die Überlieferungsketten der Hadithe mit akribischer Genauigkeit zu prüfen. Al-Buchari gilt als Mitbegründer der *ilm ar-ridschal* (»Wissenschaft über die Männer«), einer Disziplin, die sich damit befasst, die Personen zu studieren, die Hadithe überlieferten.

Die Überlieferungsketten

Jeder Eintrag in den Hadith-Sammlungen ist in zwei Teile gegliedert: einen Haupttext *(matn)*, der wiedergibt, was der Prophet sagte oder tat, und einen *isnad* (Überlieferungskette). Der *isnad* ist eine lange Zuordnungslinie, die den Hadith im Idealfall bis zum Propheten selbst zurückverfolgt. Der Rechtsgelehrte al-Schafi'i erklärte im 9. Jahrhundert: »Wenn ein Hadith von einer vertrauenswürdigen Person an eine andere vertrauenswürdige Person überliefert wird und die Kette beim Gesandten Gottes endet, dann stammt er nachweislich vom Gesandten Gottes.«

Im 9. Jahrhundert, als die größten Hadith-Sammlungen erstellt wurden, umfassten die Überlieferungsketten fünf, sechs oder mehr Personen. Ein typischer Hadith lautet wie folgt: »X berichtete, dass Y sagte, dass W sagte, dass V sagte, dass er den Propheten sagen hörte …«. Wenn über eine Handlung Mohammeds berichtet wird, lautet der Hadith: »X berich-

» Keiner von euch darf sich als gläubig ansehen, bis er seinem Bruder auch dasselbe gönnt, was er sich selbst gönnt. «

Der Prophet Mohammed

Sunnitische und schiitische Hadithe

Die Hadithe haben im Islam oft zu Kontroversen geführt. Was eine Gruppe für authentisch hält, kann für eine andere eine Fälschung sein.

Die Sunniten erkennen sechs Hadith-Sammlungen als authentisch an. Neben *Sahih al-Buchari* und *Sahih Muslim* genießen in der sunnitischen Welt zudem die Sammlungen von Abu Dawud (817–888), al-Tirmidhi (825–894), Ibn Madscha (824–887) und an-Nasai (830–915) hohe Wertschätzung. Sie enthalten oft die gleichen Hadithe, kommen aber zu unterschiedlichen Interpretationen.

Die Schiiten stützen sich auf eigenes Hadith-Material und ihre eigenen vier kanonischen Hadith-Sammlungen, die von den Sunniten jedoch nicht anerkannt werden. Die Schiiten geben den Hadithen den Vorrang, die von den *ahl al-bait* (den zwölf Imamen und der Prophetentochter Fatima) überliefert wurden.

» Wer den Menschen keinen Dank entgegenbringt, dankt auch Gott nicht. «

Der Prophet Mohammed

tete, dass Y sagte, dass W sagte, dass V sagte, dass der Prophet gesehen wurde bei …«. Eine Lücke in der Kette, etwa eine Person, die sich nicht daran erinnert, wer ihr den Hadith überliefert hat, oder die jemanden zitiert, dem sie nie begegnet ist, macht den Hadith unzuverlässig.

Unter Hadith-Experten *(al-muhaddithun)* gibt es über 40 Hadith-Klassifizierungen, angefangen mit vollständig belegten *(sahih)* Hadithen über schwache, aber akzeptable *(daif)* Hadithe bis hin zu Fälschungen *(maudu)*. Zusätzlich zur Verifikation der Überlieferungskette untersuchten die Experten auch das Verhältnis der Hadithe zum Koran.

Dieser zweistufige Ansatz führte dazu, dass die Hadith-Sammlungen unterschiedliche Inhalte aufweisen und die Hadithe abweichend klassifiziert und interpretiert wurden.

Die Koranisten-Bewegung

Obwohl Hadithe bis heute bei den Muslimen beliebt sind und oft in Büchern und Predigten zitiert werden, gibt es eine muslimische Minderheit, die sämtliche Hadithe als Fälschungen ablehnt: Die Koranisten vertreten die Ansicht, dass die Hadithe generell unzuverlässig sind und nur der Koran als Leitfaden für das islamische Leben dienen darf. Damit war der Grundstein gelegt für die sogenannten Partisanen des Korans *(ahl-e quran)*, eine Gruppe indisch-muslimischer Intellektueller, die in den 1890er-Jahren im Punjab (Indien) gegründet wurde. Ihre Ansichten haben auch in der Türkei großen Einfluss gewonnen.

Die meisten Muslime wissen, dass die Hadithe in puncto Authentizität nicht unproblematisch sind, betonen aber, dass mit einer Ablehnung dieser Überlieferung auch ein wichtiger Teil des Islams verloren gehen würde – denn die Sunna, die weltweit das Leben der Sunniten bestimmt, leitet sich aus dem Hadith ab. Fakt ist: Der Koran und die Hadithe wurden mündlich überliefert, und wenn der Koran authentisch ist, sagen sie, sollten wir dem Hadith zumindest einen Vertrauensvorschuss geben. ■

» Wer dem Gesandten gehorcht, gehorcht auch Gott. «

Koran 4:80

Der Hidschab (Kopftuch), den diese Frau in einer Moschee in Damaskus trägt, wird im Koran nicht beschrieben, taucht aber in einem Hadith zum Thema Sittsamkeit auf.

BLUT VOM FLEISCH UND SCHWEIN VERBOT ER EUCH

KORAN 16:115

Alle Lebensmittel sind, wenn nicht anders angegeben, halal **(erlaubt).**

↓

Der Koran bezeichnet einige Lebensmittel – vor allem Schweinefleisch – als haram **(verboten).**

↓

Einige Lebensmittel gelten als ***makruh*** **(verpönt, aber nicht verboten)**, z. B. Pferdefleisch, Schalen- und Krustentiere.

IM KONTEXT

THEMA
Muslimische Ernährungsvorschriften

WANN UND WO
7. Jh., Arabische Halbinsel

FRÜHER
Vorislamische Zeit Die Thora und die Bibel nennen Ernährungsvorschriften und bezeichnen Lebensmittel als »rein« oder »unrein«.

SPÄTER
8. Jh. n. Chr. Als sich der Islam ausbreitet und die Muslime neue Gebiete erobern, fügen die Gelehrten zu den im Koran genannten Ernährungsvorschriften weitere hinzu.

Heute Seit Ende des 20. Jh. versorgen Unternehmen die muslimische Bevölkerung mit Halal-Produkten, darunter nicht nur Lebensmittel, sondern ebenso Kosmetik, Kleidung, Finanzprodukte und Reisen.

Für Muslime gelten Speisen und Getränke als Geschenke Gottes und als Beleg für sein Mitgefühl und seine Großzügigkeit. Deshalb beginnen viele Muslime ihre Mahlzeiten mit den Worten: *Bismillah wa barakati allah* (»Im Namen Gottes und mit Gottes Segen«).

Eine islamische Küche im eigentlich Sinn gibt es nicht; die Muslime in aller Welt essen, was in ihrer Kultur üblich ist. Es gibt aber durchaus Speisegesetze, die bestimmen, was ein Muslim essen und trinken darf.

Halal und haram

Der Koran sagt erstaunlich wenig zum Thema Essen und Trinken; der Text enthält keine detaillierten Ernährungsvorschriften wie z. B. das Alte Testament der Bibel. Dem Koran zufolge dürfen Muslime alles konsumieren, was »gut« und »rein« ist – Lebensmittel, die sauber,

Siehe auch: Die sechs Säulen des Glaubens 86–87 ▪ Alkohol, Glücksspiel und Drogen im Islam 126 ▪ Das globale Halal-Geschäft 290

frisch und gesund sind. Als Faustregel gilt, dass alle Nahrungsmittel rechtmäßig (halal) sind, es sei denn, sie sind als unrechtmäßig (haram) verboten – wenn es keine andere Möglichkeit gibt, darf man allerdings sogar verbotene Lebensmittel zu sich nehmen.

Der Koran benennt nur wenige verbotene Lebensmittel und Getränke ganz explizit. Eindeutig verboten sind demnach berauschende Getränke, deshalb sind automatisch auch sämtliche Nahrungsmittel untersagt, die in irgendeiner Form Alkohol enthalten.

Als haram gilt ebenso Aas, und damit ist das Fleisch von allen Tieren gemeint, die nicht nach islamischen Vorschriften geschlachtet wurden; ebenso das Fleisch von Tieren, die Götzen geopfert wurden; Fleisch von Tieren, die durch Strangulation oder stumpfe Gewalt gestorben sind; Fleisch, von dem bereits Wildtiere gefressen haben; außerdem ist Schweinefleisch verboten und alle Produkte, die daraus hergestellt sind.

»Esst nun von dem, womit euch Gott bedachte, als erlaubt und gut.«

Koran 16:114

Wie man Fleisch halal macht

Das Wort *halal* bedeutet »rechtmäßig«, bezieht sich aber, wenn von »Halal-Fleisch« die Rede ist, auf das Fleisch von Tieren, die nach festgelegten Methoden geschlachtet werden.

Die Vorschriften verbieten, das Tier zu betäuben; der Schlachter ist gehalten, die Kehle des Tieres so schnell und gnadenvoll wie möglich durchzuschneiden und dabei den Namen Gottes zu rezitieren, um zu versichern, dass ein Tier nur mit Gottes Erlaubnis getötet werden darf. Das Messer muss so scharf wie nur irgend möglich sein, und die Halsschlagader, die Halsvene und die Luftröhre müssen in einem Zug durchtrennt werden, bevor das Blut aus dem Kadaver abfließt.

Genauere Angaben zu den verbotenen Lebensmitteln liefern die Hadithe. Verboten sind demnach auch Raubtiere mit Reißzähnen (z. B. Katzen, Hunde, Löwen, Bären), Vögel mit Krallen (z. B. Eulen) sowie Mäuse, Ratten, Schlangen, Skorpione und andere Tiere, die als Ungeziefer gelten.

Die dritte Kategorie, *makruh* (»verpönt, aber nicht verboten«), umfasst Lebensmittel wie Pferdefleisch oder Schalen- und Krustentiere. Weitere Abstufungen, z. B. *mubah* (neutral) und *mustahab* (empfohlen), liegen zwischen halal und haram, werden aber nicht nur auf Lebensmittel angewandt. Und während sich die Rechtsschulen über halal und haram einig sind, gibt es im Hinblick auf *makruh* Diskrepanzen. ▪

Tischsitten

Der Koran schweigt zu Tischmanieren, aber viele Hadithe umreißen, welche Umgangsformen beim Essen lobens- und tadelnswert sind.

Wenn mit den Händen gegessen wird, soll man mit der rechten Hand speisen – die linke Hand wird beim Toilettengang benutzt.

Von Völlerei wird abgeraten; ein Hadith empfiehlt, mit dem Essen aufzuhören, bevor man satt ist, mit »einem Drittel Lebensmittel, einem Drittel Getränken und einem Drittel Luft im Magen«. Auch das Essen in Gesellschaft gehört zu guten Umgangsformen, denn man sollte die Gaben Gottes teilen.

Wenn eine Speise serviert wird, die man nicht mag, sollte man sie liegenlassen, statt daran herumzumäkeln.

Die meisten Muslime fasten im Ramadan von Sonnenauf- bis Sonnenuntergang; sie sollen aber auch an sechs Tagen des Folgemonats, an zwei Tagen um den 10. Muharram sowie am neunten Tag des Haddsch-Monats fasten.

Alle Fleischprodukte, die in muslimischen Ländern verkauft werden, sind halal. Auch in Ländern mit muslimischen Minderheiten bieten Geschäfte Halal-Produkte an.

WEIN UND LOSSPIEL … SIND EIN GREUEL

KORAN 5:90

IM KONTEXT

THEMA
Alkohol, Glücksspiel und Drogen im Islam

WANN UND WO
7. Jh., Arabische Halbinsel

FRÜHER
Vorislamische Zeit Obwohl Christen und Juden in ihren Zeremonien Wein verwenden, warnen die heiligen Schriften beider Religionen vor Alkohol und Drogen: »Ein Gauner ist der Wein, ein Lärmer ist der Rauschtrank, und keiner, der von ihnen taumelt, ist ein Weiser« (Buch der Sprüche 20,1).

SPÄTER
Moderne Zeit In einigen muslimischen Ländern ist Alkohol komplett verboten. In anderen darf Alkohol – außer im Ramadan – an Nichtmuslime verkauft werden.

Das islamische Recht verbietet berauschende Getränke und halluzinogene Substanzen. Die medizinische Einnahme von Drogen (z. B. Opioiden) ist nur bedingt zulässig. Der Koran enthält drei Verweise auf Alkohol: Zwei sind recht milde formulierte Warnungen, einer (Sure 5:90) verurteilt Alkohol rundweg. Nach Ansicht der Traditionsgelehrten kommt darin die pragmatische Natur des islamischen Rechts zum Ausdruck.

Die Wüstenaraber waren so an Rauschzustände gewöhnt, dass man den Alkohol schrittweise abschaffen musste: Nach zwei Warnungen vor den schädlichen Auswirkungen folgte das komplette Verbot. Dennoch gibt es auch heute noch Muslime, die Alkohol trinken und Drogen konsumieren – obwohl es verboten ist.

Das Glücksspiel wird im Koran oft zugleich mit Alkohol verboten – »Sie fragen dich nach dem Wein und nach dem Losspiel. Sprich: ›In beidem liegt große Sünde‹.« (Koran 2:219). Beide werden als Abhängigkeiten angesehen, die das Potenzial in sich tragen, Leben zu zerstören und das Sozialgefüge zu belasten. Verboten sind auch Sportwetten, Lotterien und Glücksspiele, bei denen um Geld gespielt wird.

Die Rechtsschulen sind sich uneins darüber, ob auch Gewinnspiele zu den verbotenen Glücksspielen zählen. Auch Glücksspiele, bei denen nicht um Geld gespielt wird, wie Kartenspiele, sind juristisch umstritten. ■

» Naht euch nicht trunken dem Gebet … «

Koran 4:43

Siehe auch: Die muslimischen Ernährungsvorschriften 124–125

GOTT MACHT DEN WUCHERZINS ZUNICHTE

KORAN 2:276

IM KONTEXT

THEMA
Geldverleih im Islam

WANN UND WO
7. Jh., Arabische Halbinsel

FRÜHER
2000–1400 v. Chr. Die indischen Veden erwähnen Wucher, äußern aber keine Meinung dazu. Die buddhistischen Jatakas (600–400 v. Chr.) verurteilen Wucher ausdrücklich.

600 v. Chr. Im Judentum verurteilt die hebräische Bibel das Erheben von Zinsen. Das hebräische Wort für Zins ist *neschech* (»Biss«).

SPÄTER
634–644 n. Chr. Unter dem Kalifen Umar werden Zinsen gesetzlich verboten.

19. Jh. Der indisch-islamische Reformer Sayyid Ahmad Khan plädiert bei gewerblichen Investitionen für eine Unterscheidung zwischen Wucher und Zinsen.

Das arabische Substantiv *riba* leitet sich von einer Wortwurzel her, die »Zunahme« oder »Wachstum« bedeuten kann. Es wird mit dem Begriff »Wucherzins« übersetzt, also der Erhebung von Zinsen (oder überzogenen Zinsen) beim Geldverleih. Der Koran warnt davor, Wucher zu betreiben, und droht, dass Gott gegen Wucherer vorgeht: » … verzichtet darauf, was vom Wucherzins geblieben ist, sofern ihr gläubig seid! Wenn ihr es nicht tut, so nehmt zur Kenntnis: Krieg von Gott und seinem Gesandten!« (Koran 2:278–79).

Muslimische Gelehrte haben verschiedene Erklärungen für das Verbot von Wucher. Ein Grund dafür liegt bei den Kaufleuten in Mekka: Einige Koranverse, die Wucher erwähnen, stammen aus der Frühzeit des Islams, als der Prophet die Mekkaner zu einer Änderung ihrer Lebensweise drängte. Wir wissen, dass in der Stadt eine ungleiche Vermögensverteilung zwischen den Kaufleuten und der Unterschicht bestand.

» Die Wucherzinsen nehmen, die stehen nicht anders da als einer, den der Satan schlug und dann niederstreckte. «

Koran 2:275

Mohammed sah, dass Wucherzinsen die Reichen für ihren Reichtum belohnten und die Armen für ihre Armut bestraften. Diese Praxis lief dem Geist der Brüderlichkeit entgegen, der die islamische Botschaft prägte.

In den meisten Ländern mit muslimischer Mehrheit ist umstritten, was genau *riba* darstellt, und viele Institutionen erheben Zinsen, oft durch den Einsatz juristischer Schlupflöcher, die aus Zinsen »Gebühren« machen. ■

Siehe auch: Gottes Führung durch die Scharia 128–133 ▪ Das islamische Bankenwesen 291

FÜR EINEN JEDEN VON EUCH HABEN WIR BAHN UND WEG GEMACHT

KORAN 5:48

ENTHALTE MIR DEINE EWIGE SCHÖNHEIT NICHT VOR

RABIA AL-ADAWIYYA (UM 714–801)

IM KONTEXT

THEMA
Sufismus und die mystische Tradition

WANN UND WO
8.–9. Jh., Syrien und Irak

FRÜHER
Um 610–632 Mohammed begründet den Islam und geht mit gutem Beispiel voran, indem er ein frommes, einfaches Leben voller Nächstenliebe führt.

SPÄTER
13. Jh. Sufipraktiken, z. B. die Rezitation der Namen Gottes, werden in den jüdischen Gottesdienst aufgenommen.

1830–1847 Der Sufi Emir Abdelkader führt den Kampf gegen die Franzosen in Algerien an.

1925 Die neue türkische Republik schafft Sufi-Orden ab.

21. Jh. Weltweit existieren über 100 Sufi-Orden.

Die Ursprünge des Sufismus, der islamischen Mystik, reichen bis in die Frühzeit des Islams zurück. Schon in der Umayyadenzeit waren manche Muslime von der Maßlosigkeit der herrschenden Elite enttäuscht. Sie wollten zu der von Mohammed gelebten Einfachheit des Islams zurückkehren und lehnten die fortschreitende Rechtskodifizierung ab, die den Glauben ihrer Meinung nach auf Gesetze und Rituale reduzierte. Während die Rechtsgelehrten festlegten, wo und nach welchen Vorschriften die Muslime beten sollten, sorgten sich andere Muslime viel mehr um das Herz und den Geist der Gläubigen. Sie wollten den Geisteszustand erlangen, der es Mohammed ermöglicht hatte, die Offenbarungen zu empfangen.

Gedankengut und Praxis

Der Begriff »Sufi« kam im 9. Jahrhundert auf. Das Wort stammt von dem groben Wolltuch *(suf)*, das die frühen Mystiker als Gewand trugen. Im Mittelpunkt des klassischen Sufismus, wie er in den ersten drei Jahrhunderten des Islams existierte, stand der aufrichtige Versuch des Individuums, direkt mit Gott zu kommunizieren. Die Lehren der Sufis sind vielfältig, aber ihr Hauptziel besteht darin, den Zustand des *ihsan* zu erreichen – zu Gott zu beten, als könne man ihn sehen.

Um diesen Zustand der »Vereinigung« zu erreichen, müssen alle schlechten Charakterzüge ausgelöscht werden. Daneben gibt es weitere Stufen, die darauf abzielen, das eigene Ich abzulegen, bis nichts außer Gott übrig bleibt. Dieser Prozess wird oft als Reise dargestellt, die einer Pilgerschaft gleicht.

Für diese Reise brachen die Sufis durch Askese, Fasten, Schweigen oder Zölibat alle Verbindungen zur irdischen Welt ab. Sie entwickelten verschiedene Techniken, um die Konzentration ihres Geistes zu bündeln, dazu gehörten etwa Nachtwachen, die gesungene Wiederholung der Namen Gottes oder meditative Atemübungen. Später versuchten

» Existiere in dieser Welt, als hättest du hier nie Fuß gefasst, und in der nächsten Welt, als hättest du sie nie verlassen. «

Hasan al-Basri
(641–728)

Das Mausoleum von Sheikh Salim Chishti (gest. 1572) in Fatehpur Sikri (Indien). Chishti war der Begründer eines Sufiordens. Kaiser Akbar ließ das Mausoleum als Zeichen seiner Verehrung erbauen.

Siehe auch: Die fünf Säulen des Islams: Schahada 36–41 ▪ Gottes Führung durch die Scharia 128–133 ▪ Die Werke von Dschalal ad-Din Muhammad Rumi 174–175 ▪ Die Verbreitung des Islams durch den Handel 182–185

die Sufis, durch Musik und ekstatische Tänze einen Trancezustand zu erreichen.

Gründergestalten

Der Schwerpunkt des frühen Sufismus lag auf dem persönlichen Dialog mit Gott, aber auch unter den Sufis gab es einflussreiche Persönlichkeiten.

Hasan al-Basri (642–728) predigte in der Frühzeit des Umayyadenkalifats gegen Verweltlichung und Materialismus. Er unterrichtete mehrere Generationen von Schülern und wird von Historikern als »großer Patriarch« des frühen Sufismus bezeichnet. Al-Basri soll sein Wissen von Ali ibn Abi Talib erlangt haben, weshalb viele Sufi-Orden ihre spirituelle Abstammung auf den vierten Kalifen zurückführen.

Rabia al-Adawiyya (um 714–801) war eine frühislamische Mystikerin, die ein weltabgewandtes Leben in der irakischen Wüste führte, wo sie Askese und Hingabe an Gott praktizierte. Ihr wird die Lehre der Gottesliebe zugeschrieben: Gott soll um seiner selbst geliebt werden und ist der Einzige, der diese Liebe erwidern kann. Ein Beispiel für diese Sichtweise findet sich in einem ihrer

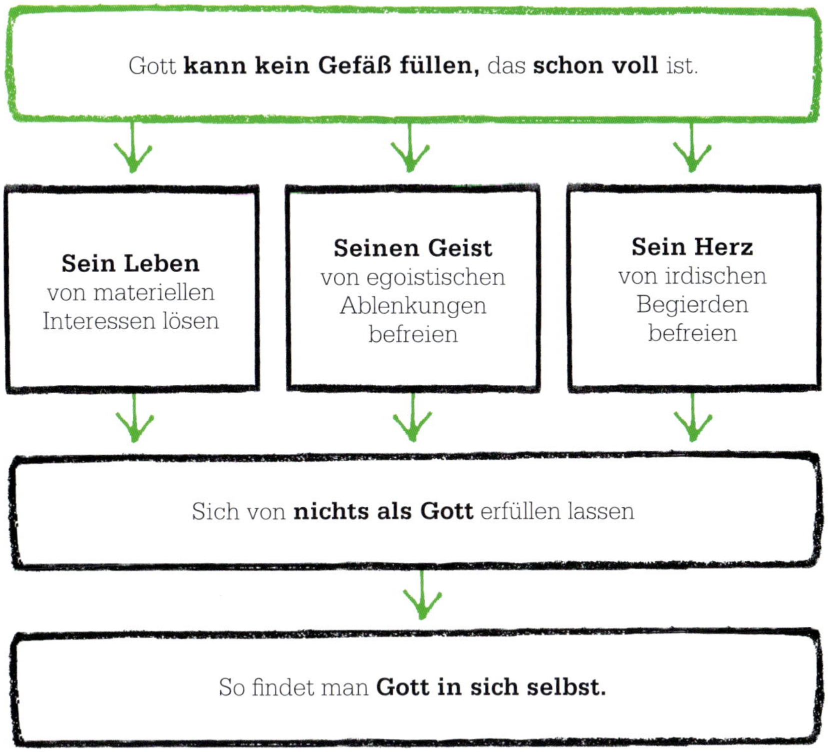

Aussprüche: »O Gott, wenn ich dich aus Furcht vor der Hölle anbete, so verbrenne mich in der Hölle, und wenn ich dich in der Hoffnung auf das Paradies anbete, so entziehe es mir; doch wenn ich dich um deiner selbst willen anbete, so enthalte mir deine ewige Schönheit nicht vor.«

Mansur Al-Halladsch (858–922) verbrachte einst ein Jahr in völliger Stille fastend im Hof der Kaaba. Er ist bekannt für seinen Ausspruch »Ich bin die Wahrheit«, der Empörung hervorrief, weil man glaubte, er beanspruche damit Göttlichkeit. Der Mystiker wurde ins Gefängnis geworfen, weigerte sich aber, Buße zu tun. Als er behauptete, es sei möglich, von zu Hause aus eine rechtsgültige spirituelle Pilgerreise zu unternehmen, wurde er erneut verhaftet und hingerichtet.

> »Wer Gott kennt,
> der liebt ihn,
> und wer die Welt kennt,
> der entsagt ihr.«
>
> **Hasan al-Basri**
> (641–728)

Der Weg

Die frühen Sufis waren sehr mobil und bereisten das islamische Reich. In den Städten wurden Logen eingerichtet, in denen die Sufis wohnen und Wissen austauschen konnten. Später entwickelten sich aus diesen Logen Sufi-Orden *(tariqa)*. Das Wort *tariqa* bedeutet »Pfad« oder »Weg« und symbolisiert die spirituelle Reise zu Gott. Im Mittelpunkt der Orden stand ein Sufi-Meister oder Scheich, der als geistiger Führer seiner Schüler *(murid)* fungierte.

Jede *tarika* hatte ihre eigene Methodenlehre und eigene Stufen auf dem Weg zu einer gereinigten Seele. Die meisten Orden legten Wert auf Eigenschaften wie Großzügigkeit, Demut und die Einheit mit Gott. »

Der Wirbeltanz ist eine Meditationsform, die von den Anhängern des Mevlevi-Ordens praktiziert wird. Er findet während der *sema* (spirituelle Zeremonie) statt, in der die Sufis versuchen, mit Gott eins zu werden.

Starb ein Scheich, übernahm einer seiner Schüler die Führung der *tariqa* und leitete die nächste Generation an. So legitimierte sich jede *tariqa* durch eine geistige Abstammungslinie *(silsila),* die bis zum Propheten zurückverfolgt werden konnte. Aus einigen *tariqas* entwickelten sich Unterorden, die auf der ganzen Welt Anhänger fanden.

Sufi-Orden und Andachtsübungen

Einer der frühesten und einflussreichsten Orden wurde im 12. Jahrhundert in Bagdad gegründet. Die nach Abdul Qadir Dschilani (1077–1166) benannte Qadiriya breitete sich bis Ende des 15. Jahrhunderts in Marokko, Spanien, Indien, in der Türkei sowie in Ost- und Westafrika aus. Die Sufis reisten oft, wenn sie Träume hatten, in denen ihnen der Prophet erschien und sie anwies, Menschen an entfernten Orten zu Gott zu rufen. Die Gottesliebe, die esoterischen Lehren und die Frömmigkeit der Sufis trugen zur weltweiten Verbreitung des Islams bei.

> »Gestern war ich klug, also wollte ich die Welt ändern. Heute bin ich weise, also ändere ich mich selbst.«
>
> **Rumi**
> (1207–1273)

Die Anhänger der Qadiriya sind dafür bekannt, in ihren meditativen Übungen *(dhikr)* immer wieder die Schahada zu singen, schneller und schneller, bis der Gesang abbricht. Die Schüler des Naqschbandi-Ordens, der im 14. Jahrhundert in Buchara entstand, wenden den »stillen *dhikr*« an, bei dem die Namen Gottes in einem meditativen Akt still wiederholt werden. Der Orden verbreitete sich im 16. Jahrhundert auf dem gesamten indischen Subkontinent und ist mit geschätzten 60 Mio. Anhängern in aller Welt bis heute sehr einflussreich.

Die bekannteste Sufi-*tariqa* ist der Mevlevi-Orden. Er wurde in Konya, Anatolien (heutige Türkei), von den Anhängern des Mystikers Dschalal ad-Din Muhammad Rumi (1207–1273) gegründet.

Der *dhikr* der Mevlevis besteht in einem Wirbeltanz, daher auch ihr Beiname »drehende Derwische«.

Der indische Chishti-Orden nutzt Musik und Poesie. Einige Sufi-Orden pflegen hingegen sehr esoterische Formen des *dhikr*: Der mazedonische Rufai-Orden ist berühmt dafür, dass sich seine Schüler in Trance mit Nägeln durchbohren, und in Marokko gibt es Sufis, die den *dhikr* durch große körperliche Anstrengungen praktizieren.

Omar Khayyam

In den Augen vieler Muslime haben die Sufis schon immer die Grenzen der islamischen Orthodoxie überschritten. Diesen Vorwurf könnte man auch dem bekanntesten Vertreter des Sufismus machen: dem Perser Omar Khayyam (1048–1131). Der Sohn eines *khayyam* (Zeltmachers) wuchs zu einem brillanten Astronomen, Mathematiker und Dichter heran.

Seine *rubaiyat* (vierzeilige Gedichte) werden bis heute publiziert. Viele Verse sind Oden an Wein und Trunkenheit – eigentlich verboten im Koran, aber dass Khayyam so viel über Wein schreibt, deutet darauf hin, dass Alkoholkonsum in Persien zu seiner Zeit wohl nichts Ungewöhnliches war. Dank zahlreicher Übersetzungen werden die Gedichte dieses großen Poeten auch heute noch auf der ganzen Welt gern gelesen.

> »Drum trink im Schein des Monds, denn mancher Mond blickt auf die Erde einst und sieht uns nicht!«
>
> **Omar Khayyam**
> (1048–1131)

Sufismus heute

Obwohl die Sufis selten an politischer Macht interessiert waren, gerieten sie immer wieder in Konflikt mit den Autoritäten. Der Islam ist eine Gemeinschaftsreligion, die weder zu Radikalismus noch zu Individualismus anregt. Für Muslime widerspricht es dem Geist des Islams, sich aus der Gemeinschaft zurückzuziehen, um eine ganz persönliche Beziehung zu Gott zu suchen.

Die Sufis hatten in der Vergangenheit immer wieder unter Verfolgung zu leiden – so etwa im 16. Jahrhundert unter den Safawiden, im 19. Jahrhundert in Mekka und Medina, 1923 nach der Gründung der türkischen Republik sowie im heutigen Pakistan. Dennoch hat der Sufismus viele Millionen Anhänger, und seine Konzepte haben Einzug in die globale Mainstream-Kultur gehalten: von der Poesie Rumis über die pakistanische *qawwali*-Musik (die durch Künstler wie Nusrat Fateh Ali Khan auch international bekannt wurde) bis hin zu den Popvideos von Madonna und den Bestseller-Romanen von Paulo Coelho.

Ob direkt oder indirekt: Die Missionsarbeit der Sufis dauert bis heute an. Sie folgen, wie es der andalusische Mystiker Ibn Arabi ausdrückte, »... der Religion der Liebe. Welchen Weg die Kamele der Liebe auch einschlagen, das ist meine Religion ...«. ■

Die *Konferenz der Vögel*

Die Sufi-Tradition hat einige der schönsten Poesie- und Prosawerke des Islams hervorgebracht. Der persische Sufi-Dichter Farid ad-Din Attar (um 1145–1221 oder 1230) verfasste eines ihrer Meisterwerke: *Die Konferenz der Vögel*. In dem Epos versammeln sich die Vögel der Welt um den Wiedehopf, der auserwählt wurde, sie zum *simurgh* (dem König der Vögel) zu führen. Um ihr Ziel zu erreichen, müssen die Vögel sieben Täler durchqueren, die jeweils eine Station auf dem Weg repräsentieren. Erst nachdem die Vögel gelernt haben, »den Berg des Selbst zu zerstören«, dürfen sie sich dem Thron des *simurgh* nähern. Von den Tausenden Vögeln, die auf die Reise gingen, bleiben am Ende nur 30 übrig. Als sie den *simurgh* endlich erblicken, sehen sie nicht den König der Vögel, sondern sich selbst. Obwohl die Vögel weit reisten und viele Kämpfe bestanden, suchten sie eigentlich die ganze Zeit nach sich selbst. Das ist die Essenz des Sufismus.

Qawwali ist ein Sufi-Gesang, der in Pakistan sehr beliebt ist. Internationale Bekanntheit erlangte dieser Gesangsstil durch Nusrat Fateh Ali Khan (1948–1997).

DAS GOL
ZEITALT
ISLAMS
756–1526

DENE

ER DES

711
Eine muslimische Armee erobert Spanien, das als ***al-andalus*** bekannt wird.

750
Die **Abbasiden** kommen an die Macht. Sie gründen 762 die neue Hauptstadt Bagdad.

756
Der Umayyadenprinz Abdul Rahman I. gründet einen Hof in **Córdoba (Spanien).**

813–833
Der Abbasidenkalif al-Mamun errichtet das **Haus der Weisheit,** um das Wissen der Welt zu bewahren.

1025
Ibn Sina (Avicenna) stellt seine Enzyklopädie *Kanon der Medizin* fertig.

1138–54
Der muslimische Gelehrte **al-Idrisi erstellt eine Weltkarte** für Roger II. von Sizilien.

1187
Sultan **Salah ad-Din erobert Jerusalem** von den Kreuzrittern.

Der zweite Abbasidenkalif verlegte 762 die Hauptstadt des Kalifats von Damaskus in das neu gegründete Bagdad – der Beginn eines Goldenen Zeitalters von Wissenschaft, Kunst und Kultur.

Die islamische Welt umfasste nun viele verschiedene Kulturen. Die Abbasiden förderten die Wissenschaft, um das neu gewonnene Wissen aus den eroberten Gebieten zu erforschen. Die Gelehrten übersetzten die Werke anderer Kulturen (v. a. der Griechen) und nutzten deren Wissen, um ihre eigenen Forschungen voranzutreiben und die in der islamischen Tradition auftauchenden Probleme zu lösen: Al-Chwarizmi entwickelte die Algebra, um die Erbschaftsrechte zu klären, und die Forschungen in Astronomie und Geometrie dienten dazu, die Gebetsrichtung gen Mekka zu bestimmen.

Als Kalif Harun ar-Raschid 802 eine Depesche an den Frankenkönig Karl den Großen schickte, legte er als Geschenk eine Wasseruhr bei, die durch auf Zimbeln fallende Messingkugeln die Zeit bestimmte. Diese raffinierte Uhr war nur ein Beispiel für die fortschrittliche arabische Wissenschaft, die den Europäern weit voraus war.

Ein goldenes Zeitalter

Mit Arabisch als Lingua franca verbreitete sich die Wissenschaft in der gesamten islamischen Welt – auch Perser, Syrer oder Berber brauchten zum Lesen des Korans Grundkenntnisse im Arabischen. Die Herrscher an den Höfen der islamischen Städte wetteiferten um die besten Gelehrten, weil diese ihnen Prestige einbrachten. Der von einem geflohenen Umayyadenfürsten gegründete Hof von Córdoba im islamischen Spanien entwickelte sich zu einem Anziehungspunkt für Gelehrte aus dem Osten.

Unter Historikern gelten das 10. und 11. Jahrhundert als Höhepunkt dieses Goldenen Zeitalters. Auf zahlreichen Gebieten erzielten Wissenschaftler bedeutende Fortschritte: Ibn al-Haitham experimentierte mit Licht und optischen Phänomenen und legte den Grundstein für die moderne Optik. Al-Biruni befasste sich mit dem heliozentrischen Sonnensystem, das die Sonne im Zentrum des Universums ansiedelte. Ar-Razi beschrieb als Erster Krankheiten wie Pocken und Masern, während

1250 – Die **Mamluken** ergreifen in Kairo die Macht und herrschen über Ägypten, Syrien und die Levante.

1258 – **Mongolische Streitkräfte erobern Bagdad** und beenden das Abbasidenkalifat.

1324 – **Musa I.,** der Herrscher des Mali-Reiches, **geht auf Pilgerreise nach Mekka** und nimmt Unmengen von Gold mit.

1326 – Orhan, der Sohn von Osman I., erobert Bursa, macht es zur neuen Hauptstadt des **Osmanischen Reiches** und verdrängt die Byzantiner.

1492 – Die Araber überlassen Granada Königin Isabella I. von Kastilien. Damit endet die **christliche Reconquista Spaniens.**

1501 – Schah Ismail gründet das persische **Safawidenreich,** das 200 Jahre Bestand haben sollte.

1526 – Nach seinem Sieg in der Schlacht von Panipat erobert Babur Nordindien und gründet das **Mogulreich.**

Ibn Sina (latinisiert Avicenna) eine medizinische Enzyklopädie verfasste, die in Europa noch bis zum 17. Jahrhundert als Lehrbuch verwendet wurde.

Die weltweite Ausbreitung des Islams

Obwohl die Abbasiden weniger expansionsfreudig waren als ihre Vorgänger, breitete sich die Religion weiter aus. Sie wurde auf Kamelkarawanen nach Afrika und durch Asien bis nach China getragen. Sie reiste an Bord von Schiffen zu den Häfen des Indischen Ozeans und den Archipelen Südostasiens. Als der Araber Ibn Battuta im 14. Jahrhundert 30 Jahre lang durch die Welt reiste, waren die meisten von ihm besuchten Länder islamisch. Das von Händlern und Reisenden gesammelte Wissen machte die Muslime zeitweise zu den größten Kartografen sowie zu den ersten Ethnografen und Reiseautoren der Welt. Der Einfluss des muslimischen Handels lässt sich an der Anzahl arabischer Wörter ermessen, die in die europäischen Sprachen übergegangen sind, z. B. *al-kuhl* (Alkohol), *laimun* (engl. *lemon,* Zitrone), *narandsch* (Orange), *qahwa* (Kaffee), *qairawan* (Karawane), *sukkar* (Zucker) und *qutun* (engl. *cotton,* Baumwolle).

Drei große Reiche

Vom 10. bis 13. Jahrhundert war die islamische Welt fast ständiger Bedrohung von außen ausgesetzt. Mongolen aus dem Osten stürmten das Abbasidenreich und plünderten Bagdad. Christliche Armeen versuchten, Spanien zurückzuerobern, und Kreuzfahrer drangen in das östlichen Mittelmeer vor. Die Macht verlagerte sich von den Abbasiden auf andere Dynastien wie die Mamluken, die eine 250-jährige Blütezeit von Kunst und Architektur einleiteten. Zu dieser Zeit hatten die Europäer auf dem Umweg über arabische Übersetzungen das Wissen der griechischen Antike wiederentdeckt. Ihr Interesse an diesen Werken sollte zuerst in Italien und dann in ganz Europa die Renaissance auslösen.

In der Zwischenzeit wurde der Islam neubelebt und expandierte in Form von drei mächtigen (nicht arabischen) Reichen: Die Osmanen waren Türken, die Safawiden Perser und die Moguln Inder, die von den Mongolen abstammten. Diese drei Reiche sollten zeitweilig die Hälfte der bekannten Welt beherrschen. ■

DIE SUCHE NACH WISSEN IST PFLICHT FÜR JEDEN MUSLIM

DER PROPHET MOHAMMED

IM KONTEXT

THEMA
Das Haus der Weisheit

WANN UND WO
9. Jh., Bagdad

FRÜHER
5./4. Jh. v. Chr. Griechische Gelehrte wie Aristoteles, Euklid und Platon verfassen bedeutende Werke.

224 n. Chr. Das persische Sassanidenreich wird eine führende Weltmacht und Rivale von Byzanz.

SPÄTER
1258 Die Eroberung Bagdads durch die Mongolen (die auch das Haus der Weisheit zerstören) markiert das Ende des Abbasidenkalifats.

14. Jh. Arabische Werke werden ins Lateinische übersetzt; auf diesem Weg gelangen auch antike griechische Texte in den Westen und lösen eine intellektuelle Revolution aus, die Renaissance.

Griechische Texte von Aristoteles, Platon u. a. werden von den Sassaniden ins **Persische** übersetzt.

→

Die Abbasiden besiegen die Sassaniden und lassen deren Texte in Bagdad **ins Arabische übersetzen.**

↓

Als die Christen die Araber aus Spanien vertreiben, werden **arabische Manuskripte** beschlagnahmt und **ins Lateinische übersetzt.**

←

Die lateinischen Texte werden **in europäische Sprachen** übersetzt, wodurch die antiken Werke in der westlichen Welt bekannt werden.

Die Suche nach Wissen und Erleuchtung ist im Islam verankert. »Lies« war das erste Wort, das Gott zu Mohammed sprach, und damit beginnt die Offenbarung des Korans. Hadith-Sammlern zufolge sagte Mohammed: »Die Suche nach Wissen ist Pflicht für jeden Muslim.«

Übersetzungsprogramm

Die frühen Islamgelehrten widmeten sich der Transkription und Interpretation des Korans. Die Abbasiden verließen sich nicht nur auf den Koran, sondern förderten die Wissenschaft, um die Kenntnisse anderer Völker zu erschließen.

Die Abbasiden eroberten Länder, die zuvor von den Sassaniden (224–651 n. Chr.) beherrscht wurden, und Übersetzer übertrugen sassanidische Texte aus dem Persischen ins Arabische.

Später weitete man das Übersetzungsprogramm auf die Texte älterer Kluturen – v. a. der Griechen und Inder – aus. Gelehrte lasen die Werke von Philosophen wie Aristoteles und Platon, medizinische Schriften von Galenos, Abhandlungen über Geometrie von Euklid und astronomische Werke von

Siehe auch: Die Kalifate der Umayyaden und Abbasiden 136–139 ▪ Die ersten modernen Wissenschaftler 152–155 ▪ Die Anfänge der islamischen Philosophie 156–157 ▪ Arabische Ziffern und *al-dschabr* 158–161 ▪ Islamische Astronomie 162–163

» Die Tinte des Gelehrten ist heiliger als das Blut des Märtyrers. «

Der Prophet Mohammed

Ptolemäus und verbreiteten deren Erkenntnisse durch Übersetzungen in der islamischen Welt.

Papier und Schreibkunst

Weil die Araber das teure Pergament durch Papier ersetzten (eine Erfindung ihrer Handelspartner, der Chinesen), konnte das Wissen besser bewahrt und erforscht werden. 795 n. Chr. wurde in Bagdad eine Papiermühle gegründet. Zeitgleich wurde eine neue arabische Schrift entwickelt, die sich schneller und flüssiger schreiben ließ. Dadurch konnten in Bagdad zum ersten Mal in der Geschichte Bücher geschrieben und verkauft werden.

Das Haus der Weisheit

Die Übersetzungsarbeit erreichte ihren Höhepunkt in der 20-jährigen Regierungszeit des siebten Herrschers der Dynastie, Kalif al-Mamun (reg. 813–833). Er war halb arabischer, halb persischer Herkunft und zeigte große Offenheit gegenüber anderen Kulturen, die Gelehrte aus dem ganzen Kalifat nach Bagdad lockte.

Dieses weltoffene Umfeld förderte das freie Denken und führte dazu, dass immer mehr Originalwerke in Astronomie, Mathematik, Medizin, Philosophie und anderen Wissenschaftsbereichen geschrieben wurden. Besiegte ausländische Herrscher wurden im Rahmen der Kapitulationsbedingungen zur Übergabe von Büchern aufgefordert. Al-Mamun soll versucht haben, alles Wissen der Welt unter einem Dach zu vereinen. Die Institution, die er zu diesem Zweck schuf, wurde als *bait al-hikma* (Haus der Weisheit) bekannt.

Im Haus der Weisheit übersetzten Wissenschaftler griechische Werke ins Arabische. Sie bauten auf dem Wissen der Antike auf und erzielten Durchbrüche in Bereichen wie der Astronomie, wie diese Illustration zeigt.

Niemand weiß, wie dieses Haus der Weisheit aussah, da es keine genauen Beschreibungen oder archäologischen Belege dafür gibt, aber es war wohl mehr als nur eine Bibliothek. Schriftquellen deuten darauf hin, dass es auch als Akademie diente und im Goldenen Zeitalter der islamischen Wissenschaft viele herausragende Persönlichkeiten anzog. Das Übersetzungprogramm erstreckte sich über etwa zweihundert Jahre.

In dieser Zeit wurde Bagdad zu einem Zentrum der Wissenschaft, das bis zur italienischen Renaissance im 15./16. Jahrhundert beispiellos war. ■

Die ältesten Universitäten

Bagdad war nicht das einzige frühislamische Gelehrtenzentrum. Die älteste – bis heute bestehende – Universität der Welt entstand 859 in Fez (Marokko). Sie hieß Al-Kairouan und wurde von Fatima al-Fihri gegründet, deren Familie aus dem mekkanischen Stamm der Quraisch stammte.

972 gründete die schiitische Fatimidendynastie die Al-Azhar-Moschee in Kairo, die drei Jahre später die ersten Studenten aufnahm und in islamischem Recht, Astronomie, Philosophie und Logik ausbildete. Unter Sultan Salah ad-Din (reg. 1174–1193) wurde die Al-Azhar eine sunnitische Institution. Bis heute ist sie die weltweit führende Universität für sunnitische Bildung. Sie steht – im Gegensatz zu Staaten wie Saudi-Arabien – für einen gemäßigten Islam. Der Großscheich der Al-Azhar gilt vielen Muslimen als höchste Autorität der sunnitischen Rechtsprechung und des islamischen Denkens.

ES GIBT KEINEN KONFLIKT ZWISCHEN ISLAM UND WISSENSCHAFT

DR. OSMAN BAKAR, ZENTRUM FÜR MUSLIMISCH-CHRISTLICHE VERSTÄNDIGUNG

IM KONTEXT

THEMA
Die ersten modernen Wissenschaftler

WANN UND WO
10.–11. Jh., gesamte islamische Welt

FRÜHER
5./4. Jh. v. Chr. Die führenden altgriechischen Denker verfassen bedeutende Werke zu vielen wissenschaftlichen Themen, die aber fast immer theoretisch bleiben.

762 n. Chr. Die Abbasiden gründen die neue Hauptstadt Bagdad und fördern dort die Wissenschaft und Forschung.

SPÄTER
1543 Andreas Vesalius veröffentlicht die *Sieben Bücher vom Bau des menschlichen Körpers* und Nikolaus Kopernikus *Über die Umschwünge der himmlischen Kreise*.

Manche Muslime glauben, dass der Koran und die Hadithe alles enthalten, was man über die Welt wissen muss. Ihrer Meinung nach ergibt wissenschaftliche Forschung deshalb keinen Sinn – manche halten Wissenschaft sogar für unislamisch.

Solche Ansichten hat es im Islam immer gegeben, aber nur eine kleine Minderheit dachte so. Die meisten Muslime sehen die Wissenschaft als ein Mittel zur Vermehrung von Wissen, wozu der Koran ausdrücklich aufruft. Viele Koranverse weisen die Gläubigen an, Naturphänomene zu beobachten und zu reflektieren, was als Auf-

Siehe auch: Das Haus der Weisheit 150–151 ▪ Arabische Ziffern und *al-dschabr* 158–161 ▪ Islamische Astronomie 162–163 ▪ Das islamische Spanien 166–171 ▪ Ibn Sina und der *Kanon der Medizin* 172–173

Manche Muslime glauben, **wissenschaftliche Studien seien eine kollektive Pflicht** der Gläubigen. Viele Koranverse fordern ausdrücklich dazu auf, die Welt zu beobachten und zu studieren.

Manche Muslime glauben, dass der **Koran die Antworten** auf alle Fragen unserer Welt enthält.

ruf zu wissenschaftlichen Studien interpretiert wird.

Die Sehkraft

Abu Ali al-Hasan ibn al-Haitham, besser bekannt als Ibn al-Haitham (oder Alhazen), wurde um 965 in Basra (Südirak) geboren. Zunächst arbeitete er in seiner Heimatstadt als Beamter für die Abbasiden, gab diesen Posten aber auf, um eine intellektuelle Karriere in Kairo, der Hauptstadt der rivalisierenden Fatimiden, zu verfolgen.

Er erregte die Aufmerksamkeit des Fatimidenkalifen, als er ihm den Bau eines Staudamms vorschlug. Seine Versuche, den Damm zu bauen, scheiterten zwar, aber Ibn al-Haitham war ein produktiver Wissenschaftler und verfasste mehr als 200 Werke in Astronomie, Technik, Ethik, Mathematik, Musik, Politik und Theologie. Sein einflussreichstes Werk ist das *Kitab al-manazir* (»Schatz der Optik«), eine revolutionäre Abhandlung über die mathematische Theorie der Sehkraft, die 1021 veröffentlicht wurde.

Die altgriechischen Denker Platon und Euklid schufen die Grundlagen der geometrischen Optik (z. B. die Idee, dass Licht sich in geraden Linien bewegt) und das Reflexionsgesetz. Im Gegensatz dazu war Ibn al-Haithams »Schatz der Optik« kein rein theoretisches Werk, sondern eine wissenschaftliche Analyse mit detaillierten Beschreibungen von Experimenten, den dazu erforderlichen Geräten und deren Gebrauchsanweisung. Er präsentierte die Ergebnisse der Experimente, um seine Theorien zu untermauern.

Ibn al-Haithams wichtigste Theorie bezog sich auf die Sehkraft. Die Griechen glaubten, wir sehen, weil unsere Augen Lichtstrahlen aussenden, die Objekte beleuchten. Ibn al-Haitham war der erste Wissenschaftler, der bewies, dass das Gegenteil der Fall ist: Die Sehkraft entsteht infolge der Brechung des Lichts durch die Augenlinse. Er folgerte auch, dass die Brechung dadurch erklärt werden kann, dass sich das Licht in einer dichteren Materie (wie der Augenlinse) langsamer bewegt, weil ihm mehr Partikel im Weg stehen. Er untersuchte auch meteorologische Phänomene, z. B. den Regenbogen, und erforschte Himmelserscheinungen wie Finsternisse und Mondlicht.

Die lateinische Übersetzung von Ibn al-Haithams Buch über Optik hatte großen Einfluss auf die europäische Wissenschaft und »

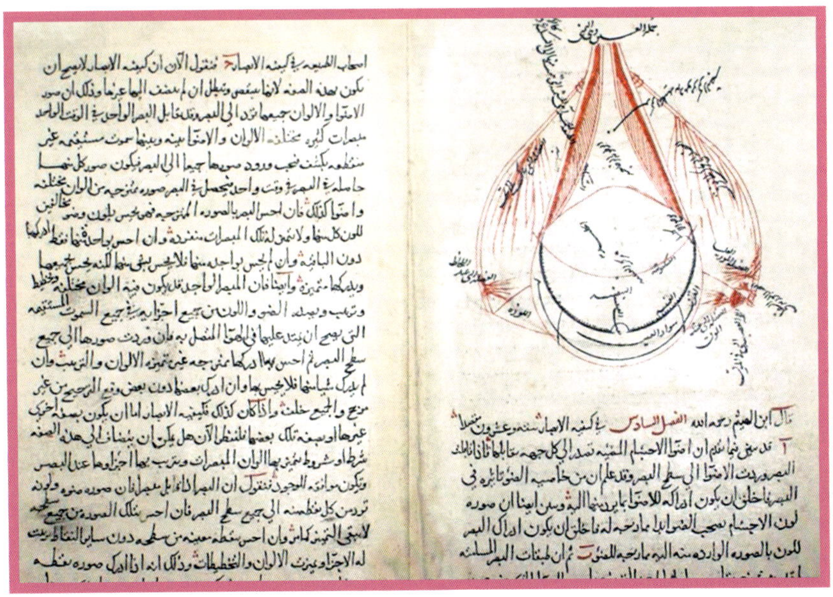

In *Kitab al-manazir* beschreibt Ibn al-Haitham seine Vermutungen zur anatomischen Struktur des Auges und stellt Überlegungen an, wie dieses optische System funktionieren könnte.

» Der Extremist unter ihnen würde die Wissenschaften als atheistisch abstempeln. «

Al-Biruni
(973–1058)

Philosophie des Mittelalters, und dank der 1572 in Basel erschienenen Ausgabe auch auf Mathematiker wie Johannes Kepler (1571–1630), René Descartes (1596–1650) und Christiaan Huygens (1629–1695).

Wie hoch ist der Himmel?

Im 11. Jahrhundert forschte noch ein weiterer arabischer Physiker auf dem Gebiet der Optik und Himmelsphänomene: Ibn Muadh al-Dschayyani (989–1079) aus Córdoba. Er erkannte, dass die Abenddämmerung nach Sonnenuntergängen zurückzuführen ist auf leuchtenden Wasserdampf in der oberen Atmosphäre, der das Licht reflektiert, wenn die Sonne untergeht. Unter Einsatz geometrischer Berechnungen und eines Wertes für die Größe der Erde (bereitgestellt von Astronomen in Bagdad) leitete al-Dschayyani her, dass die Höhe der Erdatmosphäre 84 km betragen muss. Im 20. Jahrhundert stellten Geophysiker mithilfe von Düsenflugzeugen fest, dass die Grenze zwischen der Erdatmosphäre und dem Weltraum tatsächlich rund 100 km beträgt. Der islamische Wissenschaftler, der vor 900 Jahren lebte, lag nur 16 km daneben.

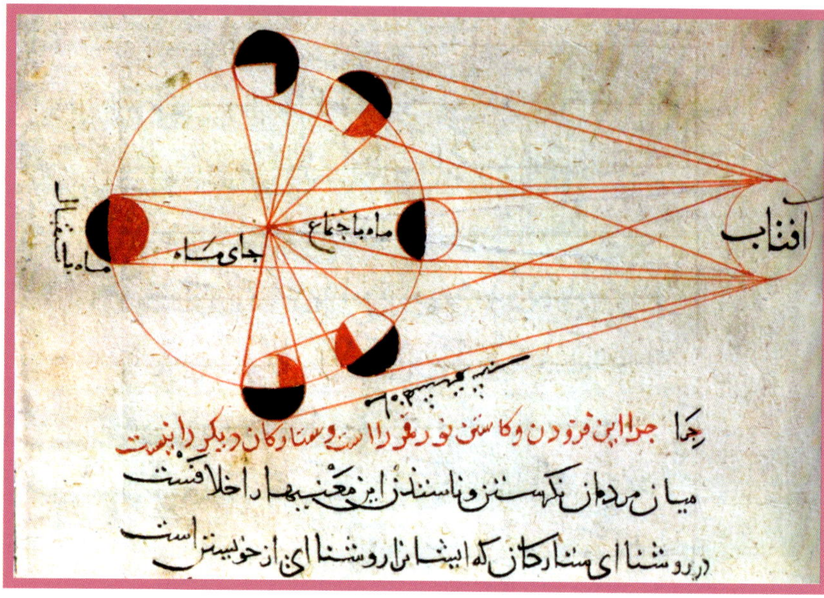

Al-Biruni schrieb Abhandlungen zu fast allen Bereichen der Wissenschaft. Diese Illustration aus einem seiner Astronomiewerke erläutert die Mondphasen.

Was ist mit der islamischen Wissenschaft passiert?

Die islamische Wissenschaft hatte ihre Glanzzeit vom 8. bis 11. Jh. In Europa war die Wissenschaft bis zum 15. Jh. unbedeutend, blühte dann aber plötzlich auf und überholte die islamische Welt. Was ist mit der islamischen Wissenschaft geschehen? Historiker vermuten, dass mit der Zerstörung Bagdads durch die Mongolen und der Rückeroberung Spaniens durch die Christen die beiden Zentren der islamischen Wissenschaft verloren gingen. Den neuen islamischen Reichen, die türkisch, persisch und indisch waren, fehlte der Geist der Kooperation. Manche glauben auch, dass der orthodoxe Islam die Oberhand über die Rationalisten gewann und die Wissenschaft gewissermaßen »reislamisierte«, indem er den Koran als einzige Wissensquelle darstellte. Inzwischen erlebt die islamische Wissenschaft einen neuen Aufschwung: Drei muslimische Wissenschaftler haben einen Nobelpreis erhalten.

Das größte Universalgenie

Während Ibn al-Haitham und Ibn Muadh einzelne Glanzleistungen erzielten, war Abu Raihan Muhammad al-Biruni (973–1050) ein echtes Universalgenie. Der aus Zentralasien stammende Wissenschaftler verbrachte die größte Zeit seines Lebens in Ghazni (Afghanistan) als Berater des Ghaznawidensultans. Es gab fast nichts, das nicht sein Interesse weckte. Er schrieb ein Buch über die Berechnung von Stadtkoordinaten, das bei der Bestimmung der Gebetsrichtung nach Mekka von entscheidender Bedeutung war. Er verfasste eine Studie über Indien, die die Beziehungen zwischen Hinduismus und Islam sowie zwischen dem Hinduismus und der griechischen Zivilisation analysierte.

Al-Biruni verfasste auch ein Arzneibuch, das alle damals bekannten Medikamente beschrieb und deren Namen in mehreren Sprachen auflistete. Auf dem Gebiet der Mathematik erforschte er die Bewegungen von Himmelskörpern mithilfe der Infinitesimalrechnung und legte damit den Grundstein für die Bewegungsgesetze, die Newton 600 Jahre später formulieren sollte. Als Physiker entwickelte al-Biruni Methoden zur Erforschung von Dichte, Masse und Schwerkraft.

Wissenschaftliche Methoden

Die Forschungsansätze von Haitham und Biruni glichen der modernen wissenschaftlichen Arbeitsmethodik – ein Zyklus von Beobachtungen, Hypothesen und Experimenten, unterstützt durch unabhängige Überprüfungen. Wenn Biruni keine eindeutigen Beweise für eine Theorie finden konnte, blieb er neutral – auch bei Fragen, die die Denker seiner Zeit umtrieben, z. B., ob die Sonne und die Planeten die Erde umkreisen (nach Ptolemäus' geozentrischer Theorie) oder ob die Erde und die Planeten die Sonne umkreisen (die heliozentrische Theorie). Mit dieser Haltung handelte er dem Koran gemäß: »Folge dem nicht nach, wovon du gar nichts weißt« (Sure 17:36).

Einige Historiker behaupten, dass die moderne Wissenschaft im Jahr 1543 ihren Anfang nahm, als Andreas Vesalius das Werk *De humani corporis fabrica libri septem* (»Sieben Bücher vom Bau des menschlichen Körpers«) und Nikolaus Kopernikus sein Buch *Über die Umschwünge der himmlischen Kreise* (und die These, dass die Erde sich um die Sonne dreht) veröffentlichten. Doch Ibn al-Haitham und al-Biruni waren schon 500 Jahre zuvor »moderne Wissenschaftler«. Beide verkörperten den Geist der experimentellen Methodik. Wir kennen Ibn al-Haithams Ansichten zur Theologie nicht, doch al-Biruni erklärte, dass der Koran sich weder in die Angelegenheiten der Wissenschaft einmische noch in die Bereiche der Wissenschaft vordringe.

Eine Renaissance

Der Pakistaner Abdus Salam (1926–1996) wurde 1979 für seine Arbeit auf dem Gebiet der Teilchenphysik mit dem Nobelpreis ausgezeichnet. In seiner Dankesrede zitierte er aus dem Koran und sagte sinnesgemäß: »Je tiefer wir suchen, desto mehr staunen wir.« Salam war der erste muslimische Wissenschaftler, der seit Beginn der Nobelpreisverleihung im Jahr 1901 mit diesem Preis ausgezeichnet wurde. Er folge, wie er immer wieder betonte, einer ehrwürdigen Tradition islamischer Wissenschaftler. ■

Al-Kindi argumentierte, das Universum habe einen Anfang und sei von einem Schöpfer erschaffen. Genie zeigte auch der Ingenieur al-Dschazari (1136–1206), der diese »Elefantenuhr« entwarf, die durch eine Hydraulik im Bauch des Tieres funktionierte.

WIR SOLLTEN UNS NICHT SCHÄMEN, DIE WAHRHEIT ANZUERKENNEN

ÜBER DIE ERSTE PHILOSOPHIE VON AL-KINDI (9. JH.)

IM KONTEXT

THEMA
Anfänge der islamischen Philosophie

WANN UND WO
9. Jh., islamische Welt

FRÜHER
Vor dem 9. Jh. Das Wissen der alten Griechen geht im Westen mit dem Fall von Byzanz unter. Die Sassaniden übersetzen und bewahren jedoch viele griechische Texte.

SPÄTER
11. Jh. Ibn Sina (Avicenna) versucht, die rationale Philosophie mit der islamischen Theologie in Einklang zu bringen.

11. Jh. Al-Ghazalis Werk *Die Inkohärenz der Philosophen* lehnt den Einsatz von Philosophie in der Theologie ab.

12. Jh. Ibn Ruschd verfasst *Die Inkohärenz der Inkohärenz,* um Ghazalis Werk zu widerlegen.

Das Haus der Weisheit in Bagdad brachte viele berühmte Wissenschaftler und Universalgenies hervor. Der erste Universalgelehrte des Abbasidenkalifats war al-Kindi (latinisiert Alkindus).

Er führte die Philosophie von Aristoteles in der arabischen Welt ein und machte das Werk des Griechen nicht nur zugänglich, sondern auch hoffähig, indem er die aristotelische Philosophie mit der islamischen Theologie vereinte.

Yaqub ibn Ishaq al-Kindi (um 800–873) war Anhänger der *mutazila* (wörtlich: »die sich Absetzenden«), einer Doktrin, die Rationalität forderte und sich gegen die wörtliche Auslegung des Korans aussprach. Dieser Strömung zufolge führte der Weg zur wahren Erkenntnis Gottes und zu einem klaren Verständnis des Korans über den menschlichen Intellekt. Ihre Gegner behaupteten, die säkulare Philosophie sei unislamisch.

Über die erste Philosophie

Das berühmteste Werk von al-Kindi ist *Über die erste Philosophie*. Es beginnt mit einer Einladung an den Leser, die philosophische Weisheit der alten Griechen zu würdigen. Al-Kindi argumentiert, man dürfe die Errungenschaften dieser Gelehrten nicht ignorieren, nur weil sie einer anderen Kultur oder einem anderen Glauben angehörten. Wer dies tue, sei engstirnig und glaube nicht genug an den Islam.

Über die erste Philosophie enthält eine berühmte Debatte über die Ewigkeit der Welt. Aristoteles glaubte, das Universum sei ewig. Wenn das Universum ewig ist, gibt es keinen Schöpfer und somit auch keinen Gott. Für al-Kindi,

Gott und Aristoteles

Aristoteles glaubte, das Universum sei ewig und **habe daher keinen Schöpfer.**

Al-Kindi argumentierte, das Universum habe einen Anfang und sei von einem **Schöpfer** erschaffen.

Siehe auch: Sufismus und die mystische Tradition 140–145 ▪ Das Haus der Weisheit 150–151 ▪ Arabische Ziffern und *al-dschabr* 158–161 ▪ Das islamische Spanien 166–171 ▪ Ibn Sina und der *Kanon der Medizin* 172–173

» Unwissenheit führt zu Angst, Angst führt zu Hass, und Hass führt zu Gewalt. «

Ibn Ruschd
(1126–1198)

einen gläubigen Muslim, war es schwierig, Gott und die Schöpfung, wie sie im Koran beschrieben sind, in diese Sicht des Kosmos zu integrieren.

Um das Konzept des ewigen Universums zu widerlegen, argumentierte er mit Mathematik. Seine Beweiskette führte ihn zu der Überzeugung, dass es vor der Erschaffung des Universums keine Zeit gegeben haben kann, sondern diese zusammen mit dem Universum entstanden sein muss. Aufgrund dieser Endlichkeit konnte al-Kindi Gott als Schöpfer der Welt identifizieren, der das Universum aus dem Nichts ins Leben gerufen habe.

Ibn Sina und Ibn Ruschd

Im 10. Jahrhundert erforschte der Gelehrte al-Farabi (latinisiert Alpharabius, um 872–950), die Schnittmenge zwischen Islam und klassischer Philosophie. Er schrieb Kommentare zu den Werken der Griechen, in denen er zentrale islamische Themen wie Recht, Prophetie, politische Erbfolge und Jurisprudenz ansprach.

Ibn Sina (latinisiert Avicenna, 980–1037), ein gläubiger Muslim aus Zentralasien, versuchte, die rationale Philosophie mit der islamischen Theologie in Einklang zu bringen. Er entwickelte einen formalen Beweis für die Existenz Gottes: den »Beweis des Wahrhaftigen«, der seinerzeit als eines der einflussreichsten Argumente für die Existenz Gottes galt.

Der Andalusier Ibn Ruschd (latinisiert Averroes, 1126–1198) argumentierte, die Philosophie könne nicht im Widerspruch zu den Offenbarungen des Korans stehen, denn beide seien nur zwei verschiedene Methoden zur Wahrheitsfindung, und die Wahrheit könne der Wahrheit nicht widersprechen. ■

Al-Farabi (hier auf einer Briefmarke aus Kasachstan) begründete die philosophische Schule des »Farabismus«, die eine Synthese von Philosophie und Sufismus anstrebte.

Al-Kindi

Wir wissen nur wenig über das Leben von Yaqub ibn Ishaq al-Kindi, bekannt als al-Kindi. Er wurde um 800 in eine arabische Adelsfamilie geboren und war Mitglied des jemenitischen Kinda-Stammes, der schon in vorislamischer Zeit Einfluss in Arabien hatte. Al-Kindi kam in Kufa (Irak) zur Welt, zog aber schon früh nach Bagdad und erhielt dort seine Ausbildung. Er erwies sich als vielversprechender Gelehrter und wurde für eine Stellung unter der Schirmherrschaft des Kalifen al-Mamun (reg. 813–833) angeworben. Al-Kindi beaufsichtigte nicht nur die Übersetzung griechischer Texte, sondern verfasste auch 200 eigene Werke. Er schrieb über eine große Bandbreite an Themen, von Ethik bis Musik, von Optik bis Schwertkunst. Seine Forschungen spielten eine wichtige Rolle bei der Einführung der indischen Zahlen in der islamischen Welt und später der arabischen Zahlen in der christlichen Welt.

Am bekanntesten ist al-Kindi jedoch als Begründer einer neuen philosophischen Tradition, auf der islamische Denker über Jahrhunderte hinweg aufbauten.

DAS ZUSAMMENFÜGEN GEBROCHENER TEILE

DAS KURZGEFASSTE BUCH ÜBER DIE RECHENVERFAHREN DURCH ERGÄNZEN UND AUSGLEICHEN VON AL-CHWARIZMI (UM 780–850)

IM KONTEXT

THEMA
Arabische Ziffern und *al-dschabr*

WANN UND WO
9. Jh., Bagdad

FRÜHER
1650 v. Chr. Der ägyptische »Papyrus Rhind« bietet Lösungen für lineare Gleichungen.

300 v. Chr. Euklids *Elemente* legen die Grundlagen der Geometrie.

3. Jh. n. Chr. Der griechische Mathematiker Diophantus nutzt Symbole zur Darstellung unbekannter Größen.

7. Jh. Brahmagupta löst die quadratische Gleichung.

SPÄTER
1202 Fibonacci (Leonardo da Pisa) nutzt in seinem *Liber abaci* das indisch-arabische Zahlensystem.

Um 830 vollendete Muhammad ibn Musa al-Chwarizmi (ein Gelehrter aus dem Haus der Weisheit) ein Werk, das die Mathematik revolutionieren sollte. Auf den ersten Seiten steht eine Widmung, die die Verbindung zwischen dem islamischen Glauben und dem intellektuellen Streben verdeutlicht: »Die Liebe zur Wissenschaft, durch die Gott den Imam al-Mamun, den Befehlshaber der Gläubigen, ausgezeichnet hat, ermutigte mich dazu, ein kurzes Werk über das Rechnen nach den Regeln des Ergänzens und Ausgleichens zu verfassen.«

Dieses Werk, *Kitab al-mukhtasar fi hisab al-jabr w'al-muqabala*

Siehe auch: Das Haus der Weisheit 150–151 ▪ Die Anfänge der islamischen Philosophie 156–157 ▪ Islamische Astronomie 162–163 ▪ Die Schriften von Dschalal ad-Din Muhammad Rumi 174–175

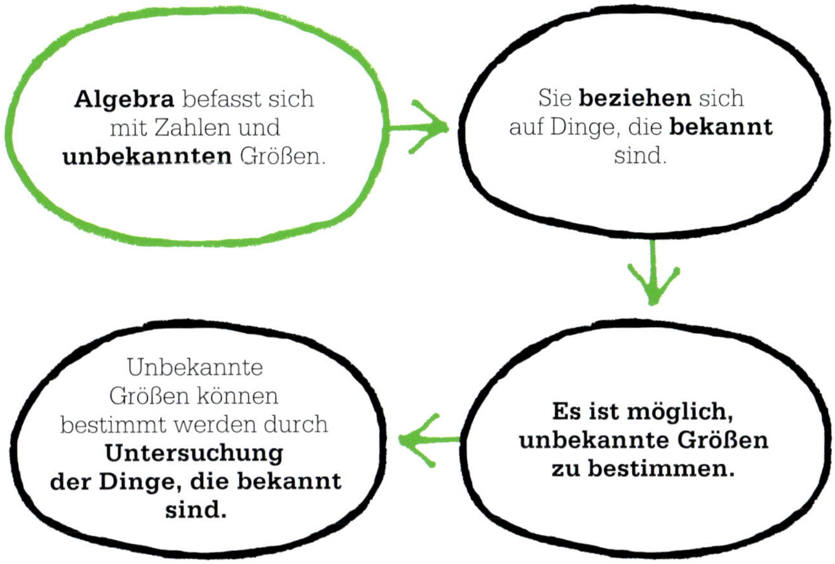

(»Das kurzgefasste Buch über die Rechenverfahren durch Ergänzen und Ausgleichen«) formulierte die Prinzipien, die die Grundlagen der modernen Algebra bilden.

Al-dschabr ist gleich Algebra

Al-Chwarizmi führte grundlegende mathematische Operationen ein, die er als Reduktion, Zusammenfügen und Ausgleichen bezeichnete. Der Prozess der Reduktion (den wir heute als Gleichung bezeichnen) erfolgte durch das »Zusammenfügen gebrochener Teile« (arab. *al-dschabr*, von dem der Begriff »Algebra« stammt), also das Verschieben subtrahierter Terme auf die andere Seite einer Gleichung und das anschließende Ausgleichen (Bilanzieren) der Gleichung.

Al-Chwarizmi erfand diese Verfahren nicht, aber er trug mathematische Regeln, die nur wenige kannten, zusammen und leitete daraus Lösungen für mathematische Probleme ab. Zu Beginn des Buches beschreibt er Fälle, in denen diese Formeln nützlich sein konnten: »in Fällen von Erbschaften, Rechtsstreitigkeiten und Handel … oder wenn es um die Vermessung von Grundstücken, den Bau von Kanälen, geometrische Berechnungen oder andere Angelegenheiten geht«.

Das *Kitab al-mukhtasar* ist in zwei Hälften unterteilt. Im ersten Teil erläutert al-Chwarizmi die Regeln der Algebra und die Abläufe, die zur Lösung verschiedener Probleme notwendig sind. Der zweite Teil des Buches bietet zahlreiche Beispiele dafür, wie diese Regeln im Alltag angewandt werden können.

Statt der mathematischen Symbole, die wir heute verwenden, »

Al-Chwarizmi

Über das Leben von al-Chwarizmi ist wenig bekannt. Geboren um 780 im damals persischen Choresmien (Chwarizm, woher auch der Name abgeleitet ist; heute Usbekistan), zog er später nach Bagdad, wo er für den Kalifen al-Mamun arbeitete. Er genoss großes Ansehen, sodass man ihn zum ersten Astronomen und zum Leiter der Bibliothek im Haus der Weisheit ernannte.

Obwohl er Perser war, wird al-Chwarizmi oft als arabischer Mathematiker bezeichnet, da er auf Arabisch schrieb und sein ganzes Leben lang im Umfeld der arabischen Abbasidenkultur wirkte.

Neben seinen Forschungen in Bereich der Algebra leistete er wichtige Beiträge zur Trigonometrie, plädierte für die Verwendung der indischen Ziffern, überarbeitete Ptolemäus' *Geographie*, beaufsichtigte den Entwurf einer neuen Weltkarte, beteiligte sich an einem Projekt zur Bestimmung des Erdumfangs und erstellte astronomische Tabellen für die Bewegungen der Sonne, des Mondes und der fünf damals bekannten Planeten.

schrieb al-Chwarizmi seine Gleichungen in Worten, die durch Diagramme belegt wurden. Die Gleichung ($\frac{1}{3}x + 1$) ($\frac{1}{4}x + 1$) = 20 schrieb er z. B. so: »Eine Menge: Ich habe ein Drittel davon und einen Dirham mit einem Viertel davon und einem Dirham multipliziert; das ergibt Zwanzig«. Al-Chwarizmi verwendete die Dirham-Münze zur Bezeichnung einer Einzeleinheit.

Der ägyptische Rechner

Al-Chwarizmis Texte inspirierten zahllose Mathematiker in der islamischen Welt. Der Ägypter Abu Kamil (um 850–930) schrieb das Buch *Kitab fi al-dschabr w'al-muqabala* (»Die Algebra«), das als akademische Abhandlung für andere Mathematiker konzipiert war.

In einem anderen Werk, *Kitab al-taraif fi al-hisab* (»Das Buch der Seltenheiten der Rechenkunst«), versuchte der Mann mit dem Spitznamen »Der ägyptische Rechner«, unbestimmte Gleichungen (Gleichungen mit mehr als einer Lösung) zu lösen. Er vertiefte dieses Thema in seinem *Kitab at-tair* (»Buch der Vögel«), in dem er Algebra-Probleme in Zusammenhang mit Vögeln stellte und z. B. fragte, wie viele Möglichkeiten es gebe, auf dem Markt mit 100 Dirham 100 Vögel zu kaufen.

> »Wenn ich darüber nachdenke, was die Menschen beim Rechnen wollen, stelle ich fest, dass es immer eine Zahl ist.«
>
> **Al-Chwarizmi**
> (780–850)

Der Perser Omar Khayyam (1048–1131) ist zwar vor allem für seine Poesie bekannt, war aber auch ein fähiger Mathematiker. Seine Abhandlung zur Demonstration von Problemen der Algebra (1070) befasste sich mit kubischen Gleichungen.

Arabische Ziffern

Zu den Errungenschaften der islamischen Mathematiker gehört das Dezimalsystem, das heute weltweit verwendet wird. Es hat seine Ursprünge in Indien, wo Mathematiker im 1. bis 4. Jahrhundert n. Chr. ein System von neun Symbolen in Verbindung mit der Ziffer Null entwickelten, um Zahlen einfach schreiben zu können. Das System wurde von Mathematikern in Bagdad weiterentwickelt – daher sein Name »indisch-arabisches Zahlensystem«. Im 9. Jahrhundert verfassten al-Chwarizmi und al-Kindi Bücher zu diesem Thema.

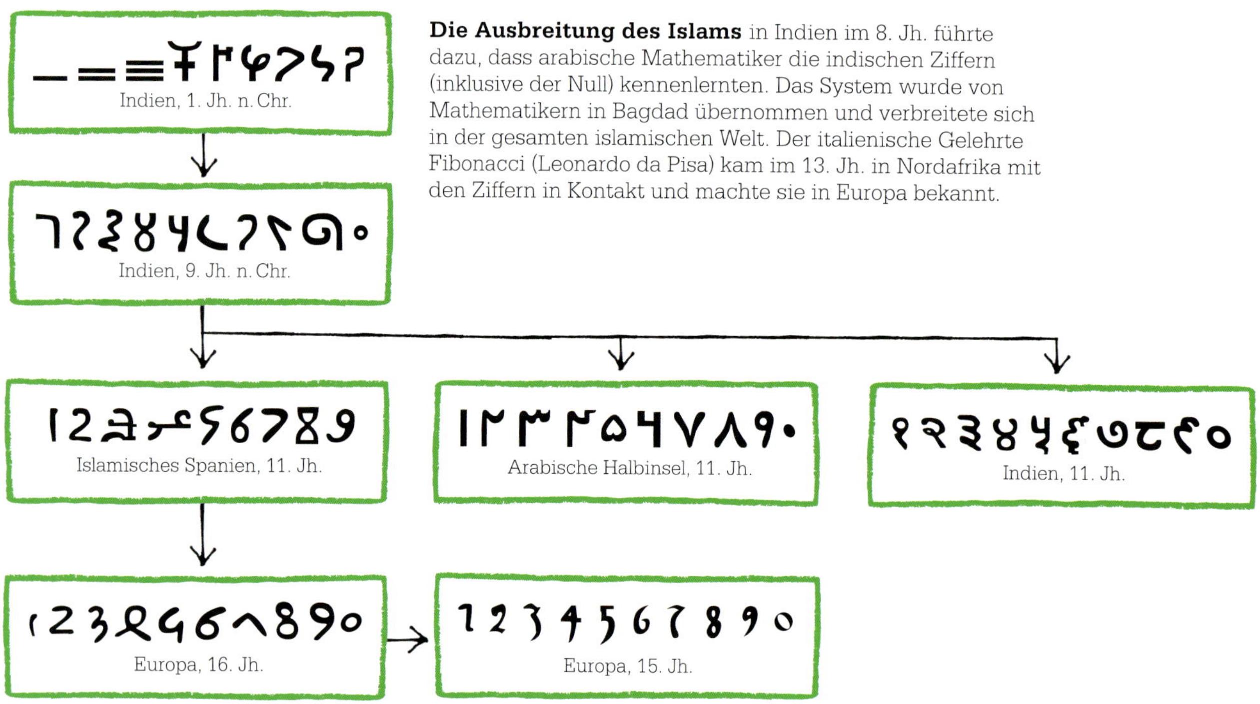

Die Ausbreitung des Islams in Indien im 8. Jh. führte dazu, dass arabische Mathematiker die indischen Ziffern (inklusive der Null) kennenlernten. Das System wurde von Mathematikern in Bagdad übernommen und verbreitete sich in der gesamten islamischen Welt. Der italienische Gelehrte Fibonacci (Leonardo da Pisa) kam im 13. Jh. in Nordafrika mit den Ziffern in Kontakt und machte sie in Europa bekannt.

Auf diesem Bild aus einem Manuskript von al-Hariri aus Basra (12. Jh.) versammeln sich Mathematiker in der Bibliothek einer Moschee.

Ihre Werke wurden später ins Lateinische übersetzt und im Westen veröffentlicht. So lernten die Europäer das Dezimalsystem kennen, das im Mittelalter als arabisches Ziffernsystem bekannt war. Weil die Dezimalzahlen jedoch als Symbole des heidnischen muslimischen Feindes galten, hielt Europa lange an den römischen Ziffern fest, die Zahlen durch Buchstaben darstellen. Sie funktionierten gut im Alltag: Alle Zahlen bis 1000 wurden durch Kombinationen von nur sieben Buchstaben dargestellt (I, V, X, L, C, D, M standen jeweils für 1, 5, 10, 50, 100, 500 und 1000). Auf die Mathematik angewandt war das römische Zahlensystem jedoch schwerfällig. So wird zum Beispiel aus der einfachen Multiplikation 42 × 58 = 2436 die komplizierte Berechnung XLII × LVIII = MMCDXXXVI. Erst als in der italienischen Renaissance das Interesse an der Mathematik wuchs, übernahm Europa im 15./16. Jahrhundert die indisch-arabischen Ziffern.

Die Dezimaltrennzeichen

Die Araber haben auch die Dezimaltrennzeichen eingeführt, die die Darstellung von Bruchzahlen ermöglichen. Das kleine, aber entscheidende Symbol erscheint erstmals im *Kitab al-fusul fi al-hisab al-hindi* (»Buch der Aufsätze über indische Arithmetik«) von Abu al-Hasan al-Uqlidisi (920–980), das um 952 in Damaskus geschrieben wurde. Der Name Uqlidisi verweist auf Euklid und könnte daher stammen, dass Uqlidisi seinen Lebensunterhalt mit der Herstellung und dem Verkauf von Kopien des Euklid-Werkes *Elemente* verdiente. In seinem Buch verwendet Uqlidisi einen schrägen Strich über der Dezimalzahl; daraus entwickelten sich später die Dezimalzeichen, die wir heute kennen.

> »Wer Algebra für einen Trick hält, um Unbekanntes zu erlangen, hat sich geirrt.«
>
> **Omar Khayyam**
> (1048–1131)

Einfluss im Westen

Die Erkenntnisse der islamischen Gelehrten des Mittelalters bilden auch heute noch die Grundlage für viele Bereiche der Mathematik, v. a. der Algebra. Als al-Chwarizmis Kompendium 300 Jahre nach seinem Tod ins Lateinische übersetzt wurde, wirkte sein Stil so klar und verbindlich, dass das Buch viele Jahrhunderte lang ein mathematisches Standardwerk in Europa blieb. *Liber algorismi,* der lateinische Titel des Werkes, machte den latinisierten Namen des Wissenschaftlers – Algorismi – zu einem berühmten Wort, das heute als Synonym für Arithmetik steht. Und auch das Wort »Algorithmus« ist eine Hommage an den größten Mathematiker der islamischen Welt. ■

SCHAUTEN SIE DENN NICHT ZUM HIMMEL, DER ÜBER IHNEN IST, EMPOR …?

KORAN 50:6

IM KONTEXT

THEMA
Islamische Astronomie

WANN UND WO
10.–13. Jh., islamische Welt

FRÜHER
2. Jh. n. Chr. Ptolemäus verfasst das *Almagest,* ein astronomisches Werk über die Bewegungen der Sterne und Planeten.

476–550 Der indische Mathematiker Aryabhata verfasst das *Aryabhatiya,* eine einflussreiche astronomische Abhandlung in Sanskrit.

SPÄTER
1543 Nikolaus Kopernikus präsentiert ein heliozentrisches Modell des Sonnensystems. Seine Arbeit wird von Galileo Galilei (1564–1642) verteidigt.

1576 Drei Jahrhunderte nach Maragha errichtet Tycho Brahe die erste große Sternwarte Europas.

Der Islam ist eine der wenigen Religionen, deren Rituale wissenschaftliche Verfahren erfordern. Die Beobachtung der Himmelskörper spielt eine wichtige Rolle bei der Organisation des Mondkalenders, der religiösen Feste und der Regelung der täglichen Gebete, deren Zeiten astronomisch festgelegt sind. Die Sonne hilft, die *qibla* (Gebetsrichtung) zu bestimmen.

Die Gebetsrichtung nach Mekka

Fünfmal täglich blicken Muslime auf der ganzen Welt nach Mekka, um zu beten – die Bestimmung der Himmelsrichtung Mekkas ist also von größter Bedeutung. Im 10. Jahrhundert errechneten islamische Astronomen, dass die Sonne an zwei Tagen im Jahr zu einer exakt bestimmten Zeit direkt über Mekka steht. An diesen Tagen konnte jeder, der sich auf der gleichen (nördlichen) Hemisphäre wie Mekka befand, die *qibla* problemlos bestimmen: Man musste nur zur richtigen Tageszeit die Position der Sonne ermitteln und deren Himmelsrichtung festlegen. Gläubige in der südlichen Hemisphäre konnten zwei andere Tage nutzen, um die korrekte *qibla* zu ermitteln.

Bagdad, die Hauptstadt des Abbasidenkalifats, war seit dem 8. Jahrhundert ein Zentrum der Astronomie. Die Gelehrten im Haus der Weisheit analysierten das *Almagest,* ein astronomisches Werk über die Sternen- und Planetenbahnen (verfasst von dem Griechen Claudius Ptolemäus im 2. Jahrhundert n. Chr.) und überprüften dessen Messungen. Der Mathematiker al-Chwarizmi (um 780–850) erstellte anhand eigener astronomischer Beobachtungen die ersten bekannten Tabellen der täglichen Gebetszeiten.

> »Ist die Entfernung zur Kaaba gering, können sorgfältige Sucher ihre Himmelsrichtung selbst ermitteln, aber wenn die Entfernung zu groß ist, können nur Astronomen die Gebetsrichtung bestimmen.«
>
> **Al-Biruni**
> (10. Jahrhundert)

Siehe auch: Die fünf Säulen des Islams: Salat 42–43 ▪ Der islamische Kalender 116–117 ▪ Das Haus der Weisheit 150–151 ▪ Arabische Ziffern und *al-dschabr* 158–161

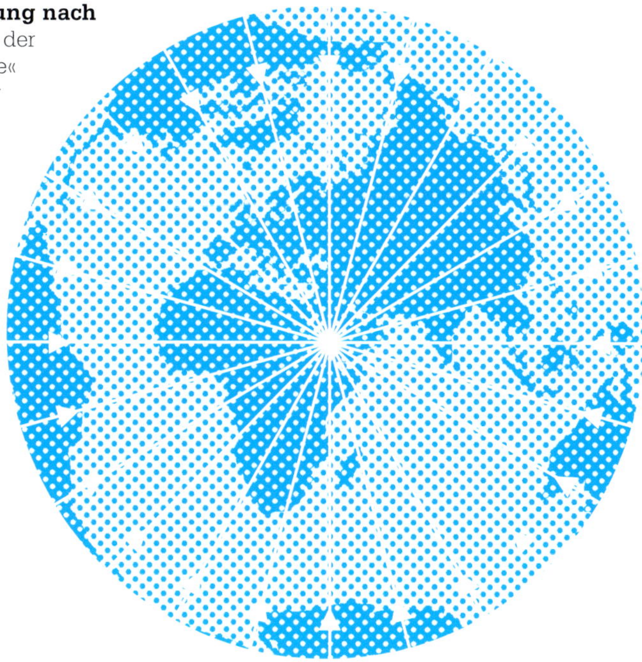

Die Gebetsrichtung nach Mekka wird nach der »Großkreismethode« ermittelt, also über die kürzeste Route (ggf. über einen der Pole).

Viele muslimische Astronomen knüpften an Chwarizmis Arbeit an, z. B. der Syrer al-Battani (um 858–929) und der Ägypter Ibn Yunus (um 950–1009). Eine der größten Errungenschaften al-Battanis war die Bestimmung des Sonnenjahres, das er mit 365 Tagen, 5 Stunden, 46 Minuten und 24 Sekunden Länge berechnete, was nur 2 Minuten und 22 Sekunden danebenliegt.

Die Erde im Zentrum

Die frühen islamischen Astronomen übernahmen die Ansicht von Ptolemäus, nach der sich die Erde im Zentrum des Sonnensystems befindet und von den Planeten umkreist wird. Diese These wurde nur selten angezweifelt: Der Astronom Biruni zog im 10. Jahrhundert zwar ein heliozentrisches System in Betracht, konnte es aber nicht beweisen und entschied sich dafür, in dieser Frage neutral zu bleiben.

Die Maragha-Revolution

Im 13. Jahrhundert befand sich die islamische Astronomie auf ihrem Höhepunkt. 1259 baute der Kriegsherr Hülägü Chan ein Observatorium in Maragha (Iran). Hier nutzte der persische Astronom Nasr ad-Din at-Tusi (1201–1274) einen riesigen Quadranten, um die Höhenwinkel der Planeten beim Überqueren des Meridians zu messen. Mit diesem Apparat konnten die Astronomen genauere Planetentafeln *(zidsches)* erstellen.

Die Sternwarte zog sogar Wissenschaftler aus China an. Gemeinsam trugen sie zur »Maragha-Revolution« bei, die Ptolemäus' Forschungen überholte und die Hypothesen des Griechen durch neue Sonnen- und Mondtheorien ersetzte.

> »Jeder, der nicht weiß und nicht weiß, dass er nicht weiß, wird in doppelter Unwissenheit bis ans Ende der Welt verharren.«
>
> **Nasr ad-Din at-Tusi**
> (1201–1274)

Ein Beispiel: Um zu erklären, warum sich die Planeten mit unterschiedlicher Geschwindigkeit durch den Kosmos bewegen, hatte Ptolemäus vorgeschlagen, dass diese Planeten auf ihrer Umlaufbahn um einen Punkt kreisen, der nicht mit ihrem Zentrum übereinstimmt – was nicht möglich ist. Die muslimischen Astronomen erstellten neue Modelle, die ebenso effektiv waren, ohne die Gesetze der Physik zu verletzen.

Einige Thesen der islamischen Astronomen inspirierten den polnischen Sternenforscher Nikolaus Kopernikus, der 1543 erklärte, dass sich die Planeten um die Sonne und nicht um die Erde drehen. ▪

Die Gebetsrichtung nach Mekka wird oft in öffentlichen Gebäuden angezeigt.

MENSCHEN BRAUCHEN GESCHICHTEN MEHR ALS BROT

ABENTEUER AUS 1001 NACHT

IM KONTEXT

THEMA
Die mündliche Überlieferungskette

WO UND WANN
9.–10. Jh., Bagdad

FRÜHER
224–651 n. Chr. Im sassanidischen Persien kommt das Sammeln unterhaltsamer Geschichten in Mode. *Hazar afsan* (»Tausend Erzählungen«) z. B. wurde im 8./9. Jh. ins Arabische übersetzt.

8. Jh. Die Epen Homers werden am Hof der Abbasiden ins Arabische übersetzt.

SPÄTER
1704–1717 Antoine Gallands französische Übersetzung stellt *Tausendundeine Nacht* dem nicht arabischen Publikum vor.

2019 Walt Disney Pictures dreht ein Musical, das auf den Geschichten Aladins aus *Tausendundeine Nacht* basiert.

Der Koran wurde lange mündlich tradiert, bevor man ihn niederschrieb. Die Muslime lernten die Offenbarungen auswendig und erzählten sie weiter. Auch heute noch lernen fromme Muslime den Koran auswendig und rezitieren seine Verse. Mit Zitaten aus dem Koran bekräftigen sie ihre Meinung.

Der Koran entstand zu einer Zeit, als Schrift kaum verwendet wurde. In der vorislamischen arabischen Gesellschaft waren Reden mit langen Gedichtrezitationen gefragt – eine Tradition, die sich erhalten hat: Am Persischen Golf avancierte *Million's Poet* – eine Reality-TV-Show, in der die Teilnehmer selbst verfasste Verse rezitieren und um Geldpreise kämpfen – zu einer der erfolgreichsten arabischen Fernsehshows überhaupt.

Die Geschichtenerzähler

In einer Gesellschaft, in der die Tradition des Geschichtenerzählens von großer Bedeutung war, konnten Geschichten über den Propheten die Botschaft des Islams am besten vermitteln. *Qussa* (Geschichtenerzähler) spezialisierten sich darauf, in den Moscheen religiöse Geschichten zu erzählen. Außerhalb der Moscheen waren islamische Heldenepen sehr beliebt. Das Epos von Abu Zaid z. B. war den arabischen Siegen in Nordafrika gewidmet, und die Geschichten von Baibars basierten lose auf den Heldentaten eines Mamlukensultans, der im 13. Jahrhundert über Ägypten herrschte.

Die Geschichten wurden nur selten niedergeschrieben: Sie lebten hauptsächlich in den Darbietungen

Die *hakawati* (professionelle Geschichtenerzähler) verschwanden im 19. Jh. Nur vereinzelt, wie in diesem Kaffeehaus in Damaskus, wird die Tradition noch am Leben gehalten.

Siehe auch: *Al-dschahiliya*, die Zeit der Unwissenheit 20–21 ▪ Die Aussprüche und Handlungen des Propheten 118–123 ▪ Die Kalifate der Umayyaden und Abbasiden 136–139 ▪ Der Orientalismus 218

Ein Manuskript mit dem Namen *Kitab hadith alf laila* (»Das Buch der Erzählungen aus Tausend Nächten«) deutet darauf hin, dass es die Märchen **bereits 800–900 n. Chr.** gab.

→ Im 14. Jahrhundert enthalten Boccaccios ***Dekameron*** und Chaucers ***Canterbury-Erzählungen*** Anklänge an *Tausendundeine Nacht*.

→ Zwischen 1704 und 1717 veröffentlicht Antoine Galland seine 12-bändige **französische Übersetzung** von *Tausendundeine Nacht*.

→ Die **erste deutschsprachige Übersetzung** nach dem arabischen Original erscheint 1839–1841.

→ *Le Palais des mille et une nuits* (1905) von Georges Méliès ist die **erste filmische Umsetzung** von *Tausendundeine Nacht*.

→ Der ägyptische Nobelpreisträger Nagib Machfus entdeckt 1979 mit ***Layali alf laila (Die Nacht der Tausend Nächte)*** Scheherazade für die arabische Welt wieder.

der *hakawati* (Geschichtenerzähler). Schon im Damaskus der Umayyaden und im Bagdad der Abbasiden waren die *hakawati* ein fester Bestandteil des Alltags. Sie erzählten ihre Geschichten, wo immer sie interessierte Zuhörer fanden. *Hakawati* gehörten bis ins 19. Jahrhundert zum üblichen Straßenbild.

Tausendundeine Nacht

Von den Geschichten der *hakawati* sind außerhalb der islamischen Welt die Erzählungen aus *Alf laila wa laila (Tausendundeine Nacht)* sicherlich am bekanntesten. Sie bestehen aus einem Zyklus von Geschichten, die Scheherazade einem Sultan erzählt, der jede Nacht eine neue Frau mit ins Bett nimmt und am nächsten Morgen töten lässt. Als der Sultan die raffinierte Scheherazade auswählt, verbringt sie die Nacht damit, ihm eine betörende Geschichte zu erzählen, die sie in der nächsten Nacht fortsetzen will. So entgeht sie Nacht für Nacht dem Schwert des Henkers.

Von einigen Geschichten aus *Tausendundeine Nacht* gibt es arabische Manuskripte, die bis ins 9. Jahrhundert zurückdatieren, aber Scheherazade ist wahrscheinlich älter als der Islam. Die Erzählungen haben keinen bekannten Autor und keine festen Inhalte. Einige

> »Er läuft in der Mitte der Kaffeestube hin und her und rezitiert.«
>
> **Alexander Russell**
> *The Natural History of Aleppo*
> (1794)

Geschichten bestehen – wie die Koransuren – aus kurzen Kapiteln, andere sind viele Seiten lang. Sie wurzeln in der Folklore des Nahen Ostens, Indiens und der gesamten islamischen Welt – obwohl das mittelalterliche Bagdad und Kairo stets präsent sind.

Trotz vieler Anspielungen auf den Propheten und den Koran sind die Geschichten so von Magie und Amoral durchdrungen, dass sie nicht als respektabel gelten können. Sie eignen sich für das Kaffeehaus, nicht für die Moschee.

Durch die 1704 bis 1717 veröffentlichte Übersetzung des französischen Orientalisten Antoine Galland – weltweit die erste gedruckte Version von *Tausendundeine Nacht* – wurden die Geschichten auch außerhalb der arabischen Welt bekannt. Seitdem wurden sie in Büchern, Musik, Ballett und Filmen neu übersetzt, nacherzählt und adaptiert. ■

DIE STRAHLENDE ZIERDE DER WELT

DIE LEIDEN DES HL. PELAGIUS

VON ROSWITHA VON GANDERSHEIM (10. JH.)

IM KONTEXT

THEMA
Das islamische Spanien

WANN UND WO
912–961, Spanien

FRÜHER
Seit dem 5. Jh. Spanien wird von den Westgoten beherrscht, germanischen Stämmen, die in die Region eindringen, als die römische Macht schwindet.

641 Muslimische Armeen erobern Ägypten und Libyen. Tunesien fällt 647, Algerien 680 und Marokko 681.

711 Tariq ibn Ziyad fällt mit einer muslimischen Armee in Südspanien ein.

SPÄTER
1492 Der letzte muslimische Herrscher Spaniens, Emir Muhammad XII., übergibt Granada an Ferdinand von Aragón und Isabella von Kastilien.

Das Goldene Zeitalter der islamischen Wissenschaft und Kultur, das die Abbasiden in Bagdad einläuteten, fand seinen Höhepunkt ein Jahrhundert später nicht im Nahen Osten, sondern in Spanien. 711 n. Chr. drang der Umayyadengeneral Tariq ibn Ziyad von Nordafrika nach Spanien (griech.: *iberia*) vor und dehnte die islamische Herrschaft bis nach Europa aus. Die Muslime waren fast 800 Jahre in Südspanien (das sie *al-andalus* nannten) präsent. In seiner Blütezeit vom 10. bis 11. Jahrhundert war *al-andalus,* das im Westen als maurisches Spanien bezeichnet wurde, Schauplatz einer glorreichen Epoche der islamischen Kultur, in der Muslime, Christen und Juden zum Wohle aller zusammenlebten. Der ehemalige britische Premierminister Tony Blair schrieb 2007 über *al-andalus:* »Die Vorkämpfer der Toleranz im frühen Mittelalter waren weit mehr in muslimischen als in christlichen Ländern zu finden.«

Die neue Hauptstadt Córdoba

Ursprünglich war *al-andalus* eine entlegene Provinz des islamischen Reiches, das von Damaskus aus regiert wurde. Als die Abbasiden 750 n. Chr. die Umayyaden stürzten, entkam Prinz Abd ar-Rahman dem Gemetzel und floh nach *al-andalus.* Er gewann die Kontrolle über die muslimischen Soldaten und Siedler in dem kürzlich eroberten Gebiet und gründete dort einen autonomen Umayyadenstaat mit Córdoba als Hauptstadt.

In den nächsten eineinhalb Jahrhunderten regierten Abd ar-Rahman und seine Nachkommen als Emire von Córdoba mit nomineller Kontrolle über *al-andalus.* Sein Enkel Abd ar-Rahman III., der 912 Emir wurde, dehnte seine

> »Die ismailitischen Einwohner nennen es al-Andalus, und das Königreich heißt Córdoba.«
>
> **Chasdai ibn Schaprut**
> jüdischer Wesir von Abd ar-Rahman III. (910–970)

Die Eroberung Spaniens

Die Straße von Gibraltar, der Meeresabschnitt, der die Spitze Südwesteuropas von Nordafrika trennt, ist nach dem Felsen von Gibraltar (siehe Bild) benannt, der seinen Namen vom arabischen *dschebel Tariq* (»Berg des Tariq«) ableitet.

Tariq ibn Ziyad war ein Umayyadengeneral, der 711 eine islamische Armee durch die Meerenge führte. Tariq soll ein ehemaliger Berbersklave gewesen sein; die Berber waren vorarabische Einwohner Nordafrikas, die im 7. Jahrhundert zum Islam konvertierten und nun den Großteil von Tariqs Armee bildeten. (Mindestens) einem historischen Bericht zufolge hielt Tariq bei der Ankunft in Spanien eine Rede, in der er sagte, er werde nicht zurückkehren – entweder würde er sich hier durchsetzen oder untergehen. Dann soll er seine Schiffe verbrannt haben, um die Krieger an der Heimkehr zu hindern.

Die Muslime trafen 711 in der Schlacht am Río Guadalete auf die westgotische Armee von König Roderich, in der die Muslime siegten und Roderich töteten.

Siehe auch: Den Glauben anderer tolerieren 80–81 ▪ Die Kalifate der Umayyaden und Abbasiden 136–139 ▪ Islamische Kunst und Architektur 194–201 ▪ Das Paradies auf Erden 202–203

Macht auf den gesamten Westen Nordafrikas aus. 929 ernannte er sich zum Kalifen der islamischen Welt und konkurrierte mit dem Abbasidenkalifen in Bagdad um Einfluss.

Die Pracht von *al-andalus*

Unter der Herrschaft von Abd ar-Rahman III., seinem Sohn al-Hakam II. (reg. 961–976) und dem Regenten al-Mansur ibn Abi Amir (reg. 981–1002) erlebte in *al-andalus* die Wissenschaft eine Blütezeit. Córdoba entwickelte sich zu einem der führenden kulturellen und wirtschaftlichen Zentren der islamischen Welt.

Die deutsche Nonne Roswitha von Gandersheim (um 935–973), die *al-andalus* im 10. Jahrhundert besuchte, schrieb: »Die strahlende Zierde der Welt im Westen, eine edle Stadt, bekannt für das militärische Können, das ihre Kolonisten mitbrachten, Córdoba war ihr Name.« Neben gepflasterten, gut beleuchteten Straßen, Aquädukten zur Versorgung der Bürger mit Wasser sowie Hunderten von Badehäusern und Moscheen soll die Stadt auch über 70 Bibliotheken verfügt haben. Der Königspalast besaß eine eigene Bibliothek mit angeblich 400 000 Bänden – zu einer Zeit, als die größte Bibliothek Europas nicht mehr als 400 Schriften umfasste. Mit den Worten des amerikanischen Historikers Firas Alkhateeb gesagt, war Córdoba eine »internationale Stadt, die als Brücke zwischen dem ungebildeten Europa und den großen kultivierten Städten der islamischen Welt diente«.

711 strömen muslimische Armeen über das Mittelmeer auf die Iberische Halbinsel, um die **islamische Herrschaft auf Europa auszuweiten.**

→ Der umayyadische Prinz **Abd ar-Rahman flieht vor den Abbasiden** nach Córdoba und gründet *al-andalus.*

→ **Abd ar-Rahman III.** läutet ein Goldenes Zeitalter für *al-andalus* ein.

→ **Ein Bürgerkrieg** stürzt Córdoba, und *al-andalus* spaltet sich in gegnerische Fraktionen.

→ **Muslimische Berber** aus Marokko übernehmen das islamische Spanien, verstricken sich aber erneut in **interne Konflikte.**

→ **Christliche Armeen erobern Spanien zurück.** Muslime, die nicht konvertieren, müssen das Land verlassen.

Abd ar-Rahman III. errichtete die Palaststadt Medinat az-Zahra als Hauptstadt seines Kalifats. Sie wurde im Jahr 1009 geplündert. Ihre Ruinen befinden sich am Stadtrand von Córdoba.

Flüge und Zangen

Wissenschaft und Forschung stützten sich zunächst auf die arabischen Bücher aus Bagdad, aber bald leistete auch *al-andalus* bedeutende Beiträge zur geistigen und technologischen Entwicklung der Welt.

Abbas ibn Firnas (810–887) gilt als der erste Pilot der Welt: Mit einem selbst gebauten Flugdrachen soll er mehrere Minuten geflogen sein, bevor er abstürzte. Abu al-Qasim az-Zahrawi (936–1013), ein Arzt des Kalifen al-Hakam, erfand über 100 chirurgische Instrumente, darunter auch die Geburtszange. Er soll in Cannabis und Opium getränkte Anästhesieschwämme entwickelt und das Verfahren des ››

Luftröhrenschnitts perfektioniert haben. Sein 30-bändiges Werk *Kitab at-tasrif* (»Die Verfahren der Medizin«) wurde ins Lateinische übersetzt und diente den Europäern noch jahrhundertelang als wichtigstes medizinisches Standardwerk.

Córdoba war auch der Geburtsort von Ibn Ruschd (auch: Averroes, 1126–1198), einem einflussreichen Philosophen, der Kommentare zu den Werken von Aristoteles verfasste. Er wird als der Vater des säkularen Denkens in Europa und als einer der größten Philosophen aller Zeiten angesehen. Moses ben Maimon (1135–1204) – besser bekannt als Maimonides – verfasste in *al-andalus* sein bis heute maßgebliches Werk über das jüdische Recht.

Juden und Christen

Dass im islamischen Spanien bedeutende Werke der jüdischen Kultur geschaffen wurden, weist auf die Pluralität und religiöse Toleranz von *al-andalus* hin. Als Abd ar-Rahman III. 912 Emir von Córdoba wurde, verbesserte sich der Status der Juden enorm. Die Muslime zeigten sich dem Judentum gegenüber aufgeschlossener als die christlichen Westgoten. Die Juden durften nun ihre Religion ausüben und nach den Gesetzen und Schriften ihrer Gemeinschaft leben. Die gleichen Rechte wurden auch den Christen zugestanden. Es gab jedoch Einschränkungen: Juden wie Christen mussten Sondersteuern *(dschizya)* zahlen, Kleidungsvorschriften beachten und durften ihre religiösen Rituale nicht öffentlich ausüben. Sie konnten sich entfalten, blieben aber Bürger zweiter Klasse.

» Europa lag im Staub, Córdobas Straßen waren gepflastert. «

Victor Robinson
The Story of Medicine
(1932)

Innerhalb weniger Generationen traten zahlreiche Christen zum Islam über, gefördert von den Muslimen, die Konvertiten bestimmte Vorteile garantierten, u. a. die Befreiung von der *dschizya*. Auch Mischehen trugen dazu bei, eine Gesellschaft mit ethnischer und religiöser Vielfalt zu schaffen.

Für die verschiedenen Bevölkerungsgruppen kamen neue Namen auf: Es gab Begriffe für Christen, die unter arabischer Herrschaft lebten *(mozarabés);* für Muslime, die unter christlicher Herrschaft lebten *(mudéjares);* ein Christ, der zum Islam konvertierte, war ein *muladi;* ein Jude, der sich zum Christentum bekehrte, ein *converso;* ein Jude, der konvertierte, aber heimlich an seinem Glauben festhielt, war ein *marrano;* später kamen die *moriscos* hinzu, Muslime, die zum Christentum konvertierten.

Das Ende von *al-andalus*

Das Ende der islamischen Epoche Spaniens führten letztendlich nicht die christlich-muslimischen Kriege herbei, sondern brutale Erbfolgekämpfe um das Kalifat von Córdoba, die im Jahr 1009 begannen. Sie endeten 1013, als eine muslimisch-marokkanische Berberarmee in Córdoba einfiel, die Stadt plünderte, die Einwohner massakrierte und den Palast samt Bibliothek niederbrannte.

Die neuen Herrscher von *al-andalus* waren die Almoraviden, gefolgt von den Almohaden, zwei Dynastien, die aus dem südmarokkanischen Atlasgebirge stammten.

Unter ihnen dauerte die islamische Herrschaft in Spanien noch

Der kulturelle Reichtum von *al-andalus* drückte sich auch in seiner Architektur aus. Hier die prächtige Gebetshalle der Moschee von Córdoba, begonnen 784.

»Diese Mauren lehrten Spanien und Italien fünf Jahrhunderte lang.«

Voltaire
Philosophisches Wörterbuch
(1764)

fast 280 Jahre an, aber der Geist der Weltoffenheit war verschwunden. *Al-andalus* war in kleine Fürstentümer *(taifas)* zerfallen, die von politisch schwachen, rivalisierenden Emiren regiert wurden. Auch Rückeroberungen durch die christlichen Königreiche untergruben die muslimische Herrschaft.

Das letzte islamische Territorium – das Emirat von Granada – fiel 1492. Isabella von Kastilien und Ferdinand II. von Aragón, die vom Papst mit dem Titel »Katholische Könige« geehrt wurden, ordneten umgehend die Vertreibung aller Juden aus Spanien an. Später mussten Muslime konvertieren – oder das Land verlassen.

König Ferdinand II. von Aragón führte die Feldzüge zur Rückeroberung Spaniens an. Sein Grab in Sevilla trägt Inschriften auf Arabisch, Hebräisch, Latein und Kastilisch.

Ein Christ und ein Araber spielen Schach. Die Illustration stammt aus einem Werk, das für Alfons X. von Kastilien und León angefertigt wurde. Der als »Alfons der Weise« bekannte König förderte einen weltoffenen Hof.

Das Vermächtnis von *al-andalus*

Die Rückeroberung Spaniens verlieh Europa Zugang zum Wissen der islamischen Welt. In Städten wie Toledo wurden arabische Texte ins Lateinische übersetzt. Eine der ersten Auftragsübersetzungen war eine kastilische Version der Tierfabeln namens *Kalila wa dimna* – ein Buch, das Herrscher und Staatsbeamte zu weisen Entscheidungen anleiten sollte. Als in Europa Jahrhunderte später die ersten Universitäten gegründet wurden, umfassten deren Bibliotheken zu einem großen Teil lateinische Übersetzungen arabischer Texte aus Córdoba.

Al-andalus beschäftigt auch heute noch unsere Fantasie: Es ist ein beliebtes Thema in Literatur, Poesie und Film und wird immer wieder als Ideal nicht nur einer islamischen Gesellschaft gepriesen. ■

»Auf jeden [Christen], der einen Brief in Latein verfassen kann, kommen Tausend, die sich gewandt auf Arabisch ausdrücken und bessere Gedichte in dieser Sprache schreiben können als die Araber selbst.«

Álvaro de Córdoba
christlicher Gelehrter
(um 800–861)

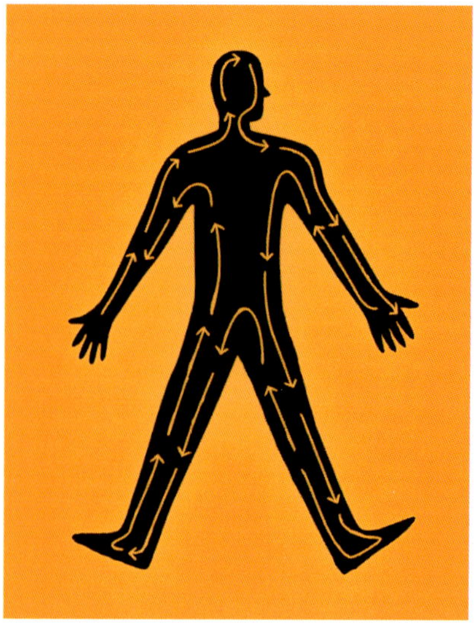

DENN WIR VERFÜGEN BEI JEDEM, WAS WIR WISSEN, NUR DANN ÜBER EIN VOLLKOMMENES WISSEN, WENN WIR DAS WISSEN UM SEINE URSACHE ERLANGEN

IBN SINA (AVICENNA)

IM KONTEXT

THEMA
Ibn Sina und der *Kanon der Medizin*

WANN UND WO
um 1012, Buchara

FRÜHER
9. Jh. Ar-Razi verfasst in Persien medizinische Werke, die später ins Lateinische übersetzt werden.

1000 Az-Zahrawis medizinische Enzyklopädie enthält die erste illustrierte Anleitung für eine Operation.

SPÄTER
12. Jh. Der Perser Ibn Ruschd (Averroes) verfasst eine medizinische Enzyklopädie, die später unter dem Titel *Colliget* ins Lateinische übersetzt wird.

13. Jh. Ibn an-Nafis aus Damaskus beschreibt erstmals den Lungenkreislauf.

15. Jh. Serefeddin Sabuncuoglu beschreibt fortschrittliche Operationsverfahren.

Medizin ist »eine Wissenschaft, durch die man die Beschaffenheit des menschlichen Körpers in Bezug auf Gesundheit und Abwesenheit von Gesundheit lernt, mit dem Ziel, die Gesundheit zu schützen, wenn sie vorhanden ist, und sie wiederherzustellen, wenn sie geschädigt ist«. Dieser Satz wirkt wie eine Selbstverständlichkeit, war es aber ganz und gar nicht, als er um 1012 zum ersten Mal aufgeschrieben wurde. Er gehört zur Einleitung des *Qanun fi at-tibb* (»Kanon der Medizin«), das von dem persischen Arzt und Philosophen Ibn Sina (980–1037) verfasst wurde.

In seinem fünfbändigen Werk versuchte Ibn Sina – basierend auf arabischer Medizin –, alles medizinische Wissen zusammenzutragen. Im Goldenen Zeitalter des Islams wurde die Medizin erstmals als richtige Wissenschaft betrachtet und Nachdruck auf empirische Befunde und wiederholbare Verfahren gelegt.

Die medizinischen Traktate der muslimischen Gelehrten beschrieben Pflanzen und Tiere, die zur Herstellung eines *theriaks* (Gegenmittel aus mehreren Zutaten) notwendig waren.

Moderne Medizin

Die frühe islamische Medizin stützte sich auf die altgriechische Theorie der menschlichen Körpersäfte und deren vier Grundtypen Blut, Schleim, gelbe Galle und schwarze Galle. Das Gleichgewicht zwischen diesen Körpersäften bestimmt die Gesundheit eines Menschen.

Diese Theorie wurde von Muhammad ibn Zakariya ar-Razi (854–925) angezweifelt. Der persische Pharmakologe lebte im 9. Jahrhundert und praktizierte als Arzt in einem Bagdader Krankenhaus (die Abbasiden gründeten

Siehe auch: Das Haus der Weisheit 150–151 ▪ Die Anfänge der islamischen Philosophie 156–157 ▪ Das islamische Spanien 166–171

Die Medizin der islamischen Welt war dem Westen weit voraus. Muslimische Ärzte schrieben über Anatomie, Erkrankungen, Heilmethoden und klinische Praktiken.

in der gesamten islamischen Welt Krankenhäuser).

Ar-Razi führte progressive Praktiken ein; in seinem Krankenhaus richtete er eine psychiatrische Abteilung ein – in einer Zeit, als Geisteskranke für besessen gehalten wurden. Er führte klinische Studien mit Kontrollgruppen durch, d. h., er behandelte einige Patienten mit Aderlass, andere nicht, um die Ergebnisse zu vergleichen.

Im islamischen Spanien verfasste Abu al-Qasim az-Zahrawi (936–1013) das *Kitab at-tasrif* (»Die Verfahren der Medizin«): Die 30-bändige Enzyklopädie enthielt Berichte über seine Erfahrungen bei der Behandlung von Kranken und Verletzten und dokumentierte die jeweiligen chirurgischen Verfahren und Instrumente.

Viele dieser Instrumente wurden von az-Zahrawi und seinen Kollegen selbst entwickelt; er leistete Pionierarbeit, indem er Katzendarm zum Nähen von Wunden verwendete. Der Arzt Ammar ibn Ali al-Mawsili (996–1020) entwickelte eine Hohlspritze, um Linsentrübungen durch Absaugung zu heilen.

» Ein unwissender Arzt ist ein Adjutant des Todes. «

Ibn Sina
(980–1037)

Der Kanon der Medizin

Ibn Sina ließ die Forschungen dieser Pioniere in seinen *Kanon der Medizin* einfließen. Das Werk war eine Synthese aller bisher bekannten Studien und umfasste grundlegende medizinische Prinzipien, anatomische Beschreibungen sowie ein Kompendium von Medikamenten und deren Eigenschaften. Ein Buch befasste sich mit der Diagnose und Behandlung von Krankheiten bestimmter Körperteile, ein zweites erläuterte nichtspezifische Krankheiten wie Insektenstiche und Fettleibigkeit. Der »Kanon« umfasste auch Ibn Sinas eigene Studien und er enthält die These, dass körperliche Aktivität chronischen Krankheiten vorbeugen könne.

Nachdem Gerhard von Cremona das Werk im 12. Jahrhundert ins Lateinische übersetzt hatte, war es in Eurpoa 600 Jahre lang das wichtigste Lehrbuch für das Studium der Medizin. ■

Ibn Sina (Avicenna)

Abu Ali al-Husain ibn Abdullah ibn Sina wurde 980 nahe Buchara (heutiges Usbekistan) geboren. Buchara gehörte damals zum persischen Samanidenreich und war eines der geistigen Zentren der islamischen Welt. Der junge Ibn Sina wuchs privilegiert auf. Bereits als Kind lernte er den Koran und persische Gedichte auswendig. Nach seinem Studium der Logik, Philosophie, Metaphysik und Naturwissenschaften befasste er sich mit Medizin und praktizierte schon mit 18 Jahren als Arzt.

Sein berühmtestes Werk befasst sich mit Medizin, aber Ibn Sina soll mehr als 450 Bücher verfasst haben, darunter ein Drittel zum Thema Philosophie, was ihm den Titel »einflussreichster Philosoph der Vormoderne« einbrachte. Er schrieb auch über Alchemie, Astronomie, Geografie, Mathematik und Physik und verfasste Gedichte. Ibn Sina starb 1037 in Hamadan (Iran), wo er auch begraben ist.

DAS GANZE UNIVERSUM IST IN DIR

DSCHALAL AD-DIN MUHAMMAD RUMI (13. JH.)

IM KONTEXT

THEMA
Die Schriften von Dschalal ad-Din Muhammad Rumi

WANN UND WO
1207–1273, Türkei

FRÜHER
644 Ali ibn Abi Talib, Mohammeds Cousin und Schwiegersohn, wird Kalif.

10. Jh. Alis mystische Interpretation des Korans wird die Grundlage des Sufismus.

SPÄTER
1273 Rumis Anhänger gründen den Sufiorden der Mevlevi mit Sitz in Konya (Türkei).

1925 Nach der Gründung der säkularen Republik Türkei wird der Mevlevi-Orden verboten. Er bleibt bis 1954 illegal.

1976 Der amerikanische Poet Coleman Barks veröffentlicht seine Interpretationen von Rumi-Übersetzungen aus dem 19. Jh. und erreicht damit viele westliche Leser.

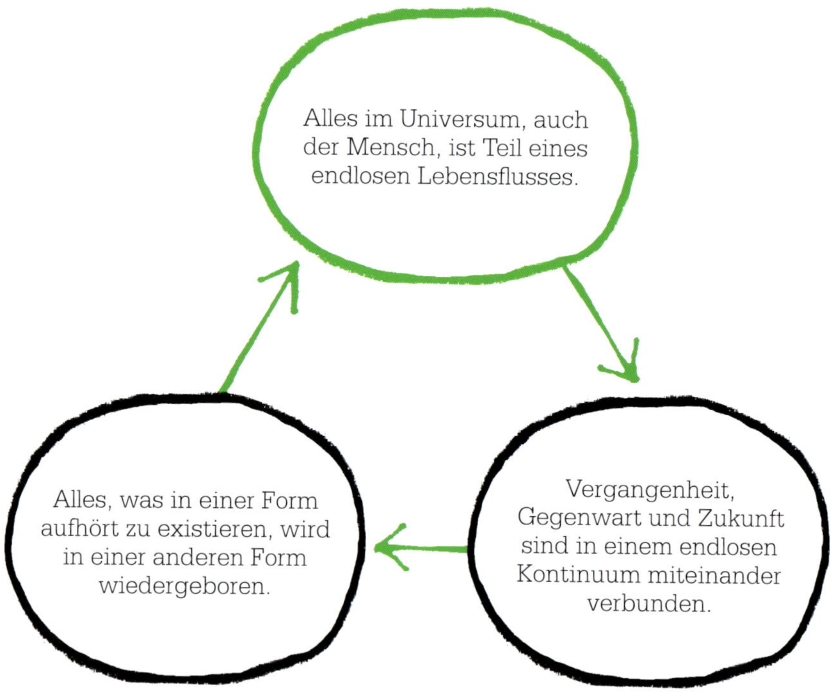

Dschalal ad-Din Muhammad Rumi wurde 1207 in Balch (Afghanistan) – einem Zentrum der persischen Kultur – geboren. Er war gläubiger Muslim, Islamgelehrter, Experte in islamischem Recht, Theologe und Sufi. Rumi entwickelte eine Version des Sufismus, die versuchte, die Beziehung des Menschen zum Göttlichen zu erklären. Er ist einer der größten Poeten der persischen Sprache und heute der meistverkaufte Dichter in den Vereinigten Staaten.

Rumi wurde in der orthodoxen Tradition des Islams erzogen. Die Familie zog häufig um, lebte eine

Siehe auch: Die Entstehung des schiitischen Islams 108–115 ▪ Sufismus und die mystische Tradition 140–145 ▪ Die Säkularisierung der Türkei 228–231 ▪ Die Gründung Pakistans 242–247

Zeit lang in Bagdad und ließ sich dann in Anatolien (Türkei) nieder.

Wie sein Vater arbeitete Rumi als Jurist und Lehrer, bis 1244 eine Begegnung mit dem Wanderderwisch Schams ad-Din Tabrizi sein Leben völlig veränderte. Rumi widmete sich der Askese und führte ein Leben als Sufi.

Der ewige Fluss des Lebens

Rumi wurde Lehrer in einem Sufi-Orden. Im Gegensatz zur islamischen Praxis, die den Koran rational auslegt, stellte er den *dhikr* (rituelles Gebet oder Gesang) in den Vordergrund und wurde für seine ekstatischen Offenbarungsvisionen bekannt. Er sah es als seine Aufgabe, diese Visionen zu kommunizieren und in Gedichten niederzuschreiben.

Zentral für Rumis Philosophie war der Gedanke, das Universum und alles in ihm sei ein endloser Fluss des Lebens, in dem Gott ewig präsent ist. Der Mensch sei ein Bindeglied zwischen Vergangenheit und Zukunft in einem kontinuierlichen Fluss von Leben, Tod und Wiedergeburt – nicht in Form von Zyklen oder Reinkarnationen, sondern in einem Verlauf von einer Form zur anderen. Der Tod ist unvermeidlich, aber wenn etwas in einer Form aufhört zu existieren, wird es in einer anderen wiedergeboren. Aus diesem Grund, so lehrte Rumi, sollten wir weder Angst vor dem Tod haben noch Verluste betrauern.

> »Ich starb als Mineral und wurde zur Pflanze; dann starb ich als Pflanze und wurde zum Tier. Ich starb als Tier und wurde ein Mensch.«
>
> **Rumi**
> (1207–1273)

Um unsere Entwicklung von einer Form zur anderen sicherzustellen, sollten wir nach spirituellem Wachstum und dem Verständnis unserer Beziehung zum Göttlichen streben. Rumi glaubte, das Verständnis komme aus dem Gefühl, nicht aus der Vernunft. Gegen Ende seines Lebens schrieb Rumi auch das *Masnawi,* ein sechsbändiges Epos, das auf Koranverse anspielt und moralische Lektionen erteilt.

Rumis Erbe

Die mystischen Elemente von Rumis Ideen waren eine Inspiration für den Sufismus und beeinflussten auch den Mainstream-Islam. Sie spielten auch beim Übertritt der Türkei vom Christentum zum Islam eine Rolle. Nach seinem Tod (1273) gründeten Rumis Anhänger den Sufi-Orden der Mevlevi, der für seine drehenden Derwische und seinen einzigartigen *dhikr* berühmt ist.

Obwohl der Mevlevi-Orden 1925 in Kemal Atatürks säkularer Türkei verboten wurde, stieß Rumis Werk in Ost und West auf neues Interesse. Sein größter Bewunderer war der Dichter, Philosoph und Politiker Muhammad Iqbal, der in den 1930er-Jahren für einen islamischen Staat Pakistan kämpfte. ▪

Rumi im Westen

Die Ideen und Metaphern Rumis haben die Zeit überdauert und sind nach wie vor populär. So hat Madonna einen Song aufgenommen, der auf der englischen Übersetzung eines seiner Gedichte basiert, und die britische Band Coldplay ließ in einem ihrer Alben ein Rumi-Gedicht rezitieren.

Auffallend ist dabei, dass viele moderne Interpreten Rumis es vorziehen, die Bezüge auf den Islam und den Koran aus seinen Versen zu entfernen. Die populärsten Übersetzer des Dichters – Coleman Barks und Deepak Chopra – präsentieren Rumi als mystischen New-Age-Dichter und Verfasser von Liebesgedichten.

Zwar ist Liebe fraglos ein zentraler Gedanke in Rumis Werk, aber der Dichter meinte damit eine höhere Liebe, die Liebe zu Gott. Rumis Spiritualität war unbestreitbar religiöser Natur, wie er im *Masnawi* bekundet: »Ich bin Diener des Korans, solange in mir Leben ist. Ich bin Staub auf dem Weg von [Mohammed], dem Auserwählten.«

DIE ERDE IST RUND WIE EINE KUGEL

AL-IDRISI: *DIE KARTE VON ROGER*

IM KONTEXT

THEMA
Kartierung der islamischen Welt

WANN UND WO
12. Jh., Sizilien

FRÜHER
um 150 n. Chr. Der Grieche Claudius Ptolemäus stellt in seiner *Geografie* Koordinaten zusammen, die die Grundlage für das Zeichnen von Karten bilden.

7. Jh. Der spanische Gelehrte Isidor von Sevilla verfasst eine Beschreibung der Welt, die die Europäer zu Karten inspirierte, die eher symbolisch als praxisnah waren.

SPÄTER
1507 Nach Kolumbus' Reisen in die Neue Welt verwendet der deutsche Kartograf Martin Waldseemüller in seiner Weltkarte erstmals den Namen »Amerika«.

1569 Gerhard Mercator aus Flandern (Belgien) entwickelt eine Projektion, die bis heute für Navigations- und Weltkarten verwendet wird.

Moderne Landkarten sind genordet, der Nordpol und die Arktis bilden sozusagen das Dach der Welt. Tatsächlich gibt es aber kein »oben« und »unten« auf der Erde – die Karten zeigen, wie die jeweiligen Kartografen die Welt sehen. Als im 15. und 16. Jahrhundert Spanien und Portugal begannen, die Welt zu erforschen, waren die Pioniere unter den Kartografen Europäer.

Siehe auch: Das Haus der Weisheit 150–151 ▪ Arabische Ziffern und *al-dschabr* 158–161 ▪ Das islamische Spanien 166–171 ▪ Die Verbreitung des Islams durch den Handel 182–185

Welche Himmelsrichtung ist oben?

Auf **altägyptischen** Piktogrammen steht der **Osten oben,** weil dort die Sonne aufgeht.

Frühe islamische Karten stellen den **Süden nach oben,** weil Mekka für die meisten Muslime in südlicher Richtung liegt.

Die ersten Kaiser Chinas lebten im Norden des Landes, daher befand sich der **Norden ganz oben auf der Karte.**

Christliche Karten des Mittelalters legen den **Osten nach oben,** weil die Bibel den Garten Eden im Osten ansiedelt.

Sie ordneten ihre eigenen Länder in der Mitte und oben auf der Karte an, sodass der Norden »oben« lag.

Vor dem europäischen Zeitalter der Entdeckungen (15.–17. Jahrhundert) waren die fortgeschrittensten Kartografen Muslime – und für sie stand der Süden an der Spitze.

Frühe islamische Karten

Die ersten muslimischen Karten wurden unter den Abbasiden in Bagdad angefertigt. Kalif al-Mamun (reg. 813–833) ordnete die Anfertigung einer neuen Weltkarte an: Sie sollte die Karten aktualisieren, die die Araber von den Griechen übernommen hatten. Unter der Leitung von al-Chwarizmi berechneten 70 Geografen die Koordinaten von Großstädten und Orientierungspunkten neu und fügten islamische Städte wie Mekka und Bagdad hinzu.

Sie stellten fest, dass der Atlantik und der Indische Ozean keine Binnenmeere sind (wie die Griechen glaubten) und korrigierten die zuvor grob überschätzte Größe des Mittelmeers. Al-Mamuns Karte existiert nicht mehr, aber wir wissen von ihr, weil Gelehrte sie im *Surat al-ard* (»Bild der Erde«) beschrieben haben, einem geografischen Werk, das 833 fertiggestellt wurde.

Die einflussreichste islamische Karte wurde 300 Jahre später von Abu Abdullah Muhammad al-Idrisi erstellt. Al-Idrisi wurde um 1100 in Sabta (Ceuta) an der nordafrikanischen Küste geboren und studierte in Córdoba (Spanien). Als junger Mann reiste er viel umher und gelangte schließlich an den Hof des Normannenkönigs Roger II. auf Sizilien. »

Den islamischen Kartografen halfen die Reiseberichte von Haddsch-Pilgern, wie sie hier auf einem Gemälde des Franzosen Léon Belly (1861) dargestellt sind.

Das im östlichen Mittelmeer gelegene Königreich Sizilien trieb Handel mit allen Ländern, die an dieses Meer grenzten. Der König wollte akkurate Karten und bat al-Idrisi um Hilfe. Obwohl er Normanne und Christ war, wusste Roger, dass das christliche Europa beim Kartenzeichnen von falschen Voraussetzungen ausging. Seine bisherigen Karten zeigten eine kreisförmige Erde mit drei gleich großen Kontinenten (Asien, Afrika und Europa), die durch schmale Wasserstreifen voneinander getrennt waren. Jerusalem befand sich im Zentrum der »Welt«; die unerforschten Regionen waren von Ungeheuern bewohnt.

Straßenkartierung

Muslime erstellten bessere Karten. Dafür gab es zwei Gründe: Wirtschaft und Religion. Das mittelalterliche Europa war zersplittert und provinziell, die islamische Welt war durch Religion, Kultur und einen florierenden Handel verbunden. Muslimische Kaufleute und Amtsträger nutzten auf ihren Reisen sogenannte »Straßenbücher«, die Routen und Städte beschrieben. Dieses Wissen war für alle Muslime wichtig, denn irgendwann würden viele von ihnen die Haddsch nach Mekka unternehmen. Die Pilgerfahrt konnte mit einer monatelangen Reise verbunden sein – das islamische Reich des 12. Jahrhunderts erstreckte sich von Afrika und Spanien bis nach Indien.

> »Für Muslime sind die Pilgerrituale etwas Erhabenes.«
>
> **Ibn Dschubair**
> (1145–1217)

Der Weltatlas, den Roger 1138 in Auftrag gab, wurde erst 16 Jahre später fertiggestellt. Al-Idrisi wertete alle verfügbaren geografischen Kenntnisse aus, von den alten Griechen über islamische Studien bis hin zu zeitgenössischen Quellen. Seine Mitarbeiter befragten die Schiffsbesatzungen in den sizilianischen Häfen nach den Orten, die sie besucht hatten.

Die Karte von Roger

Als er seine Forschungen abgeschlossen hatte, begann al-Idrisi mit der Anfertigung der Weltkarte. Der Atlas wurde 1154 fertiggestellt und dem König übergeben, der wenige Wochen später verstarb. Das Werk erhielt den Titel *Nuzhat al-muschtaq fi ichtiraq al-afaq* (»Zur Freude desjenigen, der ferne Länder bereisen will«) oder schlicht *Al-kitab al-Rudschari* (»Die Karte von Roger«).

Der Atlas bestand aus 70 Regionalkarten, sein berühmtestes Element war jedoch eine kreisförmige Weltkarte, die Roger in Form einer riesigen gravierten Silberscheibe übergeben wurde und im Buch ebenfalls enthalten war. Al-Idrisis kreisförmige Karte reflektiert Wissen, das er – wie andere europäische Kartografen – von den Griechen übernommen hatte.

»Die Erde ist rund wie eine Kugel, und die Wasser hängen ihr an und werden festgehalten an ihr durch das natürliche Gleichgewicht«, erklärte al-Idrisi im Anhang des Werkes. Die Welt sei stabil im Raum wie das Dotter im Ei, fügte er noch hinzu. Seine große Weltkarte zeigte ein nie dagewesenes

Roger II. von Sizilien regierte einen multikulturellen Staat, in dem Christen, Muslime und Juden friedlich zusammenlebten. Dieser griechisch-normannisch-islamische Staat war mächtig und reich.

Die Haddsch und darüber hinaus

Es gibt viele Reiseberichte von frühen Haddsch-Pilgern. Einer der berühmtesten stammt von dem Valencianer Ibn Dschubair, der dem Herrscher von Granada als Sekretär diente. Er brach im Februar 1183 nach Mekka auf und war zwei Jahre unterwegs. Während dieser Zeit führte er akribisch Buch. Er reiste auf dem Seeweg nach Alexandria (Ägypten), fuhr den Nil hinauf und durchquerte die Wüste zum Roten Meer. Dort bestieg er ein Schiff nach Dschidda und erreichte schließlich im August Mekka.

Auf der Rückreise schloss er sich einer Pilgerkarawane nach Medina an und bereiste anschließend Bagdad, Damaskus und das Mittelmeer. Vor Sizilien, das von dem arabischkundigen König Wilhelm II. (dem Enkel Rogers II.) regiert wurde, erlitt er Schiffbruch. Im April 1185 traf Ibn Dschubair wieder in Spanien ein. Seine Aufzeichnungen von der Reise inspirierten ein neues Literaturgenre: die *rihla* bzw. Reiseliteratur.

»Die Erde ist grundsätzlich rund, aber ihre Rundheit ist an keiner Stelle perfekt.«

Al-Idrisi
(1100–1165)

Maß an kartografischen Details und eine sehr islamische Ausrichtung.

Die Weltkarte von al-Idrisi

Al-Idrisis Weltkarte zeigt eine zusammenhängende, von Ozeanen umgebene Landmasse. Europa (bis zum Polarkreis), Asien und Nordafrika sind deutlich erkennbar, ebenso zahlreiche Flüsse und Seen. Die Karte umfasst die Kanarischen Inseln im Westen und China im Osten. Der östliche Mittelmeerraum und die Arabische Halbinsel, die Kernregion des Islams, befinden sich in der Mitte der Karte. Diese Regionen sind (ebenso wie Asien) detailliert dargestellt.

Afrika überragt alle anderen Kontinente. Es umfasst die Quellen des Nils, die von Europäern erst im 19. Jahrhundert erforscht wurden, muslimischen Reisenden aber bereits im 12. Jahrhundert bekannt waren. Unterhalb des Äquators herrscht Leere, die südliche gemäßigte Zone galt aufgrund einer unpassierbaren, tödlich heißen Region als unerreichbar. Nordeuropa, das für die Muslime von geringem Interesse war, ist in das untere Ende der Karte gequetscht.

Seismische Veränderungen

Dem modernen Betrachter fällt sicher als Erstes auf, dass al-Idrisis Karte auf dem Kopf steht: Afrika befindet sich oben, Europa unten. Auf islamischen Karten liegt der Süden oben, weil Mekka südlich der meisten muslimischen Länder lag, aufgrund seiner hohen Bedeutung aber oben sein musste. Christliche Karten aus dem Mittelalter setzten Jerusalem in die Mitte und den Osten an die Spitze, weil die Bibel den Garten Eden dort ansiedelt.

Auch im alten Ägypten lag das Zentrum der Welt im Osten, da dort die Sonne aufgeht. Verglichen mit den einfachen Karten, die in jener Zeit in Europa hergestellt wurden, ist die Weltkarte von al-Idrisi bemerkenswert. Sie war enorm einflussreich: Sein Werk wurde noch 300 Jahre später von Geografen kopiert.

Von den zehn noch existierenden Kopien der *Karte von Roger* (lat.: *Tabula Rogeriana*) ist diese die älteste. Sie wird in der Bibliothèque nationale de France in Paris aufbewahrt.

Die Texte, die Rogers Weltkarte beilagen, boten die ausführlichste Beschreibung der Welt, die im Mittelalter existierte. Sie schildern die bewohnbare Welt in zehn Abschnitten, die jeweils eine allgemeine Schilderung der Region und eine Auflistung der wichtigsten Städte (sowie die Entfernungen zwischen den Städten) umfassen.

Al-Idrisi verfasste später ein weiteres geografisches Werk für Rogers Nachfolger Wilhelm I., das noch umfangreicher war; leider existieren nur noch wenige Auszüge davon. ■

MÖGE GOTT DEM ISLAM UND DEN MUSLIMEN SIEG GEWÄHREN

NUR AD-DIN (12. JH.)

IM KONTEXT

THEMA
Die Kreuzritter aus muslimischer Sicht

WANN UND WO
12.–13. Jh., Syrien

FRÜHER
620 Mohammeds Nachtreise nach Jerusalem

638 Die Armeen des zweiten Kalifen Umar erobern Jerusalem.

SPÄTER
1187 Salah ad-Din erobert Jerusalem von Kreuzrittern zurück.

1453 Konstantinopel fällt an die Osmanen; Untergang des Byzantinischen Reichs

1917 Im Ersten Weltkrieg nimmt General Allenby Jerusalem ein und beendet damit 730 Jahre muslimischer Herrschaft.

1948 Nach der Gründung Israels wird Jerusalem in einen Ost- (arabisch) und Westteil (jüdisch) aufgeteilt.

Jerusalem ist für die Muslime die heilige Stadt aller Propheten, die Mohammed vorausgingen. Als solche war sie auch die erste *qibla,* der Ort, auf den sich die Gebete der Gläubigen richteten.

Mohammed soll gesagt haben, dass eine Reise (um Moscheen zu besuchen) nur in drei Städte führen kann: nach Mekka, nach Medina und nach Jerusalem. 638, sechs Jahre nach dem Tod des Propheten, wurde Jerusalem von den Armeen des Kalifen Umar ibn al-Chattab erobert.

Der erste Kreuzzug

Am 15. Juli 1099 stürmten 15 000 christliche Soldaten nach einer einmonatigen Belagerung Jerusalem. Die siegreichen »Kreuzfahrer« schlachteten Muslime und Juden grausam ab. Das war der Beginn jahrhundertelanger kriegerischer

Christliche Streitkräfte versuchen, **muslimische Gebiete am Mittelmeer** zu erobern.

→ Papst Urban II. ruft die **christlichen Soldaten** zum **heiligen Krieg** und zur Eroberung Jerusalems auf.

→ Die Kreuzfahrer **erobern Jerusalem** und gründen **vier christliche Staaten** auf muslimischem Gebiet.

→ **Salah ad-Din erobert Jerusalem für den Islam zurück** und vertreibt die Kreuzfahrer.

→ Die westlich-christliche **Aneignung muslimischer Territorien** setzt sich mit der **Kolonisation durch europäische Staaten** fort.

Siehe auch: Mohammeds frühes Leben 22–27 ▪ Der Islam in Europa 210–215 ▪ Der Aufstieg des politischen Islams 238–241

1099 nehmen die ersten Kreuzfahrer Jerusalem ein. Den Muslimen gelingt es erst 200 Jahre später, die Stadt zurückzuerobern.

Auseinandersetzungen zwischen Muslimen und Christen auf muslimischem Gebiet.

Am Beginn der Kreuzzüge stand eine Rede, die Papst Urban II. 1095 in Clermont (Frankreich) hielt, und in der er verkündete, dass ein gottloses Volk ins Land der Christen eingedrungen sei. Der Papst meinte die Seldschuken, deren jüngster Sieg über Byzanz die Grenzen des Christentums bis vor die Tore Konstantinopels zurückzudrängen drohte. Urbans Ziel war jedoch die Eroberung Jerusalems, wo sich das Grab von Jesus Christus befand. Christliche Krieger strömten herbei, um sich dem »heiligen Krieg« im Namen Gottes anzuschließen, begierig darauf, Erlösung – und Beute – zu finden.

Freunde und Feinde

Die Kreuzfahrer eroberten auch die Städte Edessa, Antiochia und Tripoli, die – zusammen mit Jerusalem – christliche Stadtstaaten wurden. Der Seldschuken-Herrscher Nur ad-Din, der von Damaskus eine Gegenoffensive startete, ebnete den Weg für Salah ad-Din (Saladin), den Sultan von Ägypten und Syrien. Er eroberte Jerusalem 1187 zurück, doch die Christen blieben in der islamischen Welt präsent, bis sie 1291 aus ihrer letzten Hochburg Akko vertrieben wurden.

Die Muslime betrachteten die Europäer bzw. *afrandsch* (hergeleitet von den Franken, den mittelalterlichen Herrschern) als Barbaren. Usama ibn Munqidh (1095–1188), ein muslimischer Adliger aus Nordsyrien, wetterte in seinem *Kitab al-itibar* (»Buch der Belehrung durch Beispiele«) gegen die Invasoren mit Ausdrücken wie *qabbahum allah* (»möge Gott sie hässlich machen«) und bezeichnete sie als *schayatin* (»Teufel«). Die Europäer waren seiner Meinung nach intellektuell unterlegen, Analphabeten und Rohlinge, die außer Mut keinerlei Tugenden besaßen. Er war entsetzt darüber, dass sie Gott als kleines Kind (Jesus) anbeteten. Obwohl er die *afrandsch* verfluchte, fand Ibn Munqidh auch Freunde unter ihnen. Ein Kreuzfahrer bot ihm an, seinen Sohn mit nach Europa zu nehmen, um ihn ritterliche Tugend zu lehren – ein Gedanke, der den Muslim mit Schrecken erfüllte.

Einige muslimische Kriegsherren verbündeten sich politisch und militärisch mit den Kreuzrittern, um gegen andere Muslime zu kämpfen. Der Handel zwischen Muslimen und Christen blieb ungetrübt, auch Mischehen wurden weiter geschlossen. Mit den Kreuzfahrern gelangte das islamische Wissen über Mathematik, Medizin und Philosophie nach Europa. ■

Der fortdauernde Kreuzzug

Einige muslimische Historiker sehen den Beginn der Kreuzzüge nicht in der Rede von Papst Urban II. im Jahr 1095 (und ihr Ende nicht mit dem Fall Akkos 1291). Sie betrachten die Kreuzzüge als ein fortdauerndes Muster westlicher Aggression gegen die islamische Welt – die Eroberung des islamischen Spaniens durch die Christen eingeschlossen.

Für islamische Historiker endete die Bedrohung durch den Westen erst im 15. Jahrhundert, als die Osmanen Konstantinopel eroberten. Manche glauben auch, dass die spätere Kolonisation der islamischen Länder – beginnend mit der französischen Invasion in Ägypten (1798) und der Besetzung Algeriens (1830) – Teil einer fortdauernden Kreuzzugs-Mentalität waren. In den 1960er-Jahren behauptete der islamische Theoretiker Sayyid Qutb, dass »der Geist der Kreuzfahrer im Blut aller Westländer« fließe.

» Wir fühlten uns nie sicher wegen der Franken, deren Territorium an das unsere angrenzte. «

Usama ibn Munqidh
(1095–1188)

GOTT ÖFFNETE DAS HERZ DES KÖNIGS FÜR DIE HEILSLEHREN DES ISLAMS

DIE REISEN DES IBN BATTUTA (14. JH.)

IM KONTEXT

THEMA
Die Verbreitung des Islams durch den Handel

WANN UND WO
14. Jh., islamische Welt

FRÜHER
7. Jh. Der Überlieferung zufolge reisten bereits zu Lebzeiten Mohammeds Muslime nach Äthiopien.

SPÄTER
1453 Nach der osmanischen Eroberung Konstantinopels wird die Stadt zu einem wichtigen Handelszentrum der islamischen Welt.

17. Jh. Die Osmanen dominieren den Handel in Südostasien; bis zur Ankunft der Europäer im 17. Jh. ist die Region bis Neuguinea überwiegend muslimisch geprägt.

Die Expansion des Islams erfolgte zunächst durch Eroberungen. Im 7. Jahrhundert breitete sich der Islam durch die Territorien des Byzantinischen Reiches schnell nach Norden und Westen aus. Im 9. Jahrhundert erstreckte sich die islamische Welt bis Persien und Zentralasien. Die Botschaft Mohammeds verbreitete sich nun über weit größere Distanzen; sie wurde nicht durch Armeen und Schwerter, sondern von Handelsschiffen und Kamelkarawanen in die Welt getragen.

Der Islam in Afrika

Auch Afrika kam schnell mit dem Islam in Berührung. Noch zu Lebzeiten Mohammeds floh eine Gruppe seiner Anhänger aus Mekka und

Siehe auch: Die Kartierung der islamischen Welt 176–179 ▪ Das osmanische Kalifat 186–189 ▪ Der Islam in Europa 210–215 ▪ Der Islam in Afrika 278–279

Muslimische Händler brachten aus **Südostasien** Gewürze wie Zimt, Pfeffer und Nelken mit. Sie exportierten nicht nur Waren, sondern auch den Islam.

Muslimische Karawanen zogen über die **Seidenstraße** nach **China** und brachten Seide und Papier mit.

Große **muslimische Handelsstädte** in Arabien und am Mittelmeer waren Mekka, Medina, Bagdad, Damaskus und Kairo.

Die Europäer importierten Luxusgüter aus der islamischen Welt, v. a. Baumwolle, Seide, Parfüm, exotische Früchte und Gewürze. Sie schickten Holz, Metalle und Wolle zurück.

In **Ostafrika** schickten Muslime Karawanen mit Salz nach Süden und erhielten im Gegenzug **Gold und Sklaven.**

ließ sich im heutigen Äthiopien nieder.

Später siedelten Händler aus Arabien an der ostafrikanischen Küste – Ausgrabungen in Kenia haben Moscheen zutage gebracht, die bis ins 10. Jahrhundert zurückdatieren.

Von Nordafrika dehnte sich der Islam nach Süd- und Westafrika aus. Handelsrouten durchquerten die Sahara und verbanden die Araber mit den Afrikanern der Nigerregion. Gold und Sklaven kamen nach Norden, Salz und der Islam nach Süden. Der Islam begann, die lokalen Kulturen zu beeinflussen – so stark, dass Mali im 12. Jahrhundert das erste islamische Königreich Westafrikas wurde. Als Mansa Musa, der König Malis, 1324 nach Mekka pilgerte, »

Ibn Battuta

Mit 21 Jahren brach Ibn Battuta (1304–um 1368/69) von Tanger auf, um nach Mekka zu pilgern und islamisches Recht zu studieren. Die nächsten 29 Jahre verbrachte er auf Reisen. Er legte mehr als 120 000 km zurück und besuchte dabei Regionen, die heute 44 Staaten umfassen. In dieser Zeit diente er als Richter in Indien, traf den christlichen Kaiser in Konstantinopel, wurde entführt, beraubt und erlitt Schiffbruch, heiratete zehnmal, ließ sich ebenso oft scheiden und zeugte zahlreiche Kinder.

Dank der islamischen Expansion, die zunächst durch Eroberungen und später durch den Handel erfolgte, standen die meisten Länder, die er besuchte, unter muslimischer Herrschaft und gehörten zum *dar al-islam* (der islamischen Welt). Selbst in den nicht islamischen Staaten gab es muslimische Gemeinden. »Ich machte mich alleine auf den Weg«, schrieb er später, »(ich) hatte keinen Reisegefährten, dessen Gegenwart ich genießen konnte, und keine Karawane, der ich mich anschließen konnte.« Tatsache ist: Der Reisende war nie weit von seinen Glaubensgenossen entfernt.

Mansa Musa, der König von Mali, ist im *Katalanischen Weltatlas* (1375) mit einer goldenen Krone auf dem Kopf und einer goldenen Kugel in der Hand abgebildet – Hinweise auf den großen Reichtum Malis.

sollen er und seine 8000 Höflinge so viel Gold ausgegeben und gespendet haben, dass der Wert des Edelmetalls in der arabischen Welt noch zwölf Jahre später gemindert war.

Mansa Musa nahm einige der besten Handwerker und Wissenschaftler mit zurück nach Mali und schuf in Timbuktu ein neues Gelehrtenzentrum mit Moscheen und *madrasas*.

Ibn Battuta besuchte sowohl Ost- als auch Westafrika. Ihm fiel der religiöse Eifer der Menschen auf, die den Islam nicht als eine ihnen aufgezwungene Religion, sondern als einheimischen afrikanischen Glauben betrachteten.

Auf dem Seeweg nach Asien

1343 besuchte Ibn Battuta die Malediven, deren buddhistische Bevölkerung erst kurz zuvor zum Islam übergetreten war. Dies sei, so berichtete er, durch die Arbeit eines nordafrikanischen Missionars geschehen. »(Er) blieb bei den Insulanern«, schreibt Ibn Battuta, »und Gott öffnete das Herz des Königs für die Heilslehren des Islam, sodass er, seine Frauen und Kinder … noch vor Ende des Monats den rechten Glauben annahmen.«

Die islamische Religion war der Klebstoff, der die Handelsrouten von Ostafrika bis Arabien, Indien und darüber hinaus zusammenhielt. Die muslimischen Händler brachten ihre Religion und ihre Waren zu den Häfen des Indischen Ozeans und nach Südostasien, bald gefolgt von Missionaren (oft Sufis). Der erste islamische Staat

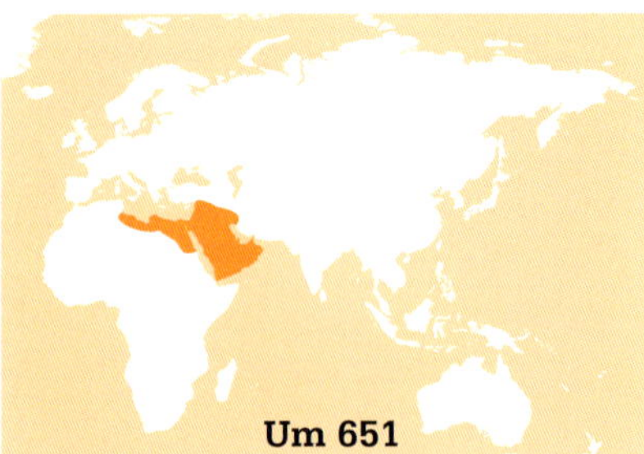

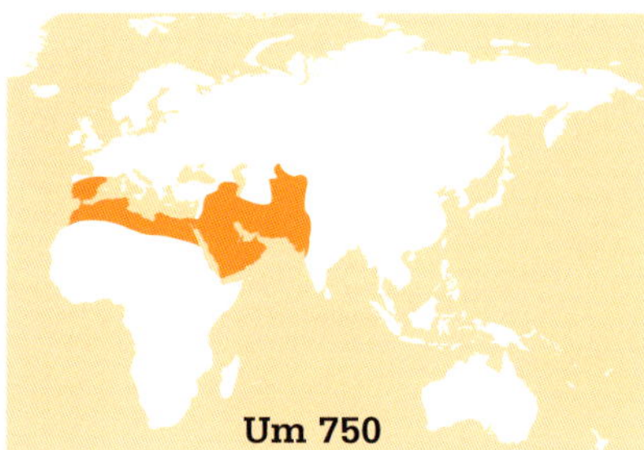

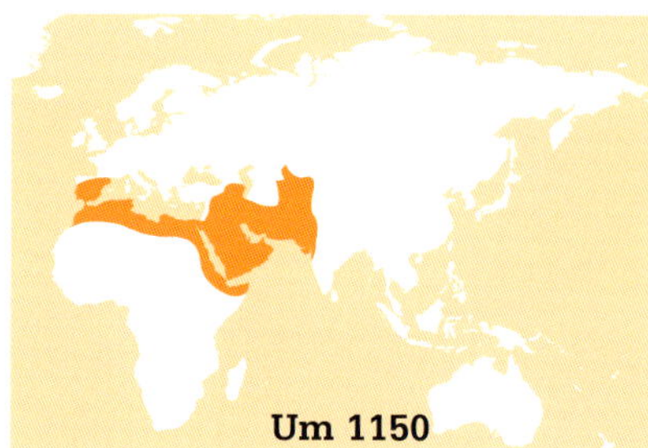

Von der Arabischen Halbinsel aus verbreitete sich der Islam zunächst durch Eroberungen im Mittelmeerraum und in Persien. Später trugen Händler den Islam nach Afrika und zu den Inseln des Indischen Ozeans und nach Südostasien.

Südostasiens, Aceh, entstand auf Sumatra.

Als der italienische Kaufmann, Entdecker und Schriftsteller Marco Polo im 13. Jahrhundert durch Asien reiste, fiel ihm auf, dass die Einwohner Sumatras das »Gesetz des Mahommet« befolgten. Der Islam verbreitete sich bald im Malaiischen Archipel sowie in Indonesien, auf den Philippinen und darüber hinaus.

Seiden- und Gewürzstraßen

Kalif Uthman ibn Affan entsandte bereits 650 n. Chr. einen Botschafter an den Hof der chinesischen Tang-Dynastie. Der Überlieferung zufolge ließ der Kaiser daraufhin eine Moschee zu Ehren Mohammeds errichten. Sicher ist, dass der Handel zwischen den islamischen Dynastien in Damaskus/Bagdad und den Chinesen in den folgenden Jahrhunderten florierte, und zwar über die zentralasiatische Seidenstraße. Aber mit Ausnahme der westlichen Regionen des Landes (wo die Seidenstraße endete) konnte der Islam in China nie Wurzeln schlagen – die Chinesen waren unempfänglich für die neue Religion. Die Muslime, die sich in chinesischen Städten niederließen, lebten stets in isolierten Gemeinschaften.

> »Sie haben die Einheimischen zum Gesetz von Mahommet bekehrt.«
>
> **Marco Polo**
> (1254–1324)

> »Wenn das Paradies auf dieser Erde ist, so ist es Damaskus, und niemand außer ihr.«
>
> **Ibn Battuta**
> (1304–um 1368/69)

Venedig und die Mamluken

Auch Europa zeigte sich resistent gegenüber dem Islam, unterhielt jedoch intensive Handelsbeziehungen mit der islamischen Welt. Die Muslime kontrollierten das östliche Mittelmeer, den Knotenpunkt, von dem sich die antiken Handelsnetze nach Europa und Asien erstreckten. Die Muslime waren Mittelsmänner, die den Transit und Austausch von Waren organisierten.

Das Hauptziel für Luxusimporte aus dem Orient war Italien. Die Stadtstaaten Venedig, Florenz und Genua, die den Seehandel im Mittelmeer kontrollierten, knüpften enge Verbindungen u. a. nach Ägypten und Syrien.

Venedig wurde zur wichtigsten Schnittstelle zwischen dem christlichen Europa und der islamischen Welt. Italienische Kaufleute unterhielten vor allem Geschäftsbeziehungen mit Syrien und dem Mamlukensultanat in Ägypten. Unter den Mamluken florierte das islamische Kunsthandwerk, und eine schillernde Vielfalt von Waren – Textilien, Teppiche, Intarsienarbeiten, Edelsteine, Glas, Porzellan und Papier – reiste in beide Richtungen. Die Mamluken hatten direkten Einfluss auf die Mode und Architektur Venedigs, dessen Kunsthandwerker den Stil und die Techniken der Muslime adaptierten und imitierten. Ein Beweis dafür sind die farbigen Steinarbeiten und Arabesken der venezianischen Architektur.

Obwohl sich Europa gegen die Ausbreitung des Islams wehrte, profitierte es gern von den Errungenschaften der islamischen Welt. ■

Die Venezianer wurden durch den Handel mit den Muslimen reich und ließen sich von der islamischen Architektur (wie hier in Damaskus) inspirieren.

LEGT DEN HEILIGEN MANTEL AN UND BETET ZU GOTT

HOCA SADEDDIN EFENDI (1596)

IM KONTEXT

THEMA
Das osmanische Kalifat

WO UND WANN
1517–1923

FRÜHER
1258 Die Mongolen plündern Bagdad und ermorden den Kalifen. Damit endet das Zeitalter der Abbasiden.

1299 Osman I. gründet die Dynastie der Osmanen.

1453 Mehmet II. erobert Konstantinopel und etabliert die Osmanen als größte Macht der islamischen Welt.

SPÄTER
1952 In Jerusalem plädiert die islamistische Partei Hizb ut-Tahrir für die Neubelebung des Kalifats, das alle Muslime vereinen soll.

2014 Die Terrormiliz Islamischer Staat (IS) ruft ein neues Kalifat aus.

Die Eroberung Bagdads durch die Mongolen (1258) markierte das Ende des Kalifats der Abbasiden. Es bestand zwar als Schattenkalifat in Kairo weiter, doch die Kalifen waren machtlos – geistliche Symbolfiguren im Dienste der herrschenden Mamlukensultane. Als der osmanische Sultan Selim »Der Grimmige« 1517 Ägypten eroberte, fand das Schattenkalifat sein Ende, und der Sultan von Konstantinopel wurde Kalif.

Mit dem Sieg über die Mamluken verleibten die Osmanen ihrem Reich nicht nur Ägypten ein, sondern auch Syrien sowie die Ara-

Siehe auch: Die Nachfolger des Propheten 102–103 ▪ Die rechtgeleiteten Kalifen 104–107 ▪ Die Kalifate der Umayyaden und Abbasiden 136–139 ▪ Der Islam in Europa 210–215 ▪ Die Säkularisierung der Türkei 228–231

Nach dem Tod des Propheten im Jahr 632 wird ein Nachfolger **(Kalif)** ernannt, der Mohammed als **Führer der Umma, der muslimischen Gemeinschaft,** ablöst.

Unter den **ägyptischen Mamluken ist das Kalifenamt** eine rein zeremonielle Position **ohne Befehlsgewalt.**

Die **Osmanen besiegen die Mamluken** und fügen ihrem Reich Ägypten, Syrien und Arabien hinzu.

Der osmanische Sultan nimmt den Titel des Kalifen an und präsentiert sich als **geistiges und politisches Oberhaupt der islamischen Welt.**

bische Halbinsel mit Mekka und Medina. Anfangs eine Dynastie im türkischen Anatolien am Rand der islamischen Welt, beherrschten die Osmanen nun die meisten der traditionell islamischen Gebiete. Sie konnten mit Recht beanspruchen, Erben des Kalifats zu sein: Unter ihrer Herrschaft erlangte das Kalifenamt seine alte Macht zurück.

Der Aufstieg der Osmanen

Die Dynastie der Osmanen wurde nach ihrem Gründer Osman I. (reg. 1299–1324) benannt, der seine Stammesmitglieder aus Zentralasien führte, um die heutige Türkei zu erobern. Seine Nachfolger fügten dem Reich 1345 Griechenland und 1389 Serbien hinzu. Mehmet II. (der 1444–1446 und 1451–1481 regierte) eroberte 1453 Konstantinopel und stürzte damit das jahrtausendealte Byzantinische Reich. Seine Leistungen trugen ihm den Beinamen »Mehmet der Eroberer« ein. Er machte Konstantinopel zu seiner Hauptstadt und gab ihr den Namen Istanbul. Als Zeichen seiner Herrschaft ließ Mehmet die Hagia Sophia, eine der größten christlichen Kirchen, zur Moschee umbauen. Daneben errichtete er eine große *madrasa* (Islamschule) und weitere islamische Bauwerke. 1463 ließ Mehmet als Symbol seines Sieges die riesige Fatih-Moschee (Eroberer-Moschee) erbauen. »

Diese Karte von Istanbul, der Hauptstadt des Osmanischen Reiches, stammt aus einem Manuskript des Soldaten und Kartografen Matrakçi Nasuh, der 1537 über Suleimans Feldzug im Iran und Irak berichtete.

Er begann auch mit dem Bau des Topkapi-Palastes: Der Komplex aus Wohngebäuden, Gärten, Pavillons und Kasernen befand sich auf einer Landzunge mit Blick auf die Stadt und den Bosporus.

Um die Wiederbelebung der Stadt zu fördern, rief der Sultan die Bürger zu Investitionen und Bauprojekten auf und siedelte Muslime zwangsweise nach Istanbul um, das sich zu einem bedeutenden Handelshafen entwickelte. Mehmet verbrachte den Großteil seiner 30-jährigen Herrschaftszeit damit, Feldzüge zu führen, Anatolien zu einen und sein Reich bis nach Bosnien zu erweitern.

Das Reich regieren

Um ihr riesiges Reich zu kontrollieren, entwickelten die Osmanen ein starkes Regierungssystem, das Lokalverwaltung mit Zentralherrschaft kombinierte. Der Sultan – dessen Brüder bei der Thronbesteigung wie üblich ermordet wurden, um Rivalen auszuschalten –, war der oberste Herrscher. Ein Gremium von Beratern regierte im Namen des Sultans; später übernahm diese Aufgabe sein Stellvertreter, der Großwesir. Das Gremium ernannte regionale Militärgouverneure *(beys)* und lokale Räte, die die *beys* in Schach hielten.

Suleiman I. (1494–1566) regierte 45 Jahre lang. Der zehnte Osmanenherrscher trug wegen seiner Gesetzesreformen den Beinamen *kanuni* (»der Gesetzgeber«).

Die osmanische Armee war von entscheidender Bedeutung für den Fortbestand des Reiches. Sie war fortschrittlich und verfügte über großes technisches Know-how – seit der Eroberung Konstantinopels setzte sie sogar Kanonen ein. Ihre schnelle Kavallerie konnte einen vermeintlichen Rückzug in einen vernichtenden Flankenangriff verwandeln, indem sie den Feind in einer sichelförmigen Formation umzingelte und so überrumpelte.

Die Janitscharen

Das Herzstück der Armee waren die Janitscharen, eine Infanterieeinheit, die als kaiserliche Garde begann und zur gefürchtetsten Elitetruppe ihrer Zeit wurde. Ursprünglich bestanden sie aus Männern, die im Kindesalter aus christlichen Familien vom Balkan verschleppt wurden. Im Rahmen des *devschirme*-Systems, das auch als »Blutsteuer« bekannt war, wurden Jungen im Alter von 8 bis 18 Jahren vom osmanischen Militär entführt, zwangsbekehrt (obwohl der Koran dies verbietet) und in türkischen Familien islamisiert. Danach erhielten sie eine strenge Militärausbildung, und jedes Kind, das Talent zeigte, wurde für Spezialberufe wie Bogenschütze oder Ingenieur ausgewählt.

Die Süleymaniye-Moschee in Istanbul wurde von Suleiman I. erbaut. Die gewaltigen Ausmaße der 1557 eingeweihten Moschee zeugen von der Macht der Osmanen.

» Die Anbetung Gottes ist der höchste Thron, der glücklichste aller Ränge. «

Suleiman I.
(1494–1566)

»Wir Türken sind fromme Muslime.«

Mehmet II.
(1432–1481)

Um ihre Loyalität gegenüber dem Sultan sicherzustellen, durften die Janitscharen nicht heiraten, solange sie im Dienst der Armee standen. Sie erhielten jedoch besondere Privilegien. Obwohl sie nur einen kleinen Teil der Armee bildeten, hatten sie eine führende Stellung und spielten eine Schlüsselrolle bei vielen osmanischen Siegen, z. B. in Konstantinopel und Ägypten.

Die Blütezeit der Osmanen

Seinen Höhepunkt erreichte das Reich unter Suleiman I. (auch Suleiman »Der Prächtige«, reg. 1520–1566). Der Sultan schloss ein Bündnis mit Frankreich gegen das Römische Reich und unterzeichnete einen Vertrag mit den Safawiden, der Armenien und Georgien zwischen beiden Mächten aufteilte. Er eroberte große Teile Ungarns und belagerte 1529 sogar (erfolglos) Wien.

Die Osmanen brachten ihren Glauben in die eroberten Gebiete und bauten viele Moscheen – mit denen auch die islamische Gelehrsamkeit Einzug hielt. Zuvor hatten sich mehrere islamische Staaten als Kalifate bezeichnet, z. B. die Fatimiden in Ägypten (909–1171), die Umayyaden in Córdoba (929–1031) und die Almohaden in Marokko (1121–1269), aber im Gegensatz zu den Osmanen gelang es keiner dieser Dynastien, die Mehrzahl der Muslime zu beherrschen und die heiligen Städte Mekka und Medina zu kontrollieren.

Die Anführer der Muslime

Seit der Eroberung Ägyptens 1517 bis zum Ersten Weltkrieg standen die großen *haddsch*-Karawanen, die von Damaskus und Kairo aus aufbrachen, unter dem Schutz der Osmanen. Sie stellten zudem jedes Jahr die *kiswa* (die Hülle über der Kaaba) zur Verfügung. Ihre »Schirmherrschaft« über die Pilgerfahrt trug viel dazu bei, dass die Muslime die Osmanen als Anführer der islamischen Welt betrachteten.

Manche Muslime stellten die Legitimität des türkischen Kalifats infrage, da nur ein Mitglied der Quraisch (des Stammes Mohammeds) Kalif sein könne. Im 16. Jahrhundert reagierte der osmanische Großwesir Lutfi Pascha darauf mit einem Pamphlet: Die einzigen Qualifikationen für das Kalifenamt seien Macht und Kompetenz, argumentierte er; Erbe oder Verwandtschaft hätten damit nichts zu tun.

Die Legitimation der Osmanen wurde gestützt durch Reliquien, die (angeblich) dem Propheten gehört hatten. Eine davon war die *burda*, ein grober Mantel. Sultan Mehmet III. (reg. 1596–1603) nahm den Mantel als Glücksbringer mit auf einen Feldzug nach Ungarn. Als seine Armee eine Schlacht zu verlieren drohte, riet der Höfling Saded-din dem Sultan: »Legt den heiligen Mantel an und betet zu Gott.« Der Sultan tat dies, und die Schlacht nahm eine positive Wendung.

Der letzte Kalif

Im 18. Jahrhundert, als das Osmanische Reich immer mehr von Europa bedroht wurde, griffen die Sultane, um ihre Autorität zu stärken, auf das Konzept des Kalifats zurück. Als Abdülhamid II. 1876 den Thron bestieg, wurde er von Reformisten gezwungen, ein parlamentarisches Regierungssystem einzuführen. Als Ausgleich für den Machtverlust bestätigte die neue Verfassung den Sultan als Kalifen und Anführer aller Muslime.

Das sollte nicht von Dauer sein: Mit seiner Niederlage im Ersten Weltkrieg ging das Osmanische Reich unter und wurde 1923 von Mustafa Kemal Atatürk durch die Republik Türkei ersetzt. Im darauffolgenden Jahr wurde das Kalifat abgeschafft. ■

Osmanische Kunsthandwerker brillierten in der Webkunst und stellten Teppiche und Textilien her, vor allem aus Seide. Der aufwendig gemusterte Stoff oben ist mit Gold- und Silberfäden durchwirkt und reich verziert.

DAS ERSTE, WAS GOTT SCHUF, WAR DER STIFT

DER PROPHET MOHAMMED

IM KONTEXT

THEMA
Die religiöse Kunst der islamischen Kalligrafie

WANN UND WO
10. Jh., Bagdad

FRÜHER
150 v. Chr. Die Nabatäer (heutiges Jordanien) entwickeln ein Alphabet. Es wird zum Schreiben der aramäischen Sprache verwendet, hat 22 Buchstaben, die sämtliche Konsonanten darstellen, und wird von rechts nach links geschrieben.

3.–5. Jh. n. Chr. Aus der nabatäisch-aramäischen Schrift entwickelt sich eine erkennbar arabische Schrift.

7. Jh. Nach dem Fall der Sassaniden übernehmen die Perser die arabische Schrift.

SPÄTER
1514 Das erste in arabischer Sprache gedruckte Buch, eine Übersetzung des christlichen Stundenbuchs, wird in Italien hergestellt.

Die Kalligrafie ist im Islam eine hoch angesehene Kunst. Der Koran ist das Wort Gottes, das Mohammed offenbart und von den Muslimen überliefert wurde. Nach dem Tod des Propheten schrieb man den Koran auf. Der erste gedruckte Koran entstand im 16. Jahrhundert – vorher waren alle Exemplare von Hand geschrieben. Das Kopieren des Korans galt als Akt der Hingabe. Kalligrafie wurde als Verherrlichung der koranischen Sprache und als Verschönerung des unsichtbaren Gesichtes Gottes betrachtet. Nicht alle arabischen Kalligrafien hatten religiöse Inhalte, aber Gott hatte für seine Offenbarungen die arabische Sprache ausgewählt, und folglich ist das Arabische untrennbar mit dem Islam verbunden.

Die Schriftgelehrten versuchten, das Wort Gottes respektgebietend und dennoch schön erscheinen zu lassen, und entwickelten zu diesem Zweck eine stilisierte, geradlinige Schrift, die als Kufi bekannt wurde. Sie entstand im späten 7. Jahrhundert in der Stadt Kufa (Irak), einem

Die Formel ***al-hamdu li-llah*** (»Gott sei Dank«) in zwei verschiedenen Schriften illustriert die stilistische Vielfalt der arabischen Kalligrafie.

Siehe auch: Die (bildliche) Darstellung des Propheten 58–59 ▪ Die Korankompilation 64–69 ▪ Der Aufbau des Korans 70–75 ▪ Islamische Kunst und Architektur 194–201

» Jemand, der eine schöne Schrift sieht, ob er lesen kann oder nicht, erfreut sich an ihrem Anblick. «

Qadi Ahmed
Calligraphers and Painters, (1606)

frühen Zentrum der islamischen Kultur.

Die kufische Schrift hat viele Varianten, aber alle sind an ihren scharfen Winkeln und der strengen Linienführung erkennbar. Kufi galt 300 Jahre lang als die einzig geeignete Schrift zum Kopieren des Korans. Sie wurde auch im Felsendom in Jerusalem (691–692) und auf den frühen islamischen Münzen verwendet, die zur Zeit der rechtgeleiteten Kalifen (632–661) geprägt wurden.

Die sechs Schreibstile

Ibn Muqla (886–940), ein Beamter am Abbasidenhof in Bagdad, galt als Prophet auf dem Gebiet der Handschrift. Er wird oft als Erfinder des Naschi-Stils zitiert: Die runde, leicht schreib- und lesbare Schrift löste das eckige Kufi als Standardschrift der islamischen Kalligrafie ab.

Ibn Muqla soll noch fünf weitere Schriften entwickelt haben, die zusammen mit Naschi als die »Sechs Schreibstile« *(aqlam as-sitta)* der klassischen islamischen Kalligrafie bekannt sind.

Kalligrafie, wohin man blickt

Da figürliche Darstellungen im Islam verboten sind, waren Kalligrafen die angesehensten Künstler der islamischen Kultur. Ihre Techniken wurden oft innerhalb derselben Familie vom Meister an den Schüler weitergegeben. Um ein Meister der Kalligrafie zu werden, musste man jahrelang üben und Vorlagen kopieren. Die Kalligrafiefeder *(qalam)* bestand aus Schilfrohr oder Bambus; geschrieben wurde mit Tinte.

Die arabische Schrift

Die arabische Schrift ist das am zweithäufigsten verwendete Schriftsystem der Welt. Die Schrift wird von rechts nach links geschrieben. Ihr Alphabet hat 28 Buchstaben, aber viele davon werden durch Punkte unterschieden, sodass es tatsächlich nur 18 Buchstaben für die 28 Laute gibt. Es gibt drei Vokalbuchstaben; die meisten Vokale werden durch diakritische Zeichen markiert. Großbuchstaben gibt es nicht; die Form der Buchstaben ändert sich je nach ihrer Stellung im Wort. In der lateinischen Schrift sind handschriftliche Buchstaben miteinander verbunden und gedruckte Buchstaben unverbunden. Im Arabischen hängt das von den jeweiligen Buchstaben ab: Hier werden alle Buchstaben mit dem jeweils vorangehenden Buchstaben verbunden, einige aber nicht mit nachfolgenden Buchstaben. Einer poetischen Tradition zufolge sind dies »Engelsbuchstaben«, die mit ihrem Ursprung (Gott) verbunden sind, aber losgelöst von dem, was folgt (die Welt).

Die islamische Kalligrafie, wie auf dieser Moscheelampe, reflektiert den Gedanken, dass Gott durch die arabische Sprache zu den Menschen spricht, ob in mündlicher oder schriftlicher Form.

Als im 9. Jahrhundert Papier aus China importiert wurde, konnten die islamischen Schriftgelehrten weit mehr Bücher herstellen als ihre Kollegen in Europa, die noch teures Pergament verwendeten.

Kalligrafie erschien auf religiösen und weltlichen Objekten – auf Stein, Keramik, Glas, Schmuck, Stickereien, Teppichen, Holzschnitzereien und Metallarbeiten. Sie liefert wertvolle Informationen über das Objekt, das sie ziert, vor allem in der Architektur, wo Inschriften Koranverse, Namen von Mäzenen und Datumsangaben wiedergeben.

Die Kalligrafie der islamischen Welt entwickelt sich ständig weiter. Jede Künstlergeneration erschafft die Tradition immer wieder neu; so werden heute uralte Medien wie Stift und Papier gegen Techniken wie Graffiti und digitale Grafik ausgetauscht. Die Muslime sind sich auch heute noch bewusst, dass die arabischen Buchstaben – die Buchstaben des Korans – ein wertvolles Erbe sind. ▪

DER SCHATTEN GOTTES AUF ERDEN

SCHAH ISMAIL (16. JH.)

IM KONTEXT

THEMA
Das Safawidenreich

WANN UND WO
16. Jh., Persien

FRÜHER
661 Nach dem Tod Alis (des vierten Kalifen) sind die Muslime gespalten. Manche setzen sich für Alis Sohn als Anführer ein. Letztere sind als Schiiten bekannt.

765 Nach dem Tod des sechsten Imams weicht ein Teil der Schiiten von der Hauptströmung ab. Sie werden als Ismailiten oder Siebener-Schia bekannt.

780 Gründung des ersten schiitischen Staates durch die Idrisiden in Nordafrika

SPÄTER
1979 Die iranische Revolution stürzt die Monarchie; eine islamische Republik unter Ayatollah Ruhollah Chomeini wird gegründet.

Der 13-jährige Ismail wurde 1500 Oberhaupt des Safawiyya-Sufiordens in Aserbaidschan und begann, Rache an den türkischen Stämmen zu nehmen, die den Iran beherrschten und seinen Vater getötet hatten. Im folgenden Jahr eroberten Ismails Anhänger Täbris und übernahmen die Macht im Iran. Ismail machte Täbris zu seiner Hauptstadt, rief sich zum Schah (König) aus und begründete die Dynastie der Safawiden, die bis 1722 herrschen sollte. Er erklärte die Zwölfer-Schia zur Religion seines Reiches – mit weitreichenden Folgen für die islamische Geschichte.

Der verborgene Mahdi

Die Zwölfer-Schia war ein Zweig des schiitischen Islams, der selten politische Macht besessen hatte. Seine Anhänger glaubten, eine Herrschaft sei illegitim, solange der zwölfte, »verborgene« Imam (Mahdi) nicht zurückgekehrt sei. Er würde eines Tages wiederkommen, um der Welt Gerechtigkeit und Frieden zu bringen.

Vor Ismail waren die meisten Schiiten Araber und die meisten Muslime im nicht arabischen Iran Sunniten gewesen. Ismail behauptete, von Ali (dem ersten Imam) abzustammen, und präsentierte sich als der Mahdi der Zwölfer-Schia und der »Schatten Gottes auf Erden«. Er verfasste Gedichte, die seine Legitimation verkündeten: »Meine Mutter ist Fatima, mein Vater Ali; ich bin einer der zwölf Imame. Ich habe das Blut meines Vaters von Yazid zurückgeholt.« (Yazid war der sunnitische Umayyadenkalif, der Alis Sohn Husain 680 in der Schlacht von Kerbela getötet hatte.)

Ismail wollte den Sunnismus im Iran eliminieren. Sunnitische Führer wurden hingerichtet oder deportiert. Religionsgelehrte aus Zentren der Zwölfer-Schia wurden in den Iran eingeladen, um dort schiitische Schulen zu gründen.

> »Mein Name ist Schah Ismail. Ich bin Gottes Geheimnis.«
>
> **Schah Ismail**
> (1487–1524)

Siehe auch: Die rechtgeleiteten Kalifen 104–107 ▪ Die Entstehung des schiitischen Islams 108–115 ▪ Sufismus und die mystische Tradition 140–145 ▪ Die iranische Revolution 248–251 ▪ Sunniten und Schiiten im Nahen Osten heute 270–271

Das Isfahan von Schah Abbas war geschmückt mit Plätzen, Gärten, Moscheen und Palästen.

Ismails Krieg gegen den Sunnismus ging noch weiter: 1510 besiegte er die sunnitischen Usbeken in Chorasan, einer Region, die heute Teile Irans, Zentralasiens und Afghanistans umfasst. Er führte auch Krieg gegen die Osmanen, wurde aber 1514 von Sultan Selim I. in der Schlacht von Chaldiran besiegt und starb 1524. Ende des 16. Jahrhunderts waren fast alle Iraner Schiiten, und das sind sie auch heute noch.

Philosophie und Unterdrückung

Unter Ismails Urenkel, Schah Abbas I. (reg. 1588–1629), erreichte das Safawidenreich seine Blütezeit. Abbas errang Siege über die Osmanen und schloss Abkommen mit Europa, um Konstantinopel in Schach zu halten. Er dehnte die Herrschaft der Safawiden bis in den Irak, in den Kaukasus und zum Indus aus.

Abbas verlegte die Hauptstadt der Safawiden nach Isfahan, ein Zentrum der Kultur und Forschung. Obwohl er die Dominanz der schiitischen *ulama* (Religionsgelehrten) – die Theologie und Recht eisern im Griff hatten – aufrechterhielt, blühte die islamische Philosophie unter seiner Herrschaft auf und brachte u. a. die »Schule von Isfahan« hervor.

Nach Abbas verschob sich die philosophische Interpretation hin zu einer wörtlichen Lesart der Schia. Ein Anführer dieser Neuordnung war Muhammad Baqir Madschlisi (1627–1699). Der einflussreiche Kleriker ächtete die Sufis als Ketzer. Er plädierte für eine strikte Einhaltung der Trauerrituale für Husain in Kerbela und forderte von den Schiiten regelmäßige Besuche der Imam-Schreine in Nadschaf und Kerbela (Irak) sowie Maschhad und Qom (Iran). Die Verehrung der Schreine ist bis heute charakteristisch für die iranisch-islamische Tradition. ■

Schiitische Schreine

In der Safawidenzeit wurden Mekka und Medina von den Osmanen kontrolliert, deshalb etablierte Schah Abbas die Stadt Maschhad (Iran) als alternative Pilgerstätte. Dort (im Bild) befindet sich das Grab von Ali ibn Musa al-Reza (auch: Ali ar-Rida), dem achten Imam der Zwölfer-Schia und direkter Nachfahre des Propheten. Ar-Rida starb 818 in einem Dorf bei Maschhad. Er soll vergiftet worden sein, wird aber als Märtyrer verehrt. Da er der einzige schiitische Imam ist, der im Iran beigesetzt wurde, hat sein Grab für die Schiiten einen hohen Stellenwert. Schah Abbas I. soll einst in 28 Tagen von Isfahan nach Maschhad gelaufen sein, um seine Hingabe zu zeigen. Für ihn war diese Reise gleichbedeutend mit der Haddsch.

Andere heilige Stätten der Schiiten sind die Imam-Ali-Moschee in Nadschaf (Irak), das Grab des ersten schiitischen Imams, der Imam-Husain-Schrein in Kerbela (Irak), das Grab des dritten schiitischen Imams und die Sayyida-Zeinab-Moschee in Damaskus, das Grab von Zeinab, der Tochter Alis und Fatimas und Enkelin Mohammeds.

GOTT IST SCHÖN UND ER LIEBT DIE SCHÖNHEIT

DER PROPHET MOHAMMED

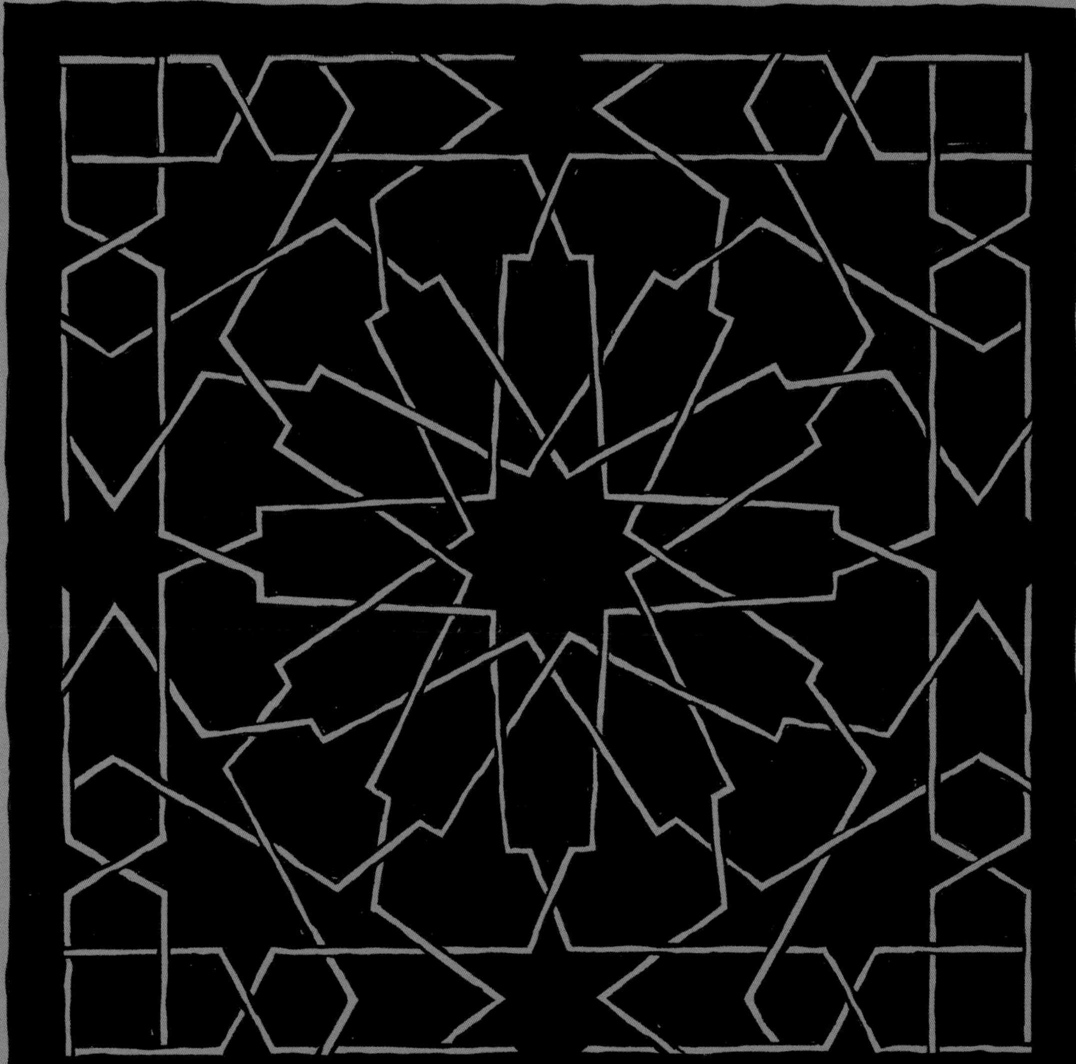

Die Kuppel der Moschee des Mamlukensultans Kait-Bay in Kairo ist ein Meisterwerk der Steinmetzkunst und kombiniert Weinlaubmotive mit geometrischen Mustern.

Kunsthandwerker entwickelten diesen Stil weiter: Neben Blumen- und Blattmotiven nutzten sie ein Repertoire von geometrischen Formen (Sternen, Rauten und Vielecke), die sie so kunstvoll anordneten, dass sie oft wie optische Puzzles wirken. Die Muster wurden auf Gebäuden, Kuppeln, Decken, Böden und Alltagsgegenständen angebracht. Ob sie eine bestimmte Bedeutung haben, ist Gegenstand wissenschaftlicher Debatten. Einer verbreiteten Theorie zufolge symbolisieren sie die transzendente und unendliche Einheit Gottes. Muslimische Kunsthandwerker vermeiden Blickpunkte, sodass sich die Aufmerksamkeit nicht auf einen einzelnen Bereich richtet, sondern das Motiv als Ganzes betrachtet werden muss. Die sich wiederholenden Muster lenken die Aufmerksamkeit hin zu einer ganzheitlichen Vorstellung von Schönheit. Die flächendeckenden Motive lösen den Blick von der Wahrnehmung irdischer und nur temporärer Strukturen.

Das Erbe der Dynastien

Die Abbasiden, die 750 n. Chr. auf die Umayyaden folgten, errichteten zwei große Hauptstädte – Bagdad und später Samarra –, aber von beiden ist nur wenig erhalten geblieben. Es ist daher schwierig, ihren Beitrag zu Kunst und Architektur zu beurteilen. Wir können jedoch die Entwicklungen unter den Fatimiden (909–1171) nachverfolgen, die die Abbasiden herausforderten und ein rivalisierendes Kalifat in Nordafrika errichteten.

Die Fatimiden, eine schiitische Dynastie, die behauptete, von Fatima (der Tochter des Propheten) abzustammen, herrschten zunächst von Tunesien und später von ihrer neuen Hauptstadt Kairo aus.

In ihren Bauwerken verwendeten sie gern den Kielbogen und führten den Gewölbezwickel ein, der es ermöglicht, Kuppeln auf quadratische Räume zu setzen. Beide Elemente wurden zum Markenzeichen der islamischen Archi-

Lebende Abbilder

Die Darstellung von Menschen und Tieren war im Islam verpönt, aber nicht alle Kulturen berücksichtigten dieses Verbot. Keramiken der Fatimiden zeigen oft Bilder von Lebewesen. Die islamischen Dynastien Persiens ließen sich von der Kunst der Achämeniden (550–330 v. Chr.) und der Sassaniden (224–651 n. Chr.) inspirieren, die menschliche Motive darstellten. Eine Spezialität der Safawiden (1501–1736) war das Malen von Miniaturen für wohlhabende Auftraggeber und die Buchmalerei. Diese stilisierten Kunstwerke, die Kalligrafie und geometrische Muster enthielten, stellten Szenen aus dem höfischen Leben oder aus persischen Epen dar, z. B. Episoden aus dem *Schahnameh* (»Buch der Könige«), der mythischen Geschichte des persischen Volkes, die im 10. Jahrhundert von Firdausi geschrieben wurde. Miniaturen gehören auch zum künstlerischen Erbe der Osmanen und des indischen Mogulreiches.

» Wer die Stadt Kahirah nicht gesehen, hat die Welt nicht gesehen. «

Die Geschichte des jüdischen Arztes
Tausendundeine Nacht

tektur. Fatimidische Handwerker stellten Objekte aus kunstvoll geschnitztem Holz, Elfenbein und Bergkristall her und produzierten markante Keramik mit Metallglasur.

Kairo erblühte unter den Mamluken (ehemaligen Sklavensoldaten), die 1250 die Macht in Ägypten übernahmen und ein eigenes Sultanat errichteten, zu einer Stadt von großem kulturellem Reichtum. Die prunkliebenden Mamluken gaben aufwendige Bauprojekte in Auftrag und machten Kairo für 250 Jahre zum wirtschaftlichen, intellektuellen und künstlerischen Zentrum der islamischen Welt. Die Moscheen, Mausoleen und Medresen (religiöse Hochschulen) der Mamlukenzeit weisen charakteristische Außenwände aus gestreiftem Mauerwerk auf, kunstvoll verzierte Kuppeln und Minarette sowie prachtvolle Innenräume mit polychromen Marmorintarsien. Die Kunstschätze der Mamluken (z. B. vergoldetes Glas sowie Intarsienarbeiten aus Metall und Holz), die Inspirationen aus der gesamten islamischen Welt aufwiesen, waren im Mittelmeerraum und in Europa heiß begehrt.

Eine Blütezeit erlebte die Kunst unter der Herrschaft des Mamlukensultans Kait-Bay (reg. 1468–1496), der unter anderem die Heiligtümer von Mekka und Medina restaurieren ließ. Eines seiner frühesten Projekte war sein Grabkomplex in Kairo, eines der meistbewunderten Bauwerke der islamischen Architektur.

Techniken und Farben

Die Berberdynastien der Almoraviden (1040–1147) und der Almohaden (1147 –1248) herrschten von Marokko aus u. a. über das islamische Spanien und entwickelten eine markante, rein islamische Ästhetik. Sie entfalteten die Kunst des Gipsschnitzens zu höchster Komplexität und Schönheit, in Dekorationen, die fast wie Spitze wirken. Die Handwerker perfektionierten architektonische Grundformen und entwickelten den Kielbogen zum Hufeisenbogen weiter; die Seiten der Bögen wurden mit Muschelformen geschmückt.

Die aufwendigen Ziegel- und Putzarbeiten fanden ihre Fortsetzung in gemusterten Fliesen, die nicht nur Böden zierten, sondern auch Wände und Minarette. Am wirkungsvollsten zeigt sich dieser Stil in der Alhambra, die von 1230–1492 in Granada im islamischen Spanien errichtet wurde. »

Mit gemusterten Fliesen geschmückte Wände und Pfeiler in Marrakesch. Sie sind charakteristisch für einen Architekturstil, der sich in Marokko und im islamischen Spanien herausbildete.

Die Tradition der Fliesen, die von den Berberdynastien Marokkos und Spaniens perfektioniert wurden, war auch bei den Mongolenvölkern Zentralasiens sowie im Irak und in Persien verbreitet – schon vor der Ankunft des Islams. Die Ilchanendynastie (1256–1335) trat erst im 13. Jahrhundert zum Islam über, was erklären könnte, warum ihre Kunsthandwerker, die in Täbris arbeiteten, sternförmige Fliesen herstellten, die Bilder von Vögeln und Tieren zeigten.

Die Bauwerke der zentralasiatischen Timuridendynastie (1370–1507) zieren Kuppeln, die in leuchtendem Türkis erstrahlen und den Himmel reflektieren sollen. Ihre Wirkung verdankt sich einer Technik, die man Unterglasur nennt und bei der Keramikziegel zunächst bemalt und vor dem Brennen mit einer transparenten Glasur überzogen werden. Diese Technik stammte von den Nachbarn im Osten, den Chinesen, denen die Timuriden auch das Wissen über blaue Pigmente verdankten. Die lebhafte, typisch timuridische Farbpalette, die Kobalt-, Gelb-, Rost- und Goldtöne umfasste, wurde eingesetzt, um ganze Wände mit Motiven von fast psychedelischer Wirkung zu überziehen.

Diese wunderschöne Kunst steht in größtmöglichem Gegensatz zu Timur (auch: Tamerlane), dem Gründer der Dynastie, der für seine Grausamkeit berüchtigt war. Auf seinen Streifzügen durch Persien und den Irak schlachtete er Muslime ab und ließ aus ihren abgeschlagenen Köpfen Türme errichten. Künstler und Kunsthandwerker verschonte er und ließ sie in seine Hauptstadt Samarkand bringen. Nach dem Untergang des Timuridenreichs lebte sein künstlerisches Erbe in Persien, der Türkei und Indien weiter.

Die Scheich-Lotfollah-Moschee in Isfahan ist eine UNESCO-Welterbestätte und eines der prachtvollsten Bauwerke des Islams. Sie wurde 1619 für Schah Abbas und die Frauen seines Hofes erbaut.

Das Juwel in der Krone

Wenn es eine Stadt gibt, die Samarkand an Pracht gleichkommt, dann ist es Isfahan (Iran). Die Stadt, die der Safawiden-Schah Abbas I. im 17. Jahrhundert wiederaufbauen ließ, wurde von einem Historiker als die prachtvollste Galerie islamischer Architektur bezeichnet – ein persisches Wortspiel über die Stadt lautet: »Isfahan ist die halbe Welt« *(Esfehan nesfe jahan)*.

Ihr Herzstück ist der große Platz *naqsch-e dschahan* (»Abbild

> » Eine der größten, prächtigsten Städte und die schönste unter ihnen. «
>
> **Ibn Battuta**
> über Samarkand,
> (1330)

» Wenn man nur einen einzigen Blick auf die Welt werfen könnte, sollte man auf Istanbul blicken. «

Alphonse de Lamartine
französischer Schriftsteller
(1790–1869)

Die Süleymaniye-Moschee in Istanbul, eines der berühmtesten Werke Sinans, wurde in den 1550er-Jahren von Sultan Suleiman I. in Auftrag gegeben.

der Welt«), der von Moscheen und Palästen gesäumt ist. Unter ihnen befindet sich die Scheich-Lotfollah-Moschee, benannt nach dem Schwiegervater des Schahs, einem ehrwürdigen Prediger. Die Moschee hat weder einen Innenhof noch ein Minarett (sie war eine private Moschee und nur für den königlichen Hof gedacht), aber ihre Fliesen gehören zu den schönsten der Welt.

Im Gegensatz zur intimen königlichen Scheich-Lotfollah-Moschee ist die zweite Moschee, die Schah Abbas auf dem Platz erbauen ließ, riesig und öffentlich. Die Schah-Moschee wurde von Abbas konzipiert, um weltweit ohnegleichen zu sein. Dieses Bestreben kommt in ihrer Gründungsinschrift zum Ausdruck: »Eine zweite Kaaba wurde erbaut.«

Der große Sinan

Die großen Kunstwerke des Islams wurden meist ihren Auftraggebern, den Schahs und Sultanen, zugeschrieben, während ihre eigentlichen Schöpfer übergangen wurden. Eine große Ausnahme ist Mimar Sinan (um 1488–1588), dessen Titel *mimar* im Türkischen »Architekt« bedeutet.

Sinan wurde 1539 von Suleiman I. zum Chefarchitekten des osmanischen Hofes ernannt. In seiner 50-jährigen Karriere entwarf er nicht weniger als 370 Bauwerke, von Aquädukten, Brunnen und Bädern über Paläste, Grabstätten, Schulen, Krankenhäuser und Karawansereien bis hin zu den berühmten königlichen Moscheen. Letztere haben riesige Zentralkuppeln, die von Kaskaden kleinerer Kuppeln und Minaretten umgeben sind. Trotz ihrer Größe strahlen diese Gebäude eine wunderbare Leichtigkeit aus.

Sinans markante Schöpfungen prägten nicht nur die osmanische Hauptstadt Istanbul, deren Skyline bis heute von seinen Bauwerken dominiert wird, sondern auch ein Reich, das sich von der Donau bis zum Tigris erstreckte. ■

Die Kunst am Leben erhalten

Die 1993 erbaute Hassan-II.-Moschee in Casablanca (Marokko) hat eine Gebetshalle, in die der Petersdom passen könnte. Das außergewöhnliche Bauwerk steht auf einer Plattform aus rückgewonnenem Land und ragt in den Atlantik hinein. Durch Glasscheiben im Boden können die Besucher das Wasser sehen – eine Anspielung auf Vers 7 der 11. Sure des Korans: »Er ist es, der die Himmel und die Erde in sechs Tagen schuf – indes sein Thron auf dem Wasser ruhte.« Die Moschee hat eines der höchsten Minarette der Welt (210 m); es ist mit einem Laser gekrönt, dessen Strahl 48 km weit zu sehen ist.

Doch nicht nur die Größe der Moschee ist beeindruckend, sondern auch die Schönheit ihrer Handwerkskunst, geschaffen von 10 000 Kunsthandwerkern. Die Moschee hat einer neuen Generation als Ausbildungsstätte gedient und dazu beigetragen, die islamische Kunst lebendig zu erhalten.

DIE GOTTESFÜRCHTIGEN SIND AN SICHEREM ORT, IN GÄRTEN UND AN QUELLEN

KORAN 44:51–52

IM KONTEXT

THEMA
Das Paradies auf Erden

WANN UND WO
13–17. Jh., Spanien, Persien, Indien

FRÜHER
6. Jh. v. Chr. Im alten Persien legt Kyros der Große (559–530 v. Chr.) in Pasargadae einen »königlichen Garten« mit Alleen und Brunnen an.

290 v. Chr. Der babylonische Priester Berossos erwähnt die Hängenden Gärten von Babylon, die er Nebukadnezar II. (reg. 605–562 v. Chr.) zuschreibt. Griechische Schriftsteller zählen die Gärten später zu den Sieben Weltwundern der Antike.

SPÄTER
2005 Karim Aga Khan IV. finanziert einen öffentlichen Park in Kairo, der nach islamischem Vorbild mit Wasserspielen, üppiger Bepflanzung und viel Schatten gestaltet ist.

Die Vorstellung vom Paradies als Garten ist älter als der Islam. Schon im sumerischen Gilgamesch-Epos, das um 1800 v. Chr. entstand, taucht ein »Garten der Götter« auf. Sumer war eine der alten Zivilisationen Mesopotamiens. Sein Name bedeutet auf Griechisch »Zwischen zwei Flüssen« und verweist darauf, dass die Region sich über die Flüsse Tigris und Euphrat erstreckte. Wenn das Paradies für die Bewohner dieser fruchtbaren Region ein Garten war, wie viel verlockender muss diese Vorstellung dann für die Wüstenvölker Arabiens gewesen sein!

So ist es wohl kein Wunder, dass der Koran mehr als 100 Verweise auf den Paradiesgarten enthält und ihn als Zufluchtsort beschreibt, der die frommen Gläubigen im Jenseits erwartet: »Das Bild des Gartens, das den Gottesfürchtigen verheißen ist: Bäche fließen unter ihm dahin, seine Früchte und den Schatten gibt es immerzu« (13:35); »… indem sich seine Schatten auf sie niedersenken und seine reifen Früchte weit herunterhängen« (76:14).

Im Koran ist Wasser ein Symbol für Gottes Barmherzigkeit – er schickt Regen vom Himmel, um die Felder zu bewässern und die Menschen und Tiere zu ernähren (10:24, 16:65). Gott ließ fruchtbare »Gärten« mit »Palmen« und »Trauben« sprießen (23:18). Wasser, Früchte und der gesegnete Schatten des üppigen Blattwerks sind die drei Schlüsselelemente des islamischen Gartens, der geistige und körperliche Nahrung bietet.

Die Farbe, die am meisten mit dem Islam assoziiert wird, ist nicht zufällig das Grün des Paradieses. Grün soll die Lieblingsfarbe Mohammeds gewesen sein, und sie taucht in mehreren koranischen Schilderungen des Paradieses auf, z. B. »auf grünen Polstern und schönen Teppichen liegen sie«

> » Die glaubten und gute Werke taten … unter denen werden, in Gärten der Glückseligkeit, Bäche fließen. «
>
> **Koran 10:9**

Siehe auch: Das koranische Konzept des Paradieses 92 ▪ Das islamische Spanien 166–171 ▪ Das Safawidenreich 192–193 ▪ Islamische Kunst und Architektur 194–201 ▪ Das Mogulreich 204–205

(55:76) und »Sie sind mit grünen Gewändern angetan aus Seide und Brokat« (76:21).

Das Paradies auf Erden

Fast alle islamischen Gärten weisen dieselben Elemente auf. Ihr Zentrum besteht fast immer aus Wasser in Form eines Beckens oder Kanals. Um das Wasser herum erstrecken sich Grünflächen, die in symmetrischen oder geometrischen Mustern angeordnet sind. Ein beliebtes Gestaltungselement in Persien war der *tschahar bagh* (»vier Gärten«), ein rechteckiger, viergeteilter Garten, der auf einer Beschreibung aus Sure 55 basiert.

Anders als die großen Gartenanlagen Europas, die riesige offene Grünflächen umfassen, sind die islamischen Gärten eher privater Natur. Früher waren sie oft mit einem Palast oder Adelssitz verbunden und fast immer von Mauern umgeben, um einen Raum zur Kontemplation zu schaffen. Die Pflanzen wurden sorgfältig angeordnet, um die Sinne zu erfreuen, wobei hohe, schattige Bäume mit kleineren Obstbäumen kombiniert wurden. Die Blumenbeete waren mit duftenden Jasmin- und Rosensträuchern bepflanzt.

In manchen Regionen verfügten selbst die einfachen Häuser der *medina* (der ummauerten Stadt) über einen kleinen Innenhof mit einem Brunnen und einigen Obstbäumen – ein Miniatur-Paradies. In Marokko wurden viele solche Häuser *(riads)* zu Gästehäusern umgewandelt.

Im spanischen Granada erbauten die Nasriden (1230–1492) die Zitadelle Alhambra, die von terrassenförmigen Höfen mit Teichen, Springbrunnen und Grünanlagen umgeben war. Formale Gärten waren auch in Persien beliebt, vor allem unter den Safawiden (1501–1722), die in Isfahan, Kaschan und Shiraz Grünflächen anlegten. Der Höhepunkt der islamischen Gartenkunst wurde wohl im indischen Mogulreich (1526–1857) erreicht, wo Gartenbau als königliches Hobby betrieben wurde. Zu den Grundelementen des islamischen Gartens fügten die Moguln Pavillons, Hügel und Wasserhebevorrichtungen zur Bewässerung und Speisung der Kanäle hinzu. Der 1619 erbaute Shalimar Bagh in Lahore besaß 450 Springbrunnen, die das Wasser bis zu 3,6 m hoch in die Luft schießen ließen. ▪

Die Gärten der Alhambra kombinieren Farben und Düfte von Pflanzen mit Schatten und Wasser, um allen Sinnen Freude zu bereiten.

DIE MEISTEN, DIE GOTT ANBETEN, SIND AUF DAS VORANTREIBEN IHRER EIGENEN WÜNSCHE BEDACHT

MOGULHERRSCHER AKBAR

IM KONTEXT

THEMA
Das Mogulreich

WANN UND WO
16. Jh., Indien

FRÜHER
1700 v. Chr. Im Industal kommt der Hinduismus auf.

8. Jh. n. Chr. Der Islam kommt mit Invasionsarmeen nach Indien. Er wird zur Hauptreligion unter dem Sultanat von Delhi.

SPÄTER
18. Jh. Hinduistische Marathen schlagen die Moguln in die Flucht und gründen ein rivalisierendes Reich.

1857–1858 Der Aufstand gegen die britische Herrschaft in Indien wird zerschlagen. Bahadur Schah, der letzte Mogulherrscher, stirbt 1862 im Exil.

1947 Indien wird geteilt und der muslimische Staat Pakistan wird gegründet.

Akbar I. verschmilzt Elemente verschiedener Glaubensrichtungen seines Volkes zu **einer neuen Religion namens *din-i ilahi*.**

Aus dem Sufismus: die Sehnsucht nach Gott als zentrales Element der Spiritualität
+
Aus dem Christentum: die Idee des Zölibats als Tugend
+
Aus dem Jainismus: die Verurteilung des Tötens von Tieren
+
Aus dem Zoroastrismus: die göttliche Verehrung von Feuer und Sonne

Ende des 16. Jahrhunderts versuchte Akbar I., der dritte Mogulherrscher, eine radikal neue Interpretation des Islams in Indien einzuführen. Sie hieß *din-i ilahi* (»Religion Gottes«) und kombinierte den Sufismus mit Elementen aus dem Christentum, Hinduismus, Jainismus und Zoroastrismus. Sie sollte das Reich in Form eines gemeinsamen Glaubenssystems zusammenhalten, löste in der islamischen Gemeinschaft Indiens aber stark orthodoxe Reaktionen aus.

Der Islam in Indien

Die ersten Muslime kamen im 8. Jahrhundert nach Indien, als muslimische Armeen aus Zentralasien nach Nordindien vordrangen.

Siehe auch: Die Ursprünge der Ahmadiyya 220–221 ▪ Die Gründung Pakistans 242–247 ▪ Wo leben die meisten Muslime? 260–261 ▪ Die zunehmende Islamophobie 286–287

Ende des 12. Jahrhunderts fasste Muhammad von Ghur Fuß in Indien, was zur Entstehung des Sultanats von Delhi führte. Das islamische Reich mit Sitz in Delhi herrschte 300 Jahre lang über große Teile des indischen Subkontinents.

1526 trat ein weiterer Eroberer aus Zentralasien auf: Babur (reg. 1526–1530), der behauptete, von Dschingis Khan abzustammen, besiegte den Sultan von Delhi in der Schlacht von Panipat. Sein neu gegründetes Reich wurde in Anspielung auf Baburs mongolisches Erbe als Mogulreich bekannt und bestand bis 1857. Obwohl die Moguln Muslime waren, regierten sie ein Land mit hinduistischer Bevölkerungsmehrheit. Sie zwangen ihren Untertanen den Islam nicht auf, sondern förderten die Vermischung der Kulturen. So entwickelte sich die Sprache Urdu in der Mogulzeit aus einer Verschmelzung von Persisch, Arabisch und Hindi.

Din-i ilahi

Diese Verschmelzung der Kulturen erreichte ihren Höhepunkt unter Akbar I. (reg. 1556–1605), dem Enkel Baburs. Er war ein Intellektueller und Förderer der Künste und gründete 1575 die *ibadat khana* (»Haus der Anbetung«), eine Akademie, in der sich Vertreter aller großen Glaubensrichtungen versammeln konnten, um theologische Fragen zu diskutieren. Aus solchen Debatten schloss Akbar, dass eine einzelne Religion die ganze Wahrheit nicht erfassen konnte und die Religionen deshalb kombiniert werden müssten – so entstand die *din-i ilahi*.

Die Anhänger sollten Läuterung durch einen islamischen Gott finden und sich durch Gebete und Formeln wie *allahu akbar* (»Gott ist groß«) zu Gott bekennen. Aber sie verehrten auch das Licht wie die Zoroastrier. Die neue Religion förderte das Zölibat des Katholizismus und verbot das Schlachten von Tieren wie der Jainismus, hatte aber keine heiligen Schriften und keine Priesterhierarchie. Im Zentrum der Religion stand Akbar selbst als neuer Prophet. *Din-i ilahi* war wohl die Antwort auf die Herausforderung, als muslimischer Herrscher einen mehrheitlich hinduistischen Staat zu regieren. Die Religion verbreitete sich jedoch nie über den engen Kreis von Akbars Hof hinaus. Viele muslimische Kleriker erklärten sie für ketzerisch.

Aurangzeb wird oft für den Untergang des Mogulreiches verantwortlich gemacht. Durch seine religiöse Intoleranz grenzte er seine wichtigsten hinduistischen Verbündeten aus.

Nach Akbars Tod

Nach Akbars Tod schlugen seine Erben wieder einen traditionelleren Weg ein. Akbars Sohn Jahangir (reg. 1605–1627) führte den Islam als Staatsreligion ein und betrieb gleichzeitig eine Politik der religiösen Pluralität, die unter seinem Nachfolger, Schah Jahan ihren schönsten Ausdruck im Tadsch Mahal (Agra) fand. Das Mausoleum aus weißem Marmor, erbaut für Mumtaz Mahal, die Lieblingsfrau des Schahs, ist eine glorreiche Verschmelzung von Hinduismus und Islam, errichtet von Handwerkern aus der gesamten islamischen Welt.

Jahans Sohn Aurangzeb (reg. 1658–1707), der sechste und letzte Großmogul, kam auf den Thron, nachdem sein Vater inhaftiert und sein älterer Bruder ermordet worden war, und regierte fast 50 Jahre. Seine Herrschaft war von Eroberungen geprägt, durch die das Mogulreich seine größte Ausdehnung erreichte.

Als frommer und kompromissloser Muslim beendete Aurangzeb die Politik der religiösen Toleranz. Er ließ die Hinduisten nicht mehr nach ihren eigenen Gesetzen und Bräuchen leben, riss Tempel ab und führte die Scharia ein. Er missbilligte das Tadsch Mahal, weil er glaubte, es stehe im Widerspruch zu den Lehren Mohammeds. ■

> »Habt Mut, meine Freunde!
> Es gibt einen Gott!
> Es gibt einen Gott!«
>
> **Großmogul Aurangzeb**
> (1658–1707)

REFORM
NEUBEL
1527–1979

UND

EBUNG

1529
Suleiman I. versucht, mit seinem Heer **Wien** einzunehmen, die Hauptstadt der mächtigen Habsburgermonarchie.

1683
Der osmanische Großwesir **Kara Mustafa Pascha belagert Wien** und wird zurückgeschlagen.

1744
Muhammad bin Saud schließt sich mit **Muhammad Abdul Wahhab** zusammen, um den ersten saudischen Staat zu gründen.

1798
Französische Truppen unter **Napoleon Bonaparte** dringen in das **osmanische Ägypten** ein, um die Verbindung der Briten nach Indien zu stören.

1808
Sultan Mahmud II. führt im Osmanischen Reich die **verwestlichenden Tanzimat-Reformen** durch.

1830
Die **Franzosen besetzen Algerien,** seit 1529 eine Provinz des Osmanischen Reichs.

1858
Die Briten nutzen den **indischen Aufstand von 1857** als Vorwand, um den letzten Mogul Bahadur Schah II. ins Exil zu schicken.

1871
Der **persische Aktivist al-Afghani** inspiriert einen Kreis von Reformern, die den Islam erneuern wollen.

Die osmanische Armee von Suleiman I. überrannte 1521 Belgrad, eine Festungsstadt im christlichen Königreich Ungarn. Acht Jahre später belagerten die Osmanen Wien, die Hauptstadt der Habsburgermonarchie. Die Stadt hielt stand, und die Osmanen zogen sich zurück. 1571 erlitten sie ihre erste große Niederlage in der Seeschlacht von Lepanto, in der die Venezianer fast die gesamte osmanische Flotte versenkten. Daraufhin wurde eine größere, modernere Flotte gebaut, mit der das osmanische Reich seine Macht im Mittelmeer weiter ausbaute.

1683 stand vor den Toren Wiens wieder ein osmanisches Heer, das erneut zurückgeschlagen wurde. Diesmal gab es keinen geordneten Rückzug, die osmanischen Streitkräfte wurden von einer Allianz europäischer Mächte in die Flucht geschlagen. Zum ersten Mal mussten die Osmanen die Kontrolle über große Territorien in Europa abgeben.

Die Kolonisierung muslimischer Gebiete

Europa trat – inspiriert von der italienischen Renaissance des 14. bis 17. Jahrhunderts – in eine Epoche der Erfindungen, Kreativität und Dynamik ein. Dieses kulturelle und ökonomische Wiedererwachen hatte seine Ursachen u. a. darin, dass Europa durch den Handel mit islamischen Mittelmeerstaaten reich geworden war und das Wissen der Muslime übernommen hatte.

1499 entdeckte der Portugiese Vasco da Gama einen Seeweg nach Indien, der den Europäern direkten Zugang zu den Gewürzen Südostasiens verschaffte, die sie zuvor nur über muslimische Händler beziehen konnten. Aufstrebende Mächte wie Spanien, Portugal, England und die Niederlande kolonisierten große Teile der Welt. Als die Reiche der Osmanen, Safawiden und Moguln untergingen, konkurrierten die europäischen Mächte um die Beute. Die Portugiesen, Briten und Franzosen sicherten sich einen Platz in Indien, wo die Briten 1857 die Epoche der Moguln beendeten. Frankreich eroberte 1798–1801 Ägypten und Syrien sowie 1830 Algerien.

Der Kolonialismus beschränkte sich nicht auf die Europäer. Im 19. Jahrhundert eroberten Chinesen und Russen die islamischen Provinzen Zentralasiens. Die chinesische Provinz Xinjiang entstand aus Oasen an der Seidenstraße, die Jahrhunderte muslimisch gewesen waren.

1889 Der indische Reformer Mirza Ghulam Ahmad gründet die **Ahmadiyya-Bewegung,** um den Islam neu zu beleben.

1908 Die **Jungtürken,** eine Koalition von Reformgruppen, stürzt das osmanische Sultanat.

1921 **Reza Khan** unternimmt einen erfolgreichen Putsch im Iran und gründet die säkulare Pahlavidynastie.

1923 Der Ex-Armeeoffizier **Mustafa Kemal Atatürk** gründet die Republik Türkei. Im Jahr darauf schafft er das Kalifat ab.

1928 Der ägyptische Lehrer Hassan al-Banna gründet die **Muslimbruderschaft.**

1932 Die Königreiche Nadschd und Hedschas auf der Arabischen Halbinsel werden zum **Königreich Saudi-Arabien** vereint.

1947 Indien wird geteilt; aus den Gebieten mit muslimischer Mehrheit wird **Pakistan** geschaffen.

1964 Der afroamerikanische Bürgerrechtler **Malcolm X** verlässt die **Nation of Islam** und wird sunnitischer Muslim.

1979 Eine **Revolution** führt im Iran zur Absetzung des Schahs; **Ayatollah Chomeini** wird zum Obersten Führer der Islamischen Republik Iran.

Wiedererwachen

Ab Mitte des 19. Jahrhunderts wurden weite Teile der islamischen Welt von Kolonialmächten kontrolliert. Es gab keine ideologischen Konflikte – es ging nicht darum, das Christentum triumphieren zu lassen; der Islam war für die Kolonisten uninteressant. Für viele Muslime, die sich von ihrer Landesführern (die mit den Kolonialmächten kollaborierten) verraten fühlten, wurde der Islam nun zum Sammelbecken.

Überall in der islamischen Welt entstanden Bewegungen, angeführt von charismatischen Ideologen. Alle wollten die Muslime aufrütteln und die Kolonialherrschaft abschütteln. Es gab verschiedene Ansätze: Manche glaubten, die Muslime sollten dem Westen nacheifern, um auf Augenhöhe konkurrieren zu können. Dazu gehörten Sayyid Ahmad Khan (1817–1898) und Muhammad Iqbal (1877–1938) in Indien, die an der Gründung Pakistans beteiligt waren, sowie Mustafa Kemal Atatürk (1881–1938), der spätere Gründer der türkischen Republik.

Andere waren der Meinung, die Muslime müssten die westlichen Lehren aufnehmen und gleichzeitig ihren islamischen Glauben erneuern. Diese Ansicht vertraten u. a. der persische Autor Dschamal ad-Din al-Afghani (1838–1897), der Begründer des islamischen Modernismus, und Hassan al-Banna (1906–1949), der Gründer der reformistischen Muslimbruderschaft in Ägypten.

Wieder andere – wie der ägyptische Intellektuelle Sayyid Qutb (1906–1966) – plädierten für eine komplette Ablehnung alles Westlichen und eine Rückkehr zur ursprünglichen Form des Islams.

Islamisch oder nicht?

Die Entstehung des politischen Islams ging mit einem zunehmenden Nationalismus in der muslimischen Welt einher. Nach dem Ersten Weltkrieg hatten die westlichen Mächte das Osmanische Reich unter sich aufgeteilt und die Nationen des modernen Nahen Ostens gegründet. Viele dieser Nationen forderten nun ihre Unabhängigkeit ein, was ihnen im 20. Jahrhundert zumeist auch gelang.

Nun stellte sich die Frage, inwiefern der Islam in diesen modernen Nationen eine Rolle spielen sollte. Die Antworten fielen unterschiedlich aus: Kemal Atatürk, der Präsident der jungen Republik Türkei, verbannte die Religion aus dem Land; der Iran wurde durch die Revolution von 1979 zu einem streng islamischen Staat umgestaltet. ■

LIEBER TÜRKISCH ALS PÄPSTLICH!

NIEDERLÄNDISCHE PROTESTANTEN (1574)

IM KONTEXT

THEMA
Der Islam in Europa

WANN UND WO
16.–19. Jh., Europa

FRÜHER
711 Eine Armee von Arabern und Berbern unter der Führung von Tariq ibn Ziyad erobert Spanien.

1299 Osman I. begründet die osmanische Dynastie, die später die Türkei, Griechenland und Serbien beherrscht.

1453 Mehmet II. erobert Konstantinopel und leitet damit ein ruhmreiches Zeitalter für das Osmanische Reich ein.

SPÄTER
1920 Nach der osmanischen Niederlage im Ersten Weltkrieg teilt der Vertrag von Sèvres das Osmanische Reich auf, was zur Entstehung der Türkei und der modernen arabischen Welt führt.

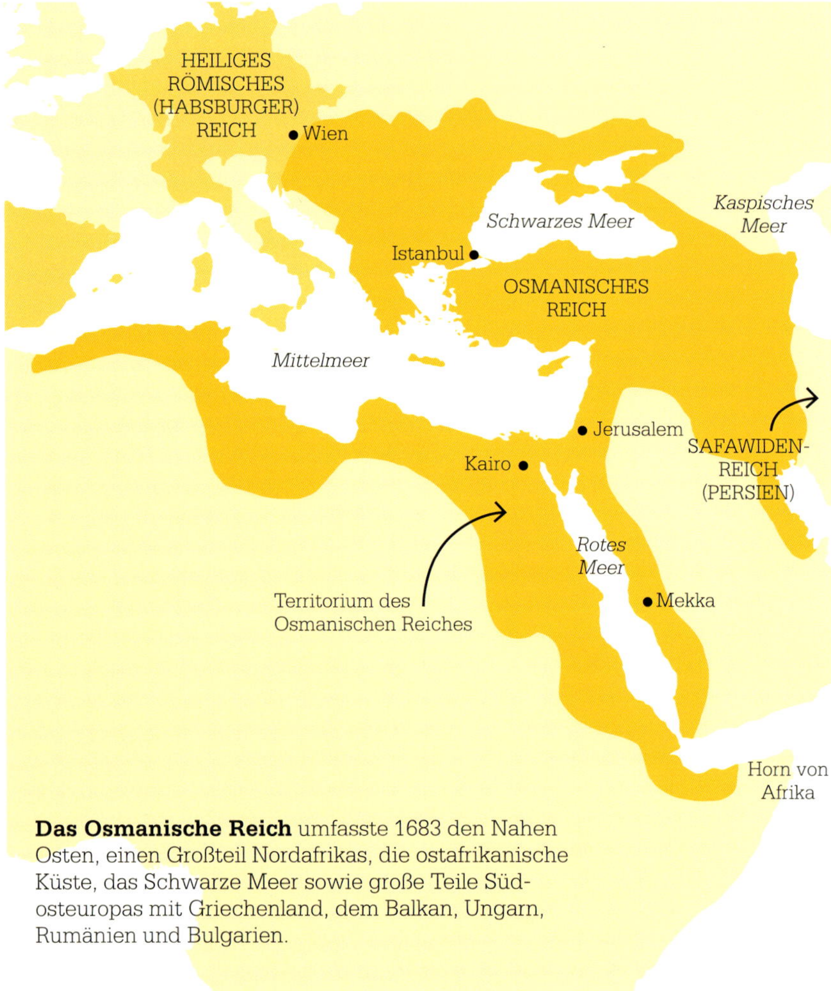

Das Osmanische Reich umfasste 1683 den Nahen Osten, einen Großteil Nordafrikas, die ostafrikanische Küste, das Schwarze Meer sowie große Teile Südosteuropas mit Griechenland, dem Balkan, Ungarn, Rumänien und Bulgarien.

Die Osmanen belagerten 1683 erneut Wien, die Hauptstadt des Heiligen Römischen Reiches. Dieser zweite Eroberungsversuch sollte entscheidend für die weitere Entwicklung sein: Wäre Wien gefallen, hätten die Osmanen tiefer nach Europa vordringen können, um die Kontrolle über Handelsrouten zu erlangen und so den Lauf der Geschichte zu verändern. Doch die christlich-europäischen Armeen unter dem Kommando des polnischen Königs Johann III. Sobieski besiegten das osmanische Heer.

Die Belagerung von Wien 1683 wird oft als Kampf der Kulturen dargestellt – der Islam gegen das christliche Abendland –, doch die Wahrheit ist differenzierter: Während die Wiener die islamischen Belagerer fürchteten, liebäugelten die Franzosen mit einem Sieg der Osmanen. Und Sobieski hätte die Schlacht wohl nicht ohne die Hilfe der muslimischen Lipka-Tataren gewonnen – ihre Vorfahren waren 1397 vor Timur geflohen und hatten Aufnahme im damaligen Großfürstentum Litauen gefunden, das später mit Polen zusammengeführt wurde.

Der Feind meines Feindes

So wie es in der muslimischen Welt Spannungen gab – die benachbarten Reiche der Osmanen und Safawiden bekriegten sich häufig –, war auch Europa durch Feindschaften und Rivalitäten gespalten. 1517 leitete Martin Luther eine Reformation der christlich-katholischen Kirche ein und löste damit eine Spaltung der Kirche in Katholiken und Protestanten aus. Europa teilte sich in einen katholischen Süden und einen weitgehend protestantischen Norden. Dank der osmanischen Besetzung des Balkans, Griechen-

Siehe auch: Die Verbreitung des Islams durch den Handel 182–185 ▪ Das osmanische Kalifat 186–189 ▪ Das Safawidenreich 192–193 ▪ Die Säkularisierung der Türkei 228–231

lands und Ungarns verkörperte der Islam nun eine dritte Macht in Europa. Das machte die muslimisch-christlichen Beziehungen zu einem Balanceakt getreu dem Prinzip »Der Feind meines Feindes ist mein Freund«.

Die Osmanen nutzten die Spaltung der Christen zu ihrem Vorteil, wie ein Brief von Sultan Murad III. (reg. 1574–1595) an die Protestanten im katholischen Spanien (seinem Erzrivalen) zeigt: »Ihr habt die Götzen und Bilder und Glocken aus den Kirchen verbannt und Euren Glauben durch die Aussage erklärt, daß der Allmächtige Gott einzig und der Heilige Jesus Sein Prophet und Diener ist … Aber der Ungläubige, der Papa [Papst] genannt wird, erkennt seinen Schöpfer nicht als einzig an, schreibt dem Heiligen Jesus (Friede sei mit ihm!) Göttlichkeit zu, betet Götzen und Bilder an … und lockt so viele Diener Gottes auf den Weg des Irrtums.«

Sultan Mehmet II., porträtiert von dem italienischen Maler Gentile Bellini. Bellinis Werk begründete das künstlerische Interesse Europas am Orient.

> »Ich denke, es ist keine Beleidigung gegen Gott, einen seiner Feinde gegen den anderen zu stellen, den [osmanischen] Ungläubigen gegen die [spanischen] Götzendiener.«
>
> **William Harborne**
> englischer Botschafter in Konstantinopel (1583–1588)

1600 kam aus ähnlichen Gründen Muhammad al-Annuri, der Botschafter des Sultans von Marokko, an den Hof von Königin Elisabeth I. von England. Er war nach London gereist, um ein Handels- und Militärbündnis zwischen der protestantischen Königin und dem Sultan gegen ihren gemeinsamen Feind (das katholische Spanien) auszuhandeln.

Es gab viele christlich-muslimische Bündnisse, die sich gegen andere Christen oder Muslime richteten. 1598 versuchten die englischen Brüder Sherley einen Pakt mit den Safawiden zu schließen, um Unterstützung in einem möglichen Krieg gegen die Osmanen zu erhalten. Frankreich wollte die Osmanen als Verbündete gegen die Habsburger gewinnen; Schweden suchte osmanische Hilfe gegen Russland; Ungarns protestantische Fürsten waren – um die katholischen Habsburger zu besiegen – bereit, osmanische Vasallen zu werden. Die Protestanten merkten, dass sie von den Osmanen besser behandelt wurden als von den Katholiken. Menschen, die vor der Verfolgung durch die Katholiken flohen, fanden im Osmanischen Reich Unterschlupf, etwa spanische Juden und französische Hugenotten. Unter den niederländischen Protestanten, die unter spanischer Herrschaft lebten, kursierte das Sprichwort: »Lieber türkisch als päpstlich« *(liever Turks dan paaps)*.

Vorbild für Pluralismus

Das Osmanische Reich erstreckte sich von Nordafrika bis zu den Grenzen des Irans, Russlands und Polens und umfaste große Minderheiten von Juden und Christen. Die Osmanen bauten Kirchen zu Moscheen um und zwangen Christen zur Konversion, dennoch gab es auch bereits Pluralismus. Jede »

Ein Porträt des marokkanischen Botschafters Muhammad al-Annuri. Sein Besuch bei Königin Elizabeth I. könnte Shakespeare zu *Othello* inspiriert haben.

Eine persische Mission

1598 reisten die englischen Kaufleute und Abenteurer Anthony und Robert Sherley nach Isfahan, um Kontakt mit dem Schah von Persien aufzunehmen. Sie wollten ein Bündnis mit ihm schließen, um das Monopol der Spanier und Osmanen auf den lukrativen Handel mit dem Fernen Osten zu brechen. Nach eigenen Angaben freundeten sich die beiden Engländer mit dem Schah an. Sie schlugen ihm einen persisch-christlichen Pakt vor, der »die Türken« besiegen und dem Schah Kontrolle über Zentralasien geben sollte. Abbas erteilte Anthony Sherley die Vollmacht, in seinem Namen mit den europäischen Mächten zu verhandeln, um diesen Pakt zu schließen. In der Zwischenzeit erklärte er sein Reich als offen für alle Christen.

Die Pläne der Sherleys zerschlugen sich schließlich, nicht zuletzt, weil viele europäische Länder bereits profitable Beziehungen zu den Osmanen unterhielten.

Glaubensgemeinschaft durfte sich in einer separaten *millet* (»Nation«) organisieren, die ausschließlich auf der Religionszugehörigkeit basierte: So gehörten alle Juden im Osmanischen Reich automatisch zur jüdischen *millet*. Jede *millet* hatte ihr eigenes Bildungs- und Justizsystem. Indem die Osmanen den Glaubensgemeinschaften größere Autonomie gaben, förderten sie die soziale Harmonie zwischen den Religionen. Das System war alles andere als perfekt, wurde aber oft als Vorbild für religiösen Pluralismus bezeichnet.

Siedler und Konvertiten

Volkszählungsdaten aus der Zeit um 1683 zeigen, dass nur 20 % der Bevölkerung in den osmanischen Territorien Europas Muslime waren: Ein Drittel davon waren muslimische Siedler, zwei Drittel Konvertiten. Die Hauptgründe für den Übertritt zum Islam waren wahrscheinlich wirtschaftlicher und sozialer Natur, da Muslime mehr Rechte und Privilegien genossen als Christen. Aber die Verbreitung des Islams war nie das Ziel der osmanischen Expansion – den Osmanen ging es um Land, Arbeitskräfte und Reichtum. Junge Männer aus eroberten Gebieten wurden in die Armee eingezogen; die osmanischen Soldaten kämpften nicht für den Islam, sondern für Prämien und Beförderungen.

> »… eine bestimmte Bohne aus Arabien, aus der sie ein Getränk namens Kaffee machen … ist heute sehr gefragt.«
>
> **Philippe Sylvestre Dufour**
> französischer Kaufmann
> (1622–1687)

Der Reiz des Orients

Auf dem Höhepunkt ihrer Macht – im 16. und 17. Jahrhundert – nutzten die Osmanen die Religionskämpfe in Europa zu ihrem eigenen politischen Vorteil und trieben Handel mit ihren Nachbarn; ansonsten waren ihnen die europäischen Christen gleichgültig. Im Gegensatz dazu gab es in Europa eine große Neugierde auf »die Türken«.

Europa entwickelte eine Faszination für die osmanische Welt, die als »Türkomanie« bekannt wurde und zwischen 1650 und 1750 ihren Höhepunkt fand. Es wurde zur Mode, die osmanische Kultur zu imitieren, Opern im Orient anzusiedeln, Motive aus der osmanischen Kunst und Architektur zu

Die Tulpe stammt aus Zentralasien, der Heimat der Osmanen. Sie wurde zu einem beliebten Motiv in der osmanischen Kunst und zierte Stoffe und Fliesen, wie hier in der Rüstem-Pascha-Moschee (1563) in Istanbul.

Mostar (Bosnien und Herzegowina) war im 15. und 16. Jh. eine florierende osmanische Grenzstadt. Die Alte Brücke wurde von einem Schüler Sinans entworfen.

entlehnen, auf Porträtgemälden und Bällen türkische Kleidung zu tragen und Kaffee zu trinken. Kaffee stammt aus Arabien und verbreitete sich im 16. Jahrhundert im Osmanischen Reich. Das erste Kaffeehaus Europas wurde 1630 in Venedig eröffnet, bald folgten Cafés in Paris und London. Im 18. Jahrhundert entwickelte sich eine europaweite Kaffeehaus-Kultur.

Die Niederländer hingegen verfielen der Tulpenmanie. Ein holländischer Botaniker hatte die Tulpe im 16. Jahrhundert aus Istanbul nach Holland gebracht. Die Blumen avancierten schnell zu einem begehrten Luxusprodukt und Spekultationsobjekt. In den 1630er-Jahren handelte man die Zwiebeln zu horrenden Preisen an der Börse.

Europa begann, sich für »orientalische« Sprachen wie Arabisch zu interessieren, da Kenntnisse im Arabischen hilfreich im Gewürzhandel mit Asien waren. Der Ostasien-Handel wurde von der Niederländischen Ostindien-Kompanie dominiert, und 1613 wurde in Leiden (Holland) eines der ersten Zentren für Orientalistik gegründet. Auch an der Universität Oxford wurde 1636 ein Lehrstuhl für Arabisch eingerichtet; der erste Professor, Edward Pococke, war zuvor Pfarrer der englischen Kaufmannsgemeinde in Aleppo gewesen. Die christlich-europäischen Akademiker standen dem Islam weiterhin feindselig gegenüber: Man müsse ihn studieren, aber nur, um ihn zu widerlegen.

Das Croissant soll erstmals 1683 in Wien gebacken worden sein, um die Niederlage der Osmanen zu feiern. Die Form wurde angeblich vom Halbmond der osmanischen Flagge inspiriert.

» Wie hilfreich könnten die Erfahrungen der Araber sein, wollte Europa seinen zivilisatorischen Einfluss tief nach Asien und Afrika tragen. «

Michael Jan de Goeje
niederländischer Orientalist
(1836–1909)

Neues Gleichgewicht

Von der Niederlage vor Wien sollte sich das Osmanische Reich nicht mehr erholen. Jede weitere Schlacht – meist gegen das Habsburgerreich und Russland – führte zu Gebietsverlusten. Nach dem Frieden von Karlowitz 1699 zwischen den Osmanen und den Habsburgern traten die Osmanen die Kontrolle über weite Teile Mitteleuropas ab, und die Habsburgermonarchie etablierte sich als dominierende Macht.

In den darauffolgenden 200 Jahren kam es zu weiteren Kriegen, in denen christliche Armeen Millionen europäischer Muslime vertrieben, Moscheen zerstörten, die Osmanen vom Balkan vertrieben und weiter zurückdrängten – eine Position, die im Berliner Vertrag von 1878 zementiert wurde. Dem Islam blieb mit dem heutigen Bosnien und Herzegowina, Albanien und Kosovo nur noch geringe Präsenz in Europa.

In den islamischen Ländern entwickelte sich ein steigendes Interesse am Westen. Muslimische Gelehrte besuchten Universitäten in Europa und kehrten mit neuen Ideen nach Hause zurück, die in der islamischen Welt noch weit größere Veränderungen hervorrufen sollten. ■

DER ERNEUERER DER BOTSCHAFT DES ISLAMS

MUHAMMAD IBN ABD AL-WAHHAB

IM KONTEXT

THEMA
Der Wahhabismus – die islamische Reformation

WANN UND WO
18. Jh., Arabien

FRÜHER
13. Jh. Der syrische Theologe Ibn Taimiya predigt gegen die Verunreinigung des Islams.

SPÄTER
1932 Ibn Saud gründet Saudi-Arabien und macht den Wahhabismus zur Staatsreligion.

1979–1989 Sowjetische Truppen überfallen Afghanistan; ausländische Kämpfer strömen zu Tausenden in das Land, um sich dem antikommunistischen Dschihad anzuschließen, der von Saudi-Arabien und den USA finanziert wird. Dort kommen sie mit dem Wahhabismus in Berührung. Militante Gruppen wie Al-Qaida und die Taliban entstehen.

Gott offenbart Mohammed den Koran mit der Botschaft der Einheit Gottes.

Islamische Gelehrte interpretieren jahrhundertelang den **Koran** und die **Hadithe,** um die rechte islamische Lebensweise (Sunna) zu finden.

Der **Wahhabismus** versteht **Koran und Hadith wörtlich,** lehnt Interpretationen ab und betrachtet Schiiten und Sufis als Abweichler.

Muhammad ibn Abd al-Wahhab, geboren 1703 im Nadschd (Arabische Halbinsel), stammte aus einer Familie von Religionsgelehrten. Als junger Mann reiste er nach Medina und Basra (Irak), um dort bei Gelehrten zu studieren, die der strikten islamischen Rechtsschule der Hanbaliten folgten. Wahhab wurde Prediger und entwickelte eine absolutistische Ideologie, welche die islamische Lehre und Praxis seiner Zeit verurteilte, was ihn in Konflikt mit den lokalen Religionsbehörden brachte.

Anfangs wurde er als Ketzer aus mehreren Städten vertrieben. Später gewann er Anhänger aus zwei arabischen Stämmen, die ihn als ihren religiösen Anführer akzeptierten. Doch auch hier zog er sich mächtige Feinde zu und musste erneut weiterziehen.

Als er nach Diriyya (nahe Riad) kam, gewann Wahhab neue Anhänger und fand in dem Lokalherrscher Muhammad bin Saud einen mächtigen Gönner, der ihm bei der Bekehrung der Einheimischen freie Hand ließ. 1744 schworen die beiden Männer einen gegenseitigen Treueeid und gründeten den ersten saudischen (wahhabitischen) Staat.

Die Wahhabiten

Die Anhänger Wahhabs (Wahhabiten) stellten sich mit ihrer Doktrin, dem Wahhabismus, gegen den

Siehe auch: Gottes Führung durch die Scharia 128–133 ▪ Der Aufstieg des islamischen Modernismus 222–223 ▪ Die Geburtsstunde von Saudi-Arabien 232–237 ▪ Der moderne Scharia-Staat 266–269 ▪ Die neuen Extremisten 272–277 ▪ Der Salafismus 304

Mainstream-Islam und plädierten für die strikte Einhaltung der Scharia und ein wörtliches Verständnis mehrdeutiger Koranverse – unbeeinflusst von den Interpretationen vergangener Islamgelehrter.

Der Wahhabismus nahm für sich in Anspruch, das Prinzip des *tauhid*, der Einheit Gottes, authentischer zu vertreten als andere Strömungen des sunnitischen Islams. Die Wahhabiten nannten sich auch *muwahhidun* (»Bekenner der Einheit Gottes«), und Wahhab selbst wurde als *mudschaddid* – Erneuerer der Botschaft des Islams – bezeichnet. Seine Anhänger zitierten einen Hadith, in dem der Prophet sagte, Gott werde für die Umma alle hundert Jahre denjenigen erwecken, der ihre Religion für sie erneuert.

Wahhabitische Militanz

Die Wahhabiten schickten Briefe an Religionsgelehrte und politische Anführer in islamischen Ländern und forderten sie auf, ihre Doktrin anzunehmen. Schlug dies fehl, wurden die Wahhabiten dazu aufgerufen, einen Dschihad gegen die nicht-wahhabitischen Muslime zu führen und sie zu Abtrünnigen zu erklären, die sich vom Islam abgewandt hatten.

1812 plünderte eine saudisch-wahhabitische Armee schiitische Städte im Irak. Die Schiiten zogen den Zorn der Wahhabiten auf sich, weil sie die Imame als Heilige verehrten. Der osmanische Sultan Mahmud II., der auch über den Irak und die Arabische Halbinsel herrschte, sandte seinen ägyptischen Vizekönig Muhammad Ali aus, um den saudisch-wahhabitischen Staat zu vernichten. Abdullah bin Saud wurde 1818 in Istanbul enthauptet.

Die Neubelebung des Wahhabismus

Al-Wahhab starb 1792 und hinterließ sechs Söhne. Seine Nachkommen – die *al asch-scheich* – dominierten weiterhin die religiösen Institutionen des saudi-arabischen Staates. Außerhalb Arabiens blieb der Wahhabismus eine ketzerische Randgruppe – bis zum Aufkommen der islamischen Modernismus-Bewegungen und dem Zusammenbruch des Osmanischen Reiches im 20. Jahrhundert. In dieser Zeit wurden Wahhabs Ideen eines Zurück-zu-den-Grundlagen-Islams von mehreren Reformisten aufgegriffen. Der libanesische Intellektuelle Raschid Rida und andere Reformer setzten sich für die Rehabilitierung des Wahhabismus ein.

Muslime vor der nach Wahhab benannten Nationalmoschee von Doha (Katar). Katar ist neben Saudi-Arabien das einzige Land mit mehrheitlich wahhabitischer Bevölkerung.

In den 1970er-Jahren begann der saudische Staat, nun durch Erdöl reich geworden, aktiv die Verbreitung des Wahhabismus zu finanzieren, in dem er weltweit islamische Schulen, Universitäten und Moscheen bauen ließ.

Die Kontroversen über Wahhabs Vermächtnis dauern an. Kritiker behaupten, dass seine strikte Auslegung des Islams eine Generation von Terroristen hervorgebracht hat, wie den Al-Qaida-Führer Osama bin Laden (1957–2011). Befürworter argumentieren, dass Wahhab Debatten stets der Gewalt vorzog, und nicht jeder zieht eine ideologische Verbindung zu Bin Laden, dessen politische Motivation vor allem in der Feindschaft zum Westen (v. a. Amerika) bestand. ▪

Ein Vorreiter des Wahhabismus

Lange bevor Wahhab seine kompromisslose Interpretation des Islams propagierte, äußerte der Theologe Ibn Taimiya (1263–1328) ganz ähnliche Ansichten. Der Syrer studierte die hanbalitische Rechtsschule des Islams. Er sorgte für Kontroversen, weil er die Heiligenverehrung der Sufis anprangerte und bei mindestens einer Gelegenheit den Tod eines Christen forderte, weil dieser, wie Taimiya meinte, den Propheten beleidigt hatte. Ibn Taimiya war unbeliebt bei den orthodoxen Religionsgelehrten, die ihn mehrfach ins Gefängnis werfen ließen.

Er predigte im Übrigen eine extreme Auffassung des Dschihad und stellte eine Fatwa gegen die Mongolen aus, die zwar Muslime waren, seiner Ansicht nach aber nicht dem Gesetz Gottes folgten. Seine Akzeptanz von Gewalt gegen Mitmuslime inspirierte extremistische Gruppen im 20. Jahrhundert zu Gewalttaten gegen ihre eigenen Regierungen.

EINE PROBLEMATISCHE EINSTELLUNG EUROPAS ZUM ISLAM

EDWARD SAID (1978)

IM KONTEXT

THEMA
Der Orientalismus

WANN UND WO
18.–19. Jh., Europa

FRÜHER
1479 Der italienische Künstler Gentile Bellini reist für einen zweijährigen Aufenthalt nach Istanbul und weckt das Interesse der Europäer am Orient.

1798 Napoleon Bonaparte marschiert in Ägypten ein. Er bringt Wissenschaftler, Archäologen und Künstler mit, deren Aufzeichnungen eine Begeisterung für den Orient auslösen.

SPÄTER
1978 Edward Said veröffentlicht *Orientalism (Orientalismus)*, das die westliche Vorstellung von der »arabischen Seele« herausfordert.

1998 Das Auktionshaus Christie's bietet erstmals orientalistische Kunst an; großes Interesse aus dem Nahen Osten.

Für Europa war das Osmanische Reich eine starke Militärmacht, aber auch ein geschätzter Handelspartner. Doch im 18. Jahrhundert, als die Türken Territorien verloren und die Nationalstaaten Europas wirtschaftlich stärker wurden, sah man den »Orient« als rückständig, unzivilisiert und unchristlich an.

Die westlichen Religionsgelehrten griffen den Islam an. So erklärte der französische Denker Alexis de Tocqueville (1805–1859), dass es »nur wenige Religionen in der Welt gab, die für die Menschheit so tödlich waren wie die von Mohammed«. Solche Ideen wurden von »Orientalisten« und Künstlern befeuert, die die islamische Welt als zügellos (der Harem war ein beliebtes Motiv), brutal (auch Schwerter und Sklaven wurden gern gezeigt) und fanatisch darstellten.

Die islamische Welt wurde so präsentiert, als benötige sie dringend christliche Intervention – diese einseitige Sichtweise gab den Mächten Europas die Lizenz, die islamischen Länder zu kolonisieren. Später erläuterte der palästinensisch-amerikanische Wissenschaftler Edward Said (1935–2003) die muslimische Perspektive dazu. In seiner Studie *Orientalism* (1978) schrieb er: »Einfach zu sagen, *daß der Orientalismus eine Rationalisierung* einer kolonialen Regel wäre, heißt das Ausmaß zu ignorieren, bis zu welchem die *koloniale* Herrschaft eher im Voraus als im Nachhinein durch den *Orientalismus* gerechtfertigt wurde.« ■

Orientalistische Gemälde spielten mit westlichen Fantasien über den Orient und waren oft pathetisch und farbenfroh, wie dieses Werk des Franzosen Jean-Léon Gérôme (1824–1904).

Siehe auch: Das osmanische Kalifat 186–189 ▪ Der Islam in Europa 210–215 ▪ Die zunehmende Islamophobie 286–287

LÄUTERUNG DURCH DAS SCHWERT

MUHAMMAD AHMED, »DER MAHDI«

IM KONTEXT

THEMA
Der Mahdi des Sudan

WANN UND WO
1881–1885, Sudan

FRÜHER
9. Jh. Der 12. Imam lebt in »Verborgenheit« und wird dereinst zurückkehren, um sein Volk zu retten.

um 1844 In Persien wird Seyyed Ali Muhammad Schirazi (1819–1850), der Religionsstifter des Babismus, zum *bab* (»Tor [zu Gott]«) ernannt und wie ein Mahdi verehrt. Die Behörden richten ihn und Tausende seiner Anhänger hin. Schirazi wird später als eine zentrale Figur der Bahai-Religion verehrt.

SPÄTER
1882 Im Punjab (Nordindien) erklärt sich Mirza Ghulam Ahmad, Gründer der Ahmadiyya-Bewegung, zum nachgeordneten Propheten des Islams und zum Mahdi.

Obwohl der Mahdi (»der Rechtgeleitete«) nicht im Koran, sondern nur in den Hadithen erwähnt wird, leben die Schiiten in Erwartung dieses Messias, der in der Endzeit mit Jesus erscheinen wird, um der Erde Frieden zu bringen. Mehrere Personen haben vorgegeben, der Mahdi zu sein. 1881 wurde der Anführer eines Sufi-Ordens im Sudan, Muhammad Ahmed bin Abdallah (1844–1885), der behauptete, von Fatima, der Tochter des Propheten, abzustammen, von seinen Anhängern zum Mahdi ausgerufen. In dieser Zeit waren die Sudanesen voller Unmut über die hohen Besteuerungen durch Ägypten, das den Sudan in den 1820er-Jahren erobert hatte. Der Mahdi betrachtete die Ägypter als Heuchler und Abtrünnige, die sich vom Islam abgewandt hatten.

»Diese Welt ist ein Kadaver, und die sie begehren, sind Hunde.«

Der Mahdi
Brief an die Briten, (1884)

1881 sandte Muhammad Ahmed eine Botschaft an den Generalgouverneur des Sudan, um ihm mitzuteilen, dass er, der Mahdi, durch die göttliche Eingebung des Propheten handele – und dass jeder, der seine göttliche Mission nicht akzeptiere, »durch das Schwert geläutert« würde.

Der Mahdi-Aufstand fand landesweite Unterstützung. Die Rebellen errangen Siege über die ägyptischen und britischen Truppen und eroberten 1885 Khartum. Der Mahdi starb 1855 an Typhus, und der Aufstand endete 1898 – aber sein Name blieb ein mächtiges Symbol. Sein Nachfahre Sadiq al-Mahdi war von 1966–1967 und von 1986–1989 Premierminister des Sudan. ■

Siehe auch: Die Entstehung des schiitischen Islams 108–115 ▪ Das osmanische Kalifat 186–189 ▪ Die Ursprünge der Ahmadiyya 220–221

ICH WURDE BEAUFTRAGT, UND ICH BIN DER ERSTE DER GLÄUBIGEN

MIRZA GHULAM AHMAD

IM KONTEXT

THEMA
Die Ursprünge der Ahmadiyya

WANN UND WO
Spätes 19. Jh., Indien

FRÜHER
632 Mohammed, der letzte Prophet des Islams, stirbt.

1857 Der indische Aufstand wird niedergeschlagen, bringt aber die teils militante Unabhängigkeitsbewegung hervor.

SPÄTER
1908 Hakim Nuur-ud-Din, ein Gefährte Ghulam Ahmads, übernimmt die Führung der Ahmadiyya.

1984 Der Hauptsitz wird nach Großbritannien verlegt.

1983 Die jährliche Ahmadiyya-Konferenz in Pakistan zieht 250 000 Teilnehmer an.

1984 Die gegen die Bewegung verhängten Restriktionen zwingen ihren Anführer ins Exil.

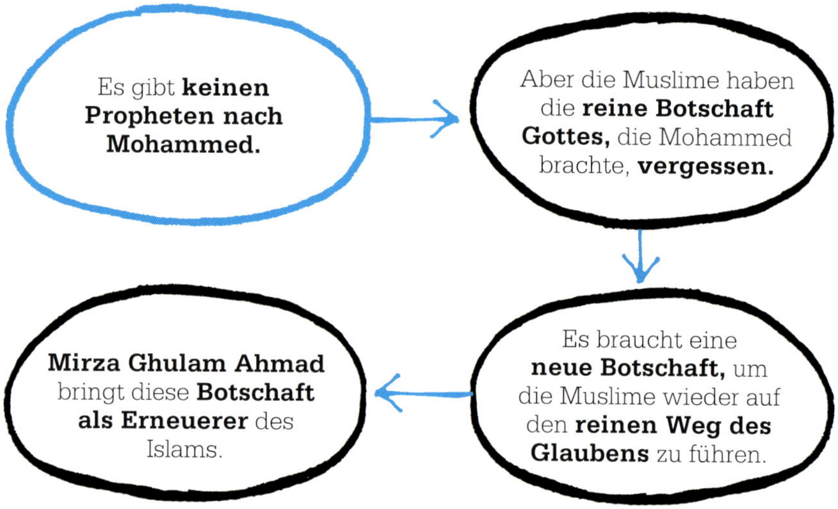

Die Ahmadiyya-Bewegung entstand Ende des 19. Jahrhunderts im Nordwesten von Britisch-Indien. Ihr Gründer, Mirza Ghulam Ahmad, erklärte sich 1882 zum göttlich berufenen Erneuerer des Islams. Der Name der Bewegung stammt von »Ahmad« ab, einem (in einigen Hadithen erwähnten) alternativen Namen des Propheten Mohammed.

Ghulam Ahmad sagte, er sei gekommen, um den Islam wiederzubeleben und zur Reinheit seiner Grundlagen zurückzuführen. Er behauptete nicht, ein neuer Prophet zu sein – für die Muslime ist Mohammed der letzte Prophet des Islams, und kein anderer darf sich Prophet nennen.

Ghulam Ahmad bestand darauf, keine neue Offenbarung, sondern eine neue Interpretation zu bringen, um die muslimische Gemeinde zurück zu ihren Wurzeln zu führen. Er war überzeugt, er könne den Islam in seinen ursprünglichen, reinen Zustand zurückversetzen. Ahmad sammelte Anhänger im Punjab und Sindh und gründete 1889 mit einer Treuezeremonie die Ahmadiyya-Bewegung.

Siehe auch: Mohammeds frühes Leben 22–27 ▪ Das Streben, Gottes Wort absolut zu setzen 134–135 ▪ Der Mahdi des Sudan 219 ▪ Die Gründung Pakistans 242–247

Unorthodoxe Lehren

In einer Zeit, in der die antiimperialistische Stimmung in Britisch-Indien zunahm, setzte sich Ghulam Ahmad für den spirituellen Dschihad und die friedliche Ausbreitung des Islams ein.

Seine anderen Lehren waren noch aufrührerischer. Er erklärte, Isa (Jesus) sei weder am Kreuz gestorben noch – wie Muslime glauben – vor dem Tod gerettet worden, indem Gott ihn in den Himmel erhob. Stattdessen, so Ahmad, fiel Isa in Ohnmacht, erholte sich und ging auf der Suche nach den verlorenen Stämmen Israels nach Afghanistan und Kaschmir, wo er in hohem Alter verstarb.

Ahmad sah sich nicht nur als einen Reformer des Islams, sondern als Herrn der zweiten Wiederkunft von Mohammed und Isa. Er war sowohl der Mahdi als auch der von Mohammed vorhergesagte Messias. Seine Behauptungen gingen vielen Muslimen zu weit, und Ahmad wurde als Ketzer gebrandmarkt, der Mohammeds Stellung als letzter Prophet infrage stellte. Als Ahmad 1908 starb, spalteten sich seine Anhänger in die Qadiani-Ahmadiyya, die seine Thesen anerkannte und seine Lehren weiterführte, und die Lahore-Ahmadiyya, die ihn als Erneuerer des islamischen Glaubens, aber nicht als Propheten sah.

1973 wurde die Qadiani-Ahmadiyya gesetzlich für nicht muslimisch erklärt; von 1984 an wurden alle Qadianis bestraft, die sich als Muslime ausgaben, islamische Terminologie verwendeten oder ihren Glauben als Islam bezeichneten. Der Verfolgung preisgegeben, verlegten die Qadianis ihren Hauptsitz von Pakistan nach Großbritannien und stellen heute rund 1 % der Muslime weltweit – obwohl sie von allen anderen Muslimen nicht als solche angesehen werden. ▪

Die Ahmadiyya ist missionarisch tätig und fördert weltweit den Bau von Moscheen. Diese Moschee wurde 1925 in Berlin errichtet.

Mirza Ghulam Ahmad

Mirza Ghulam Ahmad wurde 1835 als Sohn eines Arztes in Qadian geboren, einem Dorf bei Lahore, das heute in Pakistan liegt, damals aber zu Nordwestindien gehörte. Er studierte Arabisch, Persisch und eine Zeit lang Medizin bei seinem Vater. Danach arbeitete er kurzzeitig als Regierungsbeamter, kehrte aber nach Qadian zurück und konzentrierte sich auf religiöse Studien und öffentliche Debatten zur Verteidigung des Islams.

1882 erklärte Ahmad, dass er eine göttliche Mission habe. Sieben Jahre später schworen ihm 40 Anhänger die Treue, und 1889 veröffentlichte er eine Reihe von Regeln, die seine Anhänger befolgen sollten. Er reiste durch Nordindien und nach Delhi, verbreitete seine Botschaft und debattierte mit islamischen Führern. Ahmad schrieb mehrere Bücher, darunter *Argumente des Islam* und *Die Essenz des Islam*. Als Ahmad 1908 verstarb, übernahm Nuur-ud-Din die Leitung der Ahmadiyya, später ging sie an Ahmads ältesten Sohn über. Die Bewegung zählt heute 10–20 Mio. Anhänger weltweit.

IM MITTELPUNKT STEHT NICHT MEHR DER ISLAM ALS RELIGION

DSCHAMAL AD-DIN AL-AFGHANI

IM KONTEXT

THEMA
Der Aufstieg des islamischen Modernismus

WANN UND WO
Spätes 19. Jh., Ägypten

FRÜHER
19. Jh. Der Niedergang des Osmanischen Reiches ermöglicht Europa die Kolonisierung der islamischen Welt, z. B. Ägyptens im Jahr 1882.

SPÄTER
1923 Mustafa Kemal Atatürk ruft die Republik Türkei aus und verwandelt das islamische Osmanische Reich in einen modernen, säkularen, nationalistischen und westlich orientierten Staat.

1928 Hassan al-Banna gründet in Ägypten die Muslimbruderschaft und schafft damit einen politischen Islam, der dem Westen Paroli bietet.

Nur wenn der **Islam** von der **modernen Welt als relevant betrachtet** wird, kann er eine Religion für alle Zeiten sein …

… deshalb muss sich der **Islam mit westlichen Werten** wie Demokratie, Bürgerrechten, Gleichheit und Fortschritt **versöhnen.**

Gleichzeitig müssen die **Muslime** sich **gegen** die koloniale **Ausbeutung** und das **Aufzwingen** westlich-säkularer Werte **wehren …**

… und auf der hohen **Bedeutung des Glaubens** im öffentlichen Leben bestehen.

Im späten 19. Jahrhundert entstand eine Bewegung, die den Islam in Einklang mit der westlichen Gesellschaft bringen und modernisieren wollte. Dieser islamische Modernismus hatte mehrere führende Köpfe, darunter Sayyid Ahmad Khan (1817–1898) und seine Aligarh-Bewegung in Indien, die ein modernes Bildungssystem für die muslimische Bevölkerung in Britisch-Indien schaffen wollte. Die beiden einflussreichsten Modernisten waren Dschamal ad-Din al-Afghani (1838–1897) und sein Schüler Muhammad Abduh (1849–1905). Al-Afghani vertrat die Ansicht, der Islam solle in erster Linie als Zivilisation und nicht als Religion angesehen werden, und forderte die Muslime auf, sich der modernen Welt zu öffnen.

Aufstieg eines Modernisten

Al-Afghani behauptete, afghanisch-sunnitischer Abstammung zu sein, aber viele glauben, er war in Wirklichkeit persisch-schiitischer Herkunft. Er genoss eine umfassende Ausbildung im Iran und in den schiitischen Städten des Iraks, was letztlich dazu führte, dass seine Thesen sufische, schiitische und rationalistische Ideen enthalten.

Siehe auch: Gottes Führung durch die Scharia 128–133 ▪ Der Islam in Europa 210–215 ▪ Der Wahhabismus – die islamische Reformation 216–217 ▪ Der Aufstieg des politischen Islams 238–241 ▪ Die Gründung Pakistans 242–247

Die Al-Azhar-Universität in Kairo ist das Zentrum des sunnitischen Denkens. Als Großmufti Ägyptens kämpfte Muhammad Abduh für eine Reform ihrer Lehre.

Al-Afghani war Modernist – sowohl in seinem Einsatz von Medien (vor allem Zeitungen) zur Mobilisierung der Gesellschaft gegen die Kolonialmächte als auch in seinem Denken über den Islam: Er beharrte darauf, dass die islamische Theologie und Rechtstradition, die Scharia, optimiert werden müsse, um die Herausforderung durch den Westen meistern zu können. Zu diesen Ansichten kam er durch Arbeits- und Studienaufenthalte in Indien, Afghanistan, Istanbul und Kairo, wo er 1868 Muhammad Abduh, einen Studenten der islamischen Mystik, kennenlernte.

Abduh, der zur Elite des Nildeltas gehörte, war von al-Afghanis Ideen beeindruckt. Gemeinsam gründeten sie die Zeitschrift *al-Urwa al-Wuthqa* (ein Begriff aus dem Koran, dt. »Das festeste Band«), von der sie 1884 in Paris 18 Ausgaben veröffentlichten. Die Zeitschrift, die nach der Besetzung Tunesiens durch Frankreich, der Besetzung Ägyptens durch Großbritannien und dem Bankrott der Osmanen publiziert wurde, war revolutionär, denn sie schuf ein Gefühl der Einheit, das auf dem Widerstand gegen die Kolonialmächte basierte.

» Ich ging in den Westen und sah den Islam, aber keine Muslime; ich kam zurück in den Osten und sah Muslime, aber nicht den Islam. «

Muhammad Abduh
(1849–1905)

Ein rationalistischer Ansatz

Al-Afghanis und Abduhs rationalistische Herangehensweise an den Koran und das islamische Recht trug ihnen die Feindschaft der islamischen Behörden ein, fand aber respektvolles Gehör bei westlichen Amtsträgern und Wissenschaftlern. Als der französische Gelehrte Ernest Renan 1883 öffentlich erklärte, die Muslime lehnten Bildung und Wissenschaft ab, wurde al-Afghanis Forderung, dass der Islam ein Motor für Rationalismus und wissenschaftlichen Fortschritt sein könne, weithin diskutiert.

Als Abduh 1899 Großmufti von Ägypten wurde, entwickelte er eine enge Freundschaft zu Lord Cromer, dem britischen Generalkonsul in Ägypten. Nach dem Tod al-Afghanis kooperierte Abduh mit Raschid Rida, einem libanesischen Religionswissenschaftler, der 1897 nach Ägypten gekommen war. Sie gründeten die Zeitschrift *Al-Manar*, die Reformideen propagierte. Rida ermutigte die Muslime, die Quellen des Islams eigenständig zu interpretieren, so wie er es tat. Seine Ideen waren umstritten – nicht zuletzt seine Unterstützung der Evolutionstheorie Darwins, die von manchen Muslimen bis heute nicht anerkannt wird.

Abduh drängte weiterhin auf Reformen. Die Muslime dürften sich nicht auf die alten Interpretationen der religiösen Texte verlassen, sie müssten ihren eigenen Verstand einsetzen, um mit dem Wandel der Zeit Schritt zu halten. Er interpretierte die Scharia neu, um strenge Vorschriften wie das Verbot von Zinsen in Finanzgeschäften zu lockern. Abduh förderte auch die Bildung von Frauen. Seine muslimischen Gegner nannten ihn einen Ungläubigen, aber sein Vermächtnis war ein neues liberales Denken im Islam des 20. Jahrhunderts. ■

AMERIKA MUSS DEN ISLAM VERSTEHEN

MALCOLM X (1964)

IM KONTEXT

THEMA
Muslime in den USA

WANN UND WO
Frühes 20. Jh., USA

FRÜHER
12. Jh. Mali wird das erste muslimische Königreich Westafrikas.

1503 Der transatlantische Sklavenhandel beginnt. Bis 1867 werden über 10 Mio. Afrikaner nach Amerika gebracht.

SPÄTER
1984 Der amerikanische Rapper William Michael Griffin konvertiert zum Islam. Als Rakim wird er zu einem der einflussreichsten Hip-Hop-Künstler aller Zeiten. Seine Texte handeln vom Islam.

2006 Keith Ellison, der erste Muslim im Kongress der USA, legt seinen Amtseid auf Thomas Jeffersons Koran ab.

Am 29. Mai 1921 veröffentlichte die Zeitung *The Detroit Free Press* einen Artikel mit der Überschrift *Sheik Helps Build Moslem Mosque* (»Scheich hilft beim Bau einer Moschee«). Der »Scheich« war Hassan Karoub, ein syrischer Einwanderer, der den Bau der ersten Moschee Amerikas leitete.

Die Karoubs waren 1912 aus Damaskus (Syrien) nach Detroit (Michigan, USA) gekommen, um Arbeit in der Automobilindustrie zu finden – wie viele andere muslimische Einwanderer auch. Sie gehörten zu einer lokalen muslimischen Gemeinde mit 16 000 Mitgliedern.

Die meisten von ihnen waren Neueinwanderer, obwohl der Islam

Siehe auch: Die Verbreitung des Islams durch den Handel 182–185 ▪ Die Ursprünge der Ahmadiyya 220–221 ▪ Wo leben die meisten Muslime? 260–261 ▪ Muslime im Westen 282–285

Ab 1503 werden westafrikanische Muslime als **Sklaven nach Amerika gebracht.**

Im **späten 19. Jh.** kommt es zu einer Migrationswelle von Muslimen **aus Nahost und Südasien.** Diese wird durch das Einwanderungsgesetz von 1924 gestoppt.

In den USA leben heute ca. **3,45 Mio. Muslime** – etwa **1 %** der gesamten **US-Bevölkerung.**

Nach der Verabschiedung des Einwanderungs- und Einbürgerungsgesetzes von **1965** geht die **Einwanderung** von Muslimen in großem Umfang weiter.

In den 1920er- und 1930er-Jahren entstehen Bewegungen afroamerikanischer Muslime, z. B. die **Nation of Islam.**

in Amerika eine lange Geschichte hat, die bis zur Gründung der USA im Jahr 1776 zurückreicht.

Der Islam in Ketten

Die ersten Muslime kamen 1503 als Sklaven nach Amerika, als die Spanier begannen, afrikanische Gefangene in die Karibik und die »Neue Welt« zu bringen. Genaue Zahlen fehlen, aber schätzungsweise ein Drittel stammte aus dem islamischen Westafrika (v. a. aus dem Senegal, Gambia, Guinea, Mali und Nigeria). Die meisten Muslime, die auf den Plantagen arbeiteten, wurden von ihren Besitzern gezwungen, zum Christentum überzutreten. Einige hielten trotzdem an ihren religiösen Praktiken fest. Dazu gehörte auch Ayuba Suleiman Diallo, ein gebildeter Mann aus einer Familie muslimischer Kleriker im Senegal. Als er 1730 versklavt wurde, schickte man ihn auf eine Tabakplantage in Maryland. Er floh und ging 1733 nach London, wo er seine Memoiren schrieb.

Omar ibn Said wurde 1807 aus dem Senegal verschleppt. Er war vor seiner Versklavung islamischer Gelehrter. Er verbrachte den Rest seines Lebens als Sklave in North Carolina und starb 1864, ein Jahr vor der Abschaffung der Sklaverei in Amerika. Er hinterließ eine Biografie und Schriften in arabischer Sprache, aus denen hervorgeht, ››

Ayuba Suleiman Diallo, porträtiert 1733 von William Hoare of Bath. Im selben Jahr war Diallo aus Amerika nach England geflohen.

Malcolm X war eine einflussreiche und polarisierende Persönlichkeit, die zunächst unter dem Banner der Nation of Islam für einen »schwarzen Nationalismus« kämpfte.

dass er zwar zum Christentum konvertierte, aber arabische Koranverse in seine Bibel schrieb.

Augenzeugenberichte von muslimischen Sklaven wie Ayuba Suleiman Diallo und Omar ibn Said sind selten, zeigen aber, dass die USA bereits bei ihrer Gründung 1776 eine beträchtliche muslimische Bevölkerung hatte. Listen von Soldaten, die während des Unabhängigkeitskrieges 1775–1783 unter George Washington dienten, enthalten muslimische Namen wie Bampett Muhammad und Yusuf Ben Ali.

Thomas Jefferson, Hauptautor der Unabhängigkeitserklärung und dritter Präsident der USA (1801–1807), besaß eine Kopie des Korans in englischer Übersetzung. Das mag darauf hindeuten, dass er ein Bewusstsein für die religiöse Vielfalt in der jungen Nation hatte, das heute oft fehlt.

Die Zeit nach der Sklaverei

Der Islam, der von afrikanischen Sklaven nach Amerika gebracht wurde, überlebte nicht. Unter dem Druck, zum Christentum überzutreten, konnten viele Sklaven ihre Religion nicht an ihre Kinder weitergeben. Doch zu den Millionen Menschen, die in Amerika ein besseres Leben suchten, gehörten auch Zehntausende aus dem Nahen Osten und Südasien. Sie bildeten Gemeinden, bauten Moscheen und integrierten den Islam in das amerikanische Leben.

Das Erbe der frühen muslimischen Sklaven machte sich jedoch schon Anfang des 20. Jahrhunderts bemerkbar, als eine Bewegung gegründet wurde, die den Islam als einen verlorenen Bestandteil des afroamerikanischen Erbes fördern wollte. 1914 gründete der jamaikanische Einwanderer Marcus Garvey in Harlem (New York) die United Negro Improvement Association (UNIA). Sie setzte sich für Separatismus und eine Rückkehr nach Afrika ein, um den weißen Kolonialismus zu beenden und den Kontinent unter der Herrschaft von Schwarzen zu vereinen.

Obwohl Garvey Christ war, sprach er in seinen Reden auch vom Islam, während *Negro World* (die Hauszeitung der UNIA) in den

» Die Vereinigten Staaten hegen in ihrem Innern gegenüber den Gesetzen, der Religion oder dem Frieden der Muslime keinerlei Feindseligkeit. «

John Adams
zweiter Präsident der USA (1735–1826)

Von Spanien nach Kalifornien

Eine Theorie zufolge war der Islam in Amerika schon vor den ersten muslimischen Sklaven präsent: Die im 15. Jahrhundert aus Spanien vertriebenen Mauren könnten auch den Atlantik überquert haben. Als Kolumbus 1492 von Spanien aus in See stach und die »Neue Welt« entdeckte, sollen auch Muslime in seiner Mannschaft gewesen sein.

Ein bleibendes Vermächtnis könnte Kalifornien sein, eines der Gebiete, das die Spanier entdeckten und 1542 für sich beanspruchten. Manche glauben, der Name ist aus dem Liebesroman *Las sergas de Esplandián* entlehnt, der bei den Konquistadoren sehr beliebt war. Darin wird eine reiche Insel mit dem Namen Kalifornien erwähnt, die von Amazonen und deren Königin Califia regiert wird. Das Buch wurde 1510 in Sevilla veröffentlicht, das bis dahin zu *al-andalus* gehört hatte und von einem muslimischen Kalifen beherrscht wurde: Aus »Kalif« wurde »Califia« und damit vielleicht »Kalifornien«.

» [Der Islam] ist die einzige Religion, die das Rassenproblem aus ihrer Gesellschaft getilgt hat. «

Malcolm X
(1925–1965)

1920er-Jahren viele Artikel über Muslime veröffentlichte und damit dazu beitrug, die Verbindung zwischen Islam und afrikanischem Nationalismus zu stärken.

Der Moorish Science Temple of America (»Maurischer Wissenschaftstempel von Amerika«), 1913 von Timothy Drew (Noble Drew Ali) in Chicago gegründet, ging noch weiter und behauptete, dass Afroamerikaner maurischer Abstammung und somit Muslime seien.

Noch einflussreicher war die Nation of Islam, 1930 von Wallace D. Fard in Detroit gegründet. Dank ihrer charismatischen Anführer trug sie dazu bei, den Grundstein für die Integration des Islams als Element der Black-Power- und Bürgerrechtsbewegungen der 1950er- und 1960er-Jahre zu legen. Die Lehren der Nation of Islam griffen auf Bibel- und Koranverse zurück, um zu belegen, dass die Afrikaner das Urvolk der Erde seien und Schwarze einen eigenen Staat bekommen sollten.

In der Haft (1946–1952) trat Malcolm Little zum Islam über und schloss sich der Nation of Islam an. Er änderte seinen Namen in Malcolm X – aus Protest gegen den Identitätsverlust, den die Sklaven erlitten, als die Sklavenhalter ihnen neue Nachnamen aufzwangen. Nach seiner Freilassung wurde Malcolm X einer der prominentesten Vertreter der Nation of Islam, verließ die Organisation aber bald enttäuscht und schloss sich dem sunnitischen Mainstream-Islam an. Weil er die separatistischen Ansichten der Nation of Islam kritisierte, wurde er 1965 von drei Mitgliedern der Organisation ermordet.

Obwohl sich beide Gruppierungen für die Afroamerikaner einsetzten, lagen ihre Überzeugungen außerhalb des Mainstream-Islams; den meisten Muslimen gelten diese Bewegungen nicht als islamisch.

Muslime in den USA heute

Die Moschee, die Muhammad Karoub 1921 in Detroit gründete, wurde 1927 geschlossen. In Chicago gibt es aber noch eine 1922 erbaute Moschee: Die Sadiq-Moschee ist nach Muhammad Sadiq benannt, der 1920 als Missionar der Ahmadiyya nach Amerika kam. Er schlug eine Brücke zwischen den afroamerikanischen und anderen Muslimen und bekehrte Tausende zu seinem Glauben.

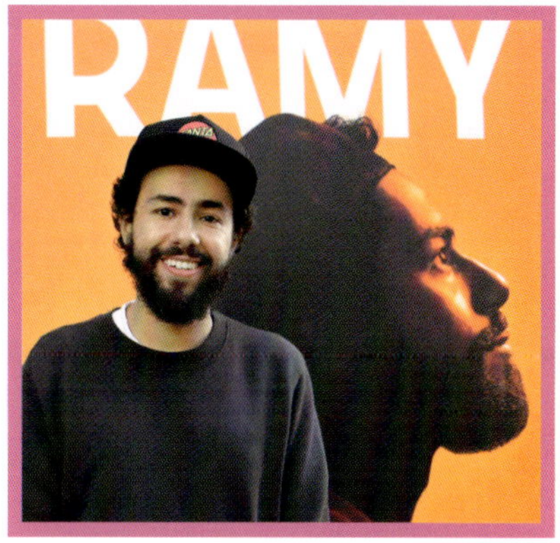

Der amerikanisch-ägyptische Komiker Ramy Youssef. Seine Fernsehserie *Ramy* (2019) dreht sich um die Erfahrung, ein amerikanischer Muslim zu sein.

Die Ahmadis sind (obwohl von anderen Muslimen nicht als Glaubensgenossen anerkannt) die älteste muslimische Gemeinschaft in den USA: Von den geschätzten 3,45 Mio. amerikanischen Muslimen sind 10 000–20 000 Anhänger der Ahmadiyya.

2015 sagte US-Präsident Barack Obama, der Islam sei »in die Struktur unserer Nation seit der Gründung eingewoben«. ■

Eine Moschee in den Weiten von Ohio. Sie gehört einer muslimischen Gemeinde, die seit den 1930er-Jahren in der Region verwurzelt ist.

VORAUSGESETZT, ES BEEINTRÄCHTIGT NICHT DEN GESUNDEN VERSTAND

MUSTAFA KEMAL ATATÜRK

IM KONTEXT

THEMA
Die Säkularisierung der Türkei

WANN UND WO
1923, Türkei

FRÜHER
1299 Osman I. begründet die Dynastie der Osmanen, die die Türkei, Griechenland und Serbien erobert.

1453 Mehmet II., auch bekannt als »Mehmet der Eroberer«, nimmt Konstantinopel ein, stürzt Byzanz und leitet eine Blütezeit des Osmanischen Reiches ein.

SPÄTER
2001 Politiker gründen die Partei AKP, die sich auf die konservative Tradition der osmanischen Vergangenheit der Türkei beruft und die islamische Identität des Landes stärken will.

Im 19. Jahrhundert befand sich das Osmanische Reich im Niedergang, eine Situation, die durch mehrere gescheiterte Militärkampagnen noch verschärft wurde. Der Hof versuchte, dem Verfall durch eine Politik der Verwestlichung entgegenzuwirken. Mitte des 19. Jahrhunderts wurden deshalb umfangreiche Reformen in Verwaltung, Recht, Militär und Bildung durchgeführt. Das Bestreben, sich neu zu erfinden, führte letztlich dazu, dass das mächtigste islamische Reich den Glauben auf staatlicher Ebene weitgehend aufgab und sich in eine säkulare Gesellschaft verwandelte.

Siehe auch: Das osmanische Kalifat 186–189 ▪ Der Islam in Europa 210–215 ▪ Wo leben die meisten Muslime? 260–261 ▪ Islam und Demokratie 264–265

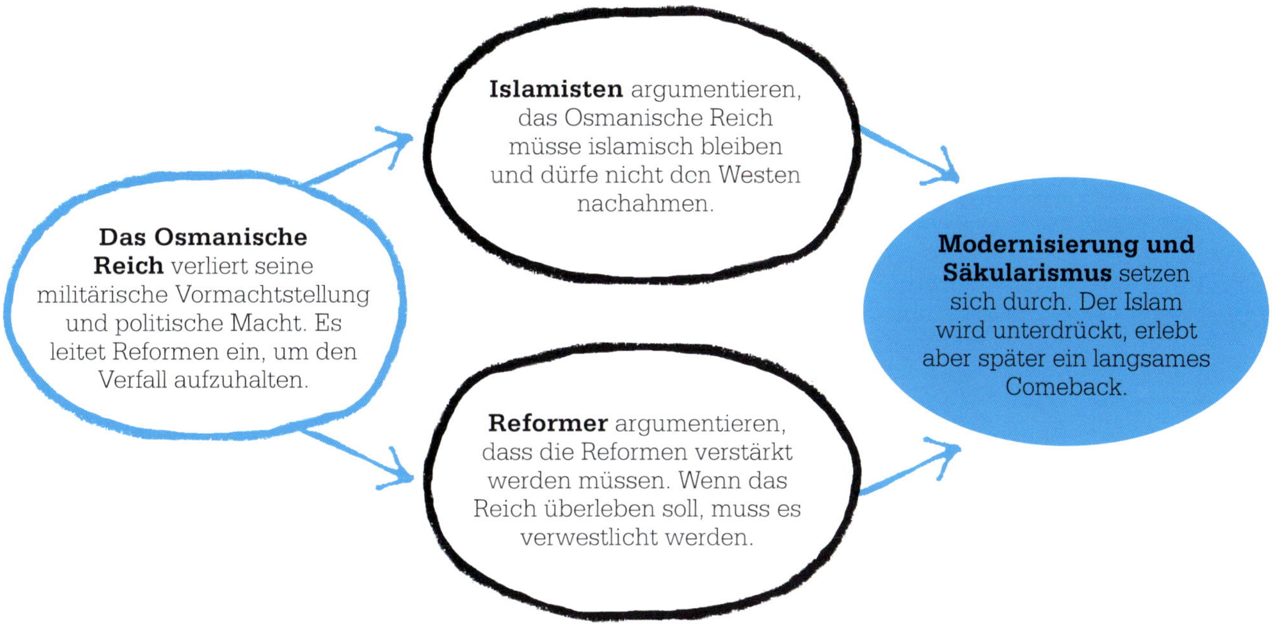

Die Ursprünge der Säkularisierung

Zum Zusammenbruch des Sultanats führten mehrere Faktoren, aber der Ursprung für seinen Untergang lag im *tanzimat*-Programm von 1839. Es sollte die politische Struktur des Staates nach westlichem Vorbild reformieren und neue Kader von Bürokraten, Experten und Militäreliten schaffen, die mit europäischen Sprachen und Verfahrensweisen vertraut waren. Die Reformer reduzierten den Geltungsbereich der Scharia, um die Macht der Religionsbehörden einzuschränken. Die hohen finanziellen Kosten der Reformen führten jedoch dazu, dass sich der Staat in den 1870er-Jahren selbst in den Bankrott trieb. Gleichzeitig verloren die Osmanen den Balkan und den Kaukasus an die Russen.

Sultan Abdülhamid II. (reg. 1876–1909) reagierte mit einer Politik der islamischen Machtbehauptung und einem Regime der Unterdrückung, das begann, als er 1878 den Versuch eines parlamentarischen Regierungssystems abwürgte. Doch die Reformen waren bereits zu weit fortgeschritten, um einen Rückfall in die autoritäre Herrschaft zuzulassen. Kleine illegale Gruppen – die späteren Jungtürken – drängten auf Veränderung. Viele dieser Gruppen wurden zerschlagen, aber eine davon, das Komitee für Einheit und Fortschritt (KEF), konnte die Kontrolle über die osmanische Armee in Mazedonien übernehmen. 1908 war das KEF ››

Den Islam in der Türkei am Leben erhalten

Said Nursi (1877–1960) war ein islamischer Theologe. Er gründete die Nurculuk-Bewegung, die für eine Neuinterpretation des Islams nach den Bedürfnissen einer modernen Gesellschaft eintrat. Ursprünglich Mitglied der Jungtürken, geriet er später in Konflikt mit der Republik und wurde beschuldigt, an regierungsfeindlichen Veranstaltungen teilgenommen zu haben. Im Gefängnis schrieb er einen 6000-seitigen Korankommentar. Später verteilte er das Werk an seine Anhänger. Er nannte dies einen »Dschihad des Wortes«, den Kampf darum, die islamische Ethik in einer stark säkularisierten Welt wiederzubeleben.

Nursis Arbeit wurde nach seinem Tod u. a. von Fethullah Gülen fortgesetzt. Zwischen der einflussreichen Gülen-Bewegung und der Regierungspartei AKP brach 2013 eine Rivalität aus; 2016 machte die AKP die Gülen-Bewegung für einen Putschversuch in der Türkei verantwortlich.

mächtig genug, um die Wiedereinsetzung des Parlaments zu fordern. Konfrontiert mit einer revolutionären Rebellenarmee, die auf Konstantinopel zumarschierte, gab Abdülhamid ihren Forderungen nach. Bei den Wahlen zum neuen Parlament gewann die KEF fast alle Sitze.

Der Zusammenbruch des Reiches

Mit seinem Angriff auf Russland trat das Osmanische Reich 1914 in den Ersten Weltkrieg ein. Russland und seine Verbündeten Frankreich und Großbritannien erklärten den Osmanen daraufhin den Krieg. Als dieser mit der Niederlage und Besatzung des Osmanischen Reiches endete, wurde die in Ungnade gefallene Regierung der KEF entmachtet. Die Briten und Franzosen planten eine Aufteilung des Reiches in europäische Einflusszonen. Unter der Führung von Mustafa Kemal – einem jungen türkischen General, der den alliierten Angriff auf die Dardanellen (1915) erfolgreich abgewehrt hatte – schlossen sich rebellische Armeeeinheiten zusammen. 1919 führte Kemal eine Revolte aus dem Landesinneren an, erklärte offiziell die Unabhängigkeit und bildete eine neue Regierung in Ankara. »Von nun an«, erklärte er, »kontrolliert nicht Istanbul Anatolien, sondern Anatolien Istanbul.«

> »Um den Glauben meiner Nation gesichert zu sehen, würde ich sogar in der Hölle brennen.«
>
> **Said Nursi**
> (1878–1960)

Zwei Jahre lang herrschte zwischen den rivalisierenden Behörden in Istanbul und Ankara eine Pattsituation, doch im Oktober 1922 setzte sich Mustafa Kemal durch. Das Sultanat wurde abgeschafft, der letzte Sultan floh nach Italien. Im Oktober 1923 wurde die Republik Türkei mit Mustafa Kemal »Atatürk« (»Vater der Türken«) als Präsidenten und Ankara als Hauptstadt ausgerufen. Im Jahr darauf wurde das Kalifat abgeschafft.

Deislamisierung

Daraufhin folgte eine mehrjährige Demontage islamischer Institutionen, die Schließung der Scharia-Gerichte, das Verbot von Sufi-Orden und die Streichung des Islams aus der Verfassung – alles in dem Bestreben, den Einfluss des Islams

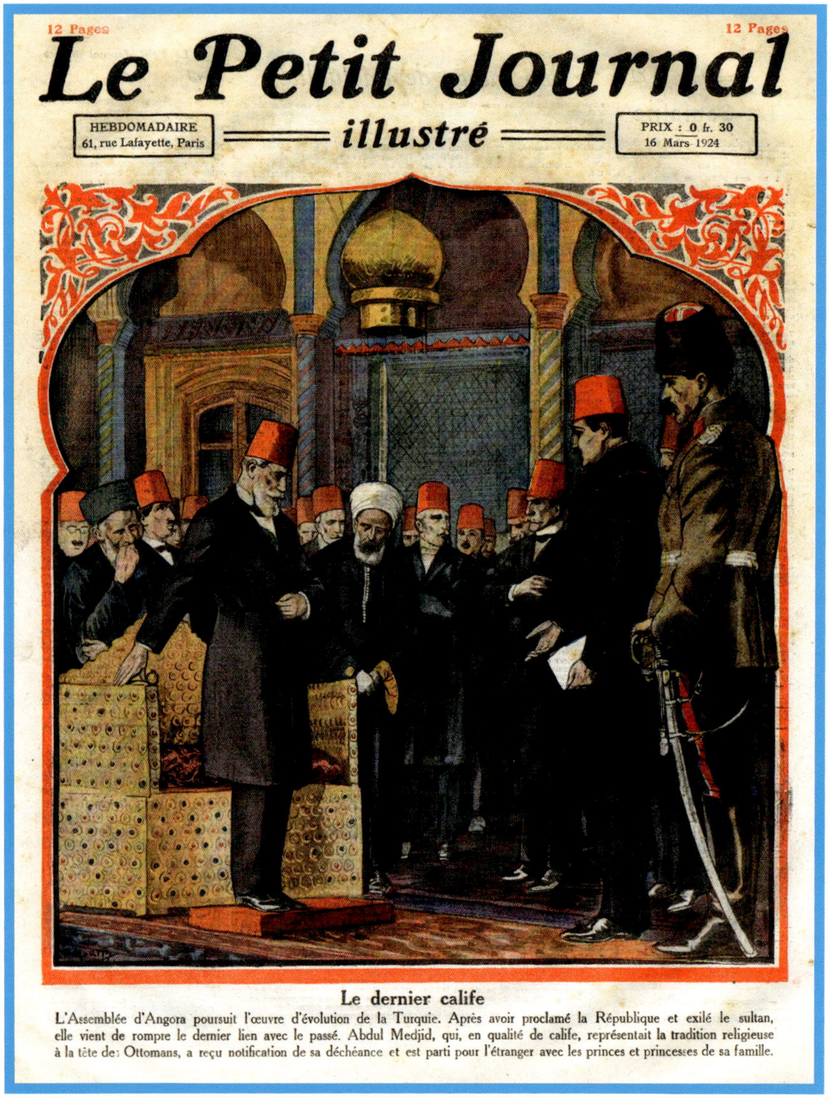
12 Pages | 12 Pages

Le Petit Journal

HEBDOMADAIRE 61, rue Lafayette, Paris — illustré — PRIX : 0 fr. 30 16 Mars 1924

Le dernier calife

L'Assemblée d'Angora poursuit l'œuvre d'évolution de la Turquie. Après avoir proclamé la République et exilé le sultan, elle vient de rompre le dernier lien avec le passé. Abdul Medjid, qui, en qualité de calife, représentait la tradition religieuse à la tête des Ottomans, a reçu notification de sa déchéance et est parti pour l'étranger avec les princes et princesses de sa famille.

Auf der Titelseite einer französischen Zeitung teilt die Nationalversammlung dem Sultan 1924 das Ende des Kalifats mit, nachdem im Jahr zuvor die türkische Republik ausgerufen worden war.

Atatürk wird am Tag der Republik vor seinem Mausoleum in Ankara gefeiert, auch wenn viele seinen aggressiven Säkularismus kritisieren, der den Islam aus dem öffentlichen Leben tilgte.

» Es mag sehr viele Länder auf der Welt geben, aber es gibt nur eine Zivilisation, und wenn eine Nation Fortschritt erreichen will, muss sie ein Teil dieser Zivilisation sein. «

Mustafa Kemal Atatürk
(1881–1938)

in der Türkei zurückzudrängen: Dazu gehörten auch ein Kopftuchverbot in staatlichen Institutionen, die Pflicht zum Tragen westlicher Filzhüte anstelle des Fez, die Verwendung des gregorianischen (statt des islamischen) Kalenders und die obligatorische Annahme von türkischen Nachnamen.

Am radikalsten waren jedoch die Sprachreformen: 1928 wurde die arabische durch die lateinische Schrift ersetzt. Es gab noch weitere Reformversuche, die sich aber selbst zu Lebzeiten Atatürks nicht durchsetzen ließen, wie z. B. die Erlaubnis zum Tragen von Schuhen in Moscheen.

Diese Politik schnitt die Türkei von ihren Nachbarn im Nahen Osten und von ihrer osmanischen Vergangenheit ab. Das Regime wollte einen neuen europäischen Türken schaffen, der seinen Platz in der »fortschrittlichen Gruppe der Nationen« einnehmen sollte.

Atatürks eigene Haltung zum Islam scheint zwiespältig. Er sagte, »Religion ist eine wichtige Institution. Eine Nation kann ohne Religion nicht überleben«, erklärte aber auch: »Ich habe keine Religion, und manchmal wünsche ich alle Religionen auf den Grund des Meeres. Wer die Religion braucht, um seine Regierung aufrechtzuerhalten, der ist ein schwacher Herrscher«, fügte aber hinzu: »Jeder Mensch kann seinem eigenen Gewissen folgen, vorausgesetzt, es beeinträchtigt nicht den gesunden Verstand.«

» Eine politische Partei kann keine Religion haben. Das können nur Individuen. «

Recep Tayyip Erdogan
(*1954)

Nach Atatürk

Nach dem Zweiten Weltkrieg erlahmte der Reformeifer. Der Nachfolger Atatürks, Ismet Inönü, führte 1950 Mehrparteien-Wahlen ein. In den folgenden Jahrzehnten kamen Parteien an die Macht, die ihre Unterstützung aus dem konservativen Anatolien bezogen, das die säkulare Revolution nie ganz akzeptiert hatte. Der politische Islam gewann in Anatolien an Stärke, gefördert von Sufi-Netzwerken und dem Religionsgelehrten Said Nursi.

In den 1980er-Jahren überwand der politische Islam seine säkularen Widersacher durch eine Reihe von Wahlsiegen. Den Höhepunkt dieser Entwicklung bilden die seit 2002 amtierenden Regierungen der AKP unter der Führung von Recep Tayyip Erdogan. Mit ihrer bürgernahen Sprache und dem Versprechen einer EU-Mitgliedschaft zog die AKP religiös-konservative wie auch säkulare Kräfte an. Der Sufismus erlebte ebenfalls ein Comeback.

Das Erbe Atatürks bleibt jedoch bestehen, und einer der schärfsten Streitpunkte im öffentlichen Diskurs der letzten Jahre war der Disput zwischen säkularer und religiöser Interpretation der Geschichte des Osmanischen Reiches und der Republik Türkei. ■

DER KORAN IST UNSERE VERFASSUNG

KÖNIG FAISAL (1967)

»Die Zivilisation des Westens, die lange durch ihre wissenschaftliche Perfektion glänzte, ist nun bankrott und dem Untergang geweiht.«

Hassan al-Banna
(1906–1949)

weltlichen Kultur des Westens hervor. Qutb unterstützte die Muslimbruderschaft offen, obwohl er ihr erst 1953 beitrat. Als es 1952 zu einem Militärputsch kam, in dem Armeeoffiziere unter Gamal Abdel Nasser die Macht ergriffen und die von den Briten gestützte Monarchie stürzten, kooperierten Qutb und die Muslimbrüder voller Begeisterung mit den Putschisten. Als Qutb ein Regierungsamt, das der neue Ministerpräsident Nasser ihm anbot, ablehnte und die Bruderschaft sich weigerte, ihre Organisation in den Dienst des Militärregimes zu stellen, kam es zu Spannungen. Nach einem Attentat auf Nasser 1954 ging der Ministerpräsident hart gegen die Bruderschaft vor; auch Qutb wurde verhaftet.

Eine Avantgarde von Gläubigen

Im Gefängnis schrieb Qutb das Buch *Maalim fi'l-tariq (Zeichen auf dem Weg),* das 1964 veröffentlicht wurde und sich zu einem internationalen Manifest für die islamische Revolution entwickelte. Es basiert auf zwei Konzepten: *dschahiliya* (»Unwissenheit«) und *hakimiyya* (»Souveränität«). Qutb glaubte, dass die moderne Welt – auch die muslimische – nicht besser sei als das vorislamische »Zeitalter der Unwissenheit«. Eine Avantgarde von wahren Gläubigen sei nötig, um eine islamische Gesellschaft für die gesamte Menschheit zu schaffen, in der Kleriker und Herrscher sicherstellen, dass das Parlament nur schariakonforme Gesetze verabschiedet. Qutb äußerte sich vernichtend über die nicht islamischen nationalistischen Ideologien seiner Zeit (v. a. Nassers Ideen zum Panarabismus) und deutete an, die Avantgarde müsse darauf vorbereitet sein, sich gegen den Staat zu verteidigen.

»Eine Gesellschaft kann nicht islamisch sein, wenn sie die religiösen Gesetze des Islams ausschließt, so dass vom Islam nur Riten und Zeremonien bleiben.«

Sayyid Qutb
(1906–1966)

Seiner Ansicht nach war nur die Avantgarde wahrhaft muslimisch – alle anderen Muslime, die in Staaten lebten, in denen die Scharia nicht angewandt wurde (z. B. Ägypten), waren für ihn Nichtmuslime. In Qutbs Augen waren die islamischen Regierungen so korrumpiert vom Westen, dass sie den Islam aufgegeben hatten. Nur eine Rückkehr zum Islam konnte die Menschen befreien und zu wahren Muslimen unter der Souveränität Gottes machen – ein

Inspiriert von Europa

In seinen Werken *Der Islam und das Problem der Zivilisation* (1962) und *Die Zukunft gehört dieser Religion* (1964) zitiert Sayyid Qutb den französischen Eugeniker Alexis Carrel und seine Kritik der Industriegesellschaft. Carrels Idee, dass eine Elite geistig und körperlich überlegener Menschen die Gesellschaft erneuern solle, lässt erahnen, welche Vorstellung Qutb von der muslimischen Avantgarde hatte. Kritiker weisen darauf hin, dass Qutb zwar keine Passagen übersetzte, in denen Carrel für die Sterilisation und Euthanasie von »defekten Menschen« warb, dass er Carrels Aussagen aber auch nicht widersprach.

Qutb wird auch mit dem indischen kolonialkritischen Theoretiker Frantz Fanon (1925–1961) verglichen, der über den algerischen Unabhängigkeitskrieg schrieb. Beide Autoren befassten sich mit dem Fortbestehen kolonialer Haltungen in Nachfolgeregimes. Fanon erinnert an Qutb, wenn er schreibt: »Also, meine Kampfgefährten, zahlen wir Europa nicht Tribut, indem wir Staaten, Institutionen und Gesellschaften gründen, die von ihm inspiriert sind.«

Anhänger von Muhammad Mursi bei einer Demonstration 2013. Als der Kandidat der Muslimbrüder ägyptischer Präsident wurde, stand die einstige Randgruppe kurz an der Spitze des Landes.

revolutionäres Programm zur Rettung der Menschheit.

Zwei Jahre nach der Veröffentlichung von *Zeichen auf dem Weg* wurde Qutb wegen Hochverrats gehängt und gilt seitdem als Märtyrer des radikalen Islams.

Die Muslimbrüder heute

Nach der Gründungsepoche (al-Banna) und der radikalen Phase (Qutb) folgte ein dritter Akt in der Geschichte der Bruderschaft: die Rückkehr zum aktiven Engagement in der Zivilgesellschaft.

Nach seinem Amtsantritt 1970 ließ Präsident Anwar Sadat viele Gefangene frei und hob das Verbot der Bruderschaft auf. Die Muslimbrüder wurden zur stärksten Oppositionsbewegung Ägyptens und der gesamten Region. Dies erreichten sie durch angegliederte Parteien wie Ennahda in Tunesien und Milli Görüs in der Türkei. Diese Epoche endete mit dem Arabischen Frühling 2011. Als der ägyptische Präsident Husni Mubarak 2011 nach Massenprotesten zurücktrat, wurde die Muslimbruderschaft zum dominanten politischen Akteur. 2012 gewann ihr Kandidat Muhammad Mursi die Präsidentschaftswahlen. Seine restriktive Politik stürzte Mursi jedoch bald in Ungnade, und es kam zu einem Militärputsch. Nach Mursis Sturz ging der Staat gewaltsam gegen die Bruderschaft vor. Hunderte Muslimbrüder wurden auf den Straßen getötet und Tausende weitere inhaftiert. Die Führungsriege der Bruderschaft ging ins Exil. Sie hatte sich als unfähig erwiesen, den Übergang Ägyptens in die Demokratie zu meistern. Die Muslimbrüder hatten sich zu sehr von Qutbs Modell der Avantgarde leiten lassen und wichen als Partei in sozialen und politischen Fragen (z. B. Frauenrechte und Freiheiten des Säkularismus) zu weit von den Interessen der moderateren ägyptischen Öffentlichkeit ab.

> »Nur in der islamischen Lebensweise werden die Menschen frei vom Dienst an anderen Menschen.«
>
> **Sayyid Qutb**
> (1906–1966)

Ein verstörendes Erbe

Obwohl sich die Muslimbrüder nicht mehr mit Qutb identifizieren, hat er noch großen Einfluss auf die Bewegung. Sein Aufruf an die Muslime, die Souveränität des Menschen durch die Souveränität Gottes zu ersetzen, inspiriert extremistische Gruppen – obwohl man anmerken muss, dass Qutb nie zu Gewalt aufgerufen und geschrieben hat, dass der Koran das Töten von Unschuldigen unter keinen Umständen rechtfertigt. Abgesehen von Nahostexperten haben im Westen nur wenige von Sayyid Qutb gehört, aber in der islamischen Welt wird der Denker intensiv studiert. Auch Jahrzehnte nach seinem Tod spaltet sein Erbe bis heute. ■

DAS LAND DER REINEN

RAHMAT ALI (1933)

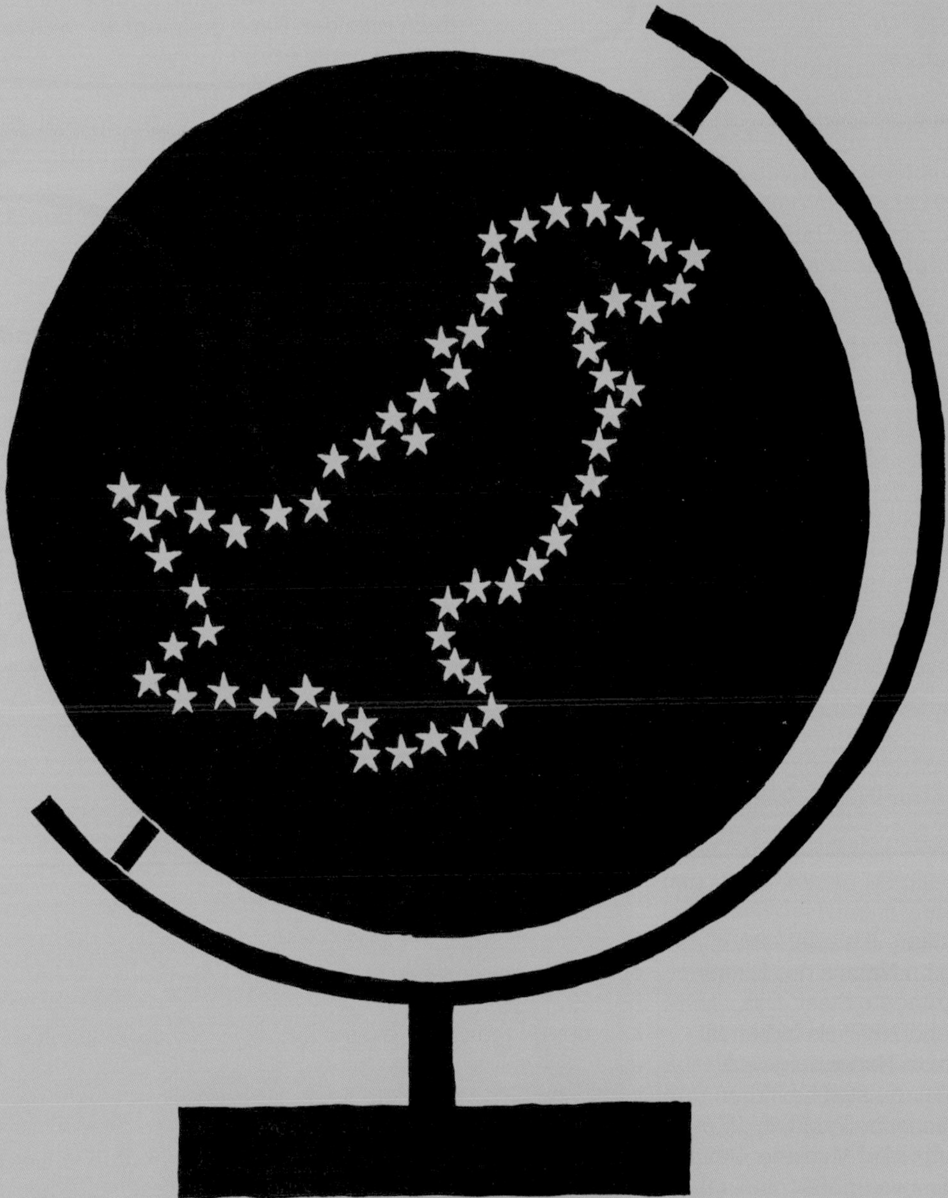

Ahmad Khan gegründet worden war. Der Dichter Muhammad Iqbal wurde 1930 zum Präsidenten der Muslimliga gewählt. Er forderte einen separaten muslimischen Staat in Indien, der den Punjab, die nordwestliche Grenzprovinz, Sindh und Belutschistan umfassen sollte. Iqbal erklärte: »Selbstregierung innerhalb oder außerhalb des Britischen Empire, die Bildung eines konsolidierten nordwestindischen muslimischen Staates scheint mir die endliche Bestimmung der Muslime, zumindest derer in Nordwest-Indien, zu sein.«

Die Zwei-Nationen-Theorie war sehr beliebt bei den Muslimen, wurde aber vom Indischen Nationalkongress abgelehnt. 1935 gewährten die Briten Indien die Selbstverwaltung in Form einer parlamentarischen Demokratie. Der Kongress versprach der Muslimliga, dass die Parteien in den muslimischen Provinzen Koalitionsregierungen bilden würden, doch dieses Versprechen wurde gebrochen. In der Lahore-Resolution von 1940 forderte Muhammad Ali Jinnah, der damalige Führer der Muslimliga, offiziell einen unabhängigen muslimischen Staat.

Die pakistanische Flagge, hier beim Cricket, zeigt Halbmond und Stern. Grün steht für die Muslime, Weiß für die Minderheiten; der Stern bedeutet Licht, der Halbmond Fortschritt.

Gründung des neuen Staates

Nach 20 Jahren als Anführer der indischen Bewegung für gewaltlosen Protest hielt Mahatma Gandhi 1942 seine »Quit India«-Rede, in der er Hindus und Muslime aufforderte, sich zu vereinen, um gemeinsam die britische Herrschaft zu beenden. Die Gewalt zwischen Hindus und Muslimen nahm jedoch weiter zu, und 1947 einigte sich Großbritannien mit dem Kongress und der Muslimliga auf eine Teilung Indiens. Das neue Land »Pakistan« sollte aus zwei Hälften bestehen:

Jamaat-e Islami

1867 gründeten indische Gelehrte eine *madrasa*, die der britischen Kolonialherrschaft feindlich gesinnt war. Die Schule hieß Darul Uloom Deoband, ihre Anhänger Deobandis. Die Gruppe verbreitete sich in ganz Südasien, und 1941 inspirierten ihre Ideen den islamischen Journalisten und Imam Abul Ala Maududi (1903–1979) zur Gründung der Jamaat-e Islami (»Partei des Islams«). Als Antwort auf den westlichen Imperialismus, den er für eine Bedrohung hielt, wollte Maududi den Islam wiederbeleben. Die Jamaat lehnte die Gründung Pakistans zunächst ab und zog es vor, für eine bessere muslimische Gesellschaft innerhalb Indiens zu kämpfen. Nach der Teilung Indiens spaltete sich die Partei in zwei Gruppen in Indien und Pakistan; die pakistanische Gruppe führte die Bewegung zur Umwandlung des Landes in einen islamischen Staat an. Als General Muhammad Zia-ul-Haq 1977 bei einem Militärputsch die Macht in Pakistan übernahm, unterstützte die Jamaat ihn bei der »Islamisierung« Pakistans. Seit Zias Tod 1988 hat der Einfluss der Jamaat stark abgenommen.

dem muslimischen Bengalen im Osten und dem muslimischen Punjab und angrenzenden Territorien im Westen.

Die beiden Regionen trennten 1600 km indisches Territorium. Jinnah wurde zum Generalgouverneur Pakistans ernannt; Liaquat Ali Khan, der Generalsekretär der Muslimliga, wurde Premierminister.

Die pakistanische Identität

Die Teilung Indiens löste eine der größten Völkerwanderungen der Geschichte aus. Muslime zogen nach Pakistan, Hindus in indisches Territorium. Es gab 12 Mio. Flüchtlinge, und 0,5–1 Mio. Menschen kamen durch religiöse Gewalt ums Leben.

Dennoch blieb die Mehrheit der Muslime in Indien, während zwei Mio. Hindus in Pakistan blieben. Der Disput über die Kontrolle der Kaschmirregion führte zum Krieg zwischen den beiden Nationen. 1971 spaltete sich Pakistan in zwei Staaten: Im Osten entstand das unabhängige Bangladesch.

> »Entfernen Sie den Islam aus Pakistan und machen Sie es zu einem säkularen Staat – er würde zusammenbrechen.«
>
> **Muhammad Zia-ul-Haq,**
> Präsident von Pakistan
> (1978–1988)

Jinnah und sein Premierminister verstarben vier Jahre nach der Gründung Pakistans, und der Einfluss der Muslimliga schwand. Seitdem schwankt der Staat zwischen Demokratie und Militärdiktatur.

Obwohl der Islam Staatsreligion ist, ist Pakistan kein islamischer Staat – seine Rechtsordnung wird nicht durch die Scharia bestimmt. Die politischen Parteien vertreten unterschiedliche Ansichten darüber, ob Pakistan als säkulares Heimatland für indische Muslime (Jinnahs Ansicht) oder als islamischer Staat konzipiert war. Viele fragen sich, welchen Sinn die Gründung eines muslimischen Staates überhaupt hat, wenn er nicht islamisch ist, aber die islamistischen Parteien bekamen bei den Wahlen nie viele Stimmen. ■

Die Faisal-Moschee in Islamabad ist eine der größten Moscheen der Welt. Sie wurde 1976 mit finanzieller Unterstützung König Faisals erbaut und hat die Form eines Beduinenzeltes.

WENN DER ISLAM NICHT POLITISCH IST, IST ER NICHTS

AYATOLLAH CHOMEINI

IM KONTEXT

THEMA
Die iranische Revolution

WANN UND WO
1979, Iran

FRÜHER
1501 Der 15-jährige Ismail erklärt sich zum Schah und begründet die Safawidendynastie. Er macht die Schia zur persischen Staatsreligion.

1789 Der Clan der Qadscharen, der sich unter den Safawiden profilierte, übernimmt die Kontrolle im Iran.

SPÄTER
1980 Der Irak greift den Iran an, da er befürchtet, die Iranische Revolution könne zu einer Rebellion der irakischen Schiiten gegen das sunnitische Regime des Iraks führen. Der Erste Golfkrieg endet 1988 und kostet 500 000 Menschenleben.

Im Iran kam es 1979 zu einem Volksaufstand, dessen Auswirkungen auf das Land und die Welt mit der Französischen Revolution 1789 und der russischen Revolution von 1917 verglichen wurden. Die Herrschaft einer Monarchie wurde durch die Herrschaft einer Theokratie ersetzt, denn das iranische Volk machte einen religiösen Anführer zur höchsten Autorität des Landes.

Die iranische Revolution war nur als Anfang einer weltweiten islamischen Revolution gedacht. 40 Jahre später ist diese große islamische Revolution noch nicht verwirklicht, aber iranisch-schiitische Gruppen haben nach wie vor großen Einfluss auf die Ereignisse im Nahen Osten.

Siehe auch: Die Entstehung des schiitischen Islams 108–115 ▪ Das Safawidenreich 192–193 ▪ Die Säkularisierung der Türkei 228–231 ▪ Sunniten und Schiiten im Nahen Osten heute 270–271

Prophet Mohammed war der **erste Anführer der islamischen Gemeinde.**

→ Die Schiiten glauben, **dass er Ali zu seinem rechtmäßigen Nachfolger ernannte** und verehren Ali als den ersten Imam.

→ Der zwölfte Imam ist in der Verborgenheit, wird aber eines Tages zurückkehren; bis dahin ist der **Islamische Rat** verpflichtet, einen **Stellvertreter zu ernennen.**

→ **Ayatollah Chomeini** fungiert in Abwesenheit des Imams als **»Wächter« des Irans.**

» Nur Gott, der Erhabene, ist Licht; alles andere ist Finsternis. «

Ayatollah Chomeini
(1902–1989)

Der Schah

Die Revolution beendete die unliebsame Herrschaft der Pahlavi-Schahs (Könige), die begann, als der Militärkommandant Reza Khan 1921 die Macht ergriff und 1925 zum Schah ernannt wurde. Die Qadscharendynastie, die er absetzte, war von Großbritannien und Russland finanziert und im Gegenzug zu großen Zugeständnissen gezwungen worden; dazu gehörte auch der Verzicht auf die Ausbeutung der 1908 entdeckten iranischen Ölfelder. Reza Schah, der Atatürk und dessen Reformen in der Türkei bewunderte, wollte den Iran modernisieren. Er stellte die *ulama* (Religionsgelehrten) ins Abseits und verbot den Hidschab. Als die *ulama* 1935 gegen die Säkularisierung protestierten, wurden Dutzende von ihnen in Maschhad erschossen. 1941 musste Reza Schah abdanken und wurde von seinem Sohn Muhammad Reza Pahlavi abgelöst. Der neue Schah, der in der Schweiz studiert hatte, setzte die Politik seines Vaters fort und näherte sich nach dem Zweiten Weltkrieg an die USA an, die seine Regierung als ebenbürtigen und modernen Partner betrachteten. Amerikanische Produkte wurden importiert, und US-Bürger– vor allem Ölarbeiter und militärisches Personal – strömten in den Iran.

Als der Kalte Krieg begann, wurde der Iran aufgrund seiner langen Grenze zur Sowjetunion zu einem wichtigen Nahost-Verbündeten der USA. Nachdem der beliebte Premierminister Mosaddegh 1951 die Ölindustrie verstaatlicht hatte, konnte der Schah zwei Jahre später bei einem US-geführten Putsch seine Macht wieder festigen.

1971 veranstaltete der Schah eine große Party im antiken Persepolis, um 2500 Jahre iranischer Monarchie zu feiern. Er lud Staatsoberhäupter aus aller Welt zu einem Fest ein, das angeblich 100 Mio. Dollar kostete.

Inzwischen verarmte die iranische Arbeiterklasse, und obwohl die Mittelschicht Vorteile aus dem iranischen Ölreichtum ziehen konnte, unterdrückte der Schah mit seinem repressiven Regime »

Reza Pahlavi (Mitte) wird 1962 auf dem Höhepunkt des Kalten Krieges bei einem Besuch in den USA von Präsident John F. Kennedy empfangen.

die freie Meinungsäußerung und ignorierte die Menschenrechte. Die unzufriedenen Gruppen fanden in der Oppositionsbewegung von Ayatollah Chomeini zusammen, einem charismatischen religiösen Anführer im Exil.

Der Ayatollah

Ruhollah Chomeini kam 1902 in Chomein (Iran) zur Welt. Er stammte aus einer Familie von *sayyids* (Nachkommen des Propheten), die ihre Abstammung bis zum siebenten Imam der Schiiten und damit zu Ali, dem rechtmäßigen Nachfolger Mohammeds, zurückführte. Chomeini studierte Religionsrecht in Ghom und wurde erst mit 34 Jahren *mudschtahid*.

1963 bezeichnete Chomeini die geplanten Reformen des Schahs als Angriff auf den Islam. Er warf dem Schah moralische Korruption vor und beschuldigte ihn, sich Amerika und Israel zu unterwerfen, die vom Iran mit Öl versorgt wurden. 1964 prangerte Chomeini ein neues Gesetz an, das die diplomatische Immunität auf das US-Militär im Iran ausdehnte, und sagte: »Sie haben das iranische Volk verächtlicher gemacht als einen amerikanischen Hund.« Daraufhin musste er ins Exil flüchten: zuerst in die Türkei, dann in den Irak und schließlich nach Paris.

> »Der Islam ist die Religion kämpferischer Individuen, die sich für Wahrheit und Gerechtigkeit einsetzen.«
>
> **Ayatollah Chomeini**
> (1902–1989)

Eine Theorie zur islamischen Herrschaft

Chomeini blieb auch im Exil eine Schlüsselfigur. Viele seiner Anhänger im Iran zeigten sein Bild herum und verfolgten seine Reden, die auf Kassetten ins Land geschmuggelt wurden. Chomeini nutzte die Zeit, um seine Theorie zur islamischen Herrschaft zu entwickeln. In seinem 1970 veröffentlichten Buch *Hokumat-e islami: Welayat-e faqih* (»Islamische Herrschaft: Statthalterschaft des Rechtsgelehrten«) argumentierte Chomeini, dass die Handlungen des Propheten ein Beweis für die Legitimität der islamischen Herrschaft seien – Mohammed gründete eine Gemeinschaft, gab ihr Gesetze und befasste sich mit der Verwaltung.

Die Zwölferschia glaubt, dass auf den Propheten sein rechtmäßiger Nachfolger Ali und die übrigen Imame folgten. In Abwesenheit des »verborgenen (zwölften) Imams« geht die Herrschaft auf Vertreter über, die von den *ulama* (Religionsgelehrten) ausgewählt werden. Chomeini forderte die Absetzung des Schahs und die Gründung einer von den *ulama* ernannten Regierung. Chomeini repräsentierte nur ein Oppositionslager gegen den Schah. Ein weiterer Oppositioneller war Ali Schariati. Der westlich gebildete Intellektuelle war vom Marxismus und antikolonialen westlichen Intellektuellen inspiriert und integrierte deren Ideen in die Konzepte des schiitischen Islams. Wegen seiner politischen Aktivitäten wurde er verhaftet und ging ins Exil nach England, wo er 1977 verstarb.

1978 griffen regierungsnahe iranische Zeitungen Chomeini an. Daraufhin forderten Demonstranten in

Mudschtahid und Ayatollah

Nach dem Zusammenbruch des Safawidenreiches im 18. Jahrhundert verließen viele schiitische *ulama* den Iran. So entstanden zwei verschiedene Schulen des Rechtsdenkens. Die erste Schule – die Achbaris – vertrat die theologische Ansicht, dass alles, was ein Muslim wissen muss, in Koran und Hadith steht. Die zweite Schule – die Usulis – argumentierte, dass das religiöse Gesetz durch Idschtihad (unabhängige Rechtsfindung) für jede Generation neu interpretiert werden muss. Im 19. Jh. setzten sich unter der Qadscharendynastie letztlich die Usulis durch. Während die Achbaris glauben, dass bis zur Rückkehr des Mahdis keine neuen religiösen Vorschriften aufgestellt werden dürfen, hat die Usuli-Schule eine Klasse von Religionsgelehrten *(mudschtahid)*, die befähigt sind, Rechtsfragen zu interpretieren und Urteile zu verkünden. Der Titel Ayatollah (»Zeichen Gottes«) bezeichnet die höchste Stufe der *mudschtahid*.

1979 verkündeten Menschenmengen in Teheran ihre Treue zu Ayatollah Chomeini. Kurz darauf verließ der Schah den Iran, und Chomeini kehrte zurück.

» Die *Sunna* und die Praxis des Propheten beweisen die Notwendigkeit der Schaffung eines islamischen Staates. «

Ayatollah Chomeini
(1902–1989)

Ghom die Rückkehr des Ayatollah. Bei der Aktion wurden mehrere Studenten von Sicherheitskräften getötet. Die Demonstrationen weiteten sich auf andere Städte aus und stießen zunehmend auf Gewalt. Aus Sympathie mit den Protestierenden begannen auch die Fabrikarbeiter zu streiken, sodass die Regierung das Kriegsrecht verhängte und Panzer auf die Straßen schickte. Am Aschura-Tag (11. Dezember 1978) demonstrierten in Teheran über 1 Mio. Menschen. Die Soldaten desertierten. Im Januar 1979 dankte der Schah ab und verließ das Land. Am 1. Februar kehrte Chomeini in den Iran zurück.

Eine revolutionäre Regierung

Vier Tage später sprach Chomeini in Teheran zu seinen Anhängern und kündigte die Bildung einer Scharia-Regierung an. Sich dieser Regierung zu widersetzen, würde bedeuten, sich der Scharia zu widersetzen: »Der Aufstand gegen den göttlichen Staat ist Aufstand gegen Gott. Aufstand gegen Gott ist Blasphemie«, erklärte Chomeini. Er ernannte einen neuen Premierminister, obwohl der alte noch im Amt war. Rivalisierende Anhänger Chomeinis bekriegten sich auf den Straßen, die Kämpfe dauerten aber nicht lange an; am 11. Februar beorderte der Oberste Militärrat alle Militärangehörigen zurück zu ihren Stützpunkten und übergab die Kontrolle an Chomeini. Zwei Monate später sprachen sich bei einer Volksabstimmung 98 % der Wähler dafür aus, dass der Iran eine islamische Republik werden sollte.

Der neue Staat kombinierte in seiner Regierungsform demokratische und theokratische Elemente: Das Staatsoberhaupt (der »Oberste Führer«) war ein religiöser Anführer, der den islamischen Glauben in den Mittelpunkt des Staates stellte. Ayatollah Chomeini füllte dieses Amt bis zu seinem Tod aus. Die Autorität des Obersten Führers wird – vermeintlich – durch ein demokratisches Regierungssystem ergänzt: Es gibt einen iranischen Präsidenten, der als Regierungschef fungiert und vom iranischen Volk für eine Amtszeit von bis zu acht Jahren gewählt wird. Die Theokratie hat dennoch die letztgültige Macht, da die Kandidaten von einem Rat aus Rechtsgelehrten zugelassen werden müssen, bevor sie sich zur Wahl stellen dürfen.

Die iranische Revolution war nicht unbedingt eine religiöse Revolution, aber der Islam war die größte Kraft, um das Volk gegen einen Schah zu einen, der als despotisch und westlich beeinflusst galt. Obwohl sich Chomeini in der Zeit, die zum Sturz des Schahs führte, im Exil befand, war er der führende Architekt der islamischen Republik und derjenige, der das neue kombinierte Regierungsmodell entwarf. ■

Nach 14 Jahren im Exil kehrt Ayatollah Chomeini am 1. Februar 1979 nach Teheran zurück. Dieser Tag wird im Iran bis heute als Feiertag begangen.

DER ISLAM HEUTE

1977

General Muhammad Zia-ul-Haq führt einen **Militärputsch in Pakistan** an. Er wird Präsident und führt die Scharia ein.

1979

Bei der **Volksrevolution im Iran** wird das Schah-Regime durch einen islamischen Staat unter Führung von Ayatollah Chomeini ersetzt.

1979

Die **Sowjetunion marschiert in Afghanistan ein,** um die unbeliebte kommunistische Regierung zu unterstützen.

1980

Unter der Führung von Saddam Hussein marschiert der Irak in den Iran ein und beginnt den **achtjährigen Ersten Golfkrieg.**

1981

Nachdem er Frieden mit Israel geschlossen hat, wird **der ägyptische Präsident Anwar Sadat** von islamischen Extremisten ermordet.

1990

Der Irak überfällt Kuwait. Eine Koalition unter US-amerikanischer Führung befreit Kuwait.

2001

Am 11. September verübt Al-Qaida **Terroranschläge gegen die USA,** denen fast 3000 Menschen zum Opfer fallen.

2003

Die USA greifen den Irak an, um das Regime von Saddam Hussein zu stürzen.

Der heutige Islam ist stark von den Ereignissen der 1970er- und 1980er-Jahre geprägt. 1977 übernahm Muhammad Zia-ul-Haq nach einem Putsch die Macht in Pakistan und führte die *nizam-e-mustafa* (»Die Herrschaft des Propheten«) ein – die Scharia. Zwei Jahre später marschierte die Sowjetunion in Afghanistan ein, und Pakistan verbündete sich mit Staaten wie Saudi-Arabien, Iran und den USA, um den Widerstand Afghanistans und die Waffenlieferungen zu finanzieren. Im Iran wurde 1979 das säkulare Schah-Regime durch eine Volksrevolution gestürzt. Ayatollah Chomeini übernahm die Macht und verwandelte das Land in einen islamischen Staat. 1981 wurde der ägyptische Präsident Anwar Sadat – ein weiterer Verbündeter des Westens – von Islamisten ermordet. In den folgenden vier Jahren wurde die muslimische Welt vom islamischen Konservatismus überrollt und der Westen galt als Feindbild.

Saat für Konflikte

Die iranische Revolution brachte echte Hardliner unter den schiitischen Klerikern an die Macht, was bei anderen Staaten mit hohen schiitischen Bevölkerungsanteilen die Alarmglocken schrillen ließ. Eines dieser Länder – der sunnitisch regierte Irak – fiel 1980 in den Iran ein und löste einen blutigen achtjährigen Krieg aus.

Der Irak hatte kaum Frieden mit dem Iran geschlossen, als er 1990 eine weitere Invasion begann: Dieses Mal überfiel er Kuwait. Da der Zweite Golfkrieg die internationale Ölversorgung gefährdete, schlossen die USA ein Rettungsbündnis. Das »Unternehmen Wüstensturm« begann Anfang 1991, dauerte sechs Wochen und führte zur Befreiung Kuwaits. Die Stationierung von US-Streitkräften sorgte bei den Muslimen für Unmut – viele waren gerade erst aus Afghanistan zurückgekehrt, wo sie erfolgreich die Russen vertrieben hatten. Aus den Reihen dieser islamischen Kämpfer gingen später islamistische Gruppen wie die Taliban und Al-Qaida hervor.

Die Wahrnehmung des Islams

Al-Qaida wollte sich am Westen für die Unterdrückung der Muslime rächen. Am 11. September 2001 verübten Mitglieder von Al-Qaida einen Terroranschlag auf die USA, bei dem Tausende starben. Die USA reagierten mit Angriffen auf

2011

Von Tunesien aus breitet sich der **Arabische Frühling** über ganz Nordafrika und den Nahen Osten aus.

2013

Die somalische Terrororganisation **Al-Shabaab** verübt einen Anschlag auf das Westgate-Einkaufszentrum in Nairobi (Kenia), bei dem 67 Menschen sterben.

2014

Die 17-jährige **Malala Yousafzai** aus Pakistan, die für Frauen das Recht auf Bildung fordert, erhält den Friedensnobelpreis.

2014

Die **militante Gruppe Islamischer Staat** erobert weite Teile des Iraks und Syriens und ruft ein neues Kalifat aus.

2015

In Indonesien definiert **Islam Nusantara** eine alternative Interpretation des Islams aus nicht arabischer Perspektive.

2018

Saudi-Arabien hebt das Fahrverbot für Frauen auf und stellt die ersten Führerscheine für Frauen aus.

2019

Rashida Tlaib und Ilhan Omar werden als **erste muslimische Frauen in den US-Kongress gewählt.**

2019

Brunei führt neue Scharia-Gesetze ein, nach denen Ehebruch und Sex unter Männern mit dem Tod durch Steinigung bestraft werden.

Al-Qaida-Stützpunkte in Afghanistan und fielen in den Irak ein, um Saddam Hussein zu stürzen.

Seit den Anschlägen vom 11. September sahen viele Menschen im Westen den Islam als Bedrohung an. Den Millionen Muslimen, die als Minderheit im Westen lebten, wurde nun mit Misstrauen und zunehmender Islamfeindlichkeit begegnet.

Die westliche Wahrnehmung des Islams änderte sich 2011 mit dem Arabischen Frühling erneut. Der Umstand, dass die Aufstände oft von jungen Menschen angeführt wurden, Frauen bei den Protesten ebenso präsent waren wie Männer und sie freie, demokratische Wahlen forderten, vermittelte den Eindruck, dass die arabische Welt in eine neue Epoche eintreten würde. Das steht noch aus, aber die Bilder von jungen Menschen, die für ihre Rechte kämpfen, haben viel dazu beigetragen, dass der Westen die muslimische Welt heute differenzierter sieht.

Gegensätzliche Ausprägungen

Obwohl nicht einmal 20 % der Muslime weltweit im Nahen Osten leben, übt die Region großen Einfluss auf die restliche islamische Welt aus. Indonesien, das den höchsten muslimischen Bevölkerungsanteil weltweit hat, lebt seine eigene südostasiatische Interpretation des Islams, aber dank des enormen Ölreichtums haben Saudi-Arabien und die Golfstaaten den größten Einfluss darauf, wie der Islam von der Welt wahrgenommen wird – in Form eines strengen Ansatzes: dem Wahhabismus bzw. Salafismus.

Der Iran fordert die islamische Vormachtstellung Saudi-Arabiens heraus. Seit dem Sturz Saddam Husseins hat sich der Einfluss des Irans auf den Irak (dessen Bevölkerung mehrheitlich schiitisch ist), Syrien und den Libanon ausgedehnt. Die aktuellen Konflikte im Irak und in Syrien, z. B. der Krieg gegen den Islamischen Staat, haben zur Flucht von Millionen Muslimen geführt. Manche wurden von benachbarten Staaten aufgenommen, aber viele sind nach Europa geflohen. Diese Zwangsmigration in Verbindung mit hohen Geburtenraten wird in den kommenden Jahrzehnten zu einem Anstieg der muslimischen Bevölkerung in Europa und weltweit führen und der Geschichte des Islams vielleicht noch einmal eine neue Richtung geben. ■

WIR SIND GOTTES, UND ZU IHM KEHREN WIR ZURÜCK

KORAN 2:156

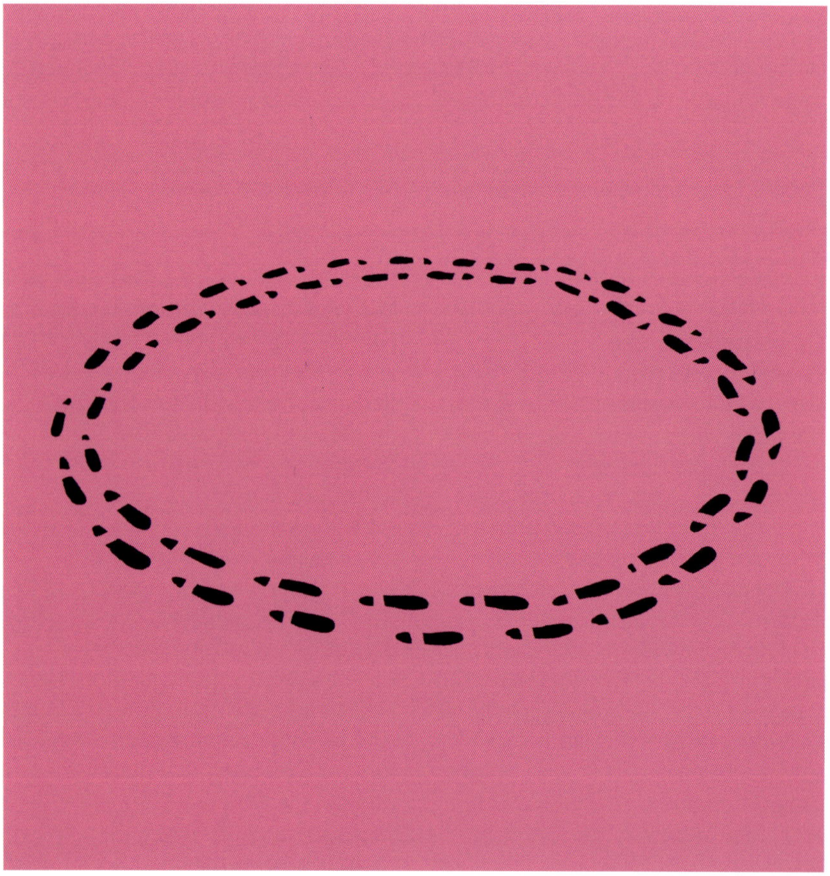

IM KONTEXT

THEMA
Initiationsriten

WANN UND WO
Heute, weltweit

FRÜHER
595 Der zukünftige Prophet Mohammed heiratet die 15 Jahre ältere Chadidscha. Sie leben monogam, aber nach ihrem Tod heiratet er noch weitere zehnmal.

8. Jh. Der Rechtsgelehrte al-Schafi'i verfügt, dass ein Mann sich auf eine einzige Frau beschränken soll, obwohl er mehr als eine heiraten darf.

2007 Die ägyptische Al-Azhar-Universität, eine islamische Institution, die das soziale Verhalten regelt, untersucht, wie man die Ausbreitung der inoffiziellen *urfi*-Ehen eindämmen kann, die »alarmierende Ausmaße« erreicht hat.

Alle Muslime, ob praktizierend oder nicht, befolgen in wichtigen Momenten ihres Lebens (vor allem bei Geburt, Heirat und Tod) islamische Rituale.

Bei der Geburt eines Kindes ist es in einigen muslimischen Kulturen Tradition, ihm die Schahada ins rechte Ohr zu flüstern: »Es gibt keine Gottheit außer Gott. Mohammed ist der Gesandte Gottes.« Die zentrale Botschaft des Islams ist das Erste, was das Kind in seinem Leben hört. Die Tradition besagt auch, dass das Erste, was das Baby isst, etwas Süßes sein sollte, also dürfen die Eltern eine Dattel kauen und den Saft der Frucht auf das Zahnfleisch des Babys reiben;

Siehe auch: Die fünf Säulen des Islams: Schahada 36–41 ▪ Das koranische Konzept des Paradieses 92 ▪ Die Aussprüche und Handlungen des Propheten 118–123 ▪ Gottes Führung durch die Scharia 128–133

Ein indonesischer Großvater schneidet seinem Enkel bei der *aqiqa*-Zeremonie die Haare. Viele Muslime glauben, ihre Kinder auf diese Weise vor Schaden zu bewahren.

alternativ kann auch Honig verwendet werden.

Vorbereitung auf das Leben

Basierend auf einer Hadith-Tradition erhalten Babys ihren Namen am ersten oder siebten Tag nach der Geburt. Die Namen sind oft Ableitungen von den Namen der Propheten, ihrer Frauen oder der Prophetengefährten; der häufigste Jungenname ist Muhammad. Einigen Quellen zufolge ist Muhammad der beliebteste Jungenname der Welt, und das nicht nur in muslimischen Ländern: »Muhammad« in seinen 14 registrierten Schreibweisen war 2017 der beliebteste Jungenname für Neugeborene in Großbritannien.

Am oder ab dem siebten Tag nach der Geburt finden verschiedene Initiationsriten statt: Dem Baby werden z. B. die Kopfhaare geschnitten. Das Kopfhaar wird gewogen und sein Gewicht in Silber (oder dem entsprechenden Geldwert) gespendet. Es gibt auch die *aqiqa*-Tradition, nach der eine Ziege oder ein Schaf geopfert wird, um Gott für das Kind zu danken. Das Fleisch geht an Verwandte, Nachbarn und Bedürftige. Es gibt heute sogar spezielle Organisationen, die die Tieropfer im Namen der Familien ausführen und das Fleisch an die Armen verteilen.

Muslimische Jungen werden beschnitten, was (idealerweise) im Alter von sieben Tagen, aber auch bis kurz vor der Pubertät stattfinden kann. In Malaysia gilt die Beschneidung als Ritual, das den Übergang des Jungen ins Erwachsenenalter markiert. Beschneidungen gab es schon in vorislamischer Zeit; sie reichen vermutlich bis in die Zeit Abrahams zurück. Die Beschneidung wird im Koran nicht erwähnt, aber in den Hadithen angesprochen. Die Hadithwerke *Sahih al-buchari* und *Sahih muslim* berichten, dass der Prophet eine Liste von *fitra*-Ritualen erstellte (*fitra* bezeichnet den Zustand der Reinheit, in dem alle Menschen geboren werden), zu denen neben dem Trimmen des Bartes und dem Schneiden der Nägel auch die Beschneidung gehörte. In ländlichen Regionen kann die Operation auch von einem Barbier durchgeführt werden, aber meist erfolgt sie im Krankenhaus. Da es sich um einen Brauch und nicht um ein Element der islamischen Lehre handelt, ist die Beschneidung keine Pflicht für Konvertiten.

Die weibliche Beschneidung oder weibliche Genitalverstümmelung (FGM) gehört nicht zur islamischen Religionsausübung und wird weithin als Verletzung der Menschenrechte eingestuft. Im ländlichen Ägypten und Sudan, in muslimischen und nicht muslimischen Gemeinden Ostafrikas sowie in einigen Migrationsgemeinden im Westen ist sie eine kulturelle Tradition und nicht durch den Koran autorisiert.

Hochzeit und Ehe

Verabredungen zwischen jungen Männern und Frauen sind in den meisten muslimischen Ländern unüblich; vorehelicher Sex ist ein absolutes Tabu. Die Familien spielen eine große Rolle bei der »

> »Unser Herr, verleih uns Freude an unseren Frauen und an unseren Kindern, und mache uns zum Vorbild für die Gottesfürchtigen!«
>
> **Koran 25:74**

Sure 35, »Der Schöpfer«, Vers 11, umreißt den Kreislauf des Lebens: Wir werden geboren, wir pflanzen uns fort, wir sterben. Die Sure offenbart auch, dass es vorherbestimmt ist, wie lange ein Mensch lebt.

Geburt
»Aus Erde schuf euch Gott, dann aus einem Tropfen …«

Ehe
»… dann machte er euch zu Paaren…«

Schwangerschaft
»Keine Frau wird schwanger und gebärt, ohne dass er es weiß.«

Tod
»Und niemandem wird sein Leben verlängert … ohne dass es in einem Buch stünde.«

Zusammenführung junger Paare. Es ist weithin akzeptiert, dass die Eltern einen Lebenspartner für ihre Kinder auswählen. Die Eltern müssen vor der Hochzeit die Morgengabe *(mahr)* aushandeln, die der Bräutigam an die Braut zahlt.

Die islamische Ehe *(nikah)* ist ein Zivilvertrag, kein religiöser Ritus. Diese Vereinbarung zwischen einem Mann und einer Frau sagt aus, dass sie aus freiem Willen heiraten. Der Vertrag wird in Anwesenheit von zwei muslimischen Zeugen unterzeichnet. Ort des Geschehens ist eher ein Amtszimmer als eine Moschee. Es muss kein Imam oder Beamter anwesend sein. Die Hochzeitszeremonie nach der Eheschließung ist mehr von der kulturellen Tradition der Eheleute als vom Islam geprägt.

Eine muslimische Braut in Indien unterschreibt anläßlich der *idschaza,* der Zulassungszeremonie, die Heiratsurkunde.

Formen der Ehe

Zur Zeit des Propheten war Polygamie üblich. Männer durften mehrere Ehefrauen haben, solange sie ihre Frauen gleichermaßen unterhalten und würdigen konnten – der Koran duldet die Vielehe. Obwohl die meisten islamischen Autoritäten weiterhin behaupten, dass es Männern erlaubt ist, bis zu vier Frauen zu haben (für Frauen gilt das umgekehrt aber nicht), ist Polygamie in der Türkei und Tunesien heute illegal und in anderen muslimischen Staaten rückläufig – in Ägypten z. B. liegt die Zahl der Vielehen bei unter 3 %.

Manche Muslime erkennen auch die *urfi*-Ehe (inoffizielle Kurzehe) an. Weil eine Hochzeit mit hohen Kosten verbunden ist, müssen viele Paare jahrelang warten, bis sie heiraten können – dank der *urfi*-Ehe können sie ohne offizielle Registrierung zusammen sein. *Urfi*-Ehen werden in Anwesenheit von zwei Zeugen von einem muslimischen

Geistlichen geschlossen. Das Paar kann die Ehe später registrieren lassen und – sobald die Finanzen stimmen – eine richtige Hochzeit feiern.

Im schiitischen Islam sind *mut'a*-Ehen erlaubt. Dabei heiraten ein Mann und eine Frau privat und ohne Zeugen für einen kurzen bis mittelfristigen Zeitraum. Diese Ehen sind umstritten und werden vor Familienmitgliedern oft geheim gehalten. *Mut'a*-Ehen sind auch für die beteiligten Frauen gefährlich, da diese Eheform ihnen keinen Rechtsschutz bietet, wie z. B. das Recht auf Unterhalt für sich selbst oder die Kinder.

Scheidung

Im Islam kann sich ein Mann scheiden lassen, indem er den *talaq* ausspricht, mit dem er erklärt, dass er seine Frau verstößt. Im Islam ist die Ehe aber nicht nur eine vertragliche Institution, sondern auch ein Sakrament, und die Scheidung gilt als allerletzte Option, wenn ein Paar schon alles unternommen hat, um die Beziehung zu retten. Einem Hadith zufolge soll der Prophet gesagt haben: »Von allen erlaubten Dingen hasst Gott die Scheidung am meisten.«

Üblicher ist ein Scheidungsverfahren: Ein Paar, das sich im Einvernehmen scheiden lassen will, geht zum *qadi* (Scharia-Gelehrten), der die Ehe in Anwesenheit von zwei Zeugen annulliert. Wenn nur die Frau oder der Mann die Scheidung will, kann er oder sie einen Antrag beim *qadi* stellen. Wenn vernünftige Gründe vorliegen, gewährt dieser die Scheidung. Eine Ehe kann annulliert werden, wenn das Paar seit mindestens zwei Jahren getrennt lebt und eine Seite nicht die Absicht hat, zum Partner oder zur Partnerin zurückzukehren.

Wenn der Ehemann die Scheidung einreicht, darf die Ehefrau die Morgengabe behalten. Wenn die Ehefrau die Scheidung einreicht, muss sie womöglich darauf verzichten, weil sie diejenige ist, die den Ehevertrag bricht – es sei denn, sie legt dem *qadi* einen triftigen Grund für ihr Scheidungsgesuch vor.

Eine schiitische Familie pflegt das Grab eines Verwandten auf einem Friedhof in Nadschaf (Irak). Die Besuche finden traditionell zum *eid al-fitr* am Ende des Ramadans statt.

Das Lebensende

Der Tod wird im Islam als Übergang zwischen dem Diesseits und dem Jenseits betrachtet. Er ist von Gott gewollt und soll bereitwillig akzeptiert werden. Der Verstorbene sollte so schnell wie möglich begraben werden, am besten gleich am selben Tag (Feuerbestattung ist verboten). Die erwachsenen Familienmitglieder des Verstorbenen waschen den Körper und wickeln ihn in ein Leichentuch. In der Moschee sprechen die Trauernden ein Gebet für den Toten, danach wird der Leichnam zum Friedhof getragen. Sein Körper wird in Richtung Mekka gerichtet in ein Grab gelegt, während die Hinterbliebenen das Glaubensbekenntnis rezitieren. Viele der Trauernden werfen drei Handvoll Erde in das Grab, während sie aus Sure 20 rezitieren: »Aus ihr [der Erde] erschufen wir euch, und in sie bringen wir euch zurück, und aus ihr bringen wir euch abermals hervor« (Koran 20:55).

Die genauen Bestattungsrituale unterscheiden sich von Land zu Land, aber in der Regel spenden die Familienmitglieder als Sühne für begangene Sünden im Namen des Verstorbenen Geld oder Lebensmittel an die Armen. ■

LGBT+ und Islam

Koran und Bibel erzählen die Geschichte des Volkes von Lot, das wegen seines »obszönen« Verhaltens – zu dem auch Homosexualität gehörte – von Gott vernichtet wurde: »Wollt ihr denn nur mit Männern verkehren und das beiseitelassen, was euch euer Herr an Gattinnen für euch erschuf?« (Koran 26:165–66). Deshalb erklärten die frühen muslimischen Gelehrten Homosexualität für verboten.

Manche Muslime betrachten Homosexualität als selbst gewählten Lebensstil und glauben, eine homosexuelle Person sollte sich ändern oder enthaltsam leben. In einigen Ländern ist gleichgeschlechtlicher Sex erlaubt, z. B. in Jordanien, dem Libanon, der Türkei und Teilen Indonesiens, aber in den meisten islamischen Staaten sind homosexuelle Handlungen strafbar. Das Strafmaß reicht von Gefängnisstrafen über Auspeitschung bis hin zur Todesstrafe in Staaten wie Brunei, Saudi-Arabien, Sudan und Jemen.

DIE SIEBEN HÄUSER DES ISLAMS

ED HUSAIN (2018)

IM KONTEXT

THEMA
Wo leben die meisten Muslime?

WANN UND WO
Heute, weltweit

FRÜHER
7. Jh. n. Chr. Durch Eroberungen gelangt der Islam nach Afrika, Europa und Indien.

651 Kalif Uthman schickt eine Gesandtschaft nach China.

922 Wolgabulgarien (heute zu Russland) wird der erste muslimische Staat.

12. Jh. Das ostafrikanische Kilwa-Sultanat breitet sich bis nach Mosambik aus.

1492 Die ersten Muslime kommen mit Christoph Kolumbus nach Amerika.

SPÄTER
2050 Schätzungen zufolge wird es 2050 rund 2,76 Mrd. Muslime geben – etwa 29,7 % der Weltbevölkerung.

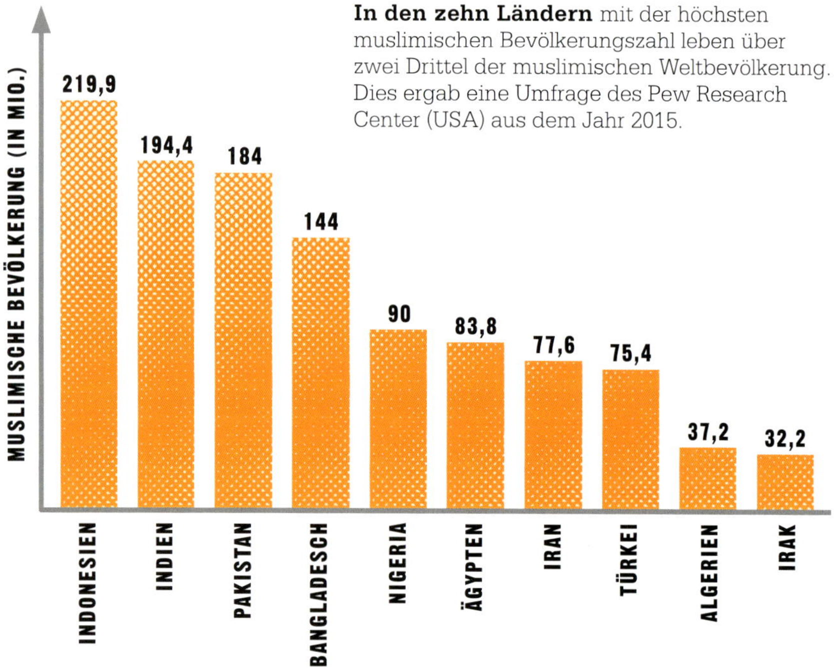

In den zehn Ländern mit der höchsten muslimischen Bevölkerungszahl leben über zwei Drittel der muslimischen Weltbevölkerung. Dies ergab eine Umfrage des Pew Research Center (USA) aus dem Jahr 2015.

Laut einer Umfrage des Pew Research Center gab es 2015 rund 1,8 Mrd. Muslime auf der Welt. Die Weltbevölkerung lag 2019 bei 7,7 Mrd. Menschen, also ist heute fast jeder vierte Mensch ein Muslim.

Nur 317 Mio. Muslime – also weniger als 18 % – leben im Nahen Osten und in Nordafrika (MENA-Region). In Indien und Pakistan gibt es mehr Muslime als in der gesamten MENA-Region. Die fünf Länder mit dem höchsten muslimischen Bevölkerungsanteil sind Indonesien (219,9 Mio.), Indien (194,4 Mio.), Pakistan (184 Mio.), Bangladesch (144 Mio.) und Nigeria (90 Mio.). Das sechste Land auf der Liste, Ägypten, ist mit ca. 83,8 Mio. Muslimen das Nahost-Land mit der größten muslimischen Bevölkerung.

Siehe auch: Die Verbreitung des Islams durch den Handel 182–185 ▪ Der Islam in Europa 210–215 ▪ Muslime in den USA 224–227 ▪ Die Gründung Pakistans 242–247 ▪ Der Islam in Afrika 278–279 ▪ Der Islam in Indonesien 280–281 ▪ Muslime im Westen 282–285

Die Häuser des Islams

Islamwissenschaftler unterteilen die islamische Welt in verschiedene kulturelle und geografische Bereiche – der Autor Ed Husain nennt sieben. Das erste Gebiet umfasst den arabischsprachigen Nahen Osten, Nordafrika und das nördliche Ostafrika (Dschibuti und Eritrea). In der Entstehungsregion des Islams leben weniger als 20 % seiner Anhänger, dafür hat sie die weltweit höchste Konzentration von Muslimen.

Die persischsprachigen Staaten Iran, Afghanistan und Tadschikistan bilden die zweite Region. Der Iran hat die höchste schiitische Bevölkerungszahl der Welt.

Die dritte Region ist Subsahara-Afrika: In den nicht arabischsprachigen Ländern Gambia, Ghana, Kenia, Mali, Niger, Nigeria, Senegal, Sierra Leone und Somalia leben rund 250 Mio. Muslime. In Ländern wie Niger und Somalia stellen die Muslime 99 % der Bevölkerung.

Die vierte Region ist der indische Subkontinent mit Indien, Pakistan, Bangladesch, Burma, Nepal und Sri Lanka. Indien hat die zweithöchste muslimische Bevölkerungszahl der Welt, obwohl die Muslime weniger als 15 % der Gesamtbevölkerung ausmachen. Bis 2050 könnte Indien die größte muslimische Bevölkerung der Welt haben und gleichzeitig ein Land mit hinduistischer Mehrheit sein.

Die fünfte Region umfasst die Türkei und Menschen türkischer Abstammung, also Aserbaidschaner, Tschetschenen, Kasachen, Kirgisen, Turkmenen, Usbeken und chinesische Uiguren. In China gibt es 22 Mio. Muslime; sie leben vor allem in Xinjiang, der einzigen Provinz mit muslimischer Mehrheit (53 % im Jahr 2019).

> »Die ultimative Vision besteht darin, den Multikulturalismus in der muslimischen Welt zu verankern.«
>
> **Feisal Abdul Rauf**
> amerikanischer Sufi und Imam (*1948)

Die sechste Region umfasst Südostasien mit Indonesien, Malaysia, Brunei sowie muslimischen Minderheiten in Thailand und auf den Philippinen. Indonesien hat den höchsten Bevölkerungsanteil an Muslimen weltweit: Etwa 13 % der muslimischen Weltbevölkerung leben dort.

Die Ausbreitung des Islams

Das siebte Haus ist der »Westen«. Europa hat in jüngster Zeit eine Welle von Migranten aufgenommen, die vor Konflikten geflohen sind. Die Zahlen sind nicht zuverlässig, aber man nimmt an, dass in Europa 44 Mio. Muslime leben. Russland hat mit mehr als 16 Mio. Muslimen den höchsten muslimischen Bevölkerungsanteil. In Frankreich leben 5,7 Mio. Muslime (8,8 % der Bevölkerung des Landes) und in Deutschland 5 Mio. (6,1 %). Die europäischen Länder mit der höchsten Konzentration von Muslimen sind der Kosovo (90 %), Albanien (80 %), Bosnien-Herzegowina (40 %) und Mazedonien (33 %).

Von den etwa 4,6 Mio. Muslimen Nordamerikas leben 3,45 Mio. in den USA und etwa 1 Mio. in Kanada. Weniger als 1 % der US-Bevölkerung ist muslimisch; diese Zahl wird sich Prognosen zufolge bis 2050 verdoppeln. ▪

Männer beim Gebet am Arbeitsplatz in Lagos (Nigeria). 50 % des Landes sind muslimisch (v. a. im Norden) und 50 % christlich (v. a. im Süden).

EIN ARABER IST NICHT BESSER ALS EIN NICHTARABER

DER PROPHET MOHAMMED

IM KONTEXT

THEMA
Die Arabisierung des Islams

WANN UND WO
Heute, weltweit

FRÜHER
8. Jh. Mit der *schuubiya*-Bewegung fördern die Abbasiden in Bagdad die nicht arabische (v. a. persische) Kultur.

1962 Saudi-Arabien gründet die Islamische Weltliga, um den Islam saudischer Prägung weltweit zu propagieren.

2019 Einem Zeitungsbericht aus Sri Lanka zufolge wurden dort in den letzten Jahren Tausende größtenteils von den Saudis finanzierte Koranschulen gegründet.

SPÄTER
2040 Einer Prognose zufolge wird die Ölförderung in der Golfregion und deren Einfluss um 2040 seinen Höhepunkt erreichen.

Der Islam entstand auf der Arabischen Halbinsel – sein Prophet Mohammed war ein Araber, und der Koran wurde ihm auf Arabisch offenbart. Muslime auf der ganzen Welt wenden sich zum Gebet nach Mekka, und jeder Muslim möchte irgendwann in seinem Leben nach Mekka pilgern. Nicht arabische Muslime lernen Arabisch, um den Koran im Original zu lesen und den Wortlaut der Gebete zu verstehen.

Obwohl nur 20 % der muslimischen Weltbevölkerung Araber sind, üben die arabische Sprache, Kultur und Ideologie einen Einfluss aus, der in keinem Verhältnis zu diesem Anteil steht, und dieser Einfluss nimmt zu – ein modernes Phänomen, das als Arabisierung bezeichnet wird.

Das war nicht immer so. Die Muslime der Türkei, Indiens und Südostasiens hatten einst eigenständige Kulturen, aber im Laufe des 20. Jahrhunderts hat sich die »Golfkultur« zum Inbegriff der muslimischen Identität entwickelt. Das zeigt sich am deutlichsten an der Kleidung: Der traditionelle weiße *thobe* für Männer und die schwarze *abaya* für Frauen gehören heute in vielen Ländern zum üblichen Straßenbild. Der Niqab (Gesichtsschleier) war früher außerhalb der arabischen Welt kaum zu sehen – heute ist er von Somalia (Ostafrika) bis Brunei (Südostasien) verbreitet.

> »Wenn Ihr die arabische Kultur praktizieren, aber nicht unsere malaysischen Bräuche befolgen wollt, ist das Eure Sache. Ihr könnt auch gern in Saudi-Arabien leben.«
>
> **Mahmud Iskandar Al-Haj**
> Sultan von Johor (Malaysia)
> (1932–2010)

Ramzan oder Ramadan?

Arabische Redewendungen finden zunehmend ihren Weg in die Landessprachen und ersetzen die jeweiligen lokalen Ausdrücke. Eine malaysische Zeitung berichtete, dass das Wort *tudung* (Malaiisch für »Kopftuch«) immer öfter durch den arabischen Begriff *hidschab* ersetzt wird und statt des traditionellen

Siehe auch: Die Säkularisierung der Türkei 228–231 ▪ Die Geburtsstunde von Saudi-Arabien 232–237 ▪ Wo leben die meisten Muslime? 260–261 ▪ Der Islam in Indonesien 280–281

Die Zentralmoschee in Köln wurde von einer türkischen Regierungsbehörde für Religionsangelegenheiten finanziert, um das Ansehen der Türkei in der islamischen Welt zu verbessern.

terima kasih (»Danke«) zunehmend das arabische *schukran* verwendet wird. Das persische Wort *ramzan* – in Vorderindien die Bezeichnung für den Fastenmonat – wurde durch *ramadan* ersetzt. Für Kinder werden arabische Namen bevorzugt. Der Sultan von Johor mahnte die Malaysier 2016, ihre traditionelle Kultur und Sprache nicht aufzugeben, um arabische Verhaltensweisen zu kopieren.

Seit sie in den 1970er-Jahren durch Erdöl reich geworden sind, haben die Golfstaaten ihre Einflussnahme auf die Muslime weltweit verstärkt. Sie nutzen die tief verwurzelte religiöse Verbindung, die die Muslime zur Arabischen Halbinsel als Wiege des Islams und Standort ihrer heiligsten Stätten haben. Dazu gehört die Ausbildung von Imamen, die ausgesandt werden, um den Islam nach den Bräuchen und Gesetzen der Golfstaaten und Saudi-Arabiens zu lehren, sowie die Finanzierung von Moscheen weltweit. Die Entscheidungspraxis der globalen muslimischen Gemeinschaft soll zentralisiert werden, z. B. bezüglich der Daten des Ramadans und des *eid*. Die arabischen Medien stärken diese Bindungen. Die Golfstaaten exportieren erfolgreich Literatur-, TV- und Online-Inhalte, die ein arabisches Weltbild transportieren. Ein Paradebeispiel ist der von Katar finanzierte Nachrichtensender Al Jazeera.

Widerstand

Gegen die Arabisierung erhebt sich Widerstand. Verschiedene Bewegungen zielen darauf ab, dass ihre eigene muslimische Kultur als gleichwertige Ausdrucksform des islamischen Glaubens anerkannt wird. Die indonesisch-islamische Organisation Nahdatul Ulama fördert seit 2015 den »Islam Nusantara« als eine Form des Islams, die lokale indonesische Bräuche berücksichtigt. Um ihre Identität zu stärken, haben muslimische Afroamerikaner Social-Media-Kampagnen unter dem Hashtag #BlackoutEid durchgeführt. Mit dem Ziel, das türkisch-islamische Erbe zu fördern, exportiert die Türkei TV-Sendungen: Synchronfassungen türkischer Seifenopern, die von Ereignissen aus der islamischen Geschichte handeln, sind in der gesamten arabischen Welt beliebt. So werden die Muslime daran erinnert, dass die Türkei als Osmanisches Reich bis zum 20. Jahrhundert die islamische Welt beherrschte. ■

Muslime sind keine Rasse

Anders als Juden oder Sikhs werden Muslime nicht als ethnische Gruppe betrachtet. Die Verwechslung von Religion und Ethnizität führt manchmal zu der Vorstellung, dass Araber und Muslime dasselbe sind – was nicht der Fall ist.

Mohammed soll gesagt haben: »Wir haben euch geschaffen von einem Männlichen und einem Weiblichen und haben euch zu Völkerschaften und Stämmen gemacht … Ein Araber ist nicht vorzüglicher als ein Nichtaraber, noch ein Nichtaraber vorzüglicher als ein Araber; ein Schwarzer ist nicht vorzüglicher als ein Weißer, noch ein Weißer vorzüglicher als ein Schwarzer, außer durch Frömmigkeit.« Im Koran sind die frommen Menschen die besten – unabhängig von ihrer Ethnizität. Der Koran betrachtet die verschiedenen Stämme und Nationen als positiv für die Menschheit. Er ist offen für alle Kulturen, solange ihre Traditionen nicht mit der islamischen Religionspraxis in Konflikt stehen.

DIE DEMOKRATIE IST NICHT UNVEREINBAR MIT DEM ISLAM

BENAZIR BHUTTO (2007)

IM KONTEXT

THEMA
Islam und Demokratie

WANN UND WO
Heute, weltweit

FRÜHER
632 Eine *schura* (Rat der Weisen) wählt den Nachfolger Mohammeds und neuen Anführer der Muslime.

1945 In der Türkei wird das autokratische Regime von Atatürk (dem Gründer der modernen Türkei) von einem politischen Mehrparteiensystem abgelöst.

1947 Nach der Teilung Indiens werden Indien und Pakistan zu Demokratien.

2011 In Tunesien brechen prodemokratische Aufstände aus, die auf Marokko, Libyen, Ägypten, Syrien, Bahrain und die gesamte arabische Welt übergreifen.

Millionen Muslime leben in Demokratien oder Ländern mit freien Wahlen. Indonesien, das Land mit der weltweit größten Anzahl von Muslimen, ist – gemessen an seiner Bevölkerungszahl – die drittgrößte Demokratie der Welt. Bis 2050 wird Indien, die größte Demokratie der Welt, die größte muslimische Bevölkerung weltweit haben. Mali, der Senegal, Tunesien, die Türkei, Pakistan, Bangladesch und Malaysia sind Länder mit muslimischer Bevölkerungsmehrheit und demokratischem Regierungssystem – mit unterschiedlichem Erfolg. All diese Fakten legen nahe, dass es keinen grundsätzlichen Widerspruch zwischen Islam und Demokratie gibt.

Der Koran enthält Ideen, die demokratische Ideale unterstützen, z. B. *schura* (gemeinsame Entscheidungsfindung) und *idschma* (Konsens). Sure 42:38 empfiehlt, dass die Gläubigen ihre Angelegenheiten durch »gegenseitige Beratung« klären sollen. Strenggläubige Muslime könnten dagegenhalten, dass die strikte Umsetzung der Scharia die Regierungsgewalt in die Hände Gottes legt und Gott der alleinige Gesetzgeber ist. Manche Religionsgelehrte betrachten sogar die Teilnahme am politischen Alltag – die Mitgliedschaft in einer Partei oder das Wählen – als *haram* (verboten). So denken die Wahhabiten (Saudi-Arabien), die Taliban (Afghanistan und Pakistan) und manche Salafisten.

Islamisten, die Wahlen unterstützen

Nicht alle Islamisten lehnen die Demokratie ab. In jüngster Zeit war Demokratie für islamistische Parteien manchmal der einzig realistische Weg, um politische Legitimation zu erlangen.

» Sie haben eine christliche Demokratie in Europa. Warum sollten wir in der islamischen Welt keine muslimischen Demokraten haben? «

Anwar Ibrahim
malaysischer Reformpolitiker
(*1947)

Siehe auch: Gottes Führung durch die Scharia 128–133 ▪ Der Aufstieg des politischen Islams 238–241 ▪ Wo leben die meisten Muslime? 260–261 ▪ Der Salafismus 304

» Die Entwicklung des politischen Islams und der Demokratie scheinen nun Hand in Hand zu gehen, wenn auch nicht im gleichen Tempo. «

Olivier Roy
Professor am Europäischen Hochschulinstitut in Florenz (*1949)

So stand in Algerien die populäre Islamische Heilsfront bei den demokratischen Wahlen von 1991 kurz davor, die regierende Nationale Befreiungsfront zu besiegen. Um dies zu verhindern, sagten die Machthaber die Wahlen ab. Das Militär übernahm die Kontrolle, und in einem zehnjährigen Bürgerkrieg kamen 100 000 Menschen ums Leben.

Als im Arabischen Frühling 2011 die unbeliebte Regierung des ägyptischen Präsidenten Mubarak gestürzt wurde, kam bei den Wahlen von 2012 Muhammad Mursi, ein Kandidat der Muslimbrüder, an die Macht. Doch im Gegensatz zu den Demonstranten, die sie an die Macht gebracht hatten, zielte die Bruderschaft nicht auf Demokratie; 2013 wurde Mursi durch einen Militärputsch gestürzt und das autoritäre Regime wieder hergestellt.

Auch in Tunesien führte 2011 ein Volksaufstand dazu, dass ein langjähriger autoritärer Präsident gestürzt und der Weg für demokratische Wahlen geebnet wurde. Hier verlief das Experiment zunächst erfolgreicher als in Ägypten.

Die islamische Partei Ennahda, die verboten war und erst 2011 legalisiert wurde, gewann die meisten Sitze in der Verfassunggebenden Versammlung Tunesiens. Seitdem hat die tunesische Regierung mehrere friedliche Wahlen durchgeführt und eine neue Verfassung verabschiedet, die zu den fortschrittlichsten der arabischen Welt gehört.

Wer ist gegen Wahlen?

Die Tunesische Republik ist das bisher einzige erfolgreiche Demokratieexperiment in der arabischen Welt, auch wenn andere Kräfte eine Neugestaltung fordern. Ansonsten wird die Region von Führern regiert, die den Bürgern kein freies Wahlrecht zugestehen und persönliche Freiheiten beschneiden, damit das auch so bleibt. Warum das so ist, darüber streiten die Politikwissenschaftler. Einige verweisen auf die langjährige Bereitschaft des Westens, die Despoten und Diktatoren der Region zu unterstützen – v. a. während des Kalten Krieges, als die USA und die Sowjetunion politisch repressive Regimes förderten, um sich regionale Loyalitäten zu sichern. Auch heute noch unterstützt der Westen politische Führer mit zweifelhafter demokratischer Legitimation, um sich wichtige Öl- und Gaslieferungen aus Nahost zu sichern.

Die Unvorhersehbarkeit freier Wahlen und das Risiko, dass z. B. islamistische Parteien an die Macht kommen könnten, ist einer der Gründe dafür, warum die Demokratie im Nahen Osten meist nicht im Interesse der westlichen Mächte liegt. ■

Tunesier in einem Wahllokal bei den Parlamentswahlen 2019. Das politische System in Tunesien umfasst Islamisten ebenso wie deren ehemalige Gegner.

UND WENN IHR ÜBER ETWAS STREITET, DANN BRINGT ES VOR GOTT

KORAN 4:59

IM KONTEXT

THEMA
Der moderne Scharia-Staat

WANN UND WO
Heute, Saudi-Arabien

FRÜHER
8. Jh. n. Chr. In den muslimischen Gemeinden tauchen Gelehrte auf, die die Rechtsprechung vereinheitlichen und die Scharia kodifizieren.

19. Jh. Angesichts des europäischen Kolonialismus verbinden Muslime die Scharia mit Selbstbestimmung.

1928 Die Muslimbruderschaft verkündet, dass für eine nationale Erneuerung in Ägypten das islamische Recht wieder berücksichtigt werden muss.

1932 Ibn Saud übernimmt die Kontrolle der Arabischen Halbinsel und erlaubt Religionsgelehrten, das islamische Recht anzuwenden.

Seit Mitte des 20. Jahrhunderts versuchen muslimische Länder, den Scharia-Staat wiederzubeleben, also ein rein islamisches Rechtssystem mit einem entsprechenden Verhaltenskodex – abgeleitet aus Koran und Sunna – einzuführen. Die Befürworter dieses Systems sehen darin eine Lebensform, die sich nicht an den Regeln der Menschen, sondern an den ewigen Regeln Gottes orientiert. Die Anhänger der Scharia glauben, dass sie dem Wort Gottes folgen, der offenbarte: »Und wenn ihr über etwas streitet, dann bringt es vor Gott und den Gesandten« (Koran 4:59).

»Konservative« und »gemäßigte« Muslime streiten darüber, wie die

Siehe auch: Gottes Führung durch die Scharia 128–133 ▪ Wahhabismus – die islamische Reformation 216–217 ▪ Die Geburtsstunde von Saudi-Arabien 232–237 ▪ Die Gründung Pakistans 242–247 ▪ Die neuen Extremisten 272–277 ▪ Der Salafismus 304

Gott offenbart seine Richtlinien im Koran und in den Hadithen, aus denen die Scharia hervorgeht.

Die Scharia bietet Anleitung für den **Gottesdienst** *(ibadat)* und für ein **ethisches Leben** *(muamalat)*.

Die Scharia wird **von Juristen interpretiert und angewandt,** ein Prozess, der *fiqh* heißt.

Durch *fiqh* wird **die Scharia** an verschiedene Gesellschaften **angepasst.**

Einige Gesellschaften haben eine **strenge Version** der Scharia eingeführt.

Für die meisten Muslime ist die Scharia ein System, das dabei hilft, **Familienstreitigkeiten** usw. zu regeln.

Scharia heute angewandt werden soll. Vollständig umgesetzt, erstreckt sie sich auf alle Bereiche des öffentlichen Lebens. Einige Aspekte der Scharia sind weithin akzeptiert, wie Halal-Lebensmittel und das zinsfreie Bankwesen. Andere sind umstrittener, z. B. die im Koran und in den Hadithen festgelegten *hudud*-Strafen für Ehebruch, Homosexualität, Raub und Mord. Unter einem strengen Scharia-Regime sind Muslime verpflichtet, ihr Alltagsleben zu ändern und darauf zu achten, welche Kleidung sie tragen und mit wem sie ihre Zeit verbringen.

Scharia-Staaten

Die meisten der rund 50 muslimischen Staaten haben die Scharia durch Straf- und Zivilrechtssysteme nach europäischem Vorbild ersetzt und die Scharia nur im Bereich des Familienrechts beibehalten. Nur wenige Staaten setzen das islamische Recht vollständig durch: Afghanistan, Brunei, Katar und Saudi-Arabien. In Indonesien, Nigeria und im Sudan wird die Scharia nur in einigen Regionen angewandt. Das iranische Rechtssystem ist eine Kombination aus Scharia und Zivilrecht. Das berühmteste Beispiel für einen Scharia-Staat ist Saudi-Arabien. Die Kleriker haben in Saudi-Arabien einen Stellenwert, der in der islamischen Welt einzigartig ist. Neben dem Ministerium für islamische Angelegenheiten kontrollieren sie auch das Justiz- und das »

» Morgen, am Donnerstag, dem 1. Mai 2014, wird die Scharia in Kraft treten. «

Hassanal Bolkiah
Sultan von Brunei
(*1946)

Hassanal Bolkiah wurde 1967 Sultan von Brunei. Er führte in dem ölreichen kleinen Land mit muslimischer Bevölkerungsmehrheit die Scharia ein.

Bildungsministerium. Sie leiten auch eine religiöse Polizeitruppe, die den offiziellen Namen Komitee für die Verbreitung der Tugend und Verhinderung von Lastern trägt, gemeinhin aber *mutawwin* heißt. Die saudischen Richter folgen der strengen hanbalitischen Rechtsschule. Diese wird durch königliche Verordnungen zu aktuellen Themen ergänzt.

Strafrecht

Obwohl die Scharia das menschliche Verhalten fast vollständig abdeckt, löst das Strafrecht (nur ein kleiner Teil des islamischen Rechts) die meisten Kontroversen aus. Der Koran drückt sich in Bezug auf Verbrechen und Strafen teils sehr spezifisch aus: »Der Dieb und die Diebin: Schlagt ihnen die Hände ab« (5:38) und »Die Ehebrecherin und der Ehebrecher, peitscht einen jeden von ihnen mit hundert Peitschenhieben aus!« (24:2). In anderen Angelegenheiten bleibt er eher vage: »Und wenn zwei von euch [Unzucht] begehen, dann bestraft sie alle beide« (4:16) oder »Wenn aber jemand einen Gläubigen absichtlich tötet, dann ist sein Lohn die Hölle« (4:93). Wenn der Koran in einem bestimmten Fall keine Strafe vorschreibt, orientieren sich die Richter an den Hadithen. Zu den schweren Straftaten, die von der Scharia abgedeckt werden, gehören nicht nur Mord, Vergewaltigung, Diebstahl, Verrat und Drogenschmuggel, sondern auch Apostasie (Abkehr vom religiösen Glauben), Ehebruch, Blasphemie und Hexerei. In der saudischen Version der Scharia werden all diese Verbrechen theoretisch mit der Todesstrafe geahndet. Die Hinrichtung erfolgt öffentlich durch Enthauptung mit dem Schwert. Homosexuelle Handlungen oder Handlungen, die Homosexualität fördern, werden mit Peitschenhieben, Gefängnis oder sogar mit dem Tod bestraft. Befürworter der Scharia argumentieren, dass die Gerichte unanfechtbare Beweise verlangen, bevor eine Strafe vollstreckt wird. Im Fall von Ehebruch sagt der Koran z. B., dass es vier zuverlässige Zeugen für die Tat geben muss. Wer jemanden des Ehebruchs beschuldigt und keine Zeugen vorweisen kann, wird wegen Verleumdung mit 80 Peitschenhieben bestraft. Kritiker verweisen darauf, dass diese strengen Vorgaben nicht immer eingehalten werden.

> »Wendet die *hudud*-Strafen von den Muslimen ab, wenn ihr könnt, wenn es dafür einen Ausweg gibt, so macht diesen dafür frei.«
>
> **Der Prophet Mohammed**

Frauen in der Scharia

Ein großer Streitpunkt ist auch die Stellung der Frauen in der Scharia. Die Geschlechtertrennung, die Geistliche mit dem Scharia-Konzept des *dar al-fasad* (»Schutz vor Korruption«) rechtfertigen, bedeutet traditionell, dass sich Männer und Frauen nicht vermischen dürfen. In der Praxis hat das dazu geführt, dass Frauen aus dem Arbeitsleben herausgehalten werden. Ihr angeblicher »Mangel an Tauglichkeit« *(adam al-kifaah)* erfordert einen männlichen Vormund (etwa Vater, Bruder oder Ehemann),

Bis 2018 durften saudi-arabische Frauen nicht selbst Auto fahren – das Argument: Sie dürften ohne männliche Begleitung ohnehin nicht verreisen.

Die Scharia in nicht muslimischen Ländern

In nicht islamischen Ländern gibt es Scharia-Tribunale, die die Bedürfnisse der muslimischen Gemeinden abdecken. Es sind keine ordentlichen Gerichte: Ihre Urteile sind nicht rechtskräftig und können die Entscheidungen regulärer Gerichte nicht aufheben. Muslime suchen diese Gremien oft in Familienangelegenheiten auf: Ein Paar, das sich scheiden lassen will, kann sich an ein Scharia-Tribunal wenden, um Vereinbarungen über Kinder und Finanzen zu treffen. Ein Paar kann sich von einem Scharia-Tribunal trauen lassen – was jedoch nicht bedeutet, dass es in den Augen des Staates verheiratet ist. Im Westen versuchen manche, die Scharia zu politisieren. Einige Bundesstaaten der USA haben Scharia-Gerichte sogar verboten. In der Praxis hat aber fast jede Religionsgemeinschaft in den USA ihre eigene Schiedskommission für Familienfragen. Vor diesem Hintergrund sind Scharia-Tribunale nichts Besonderes.

Scharia-Polizisten kontrollieren in Aceh, ob Fahrer schariakonforme Kleidung tragen. Aceh ist die einzige indonesische Provinz, die die Scharia befolgt.

der seine Erlaubnis für Reisen, Arztbesuche oder die Eröffnung eines Bankkontos geben muss. Frauenmode unterliegt einer strengen Rechtsauslegung. Dieses Recht verlangt extreme Bescheidenheit, der oft nur ein langer Mantel *(abaya)* und ein Kopftuch gerecht werden. Das Gesicht muss nicht unbedingt mit einem Niqab (Gesichtsschleier) bedeckt werden – manche Kleriker bestehen zwar darauf, die meisten betrachten den Niqab jedoch als kulturelle Praxis.

Aber: Die Lage ändert sich langsam. 2017 verfügte der saudi-arabische König Salman, dass Frauen für bestimmte Aktivitäten nicht mehr die Erlaubnis ihres männlichen Vormunds benötigen. Sie dürfen jetzt ohne Zustimmung die Universität besuchen, Jobs annehmen, sich operieren lassen, Auto fahren, einen Reisepass besitzen und ins Ausland reisen. Allerdings gelten sie rechtlich gesehen immer noch lebenslang als Minderjährige.

Die Scharia weltweit

Ein ähnliches System wie das saudische Scharia-Modell hatte Afghanistan unter den Taliban. Sunnitische Paschtunen errichteten dort von 1996 bis 2001 einen islamischen Staat mit religiösen Richtern und einer Sittenpolizei, die auf den Straßen patrouillierte, um die islamischen Verhaltensgebote durchzusetzen. Die Taliban gingen viel weiter als die Saudis: Sie verboten den Frauen Bildung und Arbeit und vollzogen bei Ehebruch die *hudud*-Strafe der Steinigung – was Saudi-Arabien nicht tat. Saudi-Arabien war neben Pakistan und den Vereinigten Arabischen Emiraten der einzige Staat weltweit, der die Taliban diplomatisch anerkannte. Es gibt große Unterschiede zwischen den Ideologien der Taliban – die in einigen Regionen Afghanistans weiterhin aktiv sind – und den saudi-arabischen Klerikern, aber beide vertreten die Ansicht, dass der Scharia-Staat keine Parteien und Parlamentswahlen benötigt.

In anderen Staaten führten Machthaber die Scharia ein, um ihre Legitimation aufzupolieren. Die Scharia wurde 1968 und 1973 in die Verfassung des Sudans aufgenommen und ist nach wie vor das Leitprinzip des Landes. Kritiker behaupten, dass sie zur Verfolgung christlicher Frauen eingesetzt wird, die öffentlich ausgepeitscht werden, wenn sie »unmoralische« Kleidung (z. B. Hosen) tragen.

1979 führte der Militärherrscher Muhammad Zia-ul-Haq im Rahmen der Islamisierung Pakistans die Hudood-Verordnungen ein. Damit wurden dem Strafgesetzbuch neue Straftaten hinzugefügt – z. B. Ehebruch und Unzucht (Sex außerhalb der Ehe) –, die nun mit Peitschenhieben, Amputation und Steinigung bestraft werden konnten. 2014 führte der Sultan von Brunei ein neues Gesetzbuch ein, das den Geltungsbereich der Scharia-Gerichte vom Zivilrecht auf das Strafrecht ausweitete. 2019 führte er die *hudud*-Strafen ein.

Ein umfassenderes Verständnis der Scharia

Während Nichtmuslime die Scharia oft mit den *hudud*-Strafen gleichsetzen, ist dieser Bereich für viele Muslime nur ein kleiner Teil eines umfassenderen Rechtssystems, das eng mit ihrer islamischen Identität verbunden ist. Fast alle muslimischen Länder wenden die Scharia zu einem gewissen Grad an, vor allem im Familienrecht (Ehe, Scheidung und Erbrecht). Für die meisten muslimischen Länder ist die Scharia ein System, das mit anderen Rechtssystemen koexistieren kann. Extreme Ausprägungen der Scharia sind allerdings auch den meisten Muslimen zuwider. ■

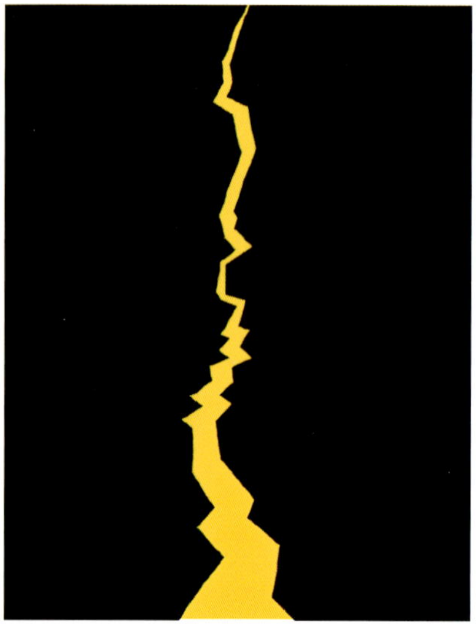

EHER POLITISCH ALS RELIGIÖS

THE GUARDIAN (2015)

IM KONTEXT

THEMA
Sunniten und Schiiten im Nahen Osten heute

WANN UND WO
Heute, Naher Osten

FRÜHER
1501–1722 Die Herrschaft der schiitischen Safawiden beendet die Toleranz zwischen Sunniten und Schiiten.

1935–1936 Im Irak kommt es zu Aufständen von Schiiten gegen die sunnitische Minderheitsregierung.

1979 Iran ist nach der Revolution schiitische Republik.

2005 Nach dem Sturz von Saddam Hussein (2003) begrüßen die irakischen Schiiten das Ende der sunnitischen Vorherrschaft im Land.

2019 Vom Iran unterstützte Milizen intervenieren im Irak, um Massenproteste gegen Arbeitslosigkeit und Korruption zu unterdrücken.

Rund 15 % aller Muslime weltweit sind Schiiten. Im Nahen Osten sind Schiiten jedoch besonders stark vertreten: Jüngste Schätzungen gehen davon aus, dass in dieser Region 191 Mio. Sunniten und 121 Mio. Schiiten leben – mehr als 38 % sind also Schiiten.

Die meisten Schiiten leben heute im Iran. Unter den Safawiden (1501–1722) wurde der schiitische Islam zur Staatsreligion, und auch heute identifizieren sich 87 % der Iraner als Schiiten. Der Irak und das Inselkönigreich Bahrain haben eine schiitische Bevölkerungsmehrheit. Auch im Libanon, im Jemen und in Saudi-Arabien sowie in Indien und Pakistan leben sehr viele Schiiten.

Obwohl es zwischen den schiitischen Safawiden und den sunnitischen Osmanen oft zu Grenzgefechten kam, haben Sunniten und Schiiten fast immer friedlich zusammengelebt.

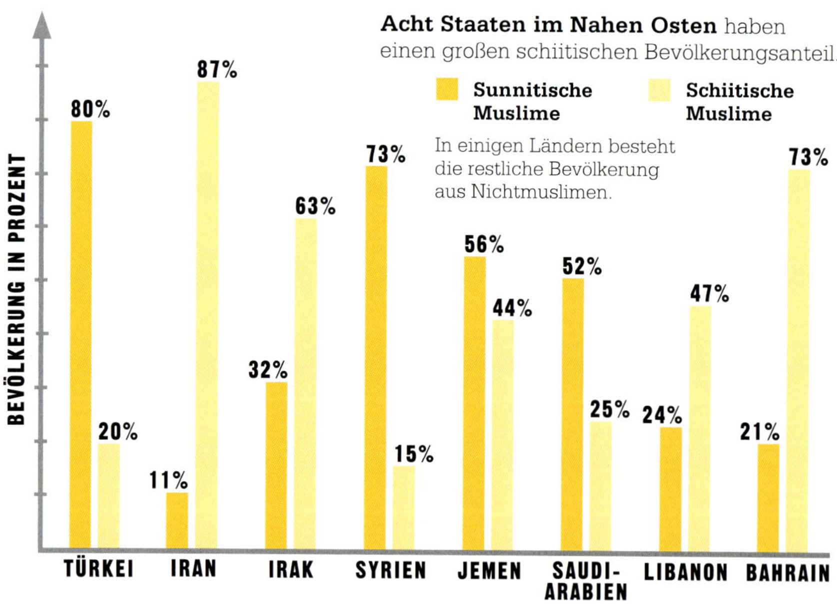

Siehe auch: Die Entstehung des schiitischen Islams 108–115 ▪ Das Safawidenreich 192–193 ▪ Die Geburtsstunde von Saudi-Arabien 232–237 ▪ Die iranische Revolution 248–251

Islamisches Sektierertum

Die iranische Revolution von 1979 brachte eine Wende: Die Schiiten hatten die Monarchie gestürzt, und der schiitische Islam galt nun als streitbare Kraft. Aus Sorge, die Revolution könne auf sein Land übergreifen, fiel Saddam Hussein, der sunnitische Herrscher des überwiegend schiitischen Irak, 1980 in den Iran ein. Der Irak wurde in diesem Krieg, der als arabischer Krieg gegen die »Perser« dargestellt wurde, von den sunnitischen Golfstaaten finanziert. Der Erste Golfkrieg zwischen Irak und Iran endete 1988 mit einem Waffenstillstand. Als eine Koalition unter Führung der USA 2003 Saddam Hussein stürzte, kam bei den folgenden Parlamentswahlen eine überwiegend schiitische Regierung an die Macht.

Der Einfluss des Irans hat sich seitdem auf die libanesische Schiitenmiliz Hisbollah ausgedehnt, heute die stärkste Partei im Libanon. Der Iran unterstützt auch die Huthi, schiitische Kämpfer im Jemen, die 2015 die Regierung des Landes gestürzt haben. Außerdem fördert Iran das Regime der Assad-Familie in Syrien, die zugunsten ihres eigenen schiitisch-alawitischen Clans die sunnitische Bevölkerung unterdrückt, was 2011 zu Protesten führte. Der daraus resultierende Bürgerkrieg hat sich zu einem Brennpunkt für regionale Rivalitäten und globale Großmächte entwickelt.

Ein schiitischer Scheich leitet das Freitagsgebet in Bahrain, wo die sunnitische Al-Chalifa-Dynastie über eine schiitische Bevölkerungsmehrheit herrscht.

Nationalismus

Die islamische Sektiererei ist aber nicht die einzige Ursache für die Spaltungen im Nahen Osten. Den meisten Muslimen ist ihre nationale Identität wichtiger als die Frage, welcher islamischen Tradition sie folgen. So bestand ein Großteil der irakischen Streitkräfte, die im Ersten Golfkrieg gegen den Iran kämpften, aus Schiiten. Als Sadam Hussein 1990 in Kuwait einfiel, griff ein sunnitisches Land ein anderes an; viele sunnitische Staaten schlossen sich daraufhin der Koalition zur Befreiung Kuwaits an. Die Huthi im Jemen sind schiitische Zaiditen, haben aber den Präsidenten Ali Abdullah Salih, der ebenfalls Zaidit war, abgesetzt und später ermordet.

Die Kriege in Nahost haben ihre Wurzeln im Nationalismus und in der Theologie. Viele Konflikte sind Stellvertreterkriege zwischen dem Iran und Saudi-Arabien, den Großmächten in der Region: Sie fechten strategische Konkurrenzkämpfe um die Kontrolle über die muslimische Welt aus – vor allem dort, wo Regierungen zusammengebrochen sind. ▪

» Man ist bloß ein frommer Gläubiger oder ein erbärmlicher Sünder. Die Menschen sollen aufhören, sich ihrer Vorfahren zu rühmen. «

Der Prophet Mohammed

Die Alawiten

Die Alawiten, eine Sondergemeinschaft innerhalb der Schia, wurden im 9. Jh. von Ibn Nusair gegründet und waren früher als Nusairier bekannt. Wie alle Schiiten verehren sie Ali, den ersten Imam, haben aber auch Elemente anderer Religionen (z. B. des Christentums) in ihren Glauben integriert. Sie glauben an die göttliche Dreifaltigkeit von Mohammed, Ali und Salman al-Farsi (einem Prophetengefährten). Sie sind relativ liberal, trinken Alkohol, und Frauen verhüllen sich nicht. Die Alawiten leben hauptsächlich in Syrien und stellen dort 10–15 % der Bevölkerung. Die Familie Assad, die 1971 die Macht in Syrien übernahm, ist alawitischer Herkunft. Der syrische Präsident Hafez al-Assad und sein Sohn und Nachfolger Baschar al-Assad beriefen Alawiten in hohe Regierungs- und Sicherheitsämter. In der Vergangenheit haben manche sunnitische Geistliche die Alawiten als Ketzer angeprangert, sodass die Alawiten einer Machtübernahme der Sunniten mit Sorge entgegensehen.

KEINE VERHANDLUNGEN, KEINE TREFFEN, KEIN DIALOG

ABDULLAH AZZAM (1980er-Jahre)

IM KONTEXT

THEMA
Die neuen Extremisten

WANN UND WO
Heute, weltweit

FRÜHER
Ende des 8. Jh. Islamische Rechtsgelehrte erörtern den Dschihad als kollektiven Kampf gegen Ungerechtigkeit durch Ungläubige.

1898 In Ägypten gibt der Reformer Raschid Rida die Zeitschrift *Al-Manar* heraus, in der er die Muslime dafür rügt, den Kolonialismus zu begünstigen. Er fordert die Rückkehr zu einem »wahren Islam«, der frei von westlichen Einflüssen ist.

1964 Der ägyptische Reformer Sayyid Qutb veröffentlicht sein Buch *Zeichen auf dem Weg*, in dem er die Muslime auffordert, eine islamische Gesellschaft zu gründen, die ausschließlich auf den Geboten des Korans basiert.

Im 19. und 20. Jahrhundert versuchten islamische Denker wie al-Afghani und Sayyid Qutb, das Unrecht zu beheben, dem Muslime ihrer Ansicht nach durch den Imperialismus ausgesetzt waren. Sie wollten den Islam in das soziale und politische Leben intergrieren. Ende des 20. Jahrhunderts schlug die Idee, den Islam mit der westlichen Moderne zu versöhnen, in Ablehnung um, denn die neuen islamischen Extremisten verachteten den Westen und alles, wofür er stand. Der palästinensische Ideologe Abdullah Azzam (1941–1989) brachte diese kompromisslose Haltung auf den Punkt: »Nur Dschihad und das Gewehr: keine Verhandlungen, keine Treffen und kein Dialog.«

Das 21. Jahrhundert ist geprägt von islamistischen Gruppierungen, die – wie westliche Berichterstatter es nennen – »Dschihadismus« (Krieg gegen Ungläubige) betreiben. Der Begriff »Islamist« ist umstritten: Das Wort steht für einen Befürworter von Gewalt im Namen eines strikten Islams, der Muslime gegen Nichtmuslime ausspielt. Die extremistischen *takfiri* kämpfen sogar gegen nicht islamistische Muslime, die für sie Abtrünnige sind. Islamistische Extremisten sehen sich selbst als Soldaten im Kampf um Gottes Souveränität auf Erden. Sie folgen den Lehren von Abdullah Azzam, der predigte, dass alle Muslime unabhängig von ihrer Nationalität dazu verpflichtet sind, jeden Feind zu bekämpfen, der in ein muslimisches Land eindringt. 1980 hatte Azzam damit speziell Afghanistan im Sinn.

> »Der Dschihad darf nicht aufgegeben werden, bis nur noch Allah angebetet wird. Dschihad ist der Weg zu ewiger Glückseligkeit.«
>
> **Abdullah Azzam**
> (1941–1989)

Generation Afghanistan

Im Dezember 1979 war die Sowjetunion in Afghanistan eingefallen, um die kommunistische (und unislamische) Regierung des Landes zu unterstützen. Freiwillige aus der gesamten muslimischen Welt folgten Azzams Aufruf und strömten nach Afghanistan, um gegen die Sowjets zu kämpfen. Diese Mudschahedin genannten Widerstandskämpfer wurden von einer ungleichen Gruppierung unterstützt, zu der Pakistan, der Iran, Saudi-Arabien und die USA zählten.

Einer dieser Mudschahedin war Aiman az-Zawahiri, ein Arzt aus

Die Sowjetunion kämpfte neun Jahre lang gegen die muslimischen Mudschahedin in Afghanistan, bis sie 1989 ihre Niederlage eingestand und das Land verließ.

Siehe auch: Das Streben, Gottes Wort absolut zu setzen 134–135 ▪ Die Kreuzritter aus muslimischer Sicht 180–181 ▪ Der Aufstieg des islamischen Modernismus 222–223 ▪ Die Geburtsstunde von Saudi-Arabien 232–237 ▪ Der Aufstieg des politischen Islams 238–241 ▪ Der Islam in Afrika 278–279

Kairo. Er war ein glühender Anhänger des radikal-islamischen Denkers Sayyid Qutb und Mitglied der ägyptischen Gruppierung Al-Dschihad. Der Anführer dieser Organisation war der blinde Scheich Omar Abdel Rahman, der später wegen der Planung eines Anschlags auf das World Trade Center in New York festgenommen und 1996 zu lebenslanger Haft verurteilt werden sollte.

1981 ermordete Al-Dschihad den ägyptischen Präsidenten Anwar Sadat, weil er ein Friedensabkommen mit Israel geschlossen hatte. Nach der Tat wurden viele Islamisten verhaftet – auch az-Zawahiri. Er wurde 1986 entlassen und ging nach Pakistan, um verletzte Mudschahedin zu behandeln. Dort lernte er den reichen Saudi-Araber Osama bin Laden kennen.

Als Student in Dschidda hatte Bin Laden Vorlesungen von Muhammad Qutb (dem Bruder von Sayyid Qutb) besucht. Beide Brüder waren in Ägypten im Gefängnis gewesen, doch während Sayyid gehängt wurde, kam Muhammad frei. Er ließ sich in Saudi-Arabien nieder, wurde Professor für Islamstudien und machte die Arbeit seines Bruders bekannt. Bin Laden ging – inspiriert von Qutb – 1981 nach Pakistan, wo er in Abdullah Azzam einen Mentor fand.

> »Al-Qaida versteht man am besten als Motor, der von der Verzweiflung der muslimischen Welt angetrieben wird.«
>
> **Lawrence Wright**
> Autor von *Der Tod wird euch finden: Al-Qaida und der Weg zum 11. September*

Auf Wunsch von König Fahd trafen im August 1990 US-Truppen in Saudi-Arabien ein. In der »Operation Wüstensturm« wurden bis 1991 alle irakischen Truppen aus Kuwait vertrieben.

9/11 und der Weg dahin

Az-Zawahiri sah in Afghanistan ein Übungsgelände für die Revolution gegen den »nahen Feind«, in diesem Fall die Regierung seiner Heimat Ägypten. Bin Ladens Fokus war der »ferne Feind«: der Westen.

Als sich die Sowjetunion 1989 aus Afghanistan zurückzog, verübte az-Zawahiri mit Al-Dschihad weiterhin Anschläge auf ägyptische Politiker. In der Zwischenzeit gründeten Bin Laden, Abdullah Azzam und andere Islamisten eine neue Gruppe mit dem Namen Al-Qaida (»Die Basis«). Sie setzte sich zum Ziel, den Islam von westlichen Einflüssen zu befreien, Israel zu zerstören und ein neues Kalifat in der muslimischen Welt zu errichten. 1990 gerieten durch Saddam Husseins Einmarsch in Kuwait die Ölfelder Saudi-Arabiens in Gefahr. Bin Laden bot an, Mudschahedin zur Verteidigung der Ölfelder einzusetzen, aber die Herrscher Saudi-Arabiens traten lieber einer US-Koalition bei und erlaubten den USA, Truppen auf saudischem Gebiet zu stationieren. Bin Laden verurteilte die Koalition, die (wie er glaubte) den heiligen Boden entweihte. 1991 flüchtete er zunächst in den Sudan und 1996 weiter nach Afghanistan.

Im selben Jahr erließ Bin Laden eine »Kriegserklärung an die amerikanischen Besatzer des Landes der zwei heiligen Stätten«. Darin rief er die Muslime auf, Saudi-Arabien von den Amerikanern zu befreien, die nach der Vertreibung der Iraker » aus Kuwait immer noch im Land stationiert waren

Auf diese Fatwa folgte 1998 eine weitere Erklärung – dieses Mal im Namen der Internationalen Islamischen Front, einer neuen Dachorganisation, die Bin Ladens Al-Qaida, az-Zawahiris al-Dschihad und drei weitere Gruppen vereinte. Die Erklärung ordnete an: »Zur Pflicht eines jeden Muslims soll es werden, die Amerikaner und all ihre Verbündeten zu töten; ob Zivilisten oder Militärs.«

Im August 1998 verübte Al-Qaida Selbstmordattentate auf die US-Botschaften in Nairobi (Kenia) und Daressalam (Tansania). Im Jahr 2000 verübten Al-Qaida-Kämpfer vor der Küste Jemens einen Sprengstoffanschlag auf ein Schiff der US-Marine. Am 11. September 2001 lenkten Mitglieder von Al-Qaida zwei Passagierflugzeuge in das World Trade Center in New York und ein drittes in das Pentagon in Washington. Ein viertes Flugzeug, das entweder das Weiße Haus oder das Kapitol treffen sollte, stürzte ab. Bei den Anschlägen vom 11. September kamen 2996 Menschen ums Leben, darunter 2507 Zivilisten, 343 Feuerwehrleute, 72 Polizisten und 55 Militärangehörige.

Krieg gegen Al-Qaida

Fast alle Anführer der muslimischen Welt verurteilten die Anschläge vom 11. September. Als man auf der ganzen Welt noch darum rang, zu verstehen, wie es zu so einem schockierenden Terrorangriff kommen konnte, veröffentlichte Bin Laden 2002 einen »Brief an Amerika«, in dem er die Gründe für die Anschläge darlegte: Er warf Amerika vor, Israel zu unterstützen und damit die Besatzung Palästinas und die Übergriffe auf den Libanon zu ermöglichen. Außerdem verurteilte er die Aktionen der USA in Somalia, Amerikas Tatenlosigkeit angesichts der Unterdrückung von Muslimen in Tschetschenien und Kaschmir, seinen »Raub« von arabischem Öl und seine Sanktionen gegen den Irak.

Die USA antworteten auf die Anschläge vom 11. September mit einem »Krieg gegen den Terror« und einer Jagd auf Al-Qaida in Afghanistan, ihrem Stammgebiet. Obwohl Al-Qaida in Afghanistan zu 80 % eliminiert werden konnte, verübte das Netzwerk weiterhin Anschläge, etwa in in London, Bali, Istanbul, Algier, Madrid und Paris.

2011 verkündete US-Präsident Barack Obama, Bin Laden sei bei einer verdeckten Operation in Abbottabad (Pakistan) getötet worden. Der Einfluss von Al-Qaida ist seither geschwunden, doch einige Zweiggruppen der Organisation sind weiterhin aktiv, vor allem die somalische Organisation Al-Shabaab (»Die Jugend«), die 2011 und 2017 mit Autobomben-Anschlägen in Mogadischu (Somalia) fast 700 Menschen tötete und in den Jahren 2013 und 2019 weitere Anschläge in Nairobi (Kenia) verübte.

Die Taliban

Als die Sowjetunion sich 1989 nach ihrer Niederlage gegen die Mudschahedin aus Afghanistan zurückzog – ein Triumph, der von Islamisten ebenso wie vom Westen gefeiert wurde –, wandten sich die Sieger gegeneinander. Ein Bürgerkrieg brach aus, unterstützt vom Iran und Saudi-Arabien. 1994 tauchte eine Gruppe auf, die aus Paschtunen (eine Volksgruppe in Pakistan und Afghanistan) und pakistanischen Deobandi-Studenten bestand: Die Taliban (vom arabischen *talib,* »Student«) wollten eine rein islamische Gesellschaft errichten.

Von 1996 bis zu ihrem Sturz im Jahr 2001 regierten die Taliban etwa drei Viertel des Landes und setzten eine brutale Auslegung der Scharia durch, die von der Ablehnung humanitärer Hilfe bis hin zu Massakern und der Zerstörung der Buddha-Statuen von Bamiyan (2001) reichte.

Nur Pakistan, Saudi-Arabien und die Vereinigten Arabischen Emirate

Kämpfer der Terrormiliz Islamischer Staat tragen das schwarze Banner der Gruppe, auf dem der zweite Satz der Schahada prangt: »Mohammed ist der Gesandte Gottes.«

» Es wird ein Volk aus dem Osten kommen, junge Männer mit rasierten Köpfen und törichten Ideen, die den Koran rezitieren, ohne dass er über ihre Kehlen hinausdringt. Bekämpft sie, wo immer ihr sie findet. «

Der Prophet Mohammed

erkannten die Regierung der Taliban offiziell an. Kurz nach dem 11. September 2001 stellten die USA den Taliban ein Ultimatum, in dem sie aufgefordert wurden, Bin Laden auszuliefern und die Al-Qaida-Kräfte, die unter ihrem Schutz in Afghanistan lebten, zu verbannen. Daraufhin marschierten die USA und ihre Verbündeten in Afghanistan ein und setzten die Taliban-Regierung ab.

Inzwischen hat die Gruppe ihre Präsenz in Afghanistan wieder ausgebaut, eine Entwicklung, die sich nach dem Ende des NATO-Einsatzes 2021 dramatisch verschärft hat.

Der Islamische Staat

Der Islamische Staat (IS) – auch bekannt als ISIS (Islamischer Staat im Irak und in Syrien), ISIL (Islamischer Staat im Irak und in der Levante) oder Daesch (ein arabisches Akronym) – entstand im Irak aus den Überresten von Al-Qaida. Der IS nutzte die Instabilität des Iraks und Syriens (wo seit 2011 ein Bürgerkrieg tobte) zur Eroberung von Territorien und nahm 2014 die irakischen Städte Mossul und Tikrit ein.

Im selben Jahr verkündete der IS-Anführer Abu Bakr al-Baghdadi die Gründung eines Kalifats. Während Al-Dschihad und die Taliban nur die Kontrolle über ein Land angestrebt hatten, erhob der Islamische Staat Anspruch auf die Führung der gesamten muslimischen Welt. »Wenn Allah es zulässt«, erklärte al-Baghdadi, »wird der Tag kommen, an dem der Muslim überall als Herr auftreten wird.«

2014 flog eine von den USA angeführte Koalition die ersten Luftangriffe gegen den IS im Irak, während irakische, kurdische und syrische Truppen einen Bodenkrieg gegen den IS führten. 2015 verübten Terrorzellen des IS einen Terroranschlag auf ein russisches Flugzeug in Ägypten sowie mehrere tödliche Anschläge in Paris. 2018 waren dem IS nur noch wenige Hochburgen im Osten Syriens verblieben, auf die sich der Krieg nun konzentrierte.

Im Dezember 2018 erklärte US-Präsident Donald Trump, dass der IS besiegt sei. Ende 2019 gaben die Amerikaner bekannt, dass al-Baghdadi bei einer Razzia von US-Spezialkräften getötet wurde.

Falsche Überzeugungen

Nach einem Bericht des Global Extremist Monitor war der islamistische Extremismus allein im Jahr 2017 für den Tod von 84 000 Menschen (darunter 22 000 Zivilisten) in 66 Ländern verantwortlich. Die meisten Opfer sind Muslime.

Abdullah Azzams Parole »Nur Dschihad und das Gewehr« ist eine Botschaft, die immer noch zu viele Rekruten findet. Auf seinem Höhepunkt kontrollierte der IS ein Gebiet vom Westirak bis nach Zentralsyrien. Obwohl der IS sich als Kalifat bezeichnete, gelang es ihm nie, die heiligen Stätten Mekka und Medina zu kontrollieren. Sein einziger Erfolg bestand darin, arabische und muslimische Länder gegen sich zu vereinen. ■

Widerstand gegen die Taliban

Am 9. Oktober 2012 hielten zwei Männer einen Schulbus in Pakistan an und fragten: »Wer ist Malala?« Dann schossen sie der 15-jährigen Malala Yousafzai in den Kopf.

Als Tochter eines Lehrers war Malala mit politischem Bewusstsein erzogen worden. Inspiriert von dem Reformer Muhammad Ali Jinnah und der ehemaligen Premierministerin Benazir Bhutto, sprach sie seit ihrem zwölften Lebensjahr öffentlich und im Internet über das Grundrecht auf Bildung für Mädchen und darüber, wie dieses Recht von den Taliban bedroht wurde. Das Attentat auf Malala war ein Racheakt der Taliban.

Wegen ihres kritischen Gesundheitszustandes wurde Malala in ein Krankenhaus in Großbritannien verlegt, wo sie sich wieder erholte. 2014 erhielt Malala Yousafzai den Friedensnobelpreis – damit ist sie die jüngste Nobelpreisträgerin aller Zeiten. 2020 hat sie ihr Studium an der Universität Oxford abgeschlossen und setzt sich weiterhin für die 130 Mio. Mädchen weltweit ein, die nicht zur Schule gehen dürfen.

HIER WIRD DER ISLAM WIRKLICH GELEBT

YOUSSOU N'DOUR, SENEGALESISCHER SÄNGER (2004)

IM KONTEXT

THEMA
Der Islam in Afrika

WANN UND WO
Heute, Afrika

FRÜHER
um 614 Der Prophet Mohammed rät einer Gruppe von Anhängern, die von den Mekkanern verfolgt werden, in Aksum Zuflucht zu suchen.

14. Jh. Musa I. ist Herrscher über das westafrikanische Mali-Reich. Dank riesiger Salz- und Goldreserven gilt er als reichster Mann der Geschichte.

2013 Al-Qaida-Rebellen, die aus Timbuktu in Mali fliehen, setzen eine Bibliothek in Brand, die Tausende islamischer Manuskripte enthält.

2018 Die italienische Polizei verhaftet einen Somali, der am Ersten Weihnachtstag eine Bombe im Petersdom in Rom platzieren wollte.

Schätzungen zufolge sind 48 % der afrikanischen Bevölkerung Muslime und 50 % Christen. Neben den arabischen Staaten Nordafrikas ist der Islam auch am Horn von Afrika, in der Sahelzone und in Westafrika vertreten. Mit rund 550 Mio. Muslimen ist Afrika die Heimat von fast 30 % aller Muslime weltweit.

Eine afrikanische Religion

Der Islam ist auf dem Kontinent schon so lange präsent, dass viele Afrikaner ihn als afrikanische Religion betrachten. Die islamische Überlieferung besagt, dass einige Gefährten Mohammeds sich nach der Flucht aus Mekka im christlichen Königreich Aksum (dem heutigen Äthiopien und Eritrea) niederließen. Als Mohammed eine muslimische Gemeinde in Medina gründete, sollen sie nach Arabien zurückgekehrt sein, aber Ausgrabungen auf einem äthiopischen Friedhof aus dem 7. Jahrhundert weisen darauf hin, dass eine muslimische Gemeinde nach der Abreise der Exilanten fortbestand.

Im weitgehend christlichen Äthiopien sind 34 % der Bevölkerung Muslime; in Nigeria, dem bevölkerungsreichsten Land Afrikas, sind es mit über 100 Mio. Muslimen 50 %. In Sierra Leone sind 77 % der Bevölkerung Muslime, in Guinea 85 %, in Gambia 90 %, im Senegal 94 %, in Mali 95 % und in Niger 98 %.

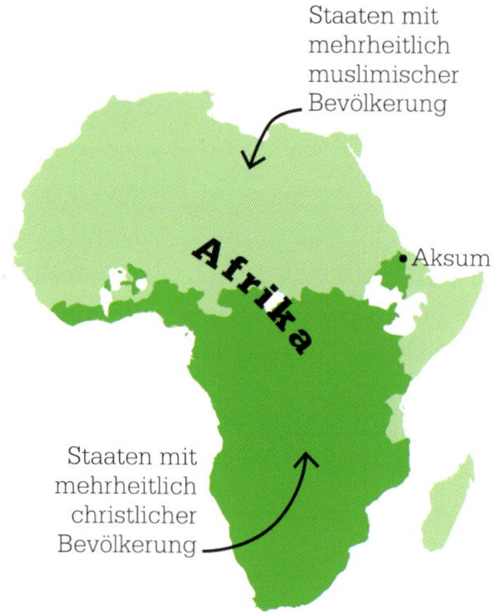

Von seinen Anfängen in Aksum hat sich der Islam zur dominanten Religion Nordafrikas entwickelt, während der Süden überwiegend christlich geprägt ist.

Obwohl der Islam die dominante Religion in Nordafrika ist, hängen viele afrikanische Muslime (wie auch Christen) zugleich überkommenen religiösen Vorstellungen an. So ist der Animismus weit verbreitet – die Vorstellung, dass Gegen-

Siehe auch: Hidschra, die Flucht aus Mekka 28–31 ▪ Sufismus und die mystische Tradition 140–145 ▪ Die Verbreitung des Islams durch den Handel 182–185 ▪ Wo leben die meisten Muslime? 260–261 ▪ Die neuen Extremisten 272–277

Sufis bei der Eröffnung der Großen Moschee der Muridiya-Bruderschaft in Dakar – die größte Moschee Westafrikas wurde 2019 eingeweiht.

stände, Orte und Lebewesen eine Seele besitzen.

Ein Beispiel für afrikanisierten Islam ist der Senegal, wo fast alle Muslime Sufis sind, die zu mystischen Orden heiliger Männer *(marabouts)* gehören. Der berühmteste von ihnen ist Scheich Amadu Bamba (1853–1927), der Begründer der Muridiya-Bruderschaft. Seine Anhänger schreiben ihm Wunderkräfte zu, er selbst aber predigte eine einfache Botschaft von Gotteshingabe und harter Arbeit. Sein Motto war: »Bete zu Gott, aber pflüge deine Felder.« Bambas Bild ist allgegenwärtig im Senegal. Sein Grab – eine bedeutende Pilgerstätte – befindet sich in Touba in einer der größten Moscheen Westafrikas.

Geißel des Extremismus

In Afrika leben insgesamt fast so viele Muslime wie Christen, wobei der Norden des Kontinents überwiegend muslimisch und der Süden überwiegend christlich geprägt ist. Die beiden religiösen Gruppen haben fast immer friedlich zusammengelebt, aber im 21. Jahrhundert hat sich die Region, in der beide zusammentreffen – ein 6400 km langer Streifen, der vom Senegal im Westen bis Somalia im Osten reicht –, in eine Zone der Gewalt verwandelt. Die Ursache dafür sind nicht muslimisch-christliche Konfessionskonflikte, es ist islamistischer Extremismus. In den letzten Jahrzehnten haben schlechte Regierungsführung und Korruption einen Raum für radikale Gruppen geschaffen, der unzufriedenen Bürgern eine Alternative bietet. Diese Organisationen schalten sich dort ein, wo die Regierung versagt: Sie sammeln Geld für Schulen und Krankenhäuser und verbreiten gleichzeitig ihre radikale Version des Islams. Besonders berüchtigt ist die nigerianische Islamistenorganisation Boko Haram. Die 2002 gegründete Bewegung lehnt den säkularen Staat ab, da er von Menschen geschaffen wurde, und verschmäht westliche, nicht islamische Bildung. *Boko haram* bedeutet in der lokalen Hausa-Sprache »Westliche Bildung ist verboten«. 2014 löste die Gruppe weltweite Empörung aus, als sie 276 Schülerinnen aus einer staatlichen Schule entführte. In den von Boko Haram beeinflussten Gebieten Nigerias erhält fast niemand Schulbildung oder Gesundheitsversorgung.

> »Der Islam fordert Frieden und nicht die Art von Egomanie, bei der man Menschen mit Kalaschnikows tötet.«
>
> **Cheikh Tidiane Samb**
> senegalesisches Mitglied der Muridiya-Bruderschaft (*1984)

Auf der anderen Seite des Kontinents, in Somalia, greift die islamistische Gruppierung Al-Shabaab seit 2006 wiederholt die Hauptstadt Mogadischu an. Ihr Ziel ist die Gründung eines islamischen Staates in Somalia, aber Al-Shabaab operiert auch in den Nachbarländern, vor allem in Kenia: Dort griff die Gruppe 2013 ein Einkaufszentrum in Nairobi an und tötete 67 Menschen; 2015 forderte ein Anschlag auf eine Universität in Garissa 148 Menschenleben; 2019 verübte Al-Shabaab einen Bombenanschlag auf ein Hotel in Nairobi, bei dem mindestens 21 Menschen starben. Gruppierungen wie Boko Haram und Al-Shabaab, die beide Verbindungen zu Al-Qaida haben, wenden sich gegen den ansonsten gemäßigten Islam in Afrika. ▪

ALLZU VIELE MUSLIME BEGREIFEN DEN ISLAM NICHT

ABDURRAHMAN WAHID (2005)

IM KONTEXT

THEMA
Der Islam in Indonesien

WANN UND WO
2015, Indonesien

FRÜHER
1405–1433 Der chinesisch-muslimische Admiral Zheng He leitet mehrere Expeditionen im Indischen Ozean und verbindet die muslimischen Gemeinden Südchinas mit denen Südostasiens.

1613–1646 In Zentraljava führt Sultan Agung von Mataram einen »heiligen Krieg« gegen Bali, den einzigen hinduistischen Staat unter den zumeist muslimischen Inseln des indischen (heute indonesischen) Archipels.

SPÄTER
2019 Indonesiens Präsident Joko Widodo verpflichtet sich bei seiner Wiederwahl zu religiösem Pluralismus, während Hardliner seinen Gegner unterstützen.

Mit 229 Mio. Muslimen (99 % davon Sunniten) hat Indonesien die größte muslimische Gemeinschaft der Welt. Die meisten von ihnen praktizieren eine lokale Form des Islams: den Islam Nusantara. *Nusantara* ist ein lokaler Begriff für den indonesischen Archipel, der aus über 17 000 Inseln besteht.

Der Islam kam im 13. Jahrhundert mit muslimischen Händlern nach Südostasien und verbreitete sich bald in der gesamten Region. Ende des 13. Jahrhunderts wurde an der Nordküste Sumatras (einer der Inseln Indonesiens) das muslimische Sultanat Pasai gegründet. In den darauffolgenden 200 Jahren entstanden bedeutende muslimische Zentren in Melaka (heute Malakka in Malaysia) und in Aceh auf Sumatra.

Da Mekka 7000 km entfernt war, fand die Islamisierung Südasiens ohne jegliche Einmischung von Kalifaten und Dynastien – ob arabisch oder nicht – statt. Der Islam wurde Indonesien nicht aufgezwungen, sondern ging allmählich in die lokalen Traditionen ein (z. B. Pilgerreisen zu den Gräbern lokaler Heiliger, Feste zu Geburtstagen von Heiligen und Zeremonien, um die Seelen der Verstorbenen ins Jenseits zu geleiten). Die Beibehaltung dieser Traditionen gab dem regionalen Islam einen mystischen Akzent.

Importiertes Gedankengut

Diese Isolation begann in den 1870er-Jahren aufzubrechen, als die Niederländer, zu deren Kolonie Niederländisch-Ostindien auch Indonesien gehörte, von Segel- auf Dampfschiffe umstiegen, um die

Der Islam Nusantara wird durch lokale Gesetze beeinträchtigt, die Frauen und Mädchen zum Tragen des Hidschab in Schulen, Behörden und im öffentlichen Raum zwingen.

Siehe auch: Gottes Führung durch die Scharia 128–133 ▪ Die Verbreitung des Islams durch den Handel 182–185 ▪ Der Wahhabismus – die islamische Reformation 216–217 ▪ Wo leben die meisten Muslime? 260–261

Die Befolgung des **Islams,** des Korans, der Sunna und der fünf Säulen des Islams

+

Aufrechterhaltung vorislamischer **lokaler Traditionen,** z. B. Pilgerfahrten zu den Heiligengräbern und Feiern der Geburtstage von Heiligen

=

Islam Nusantara, eine **liberale und integrative** Form des Islams, die an jede Kultur der Erde angepasst werden kann

Reisezeiten zu verkürzen. Jetzt konnten viele Muslime aus Südostasien ihre erste Pilgerfahrt nach Mekka unternehmen, und bald stellten die Indonesier den höchsten Anteil von Haddsch-Pilgern.

Auf der Haddsch kamen viele Pilger erstmals mit dem Wahhabismus in Berührung. Sie nahmen dieses Konzept mit nach Hause, was dazu führte, dass Rufe nach einem strengeren Islam und der Einführung der Scharia aufkamen.

1926 schlossen sich gemäßigte indonesische Muslime zusammen, um die Nahdlatul Ulama (NU; »Wiedererwachen der Gelehrten«) zu gründen. Die Organisation stellte sich gegen den Wahhabismus und setzte sich für eine tolerante Auslegung des Islams ein. Im Indonesischen Unabhängigkeitskrieg (1945–1949) unterstützte die NU den Kampf gegen die niederländische Kolonialmacht, den sie als »heiligen Krieg« bezeichnete.

In der neuen Republik wurde die NU eine politische Partei – zunächst im Rahmen einer Koalition islamischer Gruppen, später als unabhängige Partei. Im Jahr 1984 zog sich die NU aus der Politik zurück und kehrte zu ihren Wurzeln als sozioreligiöse Organisation zurück. Im selben Jahr wurde Abdurrahman Wahid (im Volksmund »Gus Dur« genannt), der Enkel des NU-Gründers Hasyim Asyari, neuer Vorsitzender der NU. Als er von 1999 bis 2001 Präsident Indonesiens war, setzte er sich für liberale Ideen und den interreligiösen Dialog ein.

Der Islam Nusantara

Im Jahr 2015 prägte die NU den Begriff »Islam Nusantara« oder Indonesischer Islam, um die lokale Ausprägung der Religion zu bezeichnen, die von den meisten Muslimen des Landes praktiziert wird. Damit folgte sie dem Beispiel von Abdurrahman Wahid, der sagte: »Allzu viele Muslime begreifen den Islam nicht. Er lehrt, anderen gegenüber milde zu sein und ihre Wertesysteme zu verstehen, wissend, dass diese vom Islam als Religion toleriert werden.«

Seitdem arbeitet die NU daran, der Welt ihre Vision eines offenen Islams zu vermitteln. Sie bietet einen Kontrapunkt zu den, wie sie sagt, starren Ideologien des Nahen Ostens. Sie will die indonesische Kultur nicht an die arabische Welt anpassen, sondern einen Islam fördern, der die lokalen Kulturen innerhalb der Religion berücksichtigt.

Die NU sieht den Islam Nusantara als Vorbild für die Entwicklung eines typisch amerikanischen, europäischen oder australischen Islams – ein Religionsverständnis, das berücksichtigt, in welchen Regionen Muslime leben. Die Gegner der NU (auch viele Indonesier) behaupten, dass der Islam Nusantara Praktiken legitimiert, die im Widerspruch zu den Lehren des Islams stehen; Befürworter sprechen von einem offenen Islam, der tolerant gegenüber lokalen Kulturen ist. ▪

Die Scharia in Aceh

Nicht ganz Indonesien folgt einem liberalen Islam. Um einen langjährigen bewaffneten Separatistenkonflikt zu beenden, erhielt die halbautonome Provinz Aceh auf Sumatra 2005 das Sonderrecht, eigene Gesetze zu verabschieden.

Eines davon war die Einführung der Scharia in das Zivil- und Strafrecht, um »soziale Missstände« zu bekämpfen. Die Scharia-Polizei kontrolliert nun das öffentliche Verhalten und vollstreckt die neuen Gesetze, die unter anderem Alkohol und Glücksspiel verbieten, zurückhaltende Kleidung für Frauen vorschreiben und Geschlechtertrennung fordern. Verstöße werden mit öffentlicher Züchtigung bestraft.

Einige Politiker in Aceh haben den Tsunami, der die Region im Dezember 2004 traf, als »Strafe Gottes« bezeichnet und davor gewarnt, dass eine noch größere Katastrophe kommen wird, wenn die Menschen die Scharia nicht befolgen.

WARUM MUSS ICH IHNEN BEWEISEN, DASS ICH EIN GUTER MENSCH BIN?

ABE AJRAMI (2018)

IM KONTEXT

THEMA
Muslime im Westen

WANN UND WO
Heute, westliche Welt

FRÜHER
1889 Eröffnung der Shah-Jahan-Moschee in Woking (bei London), der ersten Moschee Großbritanniens.

1957 Dwight D. Eisenhower besucht als erster US-Präsident eine amerikanische Moschee, als er im Islamic Center of Washington eine Rede hält.

2016 Das US-amerikanische Pew Research Center schätzt die Anzahl der Muslime in Schweden auf 810 000 (8,1 % der Bevölkerung). In Westeuropa hat nur Frankreich (8,8 %) einen höheren Anteil von Muslimen.

Bundeskanzlerin Angela Merkel sagte 2018 im Deutschen Bundestag: »Es steht völlig außer Frage, dass die historische Prägung unseres Landes christlich und jüdisch ist. Doch so richtig das ist, so richtig ist es auch, dass mit den 4,5 Mio. bei uns lebenden Muslimen ihre Religion, der Islam, inzwischen ein Teil Deutschlands geworden ist.« Sie hätte für ganz Europa sprechen können, denn auf dem Kontinent leben 25,8 Mio. Muslime.

Muslime sind in Westeuropa stark vertreten. Viele leben in Frankreich, Deutschland und Großbritannien, weniger in Ländern wie Österreich, Holland und der Schweiz.

Siehe auch: Das osmanische Kalifat 186–189 ▪ Der Islam in Europa 210–215 ▪ Muslime in den USA 224–227 ▪ Wo leben die meisten Muslime? 260–261

Eine 2016 veröffentlichte Studie des Pew Research Center gibt die Zahl der Muslime in Europa mit 25,8 Mio. an – das sind 4,9 % der Gesamtbevölkerung. Auf dieser Karte sind alle Länder gekennzeichnet, die mehr als 1 Mio. muslimische Einwohner haben.

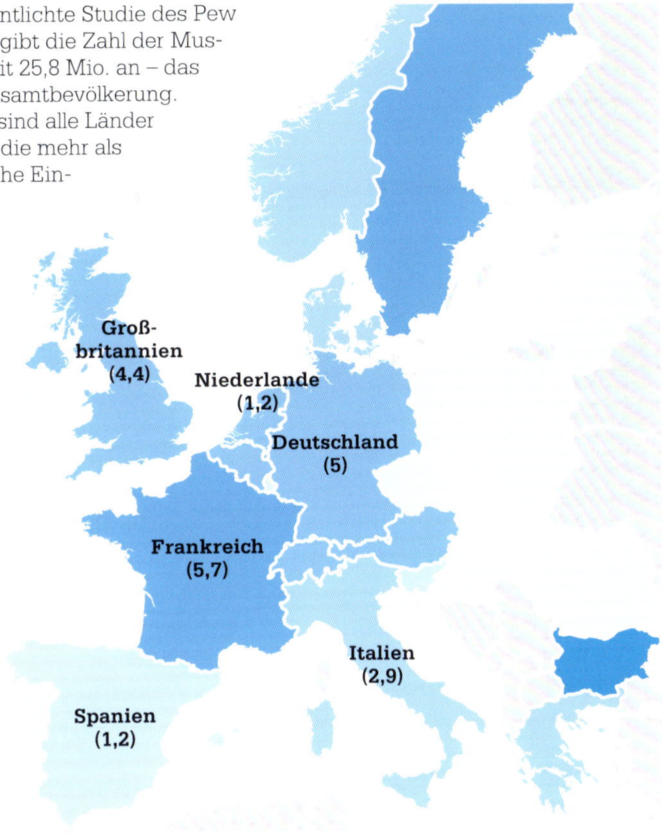

Historische Präsenz

Muslime haben jahrhundertelang Teile Europas regiert, seit Tariq ibn Ziyad 711 Südspanien eroberte und die Osmanen im 14. Jahrhundert den Balkan einnahmen. Der Islam ist eng mit der Geschichte und Kultur des Kontinents verwoben. Heute reicht die muslimische Bevölkerung Europas von den Bosniaken (bosnischen Muslimen), die ihre islamischen Wurzeln bis zu den Eroberungen Suleimans (reg. 1520–1566) zurückverfolgen, über die Nachkommen der Laskaren (Seeleute), die sich im 19. Jahrhundert in England niederließen, bis hin zu den Migrantengemeinden von Tromsø (Norwegen), die sich 21. Jahrhundert bildeten.

Seit der Abschaffung des Kolonialismus nach dem Zweiten Weltkrieg hat die muslimische Bevölkerung in Europa stark zugenommen. Um den Mangel an Arbeitskräften zu beheben, warben europäische Länder in den 1950er- und 1960er-Jahren aktiv muslimische Einwanderer an. Von 2010 bis 2016 nahm die Migrationsrate erneut stark zu, als 3,8 Mio. Muslime nach Europa einwanderten. Einige kamen zum Studieren, andere suchten nach Arbeit, viele waren jedoch Kriegsflüchtlinge aus dem Nahen Osten und Afrika. Muslime haben traditionell große Familien, die Geburtenrate ist höher als bei Nichtmuslimen. Statistiken zufolge hat die muslimische Frau in Europa im Durchschnitt 2,6 Kinder, die nicht muslimische Frau dagegen nur 1,6.

Vom Gast zum Bürger

Die Konstellation und das Verhältnis der Muslime zum Gastland sind in jedem europäischen Staat anders.

Deutschland hatte nach dem Zweiten Weltkrieg einen großen Bedarf an Arbeitskräften und rief ein Programm zur Anwerbung von Gastarbeitern ins Leben. Viele kamen aus dem anatolischen Kernland der Türkei. Man ging davon aus, dass sie nach einigen Jahren wieder in ihre Heimat zurückkehren würden, doch stattdessen holten sie ihre Familien nach. Ab 1990 konnten Gastarbeiter und ihre in Deutschland geborenen Kinder die deutsche Staatsangehörigkeit annehmen. Heute leben über 4 Mio. Menschen mit türkischer Herkunft in Deutschland, was die Türken zur größten Migrationsgruppe des Landes macht. Als zwischen 2014 und 2016 etwa 1 Mio. Einwanderer – meist Muslime – nach Europa kamen, nahm Deutschland etwa die Hälfte von ihnen auf. »

> »Der Mensch ist entweder ein Bruder im Glauben oder ein Bruder in der Menschlichkeit.«
>
> **Ali ibn Abi Talib**
> Mohammeds Cousin und Schwiegersohn
> (599–661)

Frankreich hat mit 5,7 Mio. Muslimen (die meisten aus ehemaligen Kolonien in Nordafrika) die größte muslimische Gemeinde in Europa. Das Land hat Strategien eingesetzt, um die Integration der Migranten zu fördern. Die französischen Muslime sind auf vielen Gebieten erfolgreich, angefangen mit Zinedine Zidane, der als Kapitän der französischen Fußballmannschaft die Weltmeisterschaft gewann, bis hin zu Rachida Dati, die zur Justizministerin ernannt wurde. Doch obwohl es in Großstädten wie Paris und Lyon große Moscheen gibt, gehört es auch zur Integrationspolitik, dass islamische Symbole wie das Kopftuch in vielen staatlichen Einrichtungen verboten sind. Das gilt im Übrigen ebenso für Symbole anderer Religionen.

Integration – ja oder nein?

Die 2 Mio. Muslime in Großbritannien stammen vor allem aus Indien, Pakistan und Bangladesch – Länder, die einst zum Britischen Weltreich gehörten. Sie leben vor allem in den Industriestädten von Nord- und Mittelengland, wo in den 1950er- und 1960er-Jahren Arbeitskräfte für die Industrie gebraucht wurden. Viele dieser Fabriken sind längst geschlossen, aber die zweite und dritte Generation von Muslimen ist in das britische Leben integriert. Die britischen Muslime sind in allen Lebensbereichen vertreten, angefangen von der Politik (Sadiq Khan, der Bürgermeister von London, ist Muslim) bis hin zum Sport (der Langstreckenläufer Sir Mohamed »Mo« Farah gilt als einer der größten britischen Sportler). Das britische Recht schützt die Glaubensvielfalt und die freie Religionsausübung, sodass die muslimischen Gemeinden ihre Identität bewahren können.

Sportikonen wie der Fußballer Mohammed Salah werden im Westen als positive muslimische Vorbilder wahrgenommen.

> »If he scores another few, then I'll be Muslim too.«
>
> **Fans von FC Liverpool**
> Stadiongesang zu Ehren von Mohammed Salah, dem ägyptischen Stürmer

Die Ansätze von Deutschland, Frankreich und Großbritannien bringen jeweils eigene Probleme mit sich. In Deutschland gehören Anfeindungen gegenüber Menschen unterschiedlicher Religionszugehörigkeit und Herkunft zum Alltag. In Frankreich beklagen muslimische Jugendliche, dass sie aufgrund ihrer Religion als Bürger zweiter Klasse betrachtet werden. In Großbritannien wird Muslimen von Politikern und Journalisten vorgeworfen, sich nicht genug zu integrieren.

Nordamerika

Abgesehen von Städten wie Dearborn in Michigan (das im Herzen eines Industriegebietes liegt, das im 20. Jahrhundert viele muslimische Einwanderer anzog), sind Muslime in den USA dünn gesät. 2017 belief sich ihre Zahl auf etwa 3,45 Mio., also etwa 1 % der Gesamtbevölkerung.

Die Erfahrungen von Muslimen in Nordamerika sind anders als die von Muslimen in Europa. Die muslimischen Migranten Europas stammen oft aus ärmeren Bevölkerungsschichten. Da Europa, Nord-

Der Islam in Australien

2017 ergab eine Erhebung in Australien, dass Arabisch nach Englisch und Mandarin die dritthäufigste Sprache in Australien ist. Die Zahl der australischen Muslime wurde auf 604 200 beziffert – 2,6 % der Gesamtbevölkerung.

Der Islam kam im 18. Jahrhundert ins Land, als indonesische Muslime die nordaustralische Küste bereisten. In den kolonialen Zählungen von 1802, 1811 und 1822 sowie in der ersten Volkszählung von 1828 wurden auch Muslime aufgeführt. Im 19. Jahrhundert nahm die muslimische Bevölkerung durch die Ankunft von Zentralasiaten zu, die als Kameltreiber nach Australien kamen, um die Karawanen anzuführen, die Waren durch die Wüsten des Landes transportierten. Sie bauten 1861 auch die erste Moschee auf dem fünften Kontinent. Der Fernverkehrszug von Adelaide nach Darwin – »The Ghan« (Abkürzung für Afghane) – wurde nach ihnen benannt.

Amerikanische Muslime versammelten sich 2009 zum Freitagsgebet auf dem Capitol Hill in Washington, um für ein besseres Verständnis zwischen Amerika und seinen Muslimen zu beten.

afrika und der Nahe Osten nicht weit voneinander entfernt sind, halten sie engen Kontakt zu ihren Heimatländern und versuchen oft, ihre Familien nachzuholen. Amerikas Muslime gehören eher zur Mittelschicht. Da sie im Verhältnis zur Gesamtbevölkerung eher wenige sind, sind sie meist auch besser integriert.

Nach den Anschlägen vom 11. September änderte sich das Verhältnis Amerikas zu seiner muslimischen Bevölkerung. Die Muslime – eine bis dahin »unsichtbare« Minderheit – wurden plötzlich als »Feind im Inneren« wahrgenommen und beschuldigt, der USA gegenüber illoyal zu sein. Präsident George W. Bush sprach aus, was viele Amerikaner dachten, als er kurz nach dem Anschlag fragte: »Warum hassen sie uns?« In einer Umfrage von 2017 gaben 42 % der muslimischen Kinder im Alter von 11 bis 18 Jahren an, aufgrund ihres Glaubens in der Schule gemobbt zu werden. Eine weitere Umfrage ergab, dass 20 % der Amerikaner ihren muslimischen Mitbürgern gern das Wahlrecht verweigern würden. Als Abe Ajrami, ein Mediziner aus Texas, 2018 einen Journalisten von *National Geographic* fragte: »Warum muss ich Ihnen beweisen, dass ich ein guter Mensch bin?«, sprach er für viele muslimische Amerikaner.

Kanada hat einen deutlich höheren Anteil an Muslimen als die USA. Bei der Volkszählung von 2011 wurden 1 053 945 Muslime erfasst, was etwa 3,2 % der Gesamtbevölkerung entspricht. Basierend auf früheren Volkszählungen prognostizierten Experten, dass 2019 rund 3 Mio. Muslime in Kanada leben würden.

Die Lücke schließen

Trotz aller Probleme sind die Muslime in den USA sehr erfolgreich. Jeden Freitag verwandelt sich die Dreikönigskirche in Washington, die in der Nähe des Weißen Hauses liegt, in eine Moschee. Zur ihrer Gemeinde sollen Mitarbeiter des Verfassungsschutzes sowie des Außen- und Justizministeriums gehören. Die New Yorker Polizei hat eine Gesellschaft für muslimische Polizisten gegründet (die erste in Amerika). Es gibt eine muslimische Barbie, gestaltet nach dem Vorbild von Ibtihaj Muhammad, die bei den Olympischen Spielen als erste Muslimin eine Medaille im Fechten gewann. 2017 investierte der Fernsehsender Hulu in *Ramy*, eine Serie über einen amerikanischen Muslim, der in New Jersey lebt. *Ramy* hatte 2019 Premiere und fand weit über die muslimische Bevölkerung hinaus ein begeistertes Publikum.

Eine muslimische Krankenschwester in einem britischen Krankenhaus. Einem Bericht von 2015 zufolge wurden von den 4,4 Mio. Muslimen in Großbritannien 47 % in Großbritannien geboren.

Die Muslime, die im 20. Jahrhundert in den Westen migrierten, haben sich insgesamt sehr gut geschlagen. Viele kamen aus einfachen Verhältnissen und bauten sich in ihrer Wahlheimat ein neues Leben auf. Im 21. Jahrhundert, zwei, drei Generationen später, haben ihre Kinder und Enkelkinder die Lücken in Bildung, Gehalt und Lebensstil geschlossen – das Einzige, was sie noch unterscheidet, ist ihre Religion. ■

WERD' NICHT PANISCH, ICH BIN ISLAMISCH!

LYNN GASPARD (2017)

IM KONTEXT

THEMA
Die zunehmende Islamophobie

WANN UND WO
Heute, weltweit

FRÜHER
1993 Beim ersten Anschlag in Amerika zünden Extremisten eine Bombe in New York und töten sechs Menschen.

1995 Bei einem Anschlag in Oklahoma City (USA) sterben 168 Menschen. Die Medien machen Islamisten verantwortlich. Tatsächlich handelt es sich bei dem Attentäter um Timothy McVeigh, einen Christen.

2001 In seinem Buch *Reel Bad Arabs* untersucht Jack Shaheen, wie Hollywood Muslime in Filmen verunglimpft.

2019 Ein Rechtsextremist erschießt bei einem Anschlag auf zwei Moscheen in Christchurch (Neuseeland) 51 Menschen; 49 werden verletzt.

Das Wort *islamophobia* (»Islamophobie«) wurde 2006 in das Oxford English Dictionary (Wörterbuch der englischen Sprache, kurz OED) aufgenommen, wo es so definiert wird: »Intensive Abneigung oder Angst vor dem Islam, besonders als politische Kraft; Feindseligkeit oder Vorurteile gegenüber Muslimen«.

Wie das OED anmerkt, wurde der Begriff erstmals 1923 in einem Artikel des *Journal of Theological Studies* verwendet. Der Runnymede Trust, eine britische Denkfabrik, machte das Wort 1997 mit dem viel diskutierten Bericht *Islamophobia: A Challenge for Us All* (»Islamophobie: Eine Herausforderung für uns alle«) bekannt.

Die Auslöser

Der Bericht entstand angesichts der zunehmenden Vorurteile gegen Muslime weltweit. Zu den Faktoren, die dazu beitrugen, gehört zunächst die iranische Revolution von 1979. Westliche Medien zeigten daraufhin Bilder von Iranern, die amerikanische und britische Flaggen verbrannten, ohne die Gründe für die Revolution richtig zu erklären. Ein weiterer Faktor war die Fatwa (Rechtsurteil) gegen Salman Rushdie, die der iranische Anführer Ayatollah Chomeini 1989 erließ. Er forderte den Tod des Schriftstellers, dessen Roman *Die satanischen Verse* (1988) von vielen Muslimen als Beleidigung des Islams betrachtet wurde.

In den 20 Jahren zwischen dem ersten Bericht des Runnymede Trust und dem zweiten von 2017 haben sich die Vorurteile gegen Muslime zu einer geopolitischen Kraft entwickelt. Die Sicht auf Muslime wurde geprägt durch die Anschläge vom 11. September 2001, die Anschläge vom 7. Juli 2005 in London und die

» Die Islamophobie hat nun eine Schwelle überschritten … Viel zu viele Menschen halten Islamophobie für eine legitime, ja sogar lobenswerte Sache. «

Baroness Warsi
erstes muslimisches Kabinettsmitglied der britischen Regierung, (2010–2014)

Siehe auch: Gottes Führung durch die Scharia 128–133 ▪ Die iranische Revolution 248–251 ▪ Die neuen Extremisten 272–277 ▪ Muslime im Westen 282–285 ▪ Ein feministischer Islam? 292–299

Um der Islamophobie entgegenzuwirken, bietet die muslimische Aktivistin Mona Haydar 2016 in Massachusetts Kaffee und Donuts an und lädt zur Gesprächsrunde »Frag einen Muslim«.

Anschläge auf Charlie Hebdo und Paris 2015. Ein Faktor waren auch die »Dschihadisten« (die UNO gab ihre Zahl 2017 mit 40 000 an), die in den Irak und nach Syrien reisten, um sich dem IS anzuschließen. All das hat dazu geführt, dass der Diskurs über Muslime und den Islam vor allem unter dem Aspekt des Terrorismus geführt wird.

Reaktionen

Die Bedrohung durch den Terrorismus ist sehr real, aber die Berichterstattung in den Medien hat zur Stigmatisierung der Muslime geführt, die genauso entsetzt über die Terroranschläge sind wie Nichtmuslime. Jeder Anschlag führt den islamfeindlichen Gruppen neue Mitglieder zu. Sie führen Kampagnen gegen Migration, den Bau von Moscheen und Halal-Fleisch und fordern ein Verbot der Burka.

Islamfeindliche Äußerungen westlicher Politiker haben zu einem starken Anstieg islamfeindlicher Verbrechen geführt. In den meisten Fällen sind muslimische Frauen betroffen. 2018 verglich ein prominenter Politiker in Großbritannien schleiertragende Frauen mit Bankräuberinnen und verursachte damit eine starke Zunahme islamfeindlicher Vorfälle. Tell MAMA (eine Organisation, die Hassverbrechen in Großbritannien erfasst) teilte mit, dass die antimuslimischen Vorfälle in der Woche nach dieser Aussage um fast das Vierfache im Vergleich zur Vorwoche angestiegen waren.

Die Organisation New America stellte fest, dass islamfeindliche Aktivitäten deutlich zugenommen haben. Zwischen 2012 und 2018 dokumentierte sie 763 Einzeltaten.

Wir und die Anderen

Islamfeindliche Hasskriminalität versucht, die Trennung zwischen »uns« und »den Anderen« zu fördern und schafft Misstrauen, Feindseligkeit und Angst. Dabei wird verkannt, dass die muslimische Gemeinschaft aus vielen verschiedenen, miteinander verwobenen nationalen und ethnischen Gemeinschaften besteht, deren Bekenntnis zum Islam von Gläubigkeit bis hin zu Gleichgültigkeit reicht. Das Buch *Don't Panic, I'm Islamic* von Lynn Gaspard – eine originelle Reaktion auf das amerikanische Einreiseverbot von 2017, das sich weitgehend gegen Muslime richtete – würdigt ihre Diversität. ▪

Diskriminierung in Asien

Rund 25 % aller Muslime leben als Minderheit in Asien. Trotz des asiatischen Wirtschaftswachstums verschlechtert sich der Status dieser Muslime, oft begleitet von Gewalt. Seit die hinduistisch-nationalistische Partei BJP 2014 in Indien die Regierung stellt, lässt sich eine Marginalisierung der Muslime beobachten. Viele Nationalisten finden, dass Muslime keine echten Inder sein können, weil ihre heiligen Stätten im Gegensatz zu denen der Hinduisten nicht in Indien liegen. In Sri Lanka kam es 2018 und 2019 zu islamfeindlichen Übergriffen.

In Myanmar begannen die staatlichen Behörden 2016, gegen die muslimischen Rohingya vorzugehen. Mit Morden, Vergewaltigungen und Brandstiftungen zwang das burmesische Militär 1 Mio. Angehörige dieser Minderheit zur Flucht aus dem Land. In China sollen mehr als 1 Mio. muslimische Uiguren in »Umerziehungslager« gebracht worden sein.

MEINE IDENTITÄT – ISLAM & UMMA SIND MEINE FAMILIE

ROSE @CHOCOLATE9933 (TWITTER)

IM KONTEXT

THEMA
Der Islam im digitalen Zeitalter

WANN UND WO
Heute, weltweit

FRÜHER
2011 Junge Aktivisten sind maßgeblich beteiligt an der Organisation der Proteste des Arabischen Frühlings.

2012 Freunde in New York bezeichnen sich scherzhaft als »muslimische Hipster«: Die »Mipsterz« entwickeln sich zu einer globalen Online-Community.

2015 Apple führt Kaaba- und Moscheen-Emojis für muslimische Nutzer ein.

2019 Ein malaysisches Start-up bringt SalamWeb auf den Markt, einen Browser, der Webseiten nach islamischen Werten als angemessen, neutral oder unangemessen bewertet.

Muslime haben das Internet, Smartphones und verwandte Technologien ebenso angenommen wie der Rest der Welt – mit großem Erfolg. Das beste Beispiel ist der Arabische Frühling von 2010 und 2011: Die sozialen Medien waren direkt verantwortlich für die Ausbreitung der Aufstände im Nahen Osten. In Ägypten verursachte eine Facebook-Kampagne zur Unterstützung von Khaled Saeed (einem jungen Mann, der von Polizisten ermordet wurde) den ersten Protestmarsch, der schnell zu Massenprotesten auf dem Tahrir-Platz und zum Sturz des Präsidenten Husni Mubarak führte.

Die digitale Umma

Der Arabische Frühling war nicht religiös (die Demonstranten richteten sich gegen repressive Regimes), auch wenn bei den anschließenden freien Wahlen in Ägypten und Tunesien islamische Parteien an die Macht kamen. Das Internet bietet den Muslimen neue Möglichkeiten, ihre islamische Identität zu erforschen. Die Idee der Umma, der globalen muslimischen Nation, ist tief im Islam verankert. Der Prophet soll gesagt haben, dass jeder, der morgens aufwacht und nicht an seine muslimischen Brüder und Schwestern denkt, kein Muslim ist. Früher ließ sich die Umma nur bei Massenversammlungen wie dem Freitagsgebet oder der Haddsch erleben, aber dank des Internets fühlen Muslime auf der ganzen Welt heute eine starke Zugehörigkeit zu einer globalen, digitalen Umma.

Durch Online-Angebote können sie die heiligen Schriften erkunden und ihren Glauben besser verstehen. Foren ermöglichen die Diskussion schwieriger oder sehr persönlicher religiöser Themen – wie Sexualität, Beziehungen und Spiritualität, ohne

» Muslimische Jugendliche nutzen die Technik, um sich von älteren, traditionellen Praktiken zu distanzieren und gleichzeitig westliche Modelle zu hinterfragen. «

Bart Barendregt
Dozent an der Universität Leiden

Siehe auch: Die Umma, die islamische Gemeinschaft 32–33 ▪ Wo leben die meisten Muslime? 260–261 ▪ Die Arabisierung des Islams 262–263 ▪ Muslime im Westen 282–285 ▪ Das globale Geschäft mit Halal 290 ▪ Ein feministischer Islam? 292–299

»Ist es *haram* für Mädchen, Fotos ohne Hidschab im Internet zu posten?«

Frage im Islam-Forum von Stack Exchange

einen Geistlichen vor Ort konsultieren zu müssen.

#MosqueMeToo

Noch wichtiger ist der Einfluss des Internets für muslimische Frauen, für die traditionelle Studienzentren wie Moscheen und *madrasas* tabu sind. Die amerikanische Muslimin Hind Makki greift dieses Thema in ihrer Tumblr-Plattform Side Entrance auf: Sie stellt auf Fotos die schönen Gebetsräume für Männer den tristen Räumen (oft Kellern) gegenüber, die für Frauen reserviert sind. Das Internet bietet Frauen ein alternatives Forum in Form von »virtuellen Moscheen«, die Online-Predigten und -Kurse offerieren, oder *dawah*-Programmen zum Informationsaustausch für Muslime auf YouTube.

2011 lud Manal al-Sharif aus Protest gegen das saudische Fahrverbot für Frauen ein Video auf YouTube hoch, das sie beim Autofahren zeigte. Das Video ging viral und brachte al-Sharif eine Haftstrafe ein; aber 2018 begann Saudi-Arabien, die ersten Führerscheine für Frauen auszustellen.

2018 nutzten Frauen den Hashtag #MosqueMeToo, um Berichte von sexuellen Übergriffen und Missbrauch in Moscheen und Andachtsstätten zu teilen.

»Scheich Google«

Das Internet ist auch eine Hauptquelle für Fatwas (religiöse Rechtsgutachten). Dieses Vertrauen auf den scherzhaft sogenannten »Scheich Google« kann auch missbraucht werden – zum Beispiel zum »Fatwa-Shopping«, bei dem die Fragesteller mehrere Online-Religionsgelehrte konsultieren, bis sie die gewünschte Antwort erhalten.

Software-Entwickler nutzen die Technologien, um die islamische Praxis in vielerlei Hinsicht zu unterstützen. Apps benachrichtigen über die Gebetszeiten, zeigen die Richtung nach Mekka an und schicken täglich Koranverse zum Lesen. Es gibt Apps, die die nächstgelegene Moschee oder ein Halal-Restaurant ausfindig machen, und zahlreiche muslimische Netzwerk- und Dating-Apps mit Namen wie buzzArab und Muzmatch. Wenn jedes Jahr Millionen Muslime nach Mekka pilgern, wird Twitter unter dem Hashtag #HajjSelfie mit Selfies überflutet.

Doch das Internet hat auch eine andere Seite. Islamistische Gruppen nutzen weiterhin Online-Foren, um neue Mitglieder zu rekrutieren und Propagandavideos von grausamen Morden zu veröffentlichen. Die sozialen Medien haben die Reichweite von umstrittenen Geistlichen erhöht, z. B. des Saudi-Arabers Muhammad al-Arifi, der Gewalt gegen Nichtmuslime befürwortet. Das Potenzial des Internets, offene Diskussionen zu fördern und Verständnis und Wissen über den Islam zu verbreiten, hat jedoch überwiegend positive Auswirkungen. ■

Khalid Al Ameri und seine Frau Salama Mohamed, beide Staatsbürger der Vereinigten Arabischen Emirate, sind prominente muslimische Influencer; sie haben 3,2 Mio. Follower auf Facebook.

DER ISLAM IST EINE RELIGION, DIE FRAUEN STARK MACHT

MARIAM KHAN (2019)

IM KONTEXT

THEMA
Ein feministischer Islam?

WANN UND WO
Heute, weltweit

FRÜHER
um 595 Die mekkanische Kauffrau Chadidscha heiratet Mohammed, den zukünftigen Propheten des Islams.

1236 Razia Sultana wird Kaiserin des Sultanats von Delhi und die erste eigenständige Herrscherin der islamischen Geschichte.

1250 Schagar ad-Durr (»Baum der Perlen«) wird nach dem Tod ihres Mannes Herrscherin von Ägypten.

1918 Aserbaidschan ist der erste muslimische Staat, der Frauen das Wahlrecht verleiht – im selben Jahr wie Österreich, Deutschland und Russland sowie ein Jahr vor den USA.

Feminismus und Islam gelten oft als unvereinbar, vor allem außerhalb der muslimischen Welt. In den westlichen Medien wird der Islam verantwortlich für die Marginalisierung von Frauen gemacht und als Hindernis für die weibliche Karriere dargestellt. Viele muslimische Frauen können Feminismus und Glauben jedoch sehr gut miteinander vereinbaren.

Schon in der islamischen Frühzeit findet sich ein feministisches Vorbild: Chadidscha bint Chuwailid, die erste Frau des Propheten. Die erfolgreiche Geschäftsfrau aus Mekka wählte Mohammed zu ihrem Ehemann – nicht umgekehrt – und gab ihm die Chance, selbst ein erfolgreicher Kaufmann zu werden. Als Mohammed die ersten Offenbarungen des Korans empfing, wurde Chadidscha die erste Muslimin. Sie ist das beste Beispiel dafür, dass die Unterdrückung der Frau im Islam nicht auf den Koran zurückgeht.

Große Herausforderungen

Es ist nicht schwer zu verstehen, warum Frauenrechte und Islam so oft unvereinbar erscheinen. 2013 machte das Pew Research Center in muslimischen Ländern eine Umfrage zu dem Thema, ob eine Ehefrau ihrem Mann immer gehorchen solle – die meisten Befragten bejahten das. In der Türkei sprachen sich 65 %, in Malaysia sogar 96 % für Gehorsam gegenüber dem Ehemann aus. 2014 gab es in sieben muslimischen Ländern eine Umfrage zu dem Thema, wie sich Frauen in der Öffentlichkeit kleiden sollten (durchgeführt vom Institut

Anders als Männer sind Frauen oft sofort als Musliminnen zu erkennen, was vor allem an ihrer Kleidung – dem Hidschab (Kopftuch) – liegt.

Huda Shaarawi

1919 führte Huda Schaarawi Frauen auf die Straße, um gegen die britische Besetzung Ägyptens zu demonstrieren. Ebenso kritisch sah sie die Regeln der patriarchalischen Welt, in der sie aufwuchs und im Alter von 13 Jahren mit einem 40 Jahre älteren Cousin verheiratet wurde.

Schaarawis Engagement begann 1908, als sie dabei half, die erste Krankenstation für benachteiligte Frauen und Kinder zu gründen. Berühmt wurde sie jedoch 1922, als sie nach der Rückkehr von einer Konferenz in Rom auf dem Kairoer Bahnhof ihren Gesichtsschleier abnahm. Die Menschen waren schockiert – viele Frauen folgten jedoch bald ihrem Beispiel.

Schaarawi und ihre Anhängerinnen erzielten viele weitere Erfolge, z. B. die Einführung eines Mindestheiratsalters von 16 Jahren für Frauen, die Gründung der ersten Sekundarschule für Mädchen und die Gründung der Ägyptischen Feministischen Union. Als Schaarawi 1947 starb, verbot Präsident Nasser die ägyptischen Frauenbewegungen; sie sollten erst in den 1980er-Jahren wieder auftauchen.

Siehe auch: Frauen im Koran 82–85 ▪ Die neuen Extremisten 272–277 ▪ Der Islam in Afrika 278–279 ▪ Muslime im Westen 282–285 ▪ Hidschab und Niqab 300–303

für Sozialforschung der Universität Michigan). Die meisten Befragten – sowohl Männer als auch Frauen – waren dafür, dass Frauen ihr Haar vollständig bedecken.

Konservative Ansichten sind nach wie vor verbreitet, bestimmen aber bei weitem nicht alles. Viele muslimische Frauen der Mittelschicht führen ein Leben, das sich kaum von dem ihrer nicht muslimischen Geschlechtsgenossinnen unterscheidet. Sie sind gut ausgebildet, haben einen Job, führen Unternehmen und genießen ein erfülltes Sozialleben.

Bildung und Chancen

Muslimische Gesellschaften werden oft dafür kritisiert, Frauen von Bildung auszuschließen. Der Angriff der Taliban auf Malala Yousafzai und die Entführung nigerianischer Schulmädchen durch Boko Haram haben zu dieser Wahrnehmung beigetragen. 2018 vom Pew Research Center veröffentlichte Daten legen jedoch nahe, dass nicht der Islam der limitierende Faktor ist, sondern die wirtschaftlichen Verhältnisse in einem Land. Die Analyse des Forschungszentrums zeigt, dass der Wohlstand eines Landes der wichtigste Faktor für die Bildung von Frauen ist. So besuchen Mädchen in ölreichen Staaten wie Bahrain, Kuwait und Katar genauso lange die Schule wie Mädchen in Deutschland und Großbritannien (12 Jahre) – und damit nur etwas kürzer als als in den USA (13 Jahre). Mädchen in wirtschaftlich armen Ländern wie Afghanistan, Mali, Niger, Sierra Leone und Jemen erhalten im Gegensatz nur zwei Jahre Schulbildung (in Nigeria drei Jahre).

Was die Umfrage des Forschungszentrums nicht reflektiert, ist der Umstand, dass selbst in Ländern, in denen Frauen von Bildung profitieren, viel zu wenige ins Berufsleben eintreten. In Saudi-Arabien, wo mehr Frauen (52 %) die Universität besuchen als Männer (48 %), finden nur 27 % der Frauen einen Job. »

» Ich bin Feministin und Muslimin. «

Malala Yousafzai
pakistanische Aktivistin für Frauenbildung
(*1997)

Frauen werden in der islamischen Welt immer besser ausgebildet. In Saudi-Arabien besuchten 1970 weniger als 2 % aller Frauen eine Universität, heute sind es 57 %.

Ägyptische Frauen demonstrieren 2011 auf dem Tahrir-Platz in Kairo. Der Arabische Frühling war eine gleichberechtigte Revolution, die beide Geschlechter an der Front sah.

An einer Kairoer Universität sind zwar 80 % der Architekturstudenten weiblich, aber weniger als die Hälfte aller praktizierenden Architekten sind Frauen. Trotz Gleichberechtigung in der Ausbildung dominiert in der islamischen Welt immer noch die Vorstellung, dass Büros eine Männerdomäne sind und Frauen nach Hause gehören.

Das könnte sich bald ändern. Ein Bericht des Weltwirtschaftsforums von 2018 zeigt, dass jedes dritte Start-up in der arabischen Welt von einer Frau gegründet oder geleitet wird – ein höherer Prozentsatz als im Silicon Valley (Kalifornien). Die junge Technologiebranche ist weniger von Vorurteilen belastet als andere traditionell von Männern dominierte Bereiche.

Frauen in Führungspositionen

Der Arabische Frühling erschütterte Stereotype, denn Frauen standen an vorderster Front, um zu protestieren und die Revolutionen in ihren Ländern mitzugestalten. Der Arabische Frühling machte bewusst, dass es ohne Frauenrechte keine Demokratie geben kann. Seitdem haben acht Länder im Nahen Osten und Nordafrika häusliche Gewalt kriminalisiert. Sechs Regierungen haben Gesetze aufgehoben, die es Vergewaltigern erlaubten, der Strafverfolgung zu entgehen, indem sie ihre Opfer heirateten.

Die größten Fortschritte im Frauenrecht wurden in Tunesien erzielt, wo die prodemokratischen Aufstände des Arabischen Frühlings begannen. Die 2014 verabschiedete Verfassung des Landes verleiht Bürgern und Bürgerinnen die gleichen Rechte und verspricht, dass der Staat Parität anstrebt. Nach den Wahlen von 2018 wurde bekanntgegeben, dass Frauen 47 % aller Gemeinderatsämter ausüben. Erwähnenswert ist auch, dass Tunesien muslimischen Frauen jetzt erlaubt, nicht muslimische Männer zu heiraten – ein Tabu in den meisten muslimischen Ländern, obwohl Männer nicht muslimische Frauen heiraten dürfen, weil man annimmt, dass die Kinder die Religion des Vaters annehmen.

> »Eine ganze Reihe von Leuten war gegen mich, einfach weil ich eine Frau bin.«
>
> **Benazir Bhutto**
> pakistanische Premierministerin, ermordet 2007

» Meine Arbeit ist von der Überzeugung geprägt, dass Religion und Kultur niemals dazu benutzt werden dürfen, die Unterdrückung von Frauen zu rechtfertigen. «

Mona Eltahawy
Autorin und Journalistin
(*1967)

Im Nahen Osten und in Nordafrika stieg der Frauenanteil in den Parlamenten von weniger als 5 % (20 Jahre zuvor) auf rund 17,5 % (2017); der weltweite Durchschnitt liegt bei 23,4 %. Tatsächlich bekleideten Frauen 2019 in Ägypten ein Viertel aller Ministerämter in hochkarätigen Ressorts wie Gesundheit, Wirtschaft und Tourismus. Im selben Jahr konnten die Vereinigten Arabischen Emirate in ihrem 32-köpfigen Kabinett neun Frauen vorweisen, was einem Anteil von fast 30 % entspricht.

Außerhalb der arabischen Welt wählte Pakistan mit Benazir Bhutto eine Frau zum Staatsoberhaupt; sie fungierte von 1988 bis 1990 und von 1993 bis 1996 als Premierministerin des Landes. In Bangladesch war Khaleda Zia von 1991 bis 1996 und erneut von 2001 bis 2006 Premierministerin – die erste Frau in der Geschichte des Landes und die zweite in einem muslimischen Land an der Spitze einer demokratischen Regierung. Scheich Hasina Wajed war von 1996 bis 2001 Premierministerin von Bangladesch und übernahm das Amt 2009 erneut.

Im Gegensatz dazu waren die ersten 45 Präsidenten der USA allesamt Männer. Der Frauenanteil im US-Kongress lag 2019 bei 23,2 %, doch die ersten zwei Musliminnen, die im Kongress saßen, waren Anfeindungen ausgesetzt. Rashida Tlaib (geboren als Kind palästinensischer Eltern aus der Arbeiterschicht Detroits) dient als Abgeordnete für den 13. Kongressbezirk Michigans, während die Somalierin Ilhan Omar den 5. Kongressbezirk Minnesotas vertritt. Beide traten ihr Amt 2019 an. Omar, die ein Kopftuch trägt, war mehrmals Opfer antimuslimischer Hetzrhetorik; bei einer Kundgebung in South Carolina im Jahr 2019 skandierte die Menge wiederholt: »Schickt sie zurück.«

» Ich glaube, dass Frauen und Minderheiten oft auf eine Einladung warten, um etwas zu tun; das muss aufhören. «

Ilhan Omar
Abgeordnete im US-Kongress
(*1982)

Wir werden nicht unterdrückt

Rashida Tlaib und Ilhan Omar gelten als seltene Beispiele für muslimische Frauen, die Grenzen durchbrechen. Westliche Medien präsentieren solche Frauen als Ausnahme von der Regel, dass muslimische Frauen von ihren Ehemännern, ihrer Religion oder beidem unterdrückt werden und es ihnen an Ehrgeiz und der Fähigkeit zu unabhängigem Denken fehlt. 2016 berichtete eine britische Zeitung, dass Premierminister David Cameron während eines privaten Treffens angedeutet hatte, die unterwürfige Natur britischer Musliminnen mache ihre Söhne anfällig für Radikalisierung. Als Reaktion darauf meldeten »

Die gebürtige Somalierin Ilhan Omar (im Bild) und Rashida Tlaib zogen 2019 als erste Musliminnen ins US-Repräsentantenhaus sein.

sich Tausende von Frauen auf Twitter unter dem Hashtag #TraditionallySubmissive zu Wort und zählten ihre Leistungen auf.

Ähnliches ereignete sich 2016 nach einem Parteitag der Demokraten in den USA, als Ghazala Khan, die Mutter eines im Irak getöteten muslimisch-amerikanischen Soldaten, schwieg, während ihr Mann eine Rede hielt. Der republikanische Präsidentschaftskandidat Donald Trump sagte damals: »Wenn Sie sich seine Frau ansehen, dann steht sie da. Sie hatte nichts zu sagen. Vielleicht durfte sie nichts zu sagen haben. Sagen Sie es mir.«

Während der Westen sich darin gefällt, muslimische Frauen als passive Opfer zu sehen, arbeiten sie in der muslimischen Welt an ihrer Karriere als Ärztinnen, Journalistinnen, Professorinnen, Soldatinnen, Unternehmerinnen, Pilotinnen, Sportstars und Ministerinnen.

Gleichberechtigung in der Moschee

Auch in der Praxis des Islams bahnen sich Frauen den Weg zum Erfolg – wenn bisher auch nur

> »Ich bin beides, gläubig und Feministin, aufgeklärt und teilweise sehr traditionell, Ost und West.«
>
> **Seyran Ates**
> muslimische Feministin
> (*1963)

außerhalb der muslimischen Welt. In Westeuropa versuchen muslimische Frauen, den von Männern dominierten Gottesdienst und Bildungssektor zu reformieren und die Bedürfnisse einer neuen Generation von Gläubigen zu decken. Die Inclusive Mosque Initiative, die 2012 in London von zwei britischen Musliminnen gegründet wurde, sieht sich als »feministische« Moschee. Ihr gesamtes Team (auch die Imaminnen) ist weiblich. Muslimische Frauen sind dabei, die Bedürfnisse der neuen muslimischen Generation in Europa zu reflektieren. In Berlin befindet sich die Ibn-Ruschd-Goethe-Moschee, die erste liberale Moschee ihrer Art in Deutschland. Sie wurde 2017 von der türkischstämmigen Anwältin, Imamin und Menschenrechtsaktivistin Seyran Ates mitbegründet. Bei einer Initiative der Moschee (die eine Kontroverse auslöste) beten Frauen und Männer gemeinsam, wobei Frauen das Gebet leiten und selbst predigen können. Ates erhält seitdem Morddrohungen und Hass-Mails von konservativen Muslimen; die höchste Religionsbehörde der Türkei behauptete, die Moschee »verderbe und ruiniere« die Religion.

2016 eröffnete in Kopenhagen die erste von Frauen geführte Moschee Skandinaviens. Die Moschee wurde von zwei Imaminnen – Sherin Khankan und Saliha Marie Fetteh – gegründet und trägt den Namen Mariam-Moschee (nach Maria, der Mutter Jesu). Khankan, selbst Mutter, sagte: »Weibliche Imame beeinflussen nicht nur das Gefüge der Moschee auf gesellschaftlicher Ebene, sondern auch die Familienstruktur.« Kinder wachsen im Glauben auf und sehen Frauen in leitender Funktion. Das Freitagsgebet wird ausschließlich von Frauen besucht.

Die Autorin und Akademikerin Dr. Amina Wadud ist wohl die bekannteste Imamin der USA. Obwohl es in Amerika noch keine von Frauen geführte Moschee gibt, hat Dr. Wadud bereits gemischtgeschlechtliche Freitagsgebete geleitet.

Andere schaffen Räume, die bisher tabuisierte Identitätsaspekte re-

Sherin Khankan ruft in Kopenhagen zur Reformation des Islams mit feministischer Agenda auf – eine Vision, die sie in ihrem Buch *Women are the Future of Islam* beschreibt.

Ibtihaj Muhammad war die erste muslimische Amerikanerin, die einen Hidschab trug, als sie bei den Olympischen Spielen antrat. In Rio gewann sie 2016 die Bronzemedaille im Fechten.

flektieren. So leitet Mahdia Lynn aus Chicago die Masdschid al-Rabia, eine Moschee, in der LGBTQ- und transsexuelle Frauen im Mittelpunkt stehen.

Das Narrativ zurückgewinnen

Muslimische Frauen sind häufig die sichtbarsten Exponenten ihrer Religion, schon deshalb, weil viele den Hidschab tragen. So sind sie oft Gegenstand von Diskussionen über den Islam, obwohl ihre eigenen Stimmen kaum gehört werden.

2019 veröffentlichte die Feministin Mariam Khan ihr Buch *It's Not About the Burqa,* eine Sammlung von Texten muslimischer Frauen, die über ihren Glauben sprechen. »Wann haben Sie zum letzten Mal eine muslimische Frau gehört, die ungefiltert für sich selbst spricht?«, fragt sie in der Einleitung.

Zwei Jahre zuvor hatte Amani al-Khatahtbeh, die Gründerin der Website MuslimGirl.com, in den USA den ersten »Tag der Muslimin« ins Leben gerufen. Ebenso wie ihre Website, die es seit 2009 gibt, zielt er darauf ab, die Stimmen muslimischer Frauen weltweit hörbar zu machen und falschen Darstellungen in den Medien entgegenzuwirken. Al-Khatahtbeh kritisiert vor allem, dass muslimische Frauen behandelt werden, als wären alle gleich. »Muslimische Frauen kommen aus allen Lebensbereichen der Welt«, sagte sie gegenüber allure.com. »Man kann über sie nicht anders sprechen als über christliche Frauen, zum Beispiel.«

2016 wurde al-Khatahtbeh in einer Podiumsdiskussion beim ersten United State of Women Summit des Weißen Hauses gefragt: »Wie stärken wir die Menschen, die wir die Stimmlosen nennen?« Ihre einfache Antwort war: »Reicht das Mikro rüber.« ■

» Der gefährlichste Irrglaube über muslimische Frauen ist, dass wir eine homogene Einheit sind. «

Amani al-Khatahtbeh
Gründerin von MuslimGirl.com
(*1992)

Wissenschaftler gegen das Patriarchat

Es gibt eine moderne Tradition »islamischer Feministinnen«, die die religiösen Schriften des Islams aus feministischer Perspektive interpretieren. Eine Pionierin in diesem Bereich war die marokkanische Soziologin Fatima Mernissi (1940–2015). Sie veröffentlichte 1975 das Buch *Beyond the Veil* (dt. *Geschlecht, Ideologie, Islam,* 1987). Ihre Werke untersuchen die traditionelle islamische Rechtsprechung, um alternative, weniger männerorientierte Interpretationen zu bieten. Dr. Amina Wadud (Professorin für Islamstudien in den USA) sorgte mit ihrem Buch *Inside the Gender Jihad: Women's Reform in Islam* (2006) für Kontroversen. Am Beispiel der Sklaverei, die der Koran ihrer Ansicht nach duldet, argumentiert sie, dass Vorschriften, die gegen die Standards der modernen Gesellschaft verstoßen, verworfen werden müssen. So dürften auch Männer ihre Frauen heute nicht mehr schlagen, obwohl der Koran es zulässt.

LIEBER SCHÖN FÜR GOTT ALS FÜR DIE MENSCHEN

YASMIN MOGAHED (2019)

IM KONTEXT

THEMA
Hidschab und Niqab

WANN UND WO
Heute, weltweit

FRÜHER
2500 v. Chr. Statuen aus Mesopotamien zeigen, dass es Verschleierung schon vor der Entstehung des Judentums, Christentums und Islams gab.

um 627 n. Chr. Der »Vers des Hidschabs« (Koran 33:53) rät den Besuchern des Propheten, mit seinen Frauen nur hinter einem Vorhang zu sprechen.

16. Jh. Unter den Osmanen gilt der Schleier als Zeichen von hohem Rang; Frauen der Unterschicht tragen keinen Schleier, da er hinderlich bei der Arbeit ist.

1923 In der neuen Republik Türkei verbietet Atatürk den Schleier in staatlichen Einrichtungen.

Der Koran legt für Männer und Frauen einen Verhaltens- und Kleidungskodex fest. Sure 24 wendet sich zunächst an die Männer: »Sprich zu den gläubigen Männern, dass sie ihre Blicke senken und ihre Scham bewahren sollen« (24:30). Danach folgt eine Vorschrift für die Frauen: »Und sprich zu den gläubigen Frauen, dass sie ihre Blicke senken und ihre Scham bewahren und ihren Schmuck nicht zeigen sollen … und dass sie sich ihren Schal um den Ausschnitt schlagen …« (24:31).

Männer und Frauen sollen einander respektvoll ansehen – oft als »Hidschab der Augen« umschrie-

Siehe auch: Frauen im Koran 82–85 ▪ Die Säkularisierung der Türkei 228–231 ▪ Muslime im Westen 282–285 ▪ Der Islam im digitalen Zeitalter 288–289 ▪ Ein feministischer Islam? 292–299

Gesichtsbedeckungen

Hidschab Der Oberbegriff für viele Arten von Kopftüchern – die häufigste Art der Kopfbedeckung

Niqab Bedeckt Gesicht und Kopf und hat eine Öffnung für die Augen. Vor allem in den arabischen Golfstaaten verbreitet

Burka Bedeckt das gesamte Gesicht und den Körper. Vor den Augen befindet sich ein Netzgitter. Wird hauptsächlich in Afghanistan getragen

ben –, aber Frauen bekommen konkrete Kleidungsvorschriften. Die Anweisung, dass Frauen »ihren Schmuck nicht zeigen sollen«, hat dazu geführt, dass viele Musliminnen züchtige Kleidung tragen.

Der Hidschab

Frauen, die den Hidschab tragen, werden manchmal als *hidschabis* oder *muhadschaba* bezeichnet. Das Wort Hidschab bezieht sich auf das in den Hadithen beschriebene Kopftuch, beschreibt aber auch züchtige Kleidung allgemein. Im Koran bedeutet Hidschab »Vorhang« oder »Trennwand« (zwischen Männern und Frauen oder Gott und den Sterblichen); einige Verse erwähnen auch den *khimar* (»Schal«, siehe 24:31) und den *dschilbab* (»Gewand«, siehe 33:59), fordern aber nicht, den Kopf zu bedecken.

Die Einstellung zu züchtiger Kleidung variiert je nach Region. In gemäßigten Ländern wie Ägypten, der Türkei und Tunesien gibt es keine offiziellen Kleidungsvorschriften für Frauen, aber es wird erwartet, dass sie sich bescheiden kleiden und Knie und Schultern bedecken (besonders in ländlichen Gebieten). Die Kleidung unterliegt auch sozialen Einstellungen und Modetrends. Ein Beispiel: Nachdem Atatürk die Türkei 1923 zu einem säkularen Staat erklärt hatte, verschwand das Kopftuch fast vollständig. Nach dem Militärputsch von 1980 wurde ein Kopftuchverbot durchgesetzt. Seit der Machtübernahme der islamischen Parteien, v. a. der AKP, ist das Kopftuch wieder da.

> » Auch wenn ihr es hasst, ich wickle meinen Hidschab. Wickle meinen Hidschab, wickle meinen Hidschab. Wickle, wickle meinen Hidschab. «
>
> **Mona Haydar**
> Text des 2017 veröffentlichten Songs *Hijabi (Wrap My Hijab)* (*1988)

Der Hidschab wird nicht in einem einheitlichen Look getragen. So bevorzugen westafrikanische Frauen farbenfrohe Tücher, die zu einem Turban geschlungen werden, in Südasien liebt man locker drapierte Schultertücher. Frauen in den Golfstaaten tragen den *chalidschi hidschab* (*chalidsch* bedeutet auf Arabisch »Golf«). Der Hidschab wird auch »Dutt«, »Bienenstock« oder »Kamelhöcker« genannt, denn er hat eine Ausbuchtung am Hinterkopf, die einer zu einem Dutt aufgesteckten Haarpracht gleicht.

Im Iran, in Saudi-Arabien und anderen Scharia-Staaten wird streng kontrolliert, was Frauen in der Öffentlichkeit tragen. Im Iran müssen sie einen Tschador tragen (ein schwarzes Ganzkörpergewand) oder – in weniger konservativen Kreisen – Kopftuch, lange Hose und langärmeliger Mantel (auch *manteau* genannt). Wenn Frauen in Mekka und Medina das Haus verlassen, sind sie verpflichtet, eine *abaya* (ein langes Kleid) zu tragen und das Haar mit einem Tuch *(schaila)* zu verhüllen; das gilt – abgesehen vom Niqab – als authentischster islamischer Ausdruck von züchtiger Kleidung.

Der Niqab

Für die Verbreitung des Niqabs – der kompletten Gesichtsbedeckung – ist der Einfluss Saudi-Arabiens und der Scharia-Golfstaaten (z. B. Katar) verantwortlich. Weltweit tragen den Niqab nur sehr wenige Musliminnen – der Hidschab ist weit mehr verbreitet. Für viele Frauen ist er »

Manche Musliminnen im Westen tragen den Hidschab aus Trotz: eine Möglichkeit, angesichts der zunehmenden Islamophobie ihre islamische Identität zu behaupten.

ein Alltagsgegenstand, der eine religiöse Bedeutung haben kann oder nicht; der Niqab hingegen gilt selbst bei Musliminnen als Zeichen für extremen Konservatismus. Da der Niqab alles bis auf die Augen verdeckt, wird er stark politisiert und ist in vielen Ländern, auch in muslimischen, in Schulen, am Arbeitsplatz und in der Öffentlichkeit verboten.

Frankreich und Belgien waren 2011 die ersten, die den Niqab im öffentlichen Raum verboten haben, 2019 waren die Niederlande das 15. europäische Land. Die kanadische Provinz Quebec verhängte 2017 ein Verbot. Tunesien, einige Länder Westafrikas und China haben das Tragen des Niqab eingeschränkt.

Persönliche Wahl

Frauen geben viele Gründen dafür an, dass sie den Hidschab tragen. Für manche ist das Kopftuch ein persönlicher Akt des Gehorsams gegenüber Gott, für andere ist es eine Form züchtiger Kleidung, mit der sie ihren Körper vor Sexualisierung und Kommerzialisierung schützen. Der Hidschab kann auch eine Methode sein, um sich eine Identität zurückzuerobern, die dämonisiert wurde – aber ebenso ein trotziger Ausdruck von Stolz auf den eigenen Glauben. Viele Frauen passen sich auch einfach an oder folgen der Mode.

In einigen muslimischen Ländern, die züchtige Kleidung gesetzlich vorschreiben, haben Frauen gegen den Hidschab protestiert, indem sie ihre Kopftücher abnahmen – in Anlehnung an die Aktion der Feministin Huda Schaarawi im Jahr 1922. Der Akt der Entschleierung hat nichts mit Religion, sondern mit Politik und Menschenrechten zu tun.

»Obwohl das Tragen des Hidschabs als persönliche Entscheidung dargestellt wird, denke ich, dass der soziale Druck hoch ist.«

Shalini Gopalan
Marketingleiterin,
Indonesien

»Ich trage den Niqab als persönlichen Akt der Verehrung und glaube fest daran, dass er mich Gott näherbringt.«

Sahar al-Faifi
britische Genforscherin,
Aktivistin und Fallschirmspringerin

Bescheidene Mode

Eine moderne Entwicklung ist *modest fashion* (»züchtige Mode«): Sie soll Frauen ansprechen, die sich als gläubige Musliminnen betrachten, aber gern stilvolle Kleidung tragen möchten. Vor allem für junge Musliminnen gehen Glaube und Modernität Hand in Hand. So ist ein Modetrend entstanden, der von muslimischen Frauen entwickelt wird, die das Gefühl haben, dass die Geschäfte auf der Straße und im Internet nicht auf ihre Modebedürfnisse eingehen: Sie bauen – oft online – ihre eigenen Modelabels auf. Was als Nischenmarkt begann, ist heute ein globales Phänomen und wird von *hidschabi*-Modebloggerinnen gefördert, die darüber

Ein Model präsentiert ein Outfit bei einer Modenschau 2018 in Mailand, die vom Islamic Fashion & Design Council organisiert wurde und sich der inzwischen sehr erfolgreichen *modest fashion* widmete.

» Der Hidschab ist stark politisiert worden. «

Azzah Sultan
malaysische Künstlerin
(*1997)

schreiben, wie man modisch-bescheidene Looks kreiert.

Internationale Labels haben das Thema aufgegriffen. 2016 wurde Nura Afia, eine amerikanische Beauty-Videobloggerin, zur ersten hidschabtragenden Markenbotschafterin ernannt; Dolce & Gabbana brachte eine Linie mit Hidschabs und *abayas* heraus, und Anniesa Hasibuan präsentierte eine Hidschab-Kollektion auf der New York Fashion Week. 2018 war das somalisch-amerikanische Model Halima Aden die erste dunkelhäutige Frau, die mit einem Kopftuch auf dem Cover der Vogue erschien.

Auch im Sport macht *modest fashion* von sich reden. 2016 machten Olympia-Teilnehmerinnen im »Burkini« (s. Kasten) Schlagzeilen, und Ibtihaj Muhammad, Amerikas erste hidschabtragende Olympia-Athletin, gewann eine Bronzemedaille. Nike erkannte den Trend: Das Label brachte 2017 den ersten Hidschab für Sportlerinnen auf den Markt, 2020 folgte züchtige Badekleidung.

Die Bedeutung des Hidschabs

Kritiker weisen darauf hin, dass die Reduzierung des Hidschabs auf einen reinen Modeartikel seine Bedeutung als Zeichen des Gehorsams verwässert. So hat der Hidschab für verschiedene Menschen verschiedene Bedeutungen. ■

Der Burkini

Der Burkini ist ein Ganzkörper-Badeanzug mit Badekappe, der manchmal mit einem kurzen Kleid oder Rock versehen ist. Der erste Burkini wurde 2004 von der libanesisch-australischen Designerin Aheda Zanetti entworfen, die den Namen »Burkini« aus den Begriffen »Burka« und »Bikini« prägte. Zanetti bemerkte die Schwierigkeiten, denen muslimische Frauen beim Schwimmen und anderen Sportarten ausgesetzt waren. »Ich habe den Burkini entwickelt, um Frauen Freiheit zu geben, nicht um sie ihnen zu nehmen«, sagt sie. »Er soll nichts symbolisieren.« 2016 wurde der Burkini von vielen Stränden Frankreichs verbannt. Ein weltweit veröffentlichtes Zeitungsbild zeigt eine Frau im Burkini, umringt von bewaffneten Polizisten, die sie bedrängen, ihn abzulegen. Das Foto löste Empörung aus, und das Verbot wurde gerichtlich gekippt.

Der Burkini machte auch bei den Olympischen Spielen von 2016 Schlagzeilen, als die Beachvolleyballerin Doaa Elghobashy (Ägypten) und die Sprinterin Kariman Abuljadayel (Saudi-Arabien) züchtige Sportkleidung trugen.

DIE BESTEN IN MEINER UMMA SIND DIEJENIGEN IN MEINER EPOCHE

DER PROPHET MOHAMMED

IM KONTEXT

THEMA
Der Salafismus

WANN UND WO
Heute, weltweit

FRÜHER
1303 Der arabische Gelehrte Ibn Taimiya erlässt eine Fatwa gegen die Mongolen, weil sie nicht dem islamischen, sondern dem menschengemachten Recht folgen. Dieses Urteil gilt später als Präzedenzfall für Muslime, die den Dschihad gegen andere Muslime ausrufen.

18. Jh. Der Theologe Ibn Abd al-Wahhab befürwortet ein streng wörtliches Verständnis des Korans.

2010 Der Scheich der Al-Azhar in Ägypten, der von vielen als höchste Autorität des sunnitischen Islams betrachtet wird, kritisiert in den Medien den Salafismus, der Gedankengut fördere, das dem Islam fremd sei.

Der Salafismus ist eine Bewegung, die zu den Wurzeln des Islams zurückkehren will. Er entstand im Ägypten des 19. Jahrhunderts und war inspiriert vom saudischen Wahhabismus. Ende des 20. Jahrhunderts erlebte der Salafismus einen starken Popularitätsschub. Er strebt eine Rückbesinnung auf die ersten drei Generationen des Islams an, die als *salaf as-salihin* (»fromme Vorfahren«) bekannt sind. Die Anhänger des Salafismus lehnen die Autorität der mittelalterlichen Rechtsschulen ab, da sie nach den *salaf as-salihin* entstanden sind, und akzeptieren nur die Texte des Korans und der Hadithe, die sie wörtlich verstehen.

Viele Muslime halten den Ansatz der Salafisten für zu streng. Ihre Anhänger tragen traditionelle Kleidung wie lange Gewänder und schicken ihre Kinder auf geschlechtergetrennte Schulen. Nicht islamische Feiertage werden von Salafisten nicht anerkannt, außerdem meiden sie nichtreligiöse Grußformeln wie »guten Morgen«. Der Salafismus ist keine Organisation, sondern eine Ideologie, mit zahlreichen Denkrichtungen. Es gibt unpolitische Salafisten, die sich mit Bildung und Missionierung befassen. Es gibt aber auch militante Salafisten, die »abtrünnige« Herrscher stürzen und durch »wahre« Muslime ersetzen wollen. Al-Qaida und der Islamische Staat (IS) vertreten einen militanten Salafismus. Der Aufstieg solcher Organisationen reflektiert einen Konflikt innerhalb des Salafismus sowie einen Kampf zwischen dem Islam und dem Westen. ■

» Seine Anziehungskraft gleicht der Reformation im Christentum. «

Yasir Qadhi
amerikanischer Islamgelehrter (*1975)

Siehe auch: Gottes Führung durch die Scharia 128–133 ▪ Der Wahhabismus – die islamische Reformation 216–217 ▪ Die neuen Extremisten 272–277 ▪ Der Islam in Afrika 278–279

DER ISLAM WAR SCHON IMMER EIN PROGRESSIVER GLAUBE

MECCA INSTITUTE (2019)

IM KONTEXT

THEMA
Progressiver Islam

WANN UND WO
Heute, weltweit

FRÜHER
1980–1990 In Ägypten propagiert der Reformer Hasan Hanafi die »Islamische Linke«, die linksgerichtete Politik mit dem Islam verbindet.

1995 Ein Scharia-Gericht erklärt Abu Zaid zum Apostaten, weil er sagt, der Koran müsse im Kontext des 7. Jh. betrachtet werden.

1999 Amina Wadud veröffentlicht ihr Buch *Qur'an and Woman* (»Der Koran und die Frau«), in dem sie den heiligen Text aus der Perspektive einer Frau betrachtet.

2005 Das *TIME Magazine* zählt den Iraner Abdolkarim Sorusch, der einen progessiven Islam vertritt, zu den 100 einflussreichsten Menschen.

Unter dem Begriff »progressiver Islam« werden Individuen und Gruppen zusammengefasst, die keiner einheitlichen Organisation angehören, aber das gemeinsame Ziel verfolgen, die Koranauslegung so zu reformieren, dass sie besser mit den Werten der modernen Welt übereinstimmt.

Die Progressiven glauben, dass die frühen muslimischen Gelehrten ihr Bestes taten, um den Koran und die Sunna durch Konsens, Analogie und Idschtihad zu interpretieren und auf diese Weise die Scharia zu formulieren. Aber diese Interpreten seien fehlbar und ein Produkt ihres Zeitalters gewesen.

Die Progressiven argumentieren, dass der Geist des Islams – eine Religion der Gerechtigkeit und des Mitgefühls – nicht aufrechterhalten werden kann, wenn man Gesetze befolgt, die aus einer Zeit stammen, in der Sklaverei geduldet wurde. Um ihre Argumentation zu stützen, weisen sie darauf hin, dass der Koran dazu auffordert, unabhängig zu denken.

» Es macht uns traurig zu sehen, wie traditionell-konservative Muslime heute in Raum und Zeit erstarrt sind. «

Akmal Ahmed Safwat
Demokratische Muslime in Dänemark

Neben vielen Akademikern bemühen sich auch das US-amerikanische MECCA Institute und das britische *Critical Muslim Magazine* um die Förderung einer liberalen Denkweise. Obwohl konservative Muslime die progressive Sichtweise ablehnen, breitet sich der Liberalismus im Islam aus – eine Umfrage von 2017 in den USA zeigte, dass gleichgeschlechtliche Ehen von amerikanischen Muslimen inzwischen stärker akzeptiert werden als von evangelikalen Christen. ■

Siehe auch: Frauen im Koran 82–85 ▪ Gottes Führung durch die Scharia 128–133 ▪ Ein islamischer Feminismus? 292–299

ANHANG

ANHANG

Neben den Personen, die im Buch vorgestellt werden, gibt es noch viele andere Menschen, die eine Schlüsselrolle in der Geschichte des Islams gespielt haben. Dazu gehören die frühen Glaubensführer, Kalifen, Feldherren, Gelehrte, Poeten und politische Führer – Persönlichkeiten, die den muslimischen Glauben und die islamische Zivilisation weltweit geformt und gestaltet haben. Ihre Kurzbiografien sind hier in chronologischer Reihenfolge aufgeführt.

CHADIDSCHA BINT CHUWAILID
555–619

Chadidscha, die erste Ehefrau Mohammeds, stammte aus einer Kaufmannsfamilie des in Mekka herrschenden Quraisch-Stammes. Die wohlhabende Kauffrau heiratete Mohammed im Alter von 40 Jahren, nachdem sie ihn für eine Karawanenreise nach Syrien angeheuert hatte. Sunnitische Quellen legen nahe, dass sie vor der Ehe mit Mohammed zweimal verwitwet war, obwohl er nach schiitischer Tradition ihr erster Ehemann gewesen sein soll. Von ihren gemeinsamen Kindern erreichten nur vier Töchter das Erwachsenenalter. Nach Mohammeds erster Offenbarung im Jahr 610 bekehrte sich Chadidscha als erste zum Islam. Sie unterstützte seine prophetische Mission ihr Leben lang.

MOHAMMED
570–632

Der Prophet Mohammed wurde in Mekka in die Sippe der Banu Haschim aus dem Stamm der Quraisch geboren. Als er 40 Jahre alt war, erhielt er eine Offenbarung durch den Engel Dschibril (arabisch für Gabriel), die den Grundstein für den Koran legte. Nach weiteren Offenbarungen begann er zwei Jahre später, seine Botschaft öffentlich zu verkünden und Anhänger für seine Religion, den Islam, zu gewinnen. Mohammeds Monotheismus diskreditierte die heidnische Religion mekkanischen Herrscher; er und seine Anhänger wurden verfolgt und wanderten 622 nach Medina aus. 624 begann ein Krieg zwischen den Mekkanern und den Muslimen, den Mohammed 630 für sich entschied. 632 kontrollierte Mohammed fast die gesamte Arabische Halbinsel. Im selben Jahr führte er die Abschiedspilgerfahrt nach Mekka an und starb kurz darauf in Medina.

ABU BAKR AL-SIDDIQ
573–634

Siehe Kasten S. 103.

UMAR IBN AL-CHATTAB
584–644

Der Mekkaner Umar ibn al-Chattab, der zweite islamische Kalif, trat 615 zum Islam über. 622 floh er mit Mohammed nach Medina und wurde zu einem der wichtigsten Berater des Propheten. 625 heiratete Mohammed Umars Tochter Hafsa. Als Abu Bakr Kalif wurde, wuchs Umars Einfluss; 634 trat er seine Nachfolge als Kalif an. Unter Umars Führung wurde das Kalifat zur Weltmacht, die ihr Territorium bis nach Nordafrika und zum Kaukasus ausdehnte. Im Alter von 60 Jahren wurde Umar von einem persischen Sklaven erstochen.

UTHMAN IBN AFFAN
um 576–656

Uthman ibn Affan, ein reicher mekkanischer Kaufmann aus dem mächtigen Clan der Umayyaden, trat 611 n. Chr. zum Islam über. Später heiratete er zwei Töchter Mohammeds. Nach Umars Tod im Jahr 644 gehörte Uthman zu dem Sechser-Gremium, das den neuen Kalifen wählte. Obwohl er kaum politische oder militärische Erfahrungen besaß, wurde Uthman als dritter der »rechtgeleiteten« Kalifen ausgewählt. Er überwachte die Zusammenstellung der offiziellen Version des Korans und setzte die Eroberungsfeldzüge fort. Als er sich immer mehr Gegner zuzog, brach eine Rebellion aus. Uthman wurde in seinem Haus in Medina ermordet.

CHALID IBN AL-WALID
um 585–642

Als Mitglied der Quraisch, die Mohammed zunächst feindlich gegenüberstanden, kämpfte Chalid ibn al-Walid in den frühen Schlachten gegen den Propheten. 629 n. Chr. wanderte Chalid jedoch nach Medina aus, konvertierte zum Islam und wurde ein großer Feldherr. Nach Mohammeds Tod spielte Chalid eine zentrale Rolle im Kampf gegen die arabischen Stämme. Anschließend führte er bei der Eroberung des Iraks und Syriens Feldzüge gegen die Sassaniden und Byzantiner an und wurde als »Schwert Gottes« bekannt. Obwohl er in allen Schlachten siegte, entließ Umar ihn 638 aus der Armee. Er starb vier Jahre später in Homs (Syrien).

ALI IBN ABI TALIB
601–661

Ali ibn Abi Talib, Mohammeds Cousin, wurde vom Propheten aufgezogen. Er war der erste Mann, der (mit nur neun Jahren) zum Islam übertrat. Ali schloss sich dem Propheten in Medina an, wurde sein Stellvertreter und heiratete Mohammeds Tochter Fatima. Während der Kriege mit Mekka erwarb er sich den Ruf eines mutigen Kämpfers. Nach Mohammeds Tod wurde Ali zweimal bei der Wahl zum Kalifen übergangen und 656 schließlich zum vierten Kalifen gewählt. Das Kalifat stürzte in einen Bürgerkrieg, als rebellische Charidschiten versuchten, Ali zu stürzen. Er wurde beim Gebet in Kufa (Irak) ermordet. Die Schiiten verehren Ali und betrachten seine Nachkommen als die rechtmäßigen Nachfolger Mohammeds.

MUAWIYA IBN ABI SUFYAN
602–680

Muawiya ibn Abi Sufyan trat nach der Eroberung Mekkas zum Islam über. Muawiya führte Feldzüge gegen Byzanz und wurde 640 zum Statthalter von Syrien ernannt. Als 656 sein Stammesbruder Uthman ermordet wurde, rebellierte Muawiya gegen Ali, da er glaubte, dieser habe nicht genug zur Ergreifung der Schuldigen getan. Nach Alis Ermordung trat Muawiya dessen Nachfolge an, gründete das Umayyadenkalifat und verlegte die Hauptstadt nach Damaskus. Als Muawiya I. erweiterte er das Kalifat bis nach Nordafrika und Kleinasien. Vor seinem Tod ernannte er seinen Sohn Yazid zum Nachfolger und leitete damit die erbliche Nachfolge ein.

FATIMA BINT MUHAMMAD
605–632

Fatima war die jüngste Tochter Mohammeds und seiner Frau Chadidscha. Kurz nach der Flucht aus Mekka heiratete sie Mohammeds Cousin Ali. Sie liebten sich sehr, doch nur vier ihrer Kinder erreichten das Erwachsenenalter: zwei Söhne (Hasan und Husain) und zwei Töchter. Nach Mohammeds Tod im Jahr 632 geriet Fatima mit dem Kalifen Abu Bakr in Konflikt; ebenso wie Ali war sie nicht bereit, seine Autorität anzuerkennen. Abu Bakrs Gefolgsleute versammelten sich in Fatimas Haus in Medina, um ihre Unterstützung zu gewinnen. Einige (meist schiitische) Quellen behaupten, dass es dort zu einer Auseinandersetzung kam, bei der Fatima Verletzungen und eine Fehlgeburt erlitt, die angeblich zu ihrem Tod im selben Jahr führten.

AISCHA BINT ABU BAKR
614–678

Aischa, die Tochter Abu Bakrs, war noch sehr juing, als Mohammed sie heiratete; sie wurde seine zweitliebste Ehefrau nach Chadidscha. Nach Mohammeds Tod befasste sie sich mit religiösen Studien und überlieferte Hadithe (ihr werden 2210 Hadithe zugeschrieben). Sie schloss sich der Opposition gegen den dritten Kalifen Uthman an, kritisierte nach seiner Ermordung aber Ali (den vierten Kalifen) dafür, dass er Uthmans Mörder nicht festgenommen hatte. Aischa stellte eine Armee gegen Ali auf, wurde aber 656 in der Kamelschlacht in Basra von ihm besiegt. Aischa durfte nach Medina zurückkehren, wo sie sich bis zu ihrem Tod religiösen und wohltätigen Aufgaben widmete.

HASAN IBN ALI
624–669

Hasan war der älteste Sohn von Ali und Fatima und der Enkel Mohammeds. Nach der Ermordung Alis 661 trat Hasan dessen Nachfolge als Kalif an, wurde aber von Muawiya I. herausgefordert, der ihn nicht als Kalif anerkannte. Die beiden Männer bereiteten sich auf einen Kampf vor, aber als Hasan klar wurde, dass seine Streitkräfte zahlenmäßig unterlegen waren, trat er – um einen Bürgerkrieg zu verhindern – in Verhandlungen mit Muawiya. Nach den Bedingungen des daraus resultierenden Vertrages dankte Hasan ab und zog sich nach Medina zurück, wo er bis zu seinem Tod im Jahr 669 lebte. Einigen Berichten zufolge wurde er von seiner Ehefrau – die sich mit Muawiya verschworen haben soll – vergiftet.

HUSAIN IBN ALI
626–680

Der zweite Sohn von Ali und Fatima, Husain (auch Husayn), tat es seinem älteren Bruder Hasan gleich und erkannte Muawiya 661 als Kalifen an. Bevor Muawiya 680 starb, erklärte dieser – entgegen der Vereinbarung mit Hasan – seinen Sohn Yazid I. zu seinem Nachfolger. Husain weigerte sich, Yazid anzuerkennen. Er floh nach Mekka und wurde von den Bewohnern Kufas (Irak), Gegnern der Umayyaden, aufgefordert, eine Rebellion gegen Yazid anzuführen. Husain machte sich auf den Weg nach Kufa, wurde aber in Kerbela von Umayyaden-Truppen abgefangen; trotz seiner Niederlage ergab er sich nicht und wurde enthauptet. Husain wird von allen Muslimen als Märtyrer betrauert.

ZEINAB BINT ALI
um 627–um 682

Zeinab (auch: Zaynab) war die Tochter von Ali ibn Abi Talib und Fatima, die Enkelin des Propheten und die Schwester von Hasan und Husain ibn Ali. Zeinab heiratete Abdullah ibn Dschafar und gebar ihm drei Söhne und zwei Töchter. Als Husain 680 n. Chr. in Kerbela gegen Yazid ibn Muawiya kämpfte, begleitete Zeinab ihren Bruder. Der Überlieferung zufolge rettete sie ihrem Neffen Ali ibn al-Husain das Leben, indem sie sich über seinen Körper warf, und sorgte später dafür, dass Yazid sie und andere Gefangene freiließ. Dafür wurde sie als »Heldin von Kerbela« bekannt. Ihr Schrein in Damaskus ist ein bedeutender Wallfahrtsort (v. a. für die Schiiten).

ABD AL-MALIK IBN MARWAN
646–705

Abd al-Malik war der Sohn und Nachfolger von Marwan I. – dem vierten Umayyadenkalifen, der von 684 bis 685 regierte. Als Kalif sah sich Abd al-Malik mit einem anhaltenden Bürgerkrieg konfrontiert und musste mit dem Mekkaner Abdullah ibn Zubair um das Kalifat kämpfen. Abd al-Malik tötete seinen Rivalen im Jahr 692 und stellte damit die Kontrolle der Umayyaden über das Kalifat wieder her. Danach setzte er den Krieg mit Byzanz fort und stieß bis nach Anatolien, Armenien und Nordafrika vor. Als er starb, hatte Abd al-Malik die Führung des Kalifats gefestigt. Er ließ auch den Felsendom in Jerusalem erbauen, der zu den ältesten erhaltenen Bauwerken des Islams gehört.

YAZID IBN MUAWIYA
647–683

Als Yazid I., der Sohn des Umayyadenkalifen Muawiya I., im Jahr 680 die Nachfolge seines Vaters antrat, traf er auf Widerstand von den Anhängern Husain ibn Alis, den er in Kerbela hinrichten ließ. Die Ermordung Husains und die Gerüchte über Yazids ausschweifenden Lebensstil führten zu Aufständen in Arabien. Im Herbst 683 besiegte seine Armee die Rebellen bei Medina. Yazid ließ die Stadt plündern und Mekka belagern, wobei die Kaaba durch einen Brand beschädigt wurde. Der Feldzug endete vorzeitig, als Yazid im November 683 in Syrien starb; die Konflikte innerhalb des Kalifats dauerten jedoch bis 692 an.

ABU HANIFA
699–767

Die Lehren des Rechtsgelehrten Abu Hanifa bildeten die Grundlage für die islamische Rechtsschule der Hanafiten, die bis heute zahlreiche Anhänger hat. Er wurde in Kufa als Sohn eines Kaufmanns geboren und studierte zunächst Theologie, wandte sich dann aber der Rechtswissenschaft zu. Abu Hanifa praktizierte die islamische Glaubenslehre vernunftgemäß und gehörte in der Zeit um 738 zu den führenden Gelehrten des Irak. Die Ämter, die ihm wiederholt angeboten wurden, lehnte er ab, um seine Unabhängigkeit zu bewahren. Später zog er nach Mekka, wo er im Gefängnis sterben sollte: Der Kalif al-Mansur ließ ihn einkerkern, wohl weil er sich weigerte, diesem als Richter zu dienen.

MALIK IBN ANAS
711–795

Der Medinenser Malik ibn Anas erwarb sich einen Ruf als Jurist, Theologe und Philosoph und gewann viele Anhänger. Er war der Begründer der Malikiten (einer der vier sunnitischen Rechtsschulen), die in weiten Teilen Nordafrikas und bei einigen großen Sufi-Orden an Einfluss gewann. 762 unterstützte Malik eine Rebellion gegen den Kalifen al-Mansur, indem er erklärte, erzwungene Treueschwüre seien nicht bindend. Dafür wurde er ausgepeitscht. Später versöhnte er sich mit dem Kalifat, um seine Arbeit fortsetzen zu können. Malik verfasste die *Al-muwatta* (»Der wohlbeschrittene Pfad«), eines der ältesten und bedeutendsten Rechtswerke des Islams.

AL-MANSUR
714–775

Al-Mansur war ein Mitglied der Abbasiden, die von Mohammeds Onkel abstammten und 750 n. Chr. das Kalifat der Umayyaden stürzten. Sein Bruder Saffah wurde der erste Abbasidenkalif. 754 trat al-Mansur dessen Nachfolge an. Al-Mansur festigte die Macht der Abbasiden, indem er rivalisierende Thronanwärter ausschaltete und Aufstände niederschlug. Im Jahr 762 gründete er Bagdad als neue Hauptstadt, die das Verwaltungssystem des Kalifats beherbergen sollte. Al-Mansur starb während einer Pilgerfahrt nach Mekka. Sein Sohn al-Mahdi trat die Nachfolge an.

RABIA AL-ADAWIYYA
714–801

Die Herkunft der berühmtesten Sufi-Heiligen ist umstritten. Volkserzählungen berichten, dass Rabia al-Adawiyya in eine arme Familie geboren, zur Waise und in die Sklaverei verkauft wurde. Gelehrte vermuten jedoch, dass sie aus einem wohlhabenden Zweig der Quraisch stammte. Sie wuchs in der Hafenstadt Basra (Irak) auf, wo sie Entsagung praktizierte – sie wandte sich vom Diesseits ab, um über das Jenseits nachzudenken und in Abgeschiedenheit zu leben. Unzählige Anekdoten betonen ihre Frömmigkeit und Askese. So erzählte man sich, dass sie einst viele Tage fastete, bis ein Vogel vorüberflog und Essen in ihre Schüssel fallen ließ. Rabia werden viele Gedichte zugeschrieben, die ihre Liebe zu Gott und ihre religiöse Hingabe zum Ausdruck bringen.

HARUN AR-RASCHID
um 766–809

Harun ar-Raschid, der Sohn des Abbasidenkalifen al-Mahdi, trat die Nachfolge seines Bruders al-Hadi an. Als Kalif verließ er sich stark auf seine Mutter al-Chaizuran, eine ehemalige Beduinensklavin; nach ihrem Tod wurde sein Privatlehrer und Wesir, der Barmakide Yahya, zu seinem engsten Berater. Yahyas Familie gewann großen Einfluss, bis er 803 in Ungnade fiel. Obwohl Harun ar-Raschids Kalifat von vielen Aufständen geprägt war, gilt seine Herrschaft als die Blütezeit der Abbasiden, und seinem Bagdad wurde in *Tausendundeine Nacht* ein Denkmal gesetzt. Er starb 809 in Chorasan (Zentralasien) an einer Krankheit.

AL-SCHAFI'I
767–820

Muhammad ibn Idris al-Schafi'i wurde in Gaza geboren, kam aber bereits als Kind nach Mekka und wuchs in einem armen Haushalt auf. Er studierte in Medina bei Malik ibn Anas und erwarb sich einen Ruf als fähiger Jurist. Als er 30 Jahre alt war, betrauten ihn die Abbasiden mit einem Regierungsamt im Jemen; 803 war er jedoch an einer Revolte gegen den Kalifen beteiligt und wurde kurzzeitig inhaftiert. Nach seiner Freilassung verschrieb er sich der Rechtswissenschaft; er verstarb in Kairo. Dank seiner vielen Anhänger gewann die schafi'itische Rechtsschule großen Einfluss.

AL-CHWARIZMI
um 780–um 850

Siehe Kasten S. 159.

AHMAD IBN HANBAL
780–855

Ahmad ibn Hanbal wuchs in Bagdad auf und widmete sich schon in jungen Jahren religiösen und juristischen Studien. Er unternahm fünf Pilgerreisen nach Mekka und reiste durch den Irak, Syrien und Arabien, um von führenden Gelehrten zu lernen. Zurück in Bagdad gründete er die Hanbalitische Rechtsschule, die eine strikte Befolgung des Korans und des Hadith vertritt. Als Ibn Hanbal sich weigerte, seinem Glauben zu entsagen, um mit der Religionslehre des Kalifen konform zu gehen, wurde er verhaftet, ausgepeitscht und kurzzeitig aus der Stadt verbannt. Dennoch war er eine beliebte und angesehene Persönlichkeit: An seiner Beerdigung nahmen 800 000 Menschen teil.

AL-KINDI
um 800–873

Siehe Kasten S. 157.

AL-BUCHARI
810–870

Muhammad al-Buchari stammte aus Buchara (heutiges Usbekistan). Im Alter von 16 Jahren pilgerte er nach Mekka und begann damit, das Wissen über das Leben und die Aussprüche des Propheten zusamenzutragen. So kam er in den Irak, nach Arabien, Syrien, Ägypten und Zentralasien. Nach seiner Rückkehr verfasste er das *Sahih al-Buchari*, eine Auflistung von 7275 Hadithen, die er als vertrauenswürdig betrachtete. Das Werk gilt unter den Sunniten als eines der wichtigsten religiösen Werke, die je geschrieben wurden.

AT-TABARI
839–923

Noch im Kindesalter verließ Mohammed at-Tabari seinen Geburtsort Amol (Iran), um bei Gelehrten im Irak sowie in Syrien und Ägypten zu studieren. Später ließ er sich in Bagdad nieder. Dank seiner reichen Familie musste er keine offiziellen Ämter ausüben und konnte seinen akademischen Interessen lebenslang nachgehen. Er schrieb viel, u. a. den einflussreichen Korankommentar *Tafsir at-Tabari* (»Kommentar des at-Tabari«), der in einigen Ausgaben bis zu 30 Bände umfasst. Sein einflussreichstes Werk war *Tarikh al-rusul* (»Geschichte der Propheten und Könige«): Das Buch zeichnet die Ereignisse von der Schöpfung bis zum Jahr 915 n. Chr. (mit Schwerpunkt auf Vorderasien) auf. Es wurde in viele Sprachen (u. a. auch ins Englische) übersetzt.

ABDUL RAHMAN III.
891–961

Als Enkel des einzigen überlebenden Mitglieds der Umayyaden erbte Abdul Rahman III. im Jahr 912 das Amt des Emirs von Córdoba. Er festigte seine Herrschaft über *al-andalus* (das muslimische Spanien) und drang bis nach Nordafrika vor. Im Jahr 929 erklärte sich Abdul Rahman III. zum Kalifen von Cordoba und forderte damit die Abbasiden heraus. Seine Gegner behandelte er ohne Gnade, aber *al-andalus* erlebte unter seiner Herrschaft eine Blütezeit, und in Córdoba florierten Wirtschaft, Kultur und Architektur. Nach seinem Tod wurde Abdul Rahman III. von seinem Sohn al-Hakam II. abgelöst.

IBN AL-HAITHAM
965–1040

Ibn al-Haitham (»Alhazen«) war ein Mathematiker und Astronom. Er stammte aus Basra und arbeitete dort als Beamter. Später zog er nach Ägypten, um für den Fatimidenkalifen al-Hakim zu arbeiten, dem er vormachte, er könne die Überschwemmungen des Nils regulieren. Obwohl ihm das nicht gelang, blieb er in Ägypten und ging bis zu seinem Tod (1040 in Kairo) seinen Studien nach. Ibn al-Haitham war ein produktiver Autor, der glaubte, Theorien müssten durch Experimente bewiesen werden. Seine berühmteste Abhandlung war das *Kitab al-manazir* (»Schatz der Optik«), das erste Werk, das die menschliche Sehkraft analysierte.

AL-BIRUNI
973–um 1050

Das persische Universalgenie Muhammad al-Biruni stammte aus Chorezm (Zentralasien) und galt als einer der größten Wissenschaftler seiner Zeit. Er forschte zu vielen Themen und legte den Grundstein für die moderne wissenschaftliche Arbeitsmethodik. Al-Biruni studierte Theologie, Jura, Medizin und korrespondierte mit Ibn Sina (Avicenna). Al-Biruni diente unter mehreren Herrschern; 1017 wurde er zum Hofastrologen von Mahmud von Ghazni ernannt, den er auf seinen Reisen durch Indien begleitete. Al-Birunis Studie über dieses Land gehört zu seinen bedeutendsten Werken. Viele seiner Abhandlungen befassen sich mit Astronomie und Physik, zudem entwickelte er experimentelle Methoden, die bis heute maßgeblich sind.

IBN SINA (AVICENNA)
980–1037

Siehe Kasten S. 173.

OMAR KHAYYAM
1048–1131

Omar Khayyam, geboren und aufgewachsen in Nischapur (Iran), zeichnete sich durch seine Studien der Astronomie, Mathematik und Philosophie aus und wurde am Hof von Samarkand aufgenommen, wo er 1070 seine berühmte Abhandlung über die Algebra fertigstellte. Er verbrachte sein Leben unter der Protektion verschiedener Höfe. Khayyam war ein begnadetes Universalgenie, ist aber vor allem als Dichter bekannt, der den mystischen Zustand der Sufi-Spiritualität beschwört. Er wurde so berühmt, dass ihm viele Werke wohl zu Unrecht zugeschrieben werden. Dennoch ist es ihm zu verdanken, dass die Sufi-Mystik ein breites Publikum fand und auch fast 1000 Jahre nach seinem Tod immer noch findet.

AL-GHAZALI
um 1058–1111

Abu Hamid al-Ghazali wurde um 1058 in der Nähe von Tus (Iran) geboren. Er studierte in Nischapur, das zu dieser Zeit ein bedeutendes Zentrum der Gelehrsamkeit war. 1091 nahm er eine Stelle als Tutor an einer *madrasa* (theologische Schule) in Bagdad an. Vier Jahre später gab er seine renommierte Stelle auf und begab sich auf der Suche nach spiritueller Erleuchtung auf eine mehrjährige Reise, die ihn u. a. nach Damaskus und Jerusalem führte. Zurück in Tus verbrachte er mehrere Jahre in Abgeschiedenheit und widmete sich dem Schreiben. Als er starb, hatte er etwa 70 Werke verfasst. Dazu gehören *Ihya ulum ad-din* (»Die Wiederbelebung der Religionswissenschaften«), ein einflussreiches Werk, das orthodoxe sunnitische Theologie und Sufi-Mystik zusammenführt, und *Tahafut al-falasifa* (»Die Inkohärenz der Philosophen«), das dem Glauben Vorrang vor der Philosophie gibt und als Meilenstein der Philosophie gilt.

AL-IDRISI
1100–1165

Muhammad al-Idrisi war einer der bedeutendsten Geografen und Kartografen des Mittelalters. Er wurde in Ceuta (Nordafrika) geboren, studierte in Córdoba und bereiste Nordafrika, Kleinasien und Europa. Im Jahr 1136 trat er in den Dienst des Normannenkönigs Roger II. von Sizilien. An dessen Hof verfasste al-Idrisi bedeutende Werke wie die *Tabula Rogeriana,* eine umfassende Beschreibung der Welt mit dazugehörigen Weltkarten, an der er 15 Jahre lang arbeitete. Er vollendete das Werk im Jahr 1154, und obwohl auf seiner Weltkarte einige Regionen fehlen, war sie viele Jahrhunderte lang die genaueste, die existierte.

IBN RUSCHD (AVERROES)
1126–1198

Ibn Ruschd (latinisiert: Averroes) stammte aus Córdoba (Andalusien). Er stieg zum obersten Richter seiner Heimatstadt auf und diente dem Almohadenkalifen in Marrakesch als Leibarzt. Neben seiner offiziellen Karriere war Ibn Ruschd auch ein vielseitig begabter Wissenschaftler und Schriftsteller; seinen größten Einfluss erlangte er als Philosoph – er war hoch angesehen für seine Kommentare zu Aristoteles. Ibn Ruschd musste seine Philosophie häufig gegen die Kritik der islamischen Orthodoxie verteidigen, und 1195 wurde er aufgrund solcher Angriffe aus seinen Ämtern entlassen. Erst drei Jahre vor seinem Tod gewann er wieder die Gunst des Kalifen und durfte an den Hof der Almohaden zurückkehren.

SALAH AD-DIN YUSUF
1137–1193

Der im Westen »Saladin« genannte Krieger-Sultan Salah ad-Din (der Name bedeutet »Rechtschaffenheit des Glaubens«) war Kurde und stammte aus Tikrit (Irak). Saladin war zunächst Militärführer der türkischen Zengiden, die Krieg in Ägypten führten. 1169 wurde er Wesir des Fatimidenkalifen in Ägypten; zwei Jahre später stürzte er das Kalifat und gründete die Ayyubidendynastie. Von 1174 bis 1186 kämpfte Salah ad-Din gegen andere muslimische Herrscher und erlangte schließlich die Kontrolle über weite Teile Vorderasiens. Danach besiegte er die Kreuzfahrerstaaten und eroberte Jerusalem und einen Großteil Palästinas. Ab 1189 wehrte er drei Jahre lang den Dritten Kreuzzug der Christen ab, die ihre Territorien zurückerobern wollten; 1193 starb er in Damaskus.

IBN DSCHUBAIR
1145–1217

Siehe Kasten S. 178.

IBN ARABI
1165–1240

Der Poet, Mystiker und Philosoph Ibn Arabi wurde in Murcia (Spanien) geboren, wuchs in Sevilla auf und arbeitete dort für den Statthalter der Almohaden. Als er Sufi wurde, hatte er eine Vision, die ihn nach Osten führte. Im Jahr 1200 verließ er Spanien, um die islamische Welt zu bereisen. Er besuchte Arabien, Ägypten, Anatolien und den Irak, bevor er sich 1223 in Damaskus niederließ, wo er bis zu seinem Tod blieb. Ibn Arabi wurde zu einem berühmten Gelehrten und Schriftsteller: Als sein bedeutendstes Werk gilt *Fusus al-hikam* (»Die Weisheit der Propheten«), das seine Lehren zusammenfasst.

AT-TUSI
1201–1274

Der persische Intellektuelle Nasr ad-Din at-Tusi war vor allem als Astronom bekannt. Aufgewachsen in Tus (Iran) reiste er als junger Gelehrter viel umher, u. a. auch im Einsatz für die Armeen von Dschingis Khan. 1256 wurde er Berater des Mongolenherrschers Hülagü Chan, der at-Tusi ein Observatorium bei Maragha (Aserbaidschan) finanzierte. Die Sternwarte wurde 1262 fertiggestellt und beschäftigte eine Gruppe von Wissenschaftlern, darunter auch chinesische Astronomen. Hier führten at-Tusi und seine Kollegen revolutionäre Berechnungen durch und beeinflussten ihr Fachgebiet mit neuen Theorien: eine Zeit, die als »Maragha-Revolution« bekannt wurde.

RUMI
1207–1273

Dschalal ad-Din Muhammad Rumi war ein persischer Sufimystiker und -poet. Er wurde in Balch (heutiges Afghanistan) geboren. Im Alter von elf Jahren wanderte er mit seiner Familie nach Anatolien aus und ließ sich später in Konya nieder. Um 1244 wurde Rumi Sufi. Im selben Jahr traf er Schams ad-Din Tabrizi, einen Wanderderwisch, zu dem er eine enge spirituelle Bindung entwickelte. Als Schams drei Jahre später verschwand (er wurde wahrscheinlich ermordet), begann Rumi in seinem Kummer Gedichte zu schreiben. Als er 1273 in Konya starb, gründeten seine Anhänger den Mevlevi- (oder Mawlawi-) Orden, der für den Wirbeltanz als Akt religiöser Hingabe bekannt ist.

MUSA I.
um 1280–um 1337

Musa I. war der zehnte *mansa* (König) des riesigen westafrikanischen Malireiches, dessen Blütezeit sich von 1235 bis 1670 erstreckte. Das Reich profitierte u. a. von drei Goldminen, die Mali zum größten Goldproduzenten der Welt machten. Musa I. herrschte etwa 25 Jahre lang und soll einer der reichsten Menschen der Geschichte gewesen sein. Berühmt ist seine Pilgerreise nach Mekka, die er 1324/25 mit einer riesigen Entourage von 60 000 Männern und Frauen unternahm, Unmengen von Gold im Gepäck.

IBN BATTUTA
1304–um 1368/69

Siehe Kasten S. 183.

IBN KHALDUN
1332–1406

Ibn Khaldun begann seine Karriere als Kalligraf für den Sultan seiner Heimatstadt Tunis – der erste von vielen Herrschern, für die Ibn Khaldun in Nordafrika und Spanien arbeitete. Er wechselte häufig seine Posten, weil er durch Hofintrigen immer wieder in Ungnade fiel. 1375 begann er, die *Muqaddima* (»Einleitung«) zu verfassen, eine universale Geschichtsphilosophie, die auch Soziologie und Wirtschaft mit einbezog. Sie war das erste Buch des *Kitab al-ibar* (»Buch der Lektionen«), einer Weltgeschichte mit Schwerpunkt auf Nordafrika. Auch in späteren Jahren versah Ibn Khaldun noch politische Ämter, konzentrierte sich aber auf das Lehren und Schreiben; er starb in Kairo, während er im Dienst der Mamlukensultane stand.

MEHMET II.
1432–1481

Als sein Vater Murad 1444 abdankte, wurde Mehmet II. – auch bekannt als »Mehmet der Eroberer« – im Alter von 12 Jahren osmanischer Sultan. Als es zwei Jahre später zu Unruhen kam, gab Murad II. seinen Ruhestand auf, um das Reich bis zu seinem Tod im Jahr 1451 zu regieren. Danach begann Mehmet II. seine zweite Herrschaft. Sein erster großer Verdienst war die Eroberung Konstantinopels im Jahr 1453, das er zu seiner Hauptstadt machte. Diesem Triumph ließ er mehrere Feldzüge durch Anatolien, Ost- und Südeuropa folgen, bei denen er das Osmanische Reich um riesige Landflächen erweiterte.

SCHAH ISMAIL
1487–1524

Schah Ismail (Ismail I.) war der Begründer der Safawidendynastie, die den Iran von 1501 bis 1736 regierte. Sein Vater Haidar war der Anführer der Safawiyya, eines Sufi-Ordens, der später dem schiitischen Glauben zugeordnet wurde. Haidar starb 1488 im Kampf gegen die Sunniten. Ismail blieb bis 1501 im Verborgenen und trat dann offiziell die Nachfolge seines Vaters an, eroberte die Stadt Täbriz im Nordwesten Irans und erklärte sich zum Schah. Anschließend eroberte er den restlichen Iran und Teile des heutigen Afghanistans, Aserbaidschans, Iraks und der Türkei. Ismail erklärte die Zwölfer-Schia zur offiziellen Religion seines Reiches, was zu Konflikten mit den Osmanen, seinen sunnitischen Nachbarn, führte.

SINAN
um 1488–1588

Sinan, der größte Architekt des Osmanischen Reiches, stammte aus einer christlichen Familie (griechischer oder armenischer Herkunft) und wuchs in Anatolien auf. Der Sohn eines Steinmetzen konvertierte zum Islam, als er für die Elitetruppe der Janitscharen rekrutiert wurde, und stieg zum Offizier auf. Seine Fähigkeiten als Militäringenieur ermöglichten es ihm, auch als Baumeister tätig zu werden: Ab 1539 war er leitender königlicher Architekt und beaufsichtigte den Bau von Brücken, Moscheen, Palästen. Sein berühmtester Entwurf ist die Süleymaniye-Moschee in Istanbul, in deren Nähe auch sein Grabmal steht.

SULEIMAN I.
1494–1566

Suleiman I. wurde 1520 nach dem Tod seines Vaters Selim I. Sultan des Osmanischen Reiches. Er feierte militärische Erfolge, führte seine Armeen persönlich an und eroberte 1521 Belgrad sowie 1522 Rhodos. Die Expansion des Osmanischen Reiches nach Westen wurde 1529 jedoch durch die gescheiterte Belagerung von Wien gebremst. Später besiegte Suleiman die Safawiden, eroberte Gebiete in Vorderasien und im Kaukasus und erlangte die Kontrolle über große Teile Nordafrikas. Innenpolitisch überwachte er wichtige Rechtsreformen und förderte Bauprojekte im ganzen Reich (vor allem in Istanbul). Er starb 1566 auf einem Feldzug in Ungarn und wurde von seinem Sohn Selim II. abgelöst.

AKBAR
1542–1605

Großmogul Akbar, »der Große«, trat 1556 im Alter von nur 13 Jahren die Nachfolge seines Vaters Humayun an. Nach einer vierjährigen Regentschaft regierte Akbar das Reich von 1560 an selbst. Er modernisierte die Armee und errang zahlreiche Siege, die ihm die Vorherrschaft über den Norden des indischen Subkontinents einbrachten. Um sein riesiges Reich zu festigen, führte er ein zentralisiertes Steuer- und Verwaltungssystem ein und verfolgte eine tolerante und friedliche Politik gegenüber seinen nicht muslimischen Untertanen, vor allem den lokalen Hindu-Herrschern. Als Akbar nach einer Regierungszeit von fast 50 Jahren starb, folgt ihm sein Sohn Jahangir auf dem Thron.

ABBAS I.
1571–1629

Schah Abbas I. kam 1588 im Alter von 17 Jahren an die Macht. Nach der Herrschaftszeit seines schwachen Vaters befand sich das Safawidenreich in Aufruhr, und große Landflächen wurden von den Osmanen und Usbeken eingefordert. Abbas I. schloss einen Friedensvertrag mit den Osmanen, trat weite Territorien an sie ab und baute dann eine neue Armee auf, mit der er 1598 die Usbeken schlug. Er vergrößerte sein Reich und machte Isfahan zu seiner neuen Hauptstadt. Abbas I. war ein begabter, aber rücksichtsloser Herrscher, der viele Mitglieder seiner Familie des Verrates verdächtigte und keine Gnade walten ließ. Er starb ohne einen Nachfolger.

AURANGZEB
1618–1707

Aurangzeb (der Name bedeutet »Zierde des Throns«), der letzte Großmogul, regierte 50 Jahre und eroberte fast den gesamten indischen Subkontinent. Er bestieg den Thron 1658 nach einer Verschwörung gegen seinen Bruder, den sein Vater Schah Jahan zum Nachfolger ernannt hatte. Aurangzeb war ein frommer und orthodoxer Mann, der Luxus missbilligte und der religiösen Toleranz seiner Vorgänger ein Ende setzte. Er führte die Scharia ein und zerstörte viele Hindutempel. Seine enormen Ausgaben für Kriegszüge führten allerdings zu einer nachhaltigen Schwächung der Wirtschaft, und nach seiner Amtszeit verfiel das indische Mogulreich.

MUHAMMAD IBN ABD AL-WAHHAB
1703–1792

Der Theologe al-Wahhab wurde im Dorf Uyayna (Arabische Halbinsel) geboren und in Medina ausgebildet. Er gelangte zu der Überzeugung, dass viele islamische Praktiken seiner Zeit – z. B. die Verehrung von Heiligengräbern – ketzerische Neuerungen waren. Er predigte eine traditionalistische Botschaft und wurde aus mehreren Städten vertrieben, bevor er sich auf Einladung von Muhammad bin Saud in dessen Heimat Diriyya niederließ. Die beiden Männer vereinbarten, das Haus Saud gemeinsam zur Herrschaftsdynastie der Arabischen Halbinsel zu machen und den »Wahhabismus« als Ideologie einzuführen. Der Wahhabismus ist bis heute die vorherrschende Doktrin in Saudi-Arabien, das die weltweite Verbreitung dieser Lehre weiterhin fördert.

MUHAMMAD BIN SAUD
1710–1765

Muhammad bin Saud war zunächst Emir von Diriyya (einer Stadt in Zentralarabien). Im Jahr 1744 schloss er einen Pakt mit dem religiösen Führer Muhammad ibn Abd al-Wahhab. Sie wollten die lokalen Stämme vereinen, um einen neuen Staat zu gründen: Dieser sollte von Bin Saud regiert werden, frei vom Einfluss des Osmanischen Reiches sein und spirituell von Wahhabs Version des Islams geleitet werden. Das Bündnis wurde durch die Heirat von Wahhabs Tochter mit Bin Sauds Sohn besiegelt. Diriyya war die Keimzelle des ersten saudischen Staates, den Bin Saud bis zu seinem Tod regierte. Seine Nachfahren erweiterten die Grenzen des Staates, aus dem 1932 das Königreich Saudi-Arabien hervorging.

AHMAD IBN IDRIS
1760–1837

Ahmad ibn Idris wuchs in Fez (Marokko) auf und studierte dort, bevor er sich 1799 in Mekka niederließ, wo er seine Version des Sufismus lehrte. Er warnte seine Anhänger vor dem starren Festhalten an religiösen Schulen: Die Menschen sollten ein unabhängiges Verständnis des Korans und religiöser Texte erlangen und auf diese Weise eine persönliche Beziehung zu Gott suchen. 1828 zog er in den Jemen, wo er bis zu seinem Tod blieb. Er gewann viele Anhänger, die seine Lehre (die Idrisiyya) in der ganzen Welt verbreiteten.

MUHAMMAD IBN ALI AS-SANUSI
1787–1859

Muhammad ibn Ali as-Sanusi, der Gründer des Sufi-Ordens der Sanusiya (auch Senussi), stammte aus Algerien und verbrachte sein frühes Leben mit Studien und Reisen in Nordafrika, bei denen er zu der Überzeugung gelangte, dass der Islam reformiert werden müsse. Er ließ sich in Arabien nieder, wo er 1837 die Sufi-Schule der Sanusiya gründete. Als er 1841 von den Osmanen vertrieben wurde, verlegte er seinen Orden in die Kyrenaika (Libyen). Nach seinem Tod übernahm sein Sohn die Führung der Sanusiya. Sein Enkel Idris I. regierte von 1951 bis 1969 als König von Libyen.

SAYYID AHMAD KHAN
1817–1898

Der Reformer Sayyid Ahmad Khan wuchs in Delhi auf, als der Mogulkaiser Akbar II. als Strohmann unter britischer Herrschaft regierte. Khan arbeitete zunächst für die Britische Ostindien-Kompanie und wurde später Richter. Nach dem indischen Aufstand von 1857 publizierte er eine vernichtende Kritik an der britischen Politik, blieb dem britischen Königreich gegenüber aber loyal. Er glaubte fest an moderne Bildung und gründete viele Schulen und die erste islamische Universität in Südasien. Zu seinen Schriften gehören Kommentare zu Koran und Bibel.

MIRZA GHULAM AHMAD
1835–1908

Siehe Kasten S. 221.

DSCHAMAL AD-DIN AL-AFGHANI
1838–1897

Der im Iran geborene Reformer al-Afghani wurde 1866 als Berater des Emirs von Afghanistan bekannt. 1868 verließ er nach einem Regimewechsel das Land und führte seitdem ein kosmopolitisches Leben: Er lebte überall in der Welt, z. B. in Istanbul, Kairo, Indien, Paris, London, Russland und im Iran. 1897 starb er an Krebs. Al-Afghani sprach sich gegen den westlichen Imperialismus aus und glaubte, dieser könne durch den Panislamismus, politische Reformen und ein besseres Bildungssystem bekämpft werden.

MUHAMMAD AHMAD
1844–1885

Muhammad Ahmad bin Abdallah war ein sudanesischer Führer, der als der *mahdi* bekannt wurde und Krieg gegen die Briten führte. Als junger Mann trat er der sufischen Samaniyya-Sekte bei und wurde Koranlehrer. Er gewann eine große Anhängerschaft und wurde 1881 zum *mahdi* (der messianische Retter des Islams) ausgerufen. Die Kolonialregierung in Khartum sandte Truppen gegen ihn aus, die jedoch besiegt wurden. Die Streitkräfte des *mahdi* schlugen auch eine aus Ägypten entsandte Armee. Ahmad schuf einen riesigen islamischen Staat, der sich vom Roten Meer bis nach Zentralafrika erstreckte, und gründete eine Bewegung, die im Sudan noch ein Jahrhundert später einflussreich war.

MUHAMMAD ABDUH
1849–1905

Muhammad Abduh stammte aus einer Familie der ägyptischen Oberschicht, studierte in Kairo und wurde dort Anhänger von Dschamal ad-Din al-Afghani. Von diesem inspiriert, setzte sich Abduh für politische Reformen in Ägypten ein, um zu verhindern, dass sein Land unter die Kontrolle des westlichen Imperialismus geriet. Wegen seiner Ansichten wurde er 1882, als die Briten Ägypten besetzten, ins Exil verbannt. 1888 durfte er in sein Heimatland zurückkehren und übernahm das Amt eines Richters. 1899 wurde er zum Großmufti von Ägypten ernannt und übte dieses Amt bis zum Ende seines Lebens aus. Als eine der führenden Persönlichkeiten des Landes unterstützte er liberale Reformen in Politik und Religion.

RASCHID RIDA
1865–1935

Muhammad Raschid Rida, geboren im heutigen Libanon nahe Tripoli (damals Teil des Osmanischen Reiches), war eine Leitfigur der Salafisten, die – konfrontiert mit dem westlichen Imperialismus – versuchten, die muslimische Welt zu reformieren und zum Geist des frühen Islams zurückzukehren. Er erklärte, dass die Befolgung der Scharia unerlässlich für alle Muslime sei. Aber Rida stand auch Modernisierungen offen gegenüber und befürwortete Innovationen in Wissenschaft und Technik. 1897 zog er nach Ägypten, wo er die reformistische Zeitschrift *Al-Manar* (»Der Leuchtturm«) gründete, die er von 1898 bis zu seinem Tod 1935 herausgab.

IBN SAUD
1875–1953

Abdulaziz ibn Abdul Rahman ibn Faisal ibn Turki ibn Abdullah ibn Muhammad Al Saud wurde in Riad geboren, einer Stadt in Arabien. Als er zehn Jahre alt war, floh seine Familie nach Kuwait; 1902 kehrte er zurück und eroberte Riad an der Spitze einer beduinischen Kamelreitertruppe. Danach unterwarf er den Rest Zentralarabiens, gefolgt von Mekka, Medina und Dschidda. 1932 vereinigte er seine Territorien zum Königreich Saudi-Arabien, zu dessen Monarchen er sich erklärte. Zunächst lebte das Reich von Einnahmen aus den Pilgerreisen, aber dann wurde in den 1930er-Jahren Ölvorkommen entdeckt. Die Ölexporte brachten dem Land kolossalen Reichtum, und als er 1953 starb, gehörte Ibn Saud zu den reichsten Männern der Welt.

MUHAMMAD ALI JINNAH
1876–1948

Muhammad Ali Jinnah wurde in Karatschi als Sohn einer reichen Kaufmannsfamilie geboren. 1892 zog er nach London, wo er Rechtsanwalt wurde. 1896 kehrte er in seine Heimat zurück und praktizierte zehn Jahre als Anwalt in Bombay (heute Mumbai). Jinnah engagierte sich in der indischen Unabhängigkeitsbewegung und trat 1913 der Muslimliga bei. Jinnah sprach sich für die Schaffung eines separaten muslimischen Staates aus. An der Verwirklichung dieses Ziels im Jahr 1947 hatte er entscheidenden Anteil. Als Indien die Unabhängigkeit erlangte, wurde aus den Gebieten mit muslimischer Bevölkerungsmehrheit der Staat Pakistan geschaffen. Jinnah wurde der erste Generalgouverneur des neuen Staates, starb aber schon ein Jahr später.

MUHAMMAD IQBAL
1877–1938

Muhammad Iqbal verließ 1905 seine Heimat im Punjab (Nordindien), machte einen Abschluss als Rechtsanwalt in London und studierte anschließend u. a. in Heidelberg und München, wo er auch promovierte. 1908 kehrte er nach Lahore zurück und praktizierte als Anwalt, wurde aber auch als Dichter berühmt. Iqbal war ein prominenter Vertreter der indischen Unabhängigkeitsbewegung und setzte sich für die Gründung eines eigenen Staates für die Provinzen mit muslimischer Bevölkerungsmehrheit ein, um die religiösen und politischen Rechte der Muslime zu sichern. Iqbals Vision trug zur Gründung Pakistans im Jahr 1947 bei. Er verstarb 1938.

HUDA SCHAARAWI
1879–1947

Huda Schaarawi war eine ägyptische Feministin und Nationalistin. Im Alter von 13 Jahren wurde sie zur Heirat mit ihrem Cousin gezwungen, von dem sie sich später trennte, um ihre Ausbildung fortsetzen zu können. Schaarawi leitete eine Welle von Reformen für Frauen in Ägypten ein und war eine Schlüsselfigur in der Revolution von 1919 gegen die Briten. 1922 schockierte sie die Gesellschaft, indem sie öffentlich ihren Gesichtsschleier ablegte. 1923 gründete sie die Egyptian Feminist Union. Die Union setzte neue Gesetze durch, die ein Mindestalter für Eheschließungen und den Zugang zur Universitätsausbildung für Frauen garantierten.

MUSTAFA KEMAL ATATÜRK
1881–1938

Der Gründer der modernen Türkei wurde in Thessaloniki (heutiges Griechenland) geboren. Nach seinem Abschluss an der Militärschule im Jahr 1905 trat er in die osmanische Armee ein, engagierte sich in der reformorientierten Jungtürken-Bewegung und kämpfte in den Balkankriegen und im Ersten Weltkrieg. Von 1919 bis 1923 war Kemal eine Leitfigur der Nationalisten im Befreiungskrieg, der zum Sturz des osmanischen Sultanats und zur Ausrufung der Republik Türkei führte. Als erster Präsident der Türkei initiierte Kemal weitreichende Reformen und schuf damit einen modernen säkularen Nationalstaat. 1934 ehrte ihn das türkische Parlament mit dem Beinamen Atatürk (»Vater der Türken«).

ELIJAH MUHAMMAD
1897–1975

Elijah Muhammad, geboren als Elijah Robert Poole, verließ 1923 seine Heimat Georgia (USA), um sich in Detroit niederzulassen. Dort engagierte er sich in der Nation of Islam, einer nationalistischen Gruppe afroamerikanischer Muslime, die die Einheit der Afroamerikaner fördern wollte. Er nahm den Namen Muhammad an und wurde 1934 Anführer der Nation of Islam, die er zu einer landesweiten Bewegung mit eigenen Moscheen, Geschäften und Schulen machte. Obwohl er immer wieder mit anderen Mitgliedern – z. B. Malcolm X – aneinandergeriet, führte er die Gruppe bis zu seinem Tod 1975.

MUHAMMAD ASAD
1900 – 1992

Der Journalist, Diplomat und Gelehrte Muhammad Asad gilt als Wegbereiter für einen Dialog zwischen den Kulturen. Er wurde als Sohn jüdischer Eltern unter dem Namen »Leopold Weiss« in Lemberg geboren und gehört zu den wichtigsten muslimischen Autoren seiner Zeit. Seine Autobiografie *Der Weg nach Mekka* sowie seine Koranübersetzung sind bedeutend für das Verständnis des Islam.

AYATOLLAH RUHOLLAH CHOMEINI
1902–1989

Ruhollah Chomeini, besser bekannt als Ayatollah Chomeini, war ein iranischer Politiker und Geistlicher, der als junger Mann in Qom, einer heiligen Stadt der Schiiten, als Gelehrter arbeitete. Er war ein lautstarker Kritiker von Schah Muhammad Reza Pahlavi – vor allem, als der Schah 1963 eine Reihe von Modernisierungsreformen (die Weiße Revolution) durchführte. Chomeini wurde inhaftiert und des Landes verwiesen; während seines Exils im Irak und in Frankreich setzte er seine Opposition gegen den Schah fort und inspirierte die Bewegung, die 1979 den Schah stürzte. Im selben Jahr kehrte Chomeini in sein Heimatland zurück und wurde zum Obersten Führer der Islamischen Republik Iran ernannt, ein Amt, das er bis zu seinem Tod im Jahr 1989 innehatte.

ABUL ALA MAUDUDI
1903–1979

Der Gelehrte Abul Ala Maududi wurde in Aurangabad (Indien) in eine sunnitische Familie der Mittelschicht geboren. Er vertrat die Ansicht, dass westliche Einflüsse aus dem Islam entfernt werden müssten. 1941 gründete er die Jamaat-e-Islami, die einen unabhängigen islamischen Staat in Britisch-Indien anstrebte. Als 1947 Pakistan gegründet wurde, baute Maududi seine Organisation wieder auf und wurde politisch aktiv. Er wurde mehrmals verhaftet; als er 1979 starb, hatte das Regime von Zia-ul-Haq jedoch viele seiner Ziele übernommen.

HASAN AL-BANNA
1906–1949

Der ägyptische Schullehrer Hasan al-Banna gründete 1928 die Muslimbruderschaft, die den Islam durch soziale Reformen, gemeinnützige Arbeit sowie Erziehung und Bildung erneuern wollte. Während die Muslimbrüder in ganz Ägypten missionierten, wurden ihre Ansichten immer politischer. Sie vertraten den Panislamismus und wandten sich gegen den Imperialismus. Al-Bannas Beliebtheit und sein Einfluss machten ihn zu einer Bedrohung für die ägyptische Regierung, und 1948 wurde die Bruderschaft verboten. Al-Banna wurde im folgenden Jahr in Kairo ermordet.

SAYYID QUTB
1906–1966

Sayyid Qutb begann seine Karriere im ägyptischen Bildungsministerium. Ursprünglich ein Säkularist, wandte er sich islamistischen Ansichten zu und schloss sich 1953 den Muslimbrüdern an. Die Gruppe kritisierte das säkulare Regime von Präsident Nasser, und als ein Mitglied der Muslimbrüder 1954 ein Attentat auf Nasser verübte, wurden Qutb und viele seiner Mitstreiter verhaftet. Während seiner Haft wurde Qutb immer radikaler. 1964 veröffentlichte er das einflussreiche Werk *Ma'alim fi t-tariq* (»Zeichen auf dem Weg«), in dem er die Muslime dazu aufrief, eine auf dem Koran basierende Gesellschaft aufzubauen. 1966 wurde er wegen Teilhabe an einer Verschwörung zum Sturz der Regierung hingerichtet.

MUHAMMAD ZIA-UL-HAQ
1924–1988

Muhammad Zia-ul-Haq enthob 1977 den Premierminister Pakistans, Zulfikar Ali Bhutto, durch einen Militärputsch seines Amtes. Er erließ das Kriegsrecht und wurde 1978 der sechste Präsident

Pakistans. Als die Sowjets 1979 in Afghanistan einmarschierten, arbeitete Zia eng mit den afghanischen Mudschahedin zusammen. Er leitete einen Prozess der Islamisierung Pakistans ein. Bürgerrechte wurden beschnitten und das weitgehend säkulare, von den Briten übernommene Recht durch neue Straftatbestände (z. B. Ehebruch und Unzucht) erweitert. Zia-ul-Haq kam 1988 bei einem mysteriösen Flugzeugabsturz ums Leben.

MALCOLM X
1925–1965

Der in Omaha (USA) geborene Malcolm Little geriet in seiner Jugend ins kriminelle Milieu und kam mehrmals ins Gefängnis. Dort schloss er sich der Nation of Islam an und änderte seinen Namen in Malcolm X. Nach seiner Entlassung wurde er zu einem wichtigen Wortführer, der die gewaltlosen Ansichten anderer Bürgerrechtsbewegungen kritisierte. Desillusioniert von der Nation of Islam verließ er 1964 die Organisation. Nachdem er die Haddsch vollzogen hatte, konvertierte Malcolm X zum sunnitischen Islam und änderte seinen Namen in El Hajj Malik el Shabazz. Sein Leben endete tragisch: Er wurde 1965 von drei Mitgliedern der Nation of Islam ermordet.

EDWARD SAID
1935–2003

Geboren in Palästina als Sohn christlicher Eltern, wuchs Edward Said zwischen Jerusalem und Kairo auf und studierte in Princeton und Harvard (USA). Er wurde Professor für Literatur an der Columbia University in New York und war Mitbegründer des Fachgebietes der postkolonialen Studien. Said befürwortete die Gründung eines palästinensischen Staates. In seinem Werk *Orientalismus* (1978) kritisiert er, wie der Westen die arabisch-islamische Welt historisch darstellte und ein verzerrtes Bild entwarf, das einzig Kolonialinteressen diente.

AGA KHAN IV.
*1936

Aga Khan ist der Titel des Imams und geistigen Oberhauptes der schiitischen Ismailiten. Der erste, der diesen Titel trug, war Hasan Ali Schah, der 46. Imam der Ismailiten. Der aktuelle und vierte Aga Khan ist Prinz Karim, der die Funktion 1957 im Alter von nur 20 Jahren übernahm. Er wurde in Genf geboren, wuchs in Nairobi auf und erhielt seine Ausbildung u. a. in Harvard. Aga Khan IV. hat einen britischen Pass, residiert aber in Frankreich. Er nimmt sich nicht nur der materiellen und spirituellen Bedürfnisse seiner Anhänger an, sondern leitet auch das gemeinnützige Aga Khan Development Network mit 80 000 Beschäftigten in 30 Ländern.

SCHEICH AHMED MUHAMMAD AT-TAYYIB
*1946

Ahmed Muhammad at-Tayyib wuchs in Oberägypten auf und studierte an der renommierten Al-Azhar-Universität in Kairo. Anschließend promovierte er an der Universität von Paris und kehrte dann an seine Alma Mater zurück. Nach sieben Jahren in der Funktion als Rektor der Universität wurde er 2010 zum Großiman der Al-Azhar ernannt. Damit ist er der 50. Träger dieses Amtes. Die Al-Azhar ist die zweitälteste Universität der Welt; als Zentrum der sunnitischen Rechtsprechung erlässt sie verbindliche religiöse Rechtsverordnungen. Der Großimam gehört zu den berühmtesten Persönlichkeiten des sunnitischen Islams und wird von einigen Muslimen als höchste Autorität des sunnitischen Rechts weltweit betrachtet. Als Großimam hat sich at-Tayyib gegen die Muslimbrüder, den Islamischen Staat (IS) und deren Missbrauch des Islams als politische Ideologie ausgesprochen. Er hat sich ebenfalls dem ägyptischen Präsidenten Abdel Fattah al-Sisi widersetzt, der eine Gesetzesänderung durchsetzen wollte, um die mündliche Scheidung abzuschaffen.

BENAZIR BHUTTO
1953–2007

Benazir Bhutto war zwischen 1988 und 1996 zweimal Premierministerin von Pakistan. Sie war die erste Frau an der Spitze einer Demokratie in einem muslimischen Land. Sie wuchs in einer politisch aktiven Familie in Karachi auf: Ihr Vater war Premierminister, wurde aber nach einem Putsch hingerichtet. Nach seinem Tod führte Bhutto – die in Oxford graduierte – eine Bewegung für die Wiederherstellung der Demokratie an, wofür sie verhaftet und nach Großbritannien ins Exil geschickt wurde. 1986 kehrte sie nach Pakistan zurück und wurde zwei Jahre später zur Premierministerin gewählt. Später verlor sie ihr Amt, gewann es bei den Wahlen von 1993 aber wieder zurück. Als Premierministerin setzte sie sich für die Rechte von Frauen ein. 2007 wurde sie Opfer eines Attentats durch Al-Qaida. Benazir Bhutto gilt als Vorkämpferin für die Rechte von Frauen in Entwicklungsländern.

GLOSSAR

Begriffe, die in einem anderen Eintrag des Glossars erklärt werden, sind **fett** gedruckt.

Abaya Langes, locker fallendes Frauengewand, das seinen Ursprung auf der Arabischen Halbinsel hat

Abbasiden Dynastie, die von Abbas ibn Abd al-Muttalib abstammt, dem Onkel des Propheten Mohammed, und das dritte islamische **Kalifat** (750–1258) begründete

Adhan Gebetsruf

Afrandsch Die arabische Bezeichnung für europäische Christen oder (in der Kreuzfahrerzeit) für »Franken«

Aga Khan Ehrentitel des erblichen spirituellen Anführers der **Ismailiten,** eines Zweiges der **Schiiten**

Ahl al-bait Die »Leute des Hauses«: der Prophet, seine Tochter Fatima, Ali ibn Abi Talib (der Cousin und Schwiegersohn Mohammeds) sowie Hasan und Husain, die Söhne von Fatima und Ali

Ahl al-dhimma Nicht muslimische »schutzbefohlene« Völker. Christen, Juden und andere Gläubige, die ihre Religion unter muslimischer Herrschaft frei ausleben durften und im Gegenzug die **dschizya** bezahlen mussten

Ahl al-kitab »Leute des Buches«; Angehörige anderer Religionen, die auf göttlichen, in heiligen Schriften verankerten Offenbarungen basieren; hauptsächlich Juden und Christen, aber auch Zoroastrier und Sabäer

Ahmadiyya Anhänger von Mirza Ghulam Ahmad, der behauptete, der gottbefohlene »Erneuerer« des Islams zu sein. Ahmadiyya gelten vielen Gläubigen nicht als wirkliche Muslime.

Al-andalus Der südliche Teil der Iberischen Halbinsel, der von 711 bis Ende des 15. Jahrhunderts von Muslimen beherrscht wurde

Al-masdschid al-haram Die Große Moschee von **Mekka,** auf deren Gelände sich die **Kaaba** befindet. Sie ist die größte Moschee (und das zweitgrößte Gebäude) der Welt.

Al-masdschid an-nabawi Die Moschee des Propheten in **Medina,** die Mohammeds Grab beherbergt

Al-Qaida Eine militante Organisation, gegründet in den 1980er-Jahren von Kämpfern, die sich gegen die sowjetische Besetzung Afghanistans erhoben hatten. Ihr Ziel bestand vor allem darin, den Westen ins Visier zu nehmen. Unter der Führung von Osama bin Laden verübte Al-Qaida Terroranschläge gegen die Vereinigten Staaten – u. a. den Anschlag vom 11. September 2001 – und ihre Verbündeten.

Allah Arabischer Name für Gott

Allahu akbar »Gott ist groß« (wörtlich: »Gott ist größer«); damit wird an die göttliche Herrschaft erinnert.

Almohaden Berberstämme aus Südmarokko, die im 12. Jahrhundert ein islamisches Reich in Nordafrika und Spanien errichteten

Almoraviden Berberstämme aus Südmarokko, die im 11. Jahrhundert ein islamisches Reich in Nordafrika und Spanien errichteten

Amir al-muminin »Befehlshaber der Gläubigen«; ein Titel, der Ali von den **Schiiten** und Umar (dem zweiten **Kalifen**) von den **Sunniten** verliehen und von vielen späteren Führern übernommen wurde

Ansar »Helfer«; die Einwohner **Medinas,** die dem Propheten und seinen Anhängern nach ihrer Flucht **(Hidschra)** aus **Mekka** halfen

Apostasie Lossagung von einer Religionszugehörigkeit. Die ehemaligen Gläubigen werden als Apostaten (Glaubensabtrünnige) gebrandmarkt. Im Islam ist der Abfall vom Glauben ein schweres Verbrechen, das nach der **Scharia** mit dem Tod bestraft werden kann.

Aqiqa Zeremonie mit Tieropfern für neugeborene Kinder; sie findet sieben Tage nach der Geburt statt.

Arabeske Dekorationsstil mit geschwungenen Linien, der auf Darstellungen von Menschen und Tieren verzichtet

Arabische Zahlen Das hindu-arabische Zahlensystem. Es stammt aus Indien, wurde im Mittelalter von Mathematikern in Bagdad weiterentwickelt und erreichte im 15. Jahrhundert Europa.

Arafat Ein Berg nahe **Mekka,** der mit den **Haddsch**-Ritualen verbunden ist

Arkan al-iman *Siehe* **sechs Säulen des Glaubens**

Arkan al-islam *Siehe* **fünf Säulen des Islams**

Aschura Der zehnte Tag des Monats Muharram; er markiert für die **Schiiten** den Märtyrertod des dritten **Imams** Husain in **Kerbela.**

Aya Koranvers

Ayatollah Religiöser Führer in der schiitischen Tradition des Islams

Bait al-hikma »Haus der Weisheit«: Die Große Bibliothek von Bagdad wurde im 9. Jahrhundert von den **Abbasiden** als Aufbewahrungsort für das gesammelte Wissen der Welt errichtet.

Beduine Arabischsprachiger Wüstennomade

Bismillah Die Eröffnungsformel des **Korans:** »Im Namen Gottes, des barmherzigen Erbarmers«. Sie steht – bis auf eine Ausnahme – am Anfang jeder **Sure** und wird vor jeder großen Unternehmung ausgesprochen.

Boko Haram Eine militante Islamistengruppe, die 2002 in Nigeria gegründet wurde. Ihr ursprüngliches Ziel bestand darin, den Islam zu »säubern«.

Buraq Das geflügelte Reittier, mit dem Mohammed auf seiner **Nachtreise** nach Jerusalem und in den Himmel geflogen sein soll

Burka Langes Gewand für Frauen. Es besteht aus einem Kleid und einer Kopfbedeckung mit Gitteröffnung vor den Augen. Die Burka wird mit den **Taliban** assoziiert und hauptsächlich in Afghanistan und Teilen Pakistans getragen.

Burkini Badebekleidung, bestehend aus einem Ganzkörper-Badeanzug und einer Badekappe

Charidschiten Ursprünglich Unterstützer von Ali ibn Abi Talib. Diese »Separatisten« drängten auf die strikte Einhaltung des islamischen Rechts.

Deobandi Islamische Erweckungsbewegung, 1867 in Indien gegründet

Derwische Anhänger des **Sufismus,** die versuchen, durch Tanz und Herumwirbeln einen tranceartigen Zustand zu erreichen

Dhikr Rituelle Handlungen, in der Regel Gebete oder Wiederholungen von Andachtsformeln; von zentraler Bedeutung für den Gottesdienst im **Sufismus**

Dhimmi »Schutzbefohlene Person«: ein Begriff, der sich auf Nichtmuslime bezieht, die in einem muslimischen Staat leben und rechtlichen Schutz genießen

Dikka In großen Moscheen eine Plattform, auf der ein Geistlicher steht, der die Predigt für die Muslime nachspricht, die zu weit vom **Imam** entfernt sind, um ihn zu hören

Din-i ilahi »Göttlicher Glaube«: eine Neuinterpretation des Islams, eingeführt Ende des 16. Jahrhunderts im indischen **Mogulreich** von Kaiser Akbar. Enthält Elemente aus dem **Sufismus,** dem Christentum, dem Zoroastrismus und Jainismus

Drehende Derwische *Siehe* **Mevlevi**

Dschabal an-nur Dort wird die Höhle von Hira lokalisiert, der spirituelle Rückzugsort Mohammeds, wo **Dschibril** dem Propheten die erste göttliche Offenbarung des **Korans** überbrachte.

Dschahannam Die Hölle

Dschahiliya Die »Zeit der Unwissenheit« vor dem Islam und den Offenbarungen des **Korans** an den Propheten Mohammed. Das Wort *dschahiliya* wird auch verwendet für das Leben in der Moderne, das nicht kompatibel mit dem Islam ist.

Dschamaat al-ichwan *Siehe* **Muslimbruderschaft**

Dschanna Das Paradies

Dschibril Der Engel, der Mohammed die Botschaft des **Korans** überbrachte und Ibrahim (Abraham) einen Widder übergab, den er anstelle seines Sohnes opfern sollte. Dschibril ist im Judentum und Christentum unter dem Namen Gabriel bekannt.

Dschihad Der Kampf im Namen Gottes. Der »große Dschihad« *(al-dschihad al-akbar)* ist der innere, spirituelle Kampf gegen die Forderungen des niederen Selbst. Der »kleine Dschihad« *(al-dschihad al-asghar)* bezieht sich auf physischen Kampf.

Dschinn Übernatürliche Feuerwesen

Dschizya Eine Steuer, die die **Ahl al-dhimma,** die unter muslimischer Herrschaft leben, zahlen, um Religionsfreiheit zu genießen

Dschuma Das Freitagsgebet; *siehe* **Salat**

Eid al-adha Das »Opferfest« erinnert an das Gottvertrauen Abrahams. Als er bereit war, seinen Sohn Ismail zu opfern, bot Gott ihm stattdessen einen Widder zur Opferung an. Das *eid al-adha* ist der Höhepunkt der **Haddsch** (Pilgerfahrt nach Mekka), wird aber von allen Muslimen gefeiert

Eid al-fitr Das »Fest des Fastenbrechens«, wird am Ende des Fastenmonats **Ramadan** gefeiert.

Emir Prinz, Herrscher oder Befehlshaber

Ennahdha »Partei der Wiedergeburt«, gemäßigt islamistische politische Partei, die 1981 in Tunesien gegründet wurde

Fanous Bunte Laternen, die bei den Feiern im **Ramadan** aufgestellt werden

Faqih Experte für **fiqh** (islamische Rechtswissenschaft)

Fatiha »Die Eröffnung«; die erste Sure des **Korans.** Sie wird von Gläubigen oft still zitiert, wenn sie Gott lobpreisen oder danken wollen.

Fatimiden In Nordafrika gegründete Dynastie (909–1171). Ihre Herrscher behaupteten, von Fatima, der Tochter

die heiligste Nacht des islamischen Jahres, erinnert an die Nacht, in der Mohammed die erste Offenbarung erhielt. Sie fällt in die letzten zehn Tage des **Ramadans.**

Leute des Buches *Siehe* **ahl al-kitab**

Madrasa Eine Schule für religiöse Bildung und Ausbildung im Islam

Mahdi Erlöser und Wiederhersteller des wahren Islams, der Überlieferungen zufolge vor dem **Tag des Jüngsten Gerichts** erscheinen und die Welt vom Bösen befreien wird

Makruh Produkte wie Lebensmittel, aber auch Verhaltensweisen, die als verpönt gelten, jedoch (im Gegensatz zu **Haram**) nicht verboten sind

Malikiten Eine der vier Rechtsschulen der **Sunniten.** Sie basiert auf den Lehren von Malik ibn Anas und betrachtet **Koran** und **Hadith** als Hauptquellen des islamischen Rechts.

Mamluken Befreite Militärsklaven, die eine Dynastie gründeten, die von 1250 bis 1517 über Ägypten, Syrien und den **Hedschas** herrschte

Marwa Einer der beiden Hügel von **Mekka,** die sich heute auf dem Gelände der Großen Moschee befinden. Der zweite Hügel heißt **Safa.** Im Rahmen der **Haddsch-**Rituale laufen die Pilger zwischen den beiden Hügeln hin und her.

Maschallah Eine Redewendung mit der Bedeutung »Was Gott will«. Sie wird verwendet, um Gefallen, Resignation oder Freude auszudrücken.

Maschhad Iranische Stadt, in der sich der schiitische Imam-Reza-Schrein befindet. Maschhad bedeutet »Ort des Martyriums«.

Masdschid Das arabische Wort für Moschee

Matn »Rückgrat«: der Haupttext eines **Hadiths,** in dem berichtet wird, was der Prophet Mohammed sagte oder tat. *Siehe auch* **isnad**

Maulid an-nabi (auch *moulid al-nabi*) Der Geburtstag des Propheten Mohammed, der am 12. Tag des Monats Rabi al-Awwal gefeiert wird

Medina (Medinah) In vorislamischer Zeit Yathrib genannt. Die Stadt, in die Mohammed und seine frühen Anhänger 622 n. Chr. vor der Verfolgung durch die Mekkaner flohen. Medina ist die zweitheiligste Stadt des Islams nach **Mekka.**

Mekka (Makkah) Die Wüstenstadt auf der Arabischen Halbinsel, in der Mohammed geboren wurde und die Botschaft des Islams erstmals verkündete. Standort der heiligen **Kaaba** und (neben **Medina** und **Jerusalem**) eine der der heiligsten Stätten des Islams

Mevlevi Ein **Sufi-**Orden, der in Konya (heutige Türkei) von den Anhängern des Mystikers Dschalal ad-Din Muhammad Rumi gegründet wurde. Der **dhikr** der Mevlevis, ein langsamer Wirbeltanz, hat ihnen den Beinamen **»drehende Derwische«** eingebracht.

Mihrab Nische in einer Moschee, die auf die **qibla** (Gebetsrichtung zur **Kaaba** nach **Mekka**) hinweist

Millet Eine selbst verwaltete Religionsgemeinschaft von Nichtmuslimen im **Osmanischen Reich**

Mina Ein Ort bei **Mekka,** der im Rahmen der **Haddsch-**Rituale besucht wird, vor allem für die »Teufelssteinigung«

Minarett Turm einer Moschee, auf dem der **Muezzin** den Gebetsruf ausspricht

Minbar Erhöhte Kanzel in einer Moschee, auf der der **Imam** seine Predigt hält

Miradsch Der zweite Teil der Nachtreise des Propheten Mohammed, bei der er von **Jerusalem** in den Himmel aufstieg. *Siehe auch* **isra**

Mogulreich Gegründet in Indien nach der Invasion Baburs im Jahr 1526. Die muslimischen Mogulkaiser herrschten über zumeist hinduistische Untertanen.

Mongolisches Reich Das 1206 von Dschingis Khan gegründete Reich erstreckte sich über Zentralasien bis zum Persischen Golf und zur Donau. Die Mongolen verwüsteten viele muslimische Städte, konvertierten aber später zum Islam.

Moschee Abgeleitet vom arabischen Wort *masdschid,* »Ort der Niederwerfung«. Die Moschee ist ein Gebetshaus, aber auch ein Ort, an dem die Muslime als Gemeinschaft zusammenkommen.

Mudschahedin Arabisch, »die für den **Dschihad** kämpfen«. Die Bezeichnung wird meist mit den afghanischen und ausländischen Truppen assoziiert, die die Sowjetunion in Afghanistan bekämpften (1979–1989).

Mudschtahid Jemand, der in der Lage ist, das islamische Recht zu interpretieren und unabhängige Urteile zu fällen

Muezzin Die Person, die die Muslime zum Gebet ruft

Muhaddithun Experten im Bereich der **Hadith-**Wissenschaft

Muhadschirun Die Anhänger Mohammeds, mit ihm bei der **Hidschra** von **Mekka** nach **Medina** flohen

Murid Schüler oder Anhänger eines **Sufi-**Ordens

Muslim Ein Anhänger des Islams: wörtlich »jemand, der sich (Gott) unterwirft«

Muslimbruderschaft/Muslimbrüder Politische Islamistengruppierung, die 1928 in Ägypten von dem Schullehrer Hassan al-Banna gegründet wurde

Mutawwin Islamische Religionspolizei

Mutaziliten »Die sich Absetzenden«: eine muslimische Gruppierung, die im 8. Jh. gegründet wurde. Ihre Anhänger praktizierten offene Fragestellung und rationale Argumentation.

Nachtreise *Siehe* **isra** und **miradsch**

Nadschaf Irakische Stadt, in der sich die Grabmoschee des ersten **Imams** Ali ibn Abi Talib befindet – eine heilige Stätte der **Schiiten**

Nadschd Ein Felsplateau im Zentrum Saudi-Arabiens, Schauplatz siegreicher Kämpfe der frühen Muslime gegen rebellierende Stämme und späterer Geburtsort des **Wahhabismus.**

Naschi Gerundete, leicht lesbare arabische Schrift, die in frühen Kopien des **Korans** und anderen Dokumenten verwendet wurde

Niqab/Nikab Gesichtsschleier, der von manchen muslimischen Frauen getragen wird und nur die Augen unbedeckt lässt

Niya Die Absicht bezeugen, eine Handlung zur Ehre Gottes auszuführen

Orientalismus Westlicher Blick auf die arabische und muslimische Kultur als exotisch, rückständig und unzivilisiert; im 19. und 20. Jahrhundert verbreitet

Osmanisches Reich Im 13. Jahrhundert von Osman I. auf dem Gebiet der heutigen Türkei gegründet, umfasste das Reich zu seiner Blütezeit die gesamte moderne Türkei, einen Großteil des Nahen Ostens und Nordafrikas sowie weite Teile Südosteuropas. Das Osmanische Reich wurde 1923 mit der Gründung der Republik Türkei abgeschafft.

Panarabismus Die Idee einer politischen und kulturellen Union, die von 1950 bis in die 1970er-Jahre populär war

Persisches Reich Ein Reich, das von einer Reihe von Dynastien regiert wurde, angefangen mit den Achämeniden, die 550 v. Chr. von Kyros dem Großen begründet wurden, bis zu den Qadscharen, deren Herrschaft 1925 endete. Mit der arabischen Eroberung Persiens im Jahr 651 n. Chr. wurde der Islam dort zur dominierenden Religion (der moderne Name für Persien ist Iran).

Qadar Das Konzept der göttlichen Vorbestimmung im Islam – die Überzeugung, dass Gott alles weiß, was geschah, und alles, was kommen wird

Qadscharen Eine Dynastie, die von 1796 bis 1925 über Persien (Iran) herrschte

Qawwali Musiktradition im **Sufismus;** sie will ihre Zuhörer in einen Zustand der Ekstase zu versetzen.

Qibla Die Gebetsrichtung der Muslime. Sie zeigte ursprünglich nach **Jerusalem,** aber nach einer göttlichen Offenbarung im Jahr 624 änderte der Prophet sie auf die **Kaaba** in **Mekka.**

Qital Wörtlich »Kampf« oder »Krieg«. Eine temporäre Form des **Dschihad,** die auch als »kleiner Dschihad« bekannt ist und sich als bewaffneter Kampf äußern kann

Qiyas Eine Methode der islamischen Rechtswissenschaft, bei der Urteile durch Argumentation begründet werden. Sie wird angewandt, wenn **Koran** und **Hadith** zu einer bestimmten Rechtsfrage keine Handlungsempfehlung geben.

Quraisch Ein führender Stamm in **Mekka.** Der Prophet Mohammed wurde 570 n. Chr. in die Sippe der Banu Haschim geboren, die zu den Quaraisch gehörte.

Qurra »Rezitatoren«, die den Koran zu Lebzeiten des Propheten auswendig lernten und dafür sorgten, dass er als Schrift niedergelegt worden konnte

Rakat Eine Abfolge festgelegter körperlicher Bewegungen, die bei Gebeten ausgeführt werden. Jedes tägliche Gebet umfasst eine feste Anzahl von **Rakats.**

Ramadan Der neunte Monat des **Hidschra-**Kalenders, in dem die Muslime tagsüber fasten

Raschidun Die vier »rechtgeleiteten Kalifen« der **Sunniten** und die ersten Nachfolger des Propheten Mohammed: Abu Bakr, Umar ibn al-Chattab, Uthman ibn Affan und Ali ibn Abi Talib

Rehal Ein aufklappbarer Buchständer zum Lesen des Korans

Riad Traditionelles marokkanisches Haus mit zentralem Innenhof und Garten

Riba Die Praxis der Zinserhebung auf Kredite, die im **Koran** und in der **Scharia** streng verboten ist

Ridda-Kriege Die sogenannten **Apostasie-**Kriege wurden nach dem Tod des Propheten ausgefochten, als zahlreiche Stämme sich weigerten, den **Kalifen** Abu Bakr (Mohammeds Nachfolger) anzuerkennen.

Safa *Siehe* **Marwa**

Safawidenreich Die herrschende Machtordnung in **Persien** (Iran) zwischen 1501 und 1722. Der Safawiden-Gründer Ismail machte die Zwölfer-**Schia** zur offiziellen Religion in Persien.

Sahaba *Siehe* **Gefährten des Propheten**

Sahih al-Buchari »Die Authentische Sammlung«: eine Sammlung von 7275 **Hadithen,** die im 9. Jahrhundert von Muhammad al-Buchari zusammengestellt wurde. Unter den **Sunniten** gilt sie als zuverlässigste Quelle für die Aussprüche und Handlungen des Propheten Mohammed.

Salafismus Eine Reform- und Erweckungsbewegung, die im **Wahhabismus** des 18. Jahrhunderts wurzelt und im 20. Jahrhundert an Popularität gewann. Ihre Anhänger (Salafisten) fordern die Rückkehr zu den Traditionen der *salaf*, der ersten drei Generationen von Muslimen. Dazu zählen: der Prophet Mohammed und seine Gefährten (die **sahaba**), ihre Nachfolger (die **tabi'un**) und die Nachfolger der Nachfolger (die **tabi at-Tabi'in**).

Salat Gebet; eine der **Fünf Säulen des Islams.** Die formelle Anbetung Gottes findet fünfmal täglich statt, bei Sonnenaufgang *(fadschr),* am Mittag *(dhuhr),* am Nachmittag *(asr),* bei Sonnenuntergang *(maghrib)* und am Abend *(ischa).* Das wöchentliche Gemeindegebet am Freitagnachmittag heißt *al-dschuma* (arabisch für »Freitag«) und bedeutet so viel wie »Versammlung«.

Saum Fasten: eine der **Fünf Säulen des Islams**

Schafi'i Eine der vier Rechtsschulen der **Sunniten.** Die von Muhammad ibn Idris al-Schafi'i (767–820) begründete Schule dominiert in Ostafrika, Indonesien, Teilen Arabiens und bei den Kurden

Schah Persisch für »König«. Der letzte Schah des Irans wurde 1979 ins Exil geschickt.

Schahada Das Glaubensbekenntnis, eine der **Fünf Säulen des Islams.** Es lautet: »Es gibt keinen Gott außer Gott und Mohammed ist der Gesandte Gottes.«

Scharia Der Verhaltens- und Gesetzeskodex des Islams, der größtenteils im 9. Jahrhundert entwickelt wurde und auf dem **Koran** und den **Hadithen** basiert

Scheich Eine hochrangige, respektierte Person. Der Titel wird Oberhäuptern von Stämmen oder Clans, Leitern von **Sufi-**Orden oder Männern mit religiöser Bildung verliehen.

Schia Die Tradition des Islams, die Ali ibn Abi Talib (den Cousin und Schwiegersohn des Propheten) und Alis Nachkommen als Führer der muslimischen Gemeinschaft ansieht. Die Schia dominiert heute im Iran sowie in Teilen Iraks und anderen Ländern.

Schiiten Anhänger der **Schia**

Schirk Götzendienst: die Anbetung von jemandem oder etwas außer Gott. *Schirk* ist laut **Scharia** ein Verbrechen.

Schura Beratung oder Beratungsgremium. In der frühislamischen Geschichte berief der zweite Kalif Umar ein Gremium aus mehreren Personen ein, das seinen Nachfolger wählen sollte. Heute bezieht sich der Begriff auf ein Gericht oder Parlament.

Schwarzer Stein Der Stein, wahrscheinlich ein Meteorit, ist an der östlichen Ecke der **Kaaba** eingelassen.

Sechs Säulen des Glaubens Auf Arabisch *arkan al-Iman* – im **Sunnismus** der Glaube an die Einheit Gottes **(Tauhid),** an seine Engel, seine Schriften (den **Koran,** das Evangelium, die Thora und die Psalmen), an seine Propheten (die seine Schriften empfingen und seine Botschaft verbreiteten) sowie an den **Tag des Jüngsten Gerichts** und die »göttliche Bestimmung« **(qadar)**

Seldschukenreich Ein türkisches Reich, das von 1037 bis 1194 bestand. In ihrer Hochphase kontrollierten die Seldschuken ein riesiges Gebiet, das von Westanatolien (in der heutigen Türkei) und Syrien bis zum Hindukusch im Osten sowie von Zentralasien bis zum Horn von Afrika im Süden reichte.

Siebener-Schia Eine Untergruppe der **Schiiten.** Ihre Anhänger glauben, dass Ismail ibn Dschafar der siebente und letzte **Imam** war, und dass sein Sohn, Muhammad ibn Ismail, als *imam al-mahdi* zurückkehren wird.

Silsila Wörtlich »Kette«: der »geistige Stammbaum« der spirituellen Lehrer eines **Sufi-**Ordens

Sira Literaturgattung, die sich dem Leben des Propheten Mohammed widmet

Sufismus Abgeleitet vom arabischen Wort *tasawwuf* (»sich in Wolle kleiden«). Ein Zweig des mystischen Islams, der sich imr **Umayyadenkalifat** entwickelte und das Ziel hatte, spirituelle Nähe zu Gott zu erlangen durch den Einsatz von Ritualen, die als **Dhikr** bekannt sind

Suhur Die Mahlzeit vor Sonnenaufgang im Fastenmonat **Ramadan**

Sunna Die muslimische Lebensweise in Form von sozialen und rechtlichen Praktiken, die sich vom Leben des Propheten Mohammed herleiten. Zusammen mit dem **Koran** und dem **Hadith** bildet die Sunna die Grundlage der **Scharia** (des islamischen Rechts).

Sunnismus Die sunnitische Tradition des **Islams** ist aus den Muslimen hervorgegangen, die die Auswahl des **Kalifen** durch Wahl (und nicht durch Blut) befürworteten. Der Sunnismus ist die vorherrschende Religionsform in der islamischen Welt. Die zweite bedeutende Tradition ist die **Schia.**

Sura/Sure Ein Kapitel des **Korans**

Tabi at-tabi'in Die Generation, die nach den **tabi'un** kam

Tabi'un Die »Nachfolger«: Die Generation von Muslimen, die nach den Gefährten des Propheten **(sahaba)** kam. Ein *tabi* ist jemand, der Mohammeds Lehren aus zweiter Hand empfing.

Tafsir Koranexegese; Wissenschaft, die den **Koran** interpretiert und kommentiert

Tag des Jüngsten Gerichts Bei diesem Ereignis werden die gesamte Erde und alle Lebewesen vernichtet. Danach erfolgt die Auferstehung aller Menschen. Nach der Abwägung ihrer Taten wird festgelegt, ob sie in den Himmel oder in die Hölle kommen.

Takfir Der Akt, wenn ein Muslim einen der **Apostasie** beschuldigten Muslim zum Ungläubigen **(kafir)** erklärt. Der Begriff wird gewöhnlich mit Extremisten in Verbindung gebracht, die Takfir missbrauchen, um den Mord an andersdenkenden Muslimen zu rechtfertigen.

Taliban Eine militante Bewegung, in Pakistan im Umfeld religiöser Schulen entstanden. Nach dem Abzug der sowjetischen Streitkräfte in den 1990er-Jahren gelang es ihnen, die Kontrolle über Afghanistan zu erlangen.

Tanzimat Reformen, die im 19. Jahrhundert zur Modernisierung des **Osmanischen Reiches** durchgeführt wurden

Tariqa Schule oder Orden des **Sufismus**

Tauhid Das Konzept der Einheit Gottes, der die einzige Gottheit ist

Tawaf Umkreisung der **Kaaba** während der **Haddsch**

Tawassul Tradition der **Schiiten,** die **Imame** an ihren Schreinen auffordern, bei Gott Fürsprache einzulegen

Thobe Ein knöchellanges (oft weißes) Gewand mit langen Ärmeln, das von Männern auf der Arabischen Halbinsel und in Teilen Nordafrikas getragen wird. Auch *thawb* oder *kandura* genannt

Timuridenreich Dynastie (1370–1507), die von Timur gegründet wurde, der seine Abstammung auf Dschingis Khan zurückführte (den Gründer des **Mongolischen Reiches**). Auf ihrem Höhepunkt kontrollierten die Timuriden den größten Teil **Persiens** und Zentralasiens sowie Teile von Indien, Pakistan, Syrien und der Türkei. Das indische **Mogulreich** war ein Ableger der Timuriden.

Tschador Bodenlanges Obergewand in der Art eines Mantels oder Umhangs, der über den Kopf gezogen und unter dem Kinn geschlossen wird; getragen von Frauen im Iran, Irak und anderen (vorwiegend) schiitischen Gemeinschaften

Tschahar bagh Rechteckige persische Gartenanlage, die durch Wasserkanäle in vier Teile geteilt wird und das Paradies auf Erden widerspiegeln soll

Ulema/Ulama »Derjenige, der weiß«: Die Ulema sind islamische Religionsgelehrte, die traditionell in **madrasas** ausgebildet werden. Sie sind auch als religiöse Amtsträger, Richter oder Lehrer tätig.

Umayyadenkalifat Das erste islamische **Kalifat** nach der Ära der **Raschidun** (»rechtgeleitete Kalifen«). Die Umayyaden (661–750) machten das Amt des **Kalifen** erblich und regierten von Damaskus aus. *Siehe auch* **Al-andalus**

Umma Die islamische Gemeinschaft

Umra Die »kleine Pilgerfahrt« nach **Mekka,** die ganzjährig unternommen werden kann. *Siehe auch* **Haddsch**

Ungläubige Wird von Muslimen über Christen und umgekehrt gesagt

Usul ad-din Die fünf »Religionsgrundsätze« der **Schiiten:** der Glaube an die Einheit Gottes **(tauhid),** an die Gerechtigkeit Gottes *(adl),* an seine Gesandten und Propheten, an den **Tag des Jüngsten Gerichts** und an die Linie der **Imame**

Wahhabismus Sunnitisch-islamische Bewegung, im 18. Jahrhundert von Muhammad ibn Abd al-Wahhab auf der Arabischen Halbinsel begründet. Sie wurde von der Saudi-Dynastie übernommen und ist bis heute in Saudi-Arabien und Katar maßgeblich.

Wali Im Islam ein »Freund Gottes« (Plural *auliya*), der von Gott auserwählt und mit besonderen – oft übernatürlichen – Kräften ausgestattet ist. Die Gräber der Heiligen sind beliebte Wallfahrtszentren.

Wudu Rituelle Waschungen vor dem Gebet

Wufud Delegationen, die von Stämmen zum Propheten nach **Medina** gesandt wurden, um ihm ihre Loyalität zu bekunden

Yathrib Der frühere Name der Stadt **Medina**

Yom ad-din *Siehe* **Tag des Jüngsten Gerichts**

Zaiditen Als »Fünfer-**Schia**« bekannt; eine Untergruppe des schiitischen Islams, die glaubt, dass Zaid ibn Ali, der Urenkel von Ali ibn Abi Talib, ein rechtmäßiger **Imam** war

Zakat Eine der **Fünf Säulen des Islams:** das wohltätige Spenden eines Teils des eigenen Vermögens an Bedürftige

Zakat al-fitr Eine Pflichtspende, die traditionell am Ende des Fastenmonats **Ramadan** an arme Muslime gezahlt wird, damit diese das Fest **Eid al-fitr** feiern können

Zikr *Siehe* **Dhikr**

Zwölfer-Schia Zweig der **Schiiten,** der daran glaubt, dass es eine Linie von zwölf **Imamen** gibt und der zwölfte Imam nicht gestorben ist, sondern in die Verborgenheit ging und als **Imam al-mahdi** zurückkehren wird

REGISTER

Fett gesetzte Seitenzahlen weisen auf Haupteinträge hin.

A

J

K

L

M

N

O

P

Q

R

S

T

U

V

W

DANK

Dorling Kindersley dankt Jacob Field für den Anhang, Neil Hewison für das Glossar, Katie John für die Korrektur und Helen Peters für das Register.

BILDNACHWEIS

Der Verlag dankt folgenden Personen und Organisationen für die freundliche Genehmigung zum Abdruck von Fotos:

(Abkürzungen: o = oben, u = unten, m = Mitte, l = links, r = rechts, g = ganz, Hg = Hintergrund)

21 SuperStock: DeAgostini (or). **24 Alamy Stock Photo:** The History Collection (ul). SuperStock: Universal Images (or). **26 Dreamstime.com:** Alengolas (ul). **27 akg-images:** Gerard Degeorge (ol). **29 Alamy Stock Photo:** Art Collection 2 (or). **30 Alamy Stock Photo:** age fotostock (ol). **31 Getty Images:** Werner Forman / Universal Images Group (ul). **33 Rex by Shutterstock:** Harper Collins Publishers (um). **35 Getty Images:** Culture Club / Hulton Archive (or). **39 Getty Images:** AFP / Haidar Mohammed Ali (ur). **40 eyevine:** Alexandra Boulat / VII / Redux (ul). **41 iStockphoto.com:** sitox (ul). SuperStock: imageBroker (ol). **43 Getty Images:** Prakash Singh / AFP (ul). **45 Alamy Stock Photo:** Godong (or). **48 Getty Images:** Moment / Harith Samarawickrama (o). **49 Alamy Stock Photo:** B.O'Kane (or). Getty Images: Noorullah Shirzada / AFP (ul). **52 Alamy Stock Photo:** Images & Stories (ur). **54 Alamy Stock Photo:** orhandurgut (u). **55 Getty Images:** Mustafa Ozer / AFP (or). **57 Alamy Stock Photo:** halil ibrahim kurucan (ol); Ahmad Faizal Yahya (ul). **59 Alamy Stock Photo:** Kenan Kaya (ol). **66 akg-images:** Jean-Louis Nou (or). **68 Alamy Stock Photo:** Rapp Halour (o). **69 Alamy Stock Photo:** Science History Images (or); The History Collection (ul). **72 Getty Images:** Shah Marai / AFP (ur). **74 Bridgeman Images:** © British Library Board. All Rights Reserved (u). **75 Alamy Stock Photo:** Godong (ol). **77 Dreamstime.com:** Amani A (ul). **83 Getty Images:** Anadolu Agency / Jefri Tarigan (o). **84 akg-images:** Roland and Sabrina Michaud (ol). **85 Getty Images:** AFP / Stringer / Fadel Senna (or). **87 Getty Images:** Photo12 / Universal Images Group (or). **89 Alamy Stock Photo:** özkan özmen (ol). **91 Rex by Shutterstock:** AP / Shutterstock (ol). **92 Rex by Shutterstock:** Cci / Shutterstock (mru). **100 123RF. com:** Ievgenii Fesenko / efesenko84 (ul). **Getty Images:** Remi Benali / The Image Bank (or). **101 Getty Images:** Edwin Remsberg / VW PICS / Universal Images Group Editorial (ur). **103 Alamy Stock Photo:** Allstar Picture Library / ALLSTAR TRAVEL (or). **105 SuperStock:** Universal Images (or). **106 Bridgeman Images:** Tallandier (ul). **107 Alamy Stock Photo:** rasoul ali (ol). **111 Rex by Shutterstock:** Str / EPA / Shutterstock (or). **113 Getty Images:** Education Images / Universal Images Group (u). **115 SuperStock:** age fotostock / Konrad Zelazowski (or). **117 Getty Images:** Yegor Aleyev / TASS (ul). **121 Getty Images:** Asif Hassan / AFP (ul). **122 Alamy Stock Photo:** Roland Liptak (or). **123 iStockphoto. com:** SoumenNath / E+ (ur). **125 Getty Images:** Patti McConville (ur). **131 Alamy Stock Photo:** Hemis / Rieger Bertrand / Hemis.fr (ur). **133 Getty Images:** Wathiq Khuzaie / Getty Images News (or). **138 Getty Images:** laura rangel copyright / Moment (ul). **139 Alamy Stock Photo:** Science History Images (or). **142 Getty Images:** photosindia (ul). **144 iStockphoto.com:** mustafagull (o). **145 Getty Images:** Jack Vartoogian / Archive Photos (ur). **151 Alamy Stock Photo:** Science History Images / Photo Researchers (or). **153 akg-images:** Pictures From History (ur). **154 Alamy Stock Photo:** Science History Images / Photo Researchers (or). **155 Alamy Stock Photo:** Science History Images (ur). **157 123RF.com:** Olga Popova (or). Alamy Stock Photo: Art Directors & Trip (ul). **159 Alamy Stock Photo:** Melvyn Longhurst (ul). **161 Getty Images:** Dea Picture Library / DeAgostini (o). **163 Alamy Stock Photo:** Photononstop / Philippe Lissac (ur). **164 Alamy Stock Photo:** John Warburton-Lee Photography / Julian Love (ur). **168 Alamy Stock Photo:** Ruth Hofshi (ul). **169 Dreamstime.com:** Elevationus (ul). **170 Dreamstime.com:** Sorin Colac (ul). **171 akg-images:** Album / Oronoz (ul). Alamy Stock Photo: Granger Historical Picture Archive (or). **172 Getty Images:** Apic / Hulton Archive (um). **173 Bridgeman Images:** Archives Charmet (ol). 175 Maypop Books: Coleman Barks (ul). **177 Alamy Stock Photo:** Ian Dagnall (ur). **178 Alamy Stock Photo:** Granger Historical Picture Archive / Granger, NYC (ul). **179 Alamy Stock Photo:** World History Archive (or). **181 Alamy Stock Photo:** Art Collection (ol). **183 Alamy Stock Photo:** Interfoto / History (or). **184 Alamy Stock Photo:** Niday Picture Library (or). **185 Alamy Stock Photo:** The Picture Art Collection (ur). **187 SuperStock:** DeAgostini (ur). **188 Getty Images:** Marco Brivio / Photographer's Choice (ul); Heritage Images / Hulton Fine Art Collection (om). **189 Alamy Stock Photo:** age fotostock / Historical Views (or). **190 Shutterstock:** emran (um). **191 The Metropolitan Museum of Art, New York:** Gift of J. Pierpont Morgan, 1917 (or). **193 Alamy Stock Photo:** dbimages / dbtravel (or). Getty Images: Kyodo News (ul). **196 Alamy Stock Photo:** dov makabaw Israel (u). **197 Alamy Stock Photo:** Prisma Archivo (um). Depositphotos Inc: morrmota (om, or). Dreamstime.com: Adel Mohamady (ol). **198 Alamy Stock Photo:** travelpixs (or). **199 Dreamstime.com:** Daniel M. Cisilino (u). **200 Alamy Stock Photo:** Guillem Lopez (ul). **201 Getty Images:** Colors Hunter - Chasseur de Couleurs / Moment (or). **203 Alamy Stock Photo:** Terry Mathews (or). **205 Alamy Stock Photo:** The History Collection (or). **212 Dreamstime.com:** Peter Hermes Furian (or). **213 Alamy Stock Photo:** Heritage Image Partnership Ltd / © Fine Art Images (ul, ur). **214 Alamy Stock Photo:** MehmetO (ul). **215 Getty Images:** Moment / Natasha Breen (um); Bernard Roussel (or). **217 Getty Images:** Anadolu Agency / Enes Kanli (ul). 218 Bridgeman Images: Gerome, Jean Leon (1824–1904) / French (ur). **221 Alamy Stock Photo:** Historic Collection (or). Getty Images: Zöllner / ullstein bild (ul). **223 Alamy Stock Photo:** Classic Image (or). **225 Alamy Stock Photo:** Niday Picture Library (um). **226 Getty Images:** Bettmann (ol). **227 Getty Images:** Corbis Historical / Brooks Kraft LLC (ur); Getty Images Entertainment / Rachel Murray (or). **230 Getty Images:** Universal Images Group / Leemage (ul). **231 Getty Images:** AFP / Adem Altan / Stringer (ol). **234 Getty Images:** Aldo Pavan (or). **235 Getty Images:** Hulton Archive (um). **236 Getty Images:** EyeEm / Mawardi Bahar (ur); The Image Bank / Wayne Eastep (ol). **237 Getty Images:** The Image Bank / Kirklandphotos (ol). **239 Rex by Shutterstock:** AP / Shutterstock (ur). **240 Getty Images:** AFP (ul). **241 Getty Images:** Anadolu Agency / Ahmed Ramadan (ol). **245 Getty Images:** Bettmann (ul). **246 Getty Images:** AFP / Sajjad Hussain (ul); ICC / Stu Forster-ICC (or). **247 Getty Images:** Moment / Aliraza Khatri's Photography (u). **249 Getty Images:** Bettmann (um). **250 Getty Images:** Gamma-Rapho / Alain Mingam (ur). **251 Getty Images:** Bettmann (or). **257 Shutterstock:** hkhtt hj (ol). **258 Getty Images:** AFP / Stringer / Sam Panthaky (ul). **259 Getty Images:** AFP / Stringer / Haidar Hamdani (om). **261 Getty Images:** AFP / Luis Tato (ur). **263 Getty Images:** The Image Bank / Jorg Greuel (ol). **265 Getty Images:** AFP / Hatem Salhi (ur). **267 Getty Images:** AFP (ur). **268 Getty Images:** AFP / Fayez Nureldine (ur). **269 Getty Images:** AFP / Chaideer Mahyuddin (or). **271 Getty Images:** AFP / Stringer / Mohammed Al-Shaikh (om). **274 Getty Images:** Robert Nickelsberg (ul). **275 Getty Images:** Hulton Archive / Tom Stoddart Archive (or). **276 Alamy Stock Photo:** Handout (ur). **277 Getty Images:** AFP / Paul Ellis (or). **279 Getty Images:** AFP / John Wessels (or). **280 Getty Images:** AFP / Juni Kriswanto (um). **284 Getty Images:** Clive Brunskill (om). **285 Getty Images:** AFP / Mandel Ngan (or). iStockphoto.com: E+ / sturti (um). **287 Getty Images:** Contour / Allison Michael Orenstein (ol). **289 Getty Images:** Stringer / Victor Besa (ur). **290 Getty Images:** Aurora Photos / Konstantin Trubavin (mru). **294 Alamy Stock Photo:** Charles O. Cecil (or); Historic Collection (ul). **295 Getty Images:** Kentaroo Tryman (ur). **296 Getty Images:** AFP / Pedro Ugarte (o). **297 Getty Images:** Stringer / Zach Gibson (ul). **298 Getty Images:** AFP / Stringer / Betina Garcia (ul). **299 Getty Images:** Devin Manky (or). **301 iStockphoto.com:** Lilanakani (ol). **302 Getty Images:** Maskot (ol). **303 Getty Images:** Valeria Ferraro / SOPA Images / LightRocket (or); Stringer / Matt King (ul).
Cover: Vorn, hinten und Rücken: 123RF.com: Irina Siryanova

ZITATNACHWEIS

Alle Koranzitate in diesem Buch stammen aus: *Der Koran. Neu übertragen von Hartmut Bobzin*, München: C. H. Beck, 2019. Wenn nicht anders angegeben, wurden die restlichen Zitate frei übersetzt. Der Verlag hat sich bemüht, alle Rechteinhaber ausfindig zu machen. Eventuelle Auslassungen werden wir bei entsprechendem Hinweis gerne in einer späteren Auflage korrigieren.

14 Sarah Leavitt, *I Asked Ghostface Killah About My Roller Derby Alias ›Ghostface Kill-Her‹*, in: *Vice Magazine*, 9. April 2015 **15** Sadiq Khan, *A year on, we need a mission to unite*, in: *The Guardian*, 4.7.2006, https://www.theguardian.com/commentisfree/2006/jul/04/post193 **21** Syed Abu A'la Maududi, *The Islamic Law and Constitution*, Lahore: Islamic Publications, 1960 **21** William E. Shepard, *Sayyid Qutb's Doctrine of Jahiliyya*, Int. J. Middle East Stud. 35, S. 521–545, 2003 **27** Barnaby Rogerson, *The Prophet Muhammad: A Biography*, Mahwah: HiddenSpring, 2004 **27** Muhammad Iqbal zit. n.: R. A. Nicholson, *The Secrets of the Self*, 1915 **28** *Die Sira, das Leben des Propheten Mohammed nach Mohammed Ibn Ishak*, bearbeitet von Abu Mohammed Abd el-Malik Ibn Hischam und Zijad ibn Abd-Allah Albakkaij, nach der Übersetzung aus dem Arabischen von Dr. Gustav Weil, Stuttgart: J.B. Metzler, 1864, S. 184 **30** ebd., S. 184 **33** Uthman bin Badis, *Die Sira: Das Leben des Gesandten*, BOD, 2019 **33** Julius Wellhausen, Muḥammad Ibn Sa'd, *Medina vor dem Islam; Muhammads Gemeindeordnung von Medina. Seine Schreiben, und die Gesandtschaften an ihn*, Berlin: Reimer, 1889 **33** zit. n. Harald Suermann, *Die Konstitution von Medina. Erinnerung an ein anderes Modell des Zusammenlebens*, in: *Collectanea Christiana Orientalia*, Band 2, 2005 **38** Al-Buhari, *Sahīh al-Buchārī, Nachrichten von Taten und Aussprüchen des Propheten Muhammad*, hg. und übersetzt von Dieter Ferchl, Stuttgart: Reclam 1997, und *Die Sammlung der Hadithe*, Stuttgart: Reclam, 2010 **39** Heinz Halm, *Die Schia*, Darmstadt: Wissenschaftliche Buchgesellschaft, 1988 **42** Gebetsruf, zit. n.: Ralf Elger/Friederike Stolleis (Hrsg.): *Kleines Islam-Lexikon*, München: C. H. Beck, 2018 **43** Al-Muslim, *Dschuma*, 18 **45** zit. n. Abū-r-Riḍā', Muḥammad Ibn Aḥmad Ibn Rassoul, Al-Buchari (Autor), Auszüge aus dem *Ṣaḥīḥ Al-Buḫāryy*, Hadith 1395, 2007, S. 172 **47** Ahmad (3/396) **48** Hasan, Band 1, Buch 7, *Hadith* 1690 **50** Abū-r-Riḍā', Muḥammad Ibn Aḥmad Ibn Rassoul, Al-Buchari (Autor), Auszüge aus dem *Ṣaḥīḥ Al-Buḫāryy*, Hadith 1549, 2007, S. 187 **53** ebd. **56** *Das Leben Mohammed's nach Mohammed Ibn Ishâk bearbeitet von Abd el-Malik Ibn Hischâm*, aus dem Arabischen übersetzt von Gustav Weil, Stuttgart: J. B. Metzler, 1864, S. 349 **58** unten: Abū-r-Riḍā', Muḥammad Ibn Aḥmad Ibn Rassoul, Al-Buchari (Autor), *Auszüge aus dem Ṣaḥīḥ Al-Buḫāryy*, Hadith 3549, 2007, S. 286 **58** ebd., S. 445 **59** Muḥammad Ibn Sa'd, *Kitab al-Tabaqat al-Kabir*, Karachi: Pakistan Historical Society, 1967 **59** Abū-r-Riḍā', Muḥammad Ibn Aḥmad Ibn Rassoul, Al-Buchari (Autor), Auszüge aus dem *Ṣaḥīḥ Al-Buḫāryy*, Hadith 5957, 2007, S. 445 **66** Al-Sayyid Abu al-Qasim al-Musawi al-Khu'i, *Prolegomena to the Qur'an*, Oxford University Press, 1998, S. 149 **77** Abū-r-Riḍā', Muḥammad Ibn Aḥmad Ibn Rassoul, Al-Buchari (Autor), Auszüge aus dem *Ṣaḥīḥ Al-Buḫāryy*, Hadith 756, 2007, S. 107 **85** Laleh Bakhtiar, *The Sublime Quran: The misinterpretation of Chapter 4 Verse 34*, 2011 **85** Muhammad Fathi, *Cherish Your Wife the Prophet's Way*, in: www.aboutislam.net, 2020 **85** Sayyid Qutb, *Fi zilal al-Qur'an*, Band 2, S. 650, zit. n.: *Liberal Islam: A Source Book*, Oxford University Press, 1998, S. 138 **88** Ogier Ghislain de Busbecq, *The Life and Letters of Ogier Ghiselin de Busbecq*, hrsg. und übersetzt von Charles Thornton Foster, F. H. Blackburne Daniell, 1881 **90** Dschafar as-Sadiq, zit. n.: Jonathan A.C. Brown, *Misquoting Muhammad: The Challenge and Choices of Interpreting the Prophet's Legacy*, London: One World Publications, 2014 **91** Abū-r-Riḍā', Muḥammad Ibn Aḥmad Ibn Rassoul, Al-Buchari (Autor), *Auszüge aus dem Ṣaḥīḥ Al-Buḫāryy*, Hadith 0108, 2007, S. 48 **93** Ali ibn Abd-al-Malik al-Hindi, *Kanz al-Ummal*, Band VII, S. 245 **93** Imam Al-Ghazali, Minhajul Abidin, *Der Pfad der Gottesdiener*, übersetzt und erläutert von Ernst Bannerth, Salzburg: Verlag O. Müller, 1964 **98** Der Prophet Mohammed in einem Hadith, *Sunan ibn Majah*, Band 1, *Book of On The Mosques And The Congregations*, Hadith 745 **99** Abū-r-Riḍā', Muḥammad Ibn Aḥmad Ibn Rassoul, Al-Buchari (Autor), *Auszüge aus dem Ṣaḥīḥ Al-Buḫāryy*, Hadith 450, 2007, S. 79 **101** links: Imam Ibn Majah, *Sunan Ibn Majah*, Kapitel 6: *The Book on the Mosques and the Congregations*, Hadith 750 **101** rechts ebd., Hadith 772 **102** Muhammad ibn Jarir al-Tabari, *Tarikh al-Tabari*, Band 2, Kairo: Dar al-Ma'arif, 1960–1969 **103** ebd. **103** Barnaby Rogerson, *The Prophet Muhammad: A Biography*, Hidden Spring, 2004 **105** Masud-ul-Hasan, *Hadrat Abu Bakr, Umar, Usman, Ali*, Lahore: Islamic Publications, 1982. **106** https://sunnahonline.com/library/purification-of-the-soul/9-quotes/10-uthman-ibn-affan-on-the-heart **107, 108** Ali ibn Abi Talib **110** Heinz Halm, *Die Schia*, Darmstadt: Wissenschaftliche Buchgesellschaft, 1988, S. 10 **111** Reza Aslan, *Kein Gott außer Gott. Der Glaube der Muslime von Muhammad bis zur Gegenwart*, München: C. H. Beck, 2019 **114** Muslim ibn al-Haddschadsch, *Sahih Muslim*, Band 4, *Buch of Government*, Hadith 4483 **115** Kathi Lally, *A Western Correspondent's Account of the Aga Khan's Historic First Visit to His Followers in Gorno-Badakhshan*, in: *Simerg – Insights from Around the World*, 4. Juni 1995 **118** Imam Abu Zakariya Yahya Ibn Scharaf An-Nawawi, *Riyad us-Salihin – Gärten der Tugendhaften*, übersetzt von Abdullah As-Samit Frank Bubbenheim, Hadith 143, Iqra-Verlag, 2009 **121** Muhammad ibn Īsā at-Tirmidhī, *Sunan al-Tirmidhī*, 2466 **122** Abū-r-Riḍā', Muḥammad Ibn Aḥmad Ibn Rassoul, Al-Buchari (Autor), *Auszüge aus dem Ṣaḥīḥ Al-Buḫāryy*, Hadith 13, 2007, S. 27 **123** Ed Husain, *Weltoffen aus Tradition. Auch eine Geschichte des Islams*, Darmstadt: wbg Theiss, 2020, S. 65 **125** Ibn Majah, *Sunan Ibn Majah*, Buch 29, Hadith 3474 **126** *Die Bibel*, Buch der Sprüche 20,1 **131** Al-Bayhaqī, *Manāqib Al-Shāfiī*, 2:115 **133** Ed Husain, *The House of Islam: A Global History*, Bloomsbury, 2019, S. 72 **134** Ziauddin Sardar, Zafar Abbas Malik, *Introducing Islam: A Graphic Guide*, Icon Books, 2005 **135** *Fayd al-Qadir*, Band 4, S. 511 **136** Hugh Kennedy, *Das Kalifat: Von Mohammeds Tod bis zum »Islamischen Staat«*, München: C. H. Beck, 2017 **137** Andrew Palmer, *The Seventh Century in the West-Syrian Chronicles*, Liverpool University Press, 1993 **138** zit. n. Hugh Kennedy, *Das Kalifat: Von Mohammeds Tod bis zum »Islamischen Staat«*, München: C. H. Beck, 2017 **139** ebd. **140** Gedicht von Rabia Basri (Rābi'a al-'Adawiyya al-Qaysiyya oder Rabi'a von Basra), zitiert aus: Annemarie Schimmel, *Denn dein ist das Reich. Gebete aus dem Islam*, Freiburg: Herder, 1978. Annemarie Schimmel, *Dein Wille geschehe. Die schönsten islamischen Gebete*, Bonndorf: Turban Verlag, 1992 **142** S. H. Nasr, *The Garden of Truth: The Vision and Promise of Sufism, Islam's Mystical Tradition*, San Francisco: Harper One, 2008, S. 169 **143** Fließtext Rabia al-Adawiyya: Annemarie Schimmel, *Denn dein ist das Reich. Gebete aus dem Islam*, Freiburg: Herder, 1978. Annemarie Schimmel, *Dein Wille geschehe. Die schönsten islamischen Gebete*, Bonndorf: Turban Verlag, 1992 **143** Martin Lings (Abu Bakr Siraj ad-Din), *What is Sufism?*, Lahore: Suhail Academy, 1975, S. 104 **144** Rumi, zit. n.: Connirae Andreas, *Auf dem Weg zur Ganzheit: Mit der Wholeness-Methode zur persönlichen Transformation*, Paderborn: Junfermann Verlag, 2020 **145** Omar Khajjam, *Die Sinnsprüche Omars des Zeltmachers*, übersetzt von Friedrich Rosen, Wiesbaden: marix Verlag, 2008 **145** Fließtext Ibn Arabi: zit. n.: Stefan Bommer, *Der verborgene Schatz. Des größten Meisters mystische Philosophie der Einheit aller Existenz*, Xanten: Chalice, 2006 **150** Nasiruddin Al-Khattab, *Sunan Ibn Majah, Kapitel 1: The Book of the Sunnah*, Hadith 224, 2007 **151** zit. n. Jim al-Khalili, *Im Haus der Weisheit: Die arabischen Wissenschaften als Fundament unserer Kultur*, Frankfurt: Fischer, 2012 **152** Dennis Overbye, *How Islam Won, and Lost, the Lead in Science*, in: *The New York Times*, 2001 **154** zit. n. Jim al-Khalili, *Im Haus der Weisheit: Die arabischen Wissenschaften als Fundament unserer Kultur*, Frankfurt: Fischer 2012 **156** Artikel al-Kindi, in: *Stanford Encyclopedia of Philosophy*, plato.stanford.edu/entries/al-kindi/, 21. Februar 2020 **157** Majed Fakhry, *Averroes (Ibn Rushd): His Life, Works and Influence*, 2001 **158** Wassilios Klein, *Abu Rayhan al-Biruni und die Religionen: eine interkulturelle Perspektive*, Nordhausen: Bautz, 2005 **158** Fließtext Abū-'Abdallāh Muḥammad Ibn-Mūsā al-Ḫwārizmī, Friedrich August Rosen, *Al-Kitāb al- Muḫtaṣar fī ḥisāb al-ǧabr wa-'l-muqābala*, London 1831 **159** ebd. **160** ebd. **161** Omar Khayyam: A. R. Amir-Moez, *A Paper of Omar Khayyam*, in: *Scripta Mathematica 26*, 1963 **162** Abū 'l-Rayhān Muhammad ibn Ahmad Ahmad al-Bīrūnī, *Kitāb Tahdīd Nihāyāt al-Amākin Li-Tashīh Masāfāt al-Masākin (The Book on the Determination of the Coordinates of Positions for the Correction of Distances between Cities)*, 1025 **163** zit. n. Michael Axworthy, *Iran. Weltreich des Geistes. Von Zoroaster bis heute*, Berlin: Wagenbach, 2011, Vorwort **164** *Arabian Nights – Abenteuer aus 1001 Nacht*, US-amerikanisch-britische TV-Fantasyserie, 2000 **165** Alexander Russell, *The Natural History of Aleppo*, 1756 **166** Maria Rosa Menocal, *The Ornament of the World: How Muslims, Jews, and Christians Created a Culture of Tolerance in Medieval Spain*, Boston: Little, Brown, 2002 **168** Fließtext Tony Blair, Foreign Affairs, January/February 2007, in: Darío Fernández-Morera, *The Myth of the Andalusian Paradise: Muslims, Christians, and Jews Under Islamic Rule in Medieval Spain*, Wilmington: ISI Books, 2016, S. 2. **168** Chasdai ibn Schaprut in Maria Rosa Menocal, *The Ornament of the World: How Muslims, Jews, and Christians Created a Culture of Tolerance in Medieval Spain*, Boston: Little, Brown, 2002 **169** Fließtext Roswitha von Gandersheim zit. n.: Maria Rosa Menocal, *The Ornament of the World: How Muslims, Jews, and Christians Created a Culture of Tolerance in Medieval Spain*, Boston: Little, Brown, 2002 **169** Fließtext Firas Alkhateeb, *Lost Islamic History: Reclaiming Muslim Civilisation from the Past*, Oxford University Press, 2017, S. 145 **170** Victor Robinson, *The Story of Medicine*, New York: Boni, 1932 **171** Voltaire, *A Philosophical Dictionary*, 1764 **171** Álvaro de Córdoba zit. n.: Maria Rosa Menocal, *The Ornament of the World: How Muslims, Jews, and Christians Created a Culture of Tolerance in Medieval Spain*, Boston: Little, Brown, 2002 **172** Überschrift zit. n.: Tiana Koutzarova, *Das Transzendentale bei Ibn Sīnā: Zur Metaphysik als Wissenschaft erster Begriffs- und Urteilsprinzipien*, Paderborn: Brill, 2009, S. 389, **172** Fließtext: Avicenna, *The Canon of Medicine*, 2014 **173** Maurice B. Strauss, *Familiar Medical Quotations*, Boston: Little, Brown, 1968 **174** Maulana Rumi **175** oben zit. n. Gerda Lier, *Das Unsterblichkeitsproblem: Grundannahmen und Voraussetzungen*, Teil 1, Göttingen: V & R, 2010, S. 277 **175** Kasten, Farid Adel, *The Champions' of the True Faith*, 2016 **176** Siegmund Günther, *Lehrbuch der Geophysik und physikalischen Geographie*, 1884 **178** Fließtext Brigit Carnabuci, *DuMont Kunst Reiseführer Sizilien: Griechische Tempel, römische Villen, normannische Dome und barocke Städte im Zentrum des Mittelmeeres*, 2013, S. 45 **178** Ibn Dschubair, zit. n.: Daniel Grammatico, *Las peregrianciones de Ibn Yubair*, in *El Legado Andalusí: Una Nueva Sociedad Mediterránea*, Nr. 2, 2000 **179** John Julius Norwich, *The Kingdom in the Sun 1130-1194*, Faber and Faber, 2011 **180** Überschrift zit. n.: Bertold Spuler, *Geschichte der Mongolen, nach östlichen und europäischen Zeugnissen des 13. und 14. Jahrhundert*, Stuttgart: Artemis, 1968, S. 39 **180** Fließtext zit. n.: Abū-r-Riḍā', Muḥammad Ibn Aḥmad Ibn Rassoul, Al-Buchari (Autor), *Auszüge aus dem Ṣaḥīḥ Al-Buḫāryy*, Hadith 1189, 2007, S. 152 **181** Fließtext Michael Curtis, *Orientalism and Islam: European Thinkers on Oriental Despotism in the Middle East and India*, Cambridge University Press, 2009, S. 301 **181** unten zit. n.: Amin Maalouf, *The Crusades Through Arab Eyes*, London: Al Saqi Books, 1984 **182** Überschrift zit. n.: Ibn Battuta, *Reisen ans Ende der Welt: Durch Afrika und Asien*, hrsg. von Hans Leicht, Wiesbaden: Edition Erdmann, 2016 **183** Tim Mackintosh-Smith (Hrsg.), *The Travels of Ibn Battutah*, Picador, 2003 **184** Ibn Battuta, *Reisen ans Ende der Welt: Durch Afrika und Asien*, hrsg. von Hans Leicht, Wiesbaden: Edition Erdmann, 2016 **185** unten Marco Polo zit. n.: George Braswell, *Islam. Its Prophets, Peoples, Politics and Power*, Nashville: Broadman & Holman, 1996 **185** oben Ibn Battuta zit. n.: Tim Mackintosh-Smith (Hrsg.), *The Travels of Ibn Battutah*, Picador 2003 **186** Hırka-i Saadet Dairesi, Hilmi Aydın, Talha Uğurluel, Ahmet Doğru, *The Sacred Trusts: Pavilion of the Sacred Relics, Topkapı Palace Museum*, Topkapı Sarayı Müzesi, The Light

Inc., 2004 **188** Philip Mansel, *Constantinople: city of the world's desire 1453–1924*, London: John Murray, 1995, S. 84 **189** Mehmet II. zit. n.: Halil İnalcık, *Devlet-i'Aliyye I.Cilt*, Türkiye İş Bankası Kültür Yayınları, 2009 **189** Fließtext zit. n.: Hırka-i Saadet Dairesi, Hilmi Aydın, Talha Uğurluel, Ahmet Doğru, *The Sacred Trusts: Pavilion of the Sacred Relics, Topkapı Palace Museum*, Topkapı Sarayı Müzesi, The Light Inc., 2004 **190** Sachiko Murata, *The Tao of Islam: A Sourcebook on Gender Relationships in Islamic Thought*, State University of New York Press, 1992, S. 153 **191** Geoffrey Roper, *The History of the Book in the Middle East*, Routledge, 2013 **192** Fließtext Michael Axworthy, *Iran: Empire of the Mind: A History from Zoroaster to the Present*, Penguin 2008 **192** Ismail zit. n.: Richard Foltz, *Religions of Iran: From Prehistory to the Present*, 2013 **193** Andrew J. Newman, *Safavid Iran: Rebirth of a Persian Empire*, IB Tauris, 2008 **194** Annemarie Schimmel in: *Gott ist schön und er liebt die Schönheit – Festschrift für Annemarie Schimmel zum 7. April 1992*, hrsg. von Alma Giese und Christoph Bürgel, Peter Lang AG, 1994 **196** Seyyed Hossein Nasr zit. n.: *Iqbal Review*, Band 43, Ausgabe 2, Iqbal Academy Pakistan, 2002 **198** *Tausendundeine Nacht*, Erster Band übersetzt von Gustav Weil, Bonn: 1865 **200** Stephen Kinzer, in: *Im Dienste des Schah: CIA, MI6 und die Wurzeln des Terrors im Nahen Osten*, Weinheim: Wiley-VCH, 2008, S. 60 **200** Ibn Battuta zit. n.: Tim Mackintosh-Smith (Hg.) The Travels of Ibn Battutah (Macmillan Collector's Library), Picador, 2003 **201** Justin Marozzi, *Islamische Imperien*, Berlin: Insel Verlag, 2020 **201** Alphonse de Lamartine zit. n.: Bettany Hughes, *Istanbul: Die Biographie einer Weltstadt*, Stuttgart: Klett-Cotta, 2018 **204** Abu'l-Fazl 'Allami, *A'in-i Akbari*, übersetzt von H. S. Jarrett, Band 3, 1894 **205** Trilochan Singh, *Guru Tegh Bahadur, Prophet and Martyr: A Biography*, Gurdwara Parbandhak Committee, 1967, S. 98. Fazl Ahmad, *Mohy-ud-Din Alamgir Aurangzeb (Heroes of Islam series)*, Sh. Muhammad Ashraf, 1960, S. 54 **210** Georg Mayrhofer, *Die Reise zum Goldenen Apfel: Eine gemeinsame Geschichte von Orient und Okzident*, St. Pölten: Residenz Verlag, 2014 **213** Fließtext Bernard Lewis, *Die Welt der Ungläubigen. Wie der Islam Europa entdeckte*, Propyläen Verlag, 1983, S. 181f. **213** William Harborne zit. n.: M.A. Cook (Hrsg.), *A History of the Ottoman Empire to 1730*, Cambridge University Press, 1976 **214** Jeanette M. Fregulia, *A Rich and Tantalizing Brew: A History of How Coffee Connected the World*, The University of Arkasas Press, 2019 **218** Überschrift zit. n.: Edward Said, *Orientalism*, New York: Pantheon Books, 1978 **218** Fließtext Edward Said zit. n.: Christina von Braun/ Bettina Mathes, *Verschleierte Wirklichkeit: Die Frau, der Islam und der Westen*, Aufbau-Sachbuch, 2007 **219** Überschrift zit. n.: Michael Asher, *Khartoum*, Penguin, 2005 **219** Mahdi zit. n.: George Sverdrup, Jr., *A Letter from the Mahdi Muhammad Ahmad to General C. G. Gordon*, in: *Journal of the American Oriental Society*, Band 31, Nr. 4 (1911) **220** zit. n.: *Hazrat Mirza Ghulam Ahmad, Haqiqatul-Wahi: The Philosophy of Divine Revelation*, Islam International Publications, 2018, S. 858 **222** zit. n.: Albert Hourani, *Arabic Thought in the Liberal Age 1798–1939*, Cambridge University Press, 1983 **223** Abdu zit. n.: Ahmed Hasan, *Democracy, Religion and Moral Values: A Road Map Toward Political Transformation in Egypt*, Foreign Policy Journal, 2. Juli 2011 **224** zit. n.: Malcolm X, *Brief aus Mekka*, 1964 **226** John Adams zit. n.: Barack Obama, in seiner Rede in Kairo 2009 **227** Fließtext Ansgar Graw, *Obamas Eiertanz im Kampf gegen den Islamismus*, in *WELT*, 2015 **227** Malcolm X zit. n.: *The Autobiography of Malcolm X*, Grove Press, 1968 **228** zit. n.: Andrew Mango, Atatürk: *The Biography of the Founder of Modern Turkey*, John Murray, 2004 **230** Bediuzzaman Said Nursi, *The Words: The Reconstruction of Islamic Belief and Thought from the Risale-i Nur Collection*, 2010 **230** Fließtext Mustafa Kemal Atatürk zit. n.: Andrew Mango, *Atatürk: The Biography of the Founder of Modern Turkey*, John Murray, 2004 **231** Fließtext Mustafa Kemal Atatürk zit. n.: Andrew Mango, *Atatürk: The Biography of the Founder of Modern Turkey*, John Murray, 2004 **231** links Recep Tayyip Erdogan zit. n.: https://www.nytimes.com/2003/05/11/magazine/the-erdogan-experiment.html **231** rechts Mustafa Kemal Atatürk, Rede vom 29. 10. 1923, zit. n.: Yucel Bozdaglioglu, *Turkish Foreign Policy and Turkish Identity: A Constructivist Approach*, Routledge, 2003 **232** König Faisal zit. n.: *Mitteilungen des Deutschen Orient-Instituts*, Ausgaben 19–20, 1982 **235** Abul Ala Maududi zit. n.: Asaf Hussain, *Islamic movements in Egypt, Pakistan, and Iran*, S. 72, Mansell Pub, 1983 **236** König Faisal zit. n.: *Mitteilungen des Deutschen Orient-Instituts*, Ausgaben 19–20, 1982 **237** Muhammad bin Salman aus: Samia Nakhoul/ William Maclean/ Marwa Rashad, *Saudi prince unveils sweeping plans to end ‚addiction' to oil*, in: *Reuters*, 25.04.2016 **238** zit. n.: Denis Engelleder, *Die islamistische Bewegung in Jordanien und Palästina 1945-1989*, Wiesbaden: Harrassowitz, 2002, S. 132, **240** links Hasan al-Banna zit. n.: *Islam in World Cultures: Comparative Perspectives*, hrsg. von R. Michael Feener, Santa Barbara: ABC Clio, 2004 **240** rechts Sayyid Qutb zit. n.: Sayyid Qutb, *Social Justice in Islam*, übersetzt von John B. Hardie, Washington: American Council of Learned Societies, 1953 **240** zit. n.: Frantz Fanon, *Die Verdammten dieser Erde*, Reinbek bei Hamburg, 1969 **241** Sayyid Qutb zit. n.: Sayyid Qutb, *Milestones (Signposts on the Road)*, 1964 **245** links Abul Ala Maududi zit. n.: Roy Jackson, *What is Islamic Philosophy?*, Routledge, 2014, S. 44 **245** rechts Muhammad Iqbal zit. n.: Anatol Lieven, *Pakistan: A Hard Country*, Allen Lane, 2011 **245** Fließtext Muhammad Iqbal zit. n.: Annemarie Schimmel, *Muhammad Iqbal. Prophetischer Poet und Philosoph*, München: Diederichs, 1989, S. 96 **247** Zia-ul-Haq zit. n.: *The Washington Post*, 3.12.2014 **248** Ayatollah Chomeini, zit. n.: Michel Houellebecq, *Unterwerfung*, Köln: DuMont Buchverlag, 2018 **249** Ayatollah Chomeini zit. n.: Dhirubhai Patel, *Ruhollah Khomeini: »Only God, the Exalted, is the light; everything else is darkness«*, 2021 **250** Fließtext Ayatollah Chomeini zit. n.: Ulrich Ladurner, *Tausendundein Krieg: Begegnungen am Persischen Golf*, St. Pölten; Wien; Linz: NP-Buchverlag, 2004, S. 28f. **250** Ayatollah Chomeini zit. n.: Pankaj Mishra, *Aus den Ruinen des Empires: Die Revolte gegen den Westen und der Wiederaufstieg Asiens*, Frankfurt am Main, S. Fischer, 2013 **251** Fließtext Ayatollah Chomeini zit. n.: Parvin Javadi, *Moderne, Subjekt, Staat: Zur Rolle der Bildung in der Kontroverse zwischen Individuum und Staat im Iran*, in: *Islamkundliche Untersuchungen*, Band 320, Berlin/ Boston: Walter de Gruyter, 2020 **251** Ayatollah Chomeini zit. n.: Ernst Hunziker, *Das Weltliche im Islam: Die Macht des Fundamentalismus*, Zürich: Ed. Interfrom, 1995, S. 60 **259** Fließtext Mohamed zit. n.: Ibn Majah, *Sunan Ibn Majah, The Chapters of Divorce*, Band 3, Buch 10, Hadith 2018 **260** zit. n.: Ed Husain, *The House of Islam: A Global History*, New York: Bloomsbury, 2018 **261** Feisal Abdul Rauf zit. n.: *Islam and America, Three Years After 9/11*, in *Beliefnet*, ww.beliefnet.com. **262** Überschrift Muhammad zit. n.: Ahmad ibn Hanbal, *Al-Musnad: Musnad Ahmad ibn Hanbal*, Hadith Nr. 22978 **262** unten Sultan Iskandar von Johor zit. n.: Malcolm Cook/ Daljit Singh, *Southeast Asian Affairs 2018*, 2018, S. 196 **263** Fließtext Abschiedspredigt Muhammads aus: Detlef Gbureck, *Mohammed: Der Prophet des Islam*, BOD, 2008, S. 231 **264** Überschrift zit. n.: Benazir Bhutto, *Reconciliation: Islam, Democracy, and the West*, Harper, 2008 **264** unten Anwar Ibrahim zit. n.: *The Truth about Islam and Democracy (with Anwar Ibrahim)*, in *The Intercept*, 14.02.2019 **265** Olivier Roy zit. n.: Robin Wright (Hrsg.), *The Islamists are Coming*, Washington, 2012 **266** Sultan von Brunei zit. n.: Mohammad Hashim Kamali, *Crime and Punishment in Islamic Law: A Fresh Interpretation*, Oxford University Press, 2019, S. 286 **268** Mohammed zit. n. einem Hadith nach al-Baihaqi und al-Hakim: Hiltrud Schröter, *Das Gesetz Allahs: Menschenrechte, Geschlecht, Islam und Christentum*, Königstein: Helmer, 2007, S. 125 **270** von Ian Black, *Sunni v Shia: why the conflict is more political than religious*, in: *The Guardian*, 05.04.2015 **271** Mouhammed zit. n.: Abū Dāwūd as-Sidschistānī, *Sunan Abi Dawud*, 5116, Buch 42, Hadith 5097 **272** Andrew McGregor, *»Jihad and the Rifle Alone«: 'Abdullah 'Azzam and the Islamist Revolution*, in: *Journal of Conflict Studies*, Band 23, Nr. 2, 2003 **274** Abdullah Azzam, zit. n. Andrew McGregor, *»Jihad and the Rifle Alone«: 'Abdullah 'Azzam and the Islamist Revolution*, in: *Journal of Conflict Studies*, Band 23, Nr. 2, 2003 **275** Lawrence Wright, *My Trip to Al-Qaeda*, Einpersonen-Theaterstück, 2006 **276** Osama bin Laden zit. n.: Walter Frank, *Macht und Politik: Quellen der Schöpfung und der Evolution, Berlin: Buchwerkstatt Berlin*, 2016 **277** Hugh Kennedy, *Das Kalifat: Von Mohammeds Tod bis zum »Islamischen Staat«*, München: C. H. Beck, 2017, S. 331 **277** Mohammed in einem Hadith **278** Youssou N'Dour zit. n.: Mark Hudson, *A song and a prayer* (Interview mit Youssou N'Dour), in: *The Guardian*, 23.05.2004 **279** Tidiane Samb zit. n.: Daniel Flynn, *Senegal's Muslim brotherhood preaches hard work*, in *Reuters*, 16.05.2007 **280** Abdurrahman Wahid, *Right Islam vs. Wrong Islam*, in: *The Wall Street Journal*, 30.12. 2005 **281** Fließtext Abdurrahman Wahid zit. n.: Abdurrahman Wahid, *Right Islam vs. Wrong Islam*, in: *The Wall Street Journal*, 30.12.2005 **282** Überschrift Abe Ajrami zit. n.: Leila Fadel, *How Muslims, Often Misunderstood, Are Thriving in America*, in: *National Geographic*, 05/2018 **282** Fließtext Angela Merkel: *Regierungserklärung von Bundeskanzlerin Merkel, Protokoll des Deutschen Bundestages*, 21.03.2018 **283** Ali ibn Abi Talib zit. n.: Martin Ebel, *Sei ein guter Mensch, nicht nur ein guter Muslim*, Beitrag in *Welt.de*, 18.06.2015 **284** FC Liverpool zit. n.: Kristin Langen, *Der Mohamed-Salah-Effekt: Muslimischer Fußballstar lässt Hasskommentare schwinden*, in: *Deutschlandfunk Kultur*, 01.09.2019 **286** Überschrift Lynn Gaspard, *Don't Panic, I'm Islamic*, Saqi Books, 2017 **286** Definition des Wortes *Islamophobia* im *Oxford English Dictionary*, 2006 **286** Baroness Warsi zit. n.: Chris Allen, *Reconfiguring Islamophobia: A Radical Rethinking of a Contested Concept*, 2020, S. 104 **288** Bart Barendregt zit. n.: *The online ummah*, in *The Economist*, 18.08.2012 **289** Frage im Islam Forum auf StackExchange, https://islam.stackexchange.com/questions/12850/is-it-haram-for-girls-to-post-their-pics-on-the-internet-without-hijab **290** Shelina Janmohamed, *Generation M: Young Muslims Changing the World*, 2016 **291** Scheich Hussein Hassan. zit. n. https://www.reuters.com/article/finance-islamic-scholars-idUSL5E8DG31N20120229 **292** Mariam Khan, *It's Not About the Burqa: Muslim Women on Faith, Feminism, Sexuality and Race*, Picador, 2019 **295** *Malala Yousafzai: 'I'm a feminist and a Muslim'*, Channel4.com, 2015 **296** Benazir Bhutto zit. n.: *Women in power. Reveal what it takes, Benazir Bhutto, Former Prime Minister of Pakistan, Dealing with criticism and conflict*, in *BBC World Service*, BBC.co.uk **297** links Mona Eltahawy, *Muslim Women, Caught Between Islamophobes and 'Our Men'*, in: *The New York Times*, 19.11.2017 **297** rechts zit. n.: Jeff Nelson, *Making US History*, in: TIME Magazine **298** Donald Trump zit. n.: James R. Clapper/ Trey Brown, *Die harte Wahrheit: Was ich als höchster US-Geheimdienstchef erfahren habe*, München: Riva, 2021 **298** Seyran Ates: *Selam, Frau Imamin: Wie ich in Berlin eine liberale Moschee gründete*, Berlin: Ullstein, 2017, S. 194 **299** Fließtext, unten links, Amani al-Khatahtbeh in einem Interview mit Allure.com, Shammara Lawrence, *Muslim Women's Day, What MuslimGirl's Amani Al-Khatahtbeh Wants to See From the Beauty Industry in 2019*, in: *Allure.com*, 27.03.2019 **299** Fließtext Amani al-Khatahtbeh in einer Podiumsdiskussion, Carol Kuruvilla, *Muslim Girl Says What We're All Thinking About Diversity In Hollywood*, in: *Huffpost*, 24.06.2016 **300** zit. n.: twitter.com/YasminMogahed/status/177451843625041922, 2012 **301** Website von Mona Haydar: www.monahaydar.com/blog. **302** Sahar al-Faifi zit. n.: Mariam Khan, *It's Not About the Burqa: Muslim Women on Faith, Feminism, Sexuality and Race*, Picador, 2019 **302** Shalini Gopalan zit. n.: Nayantara Dutta, *Unapologetically Muslim: The World's New Superpower*, 2018 **303** Yasmin Mogahed zit. n.: twitter.com/YasminMogahed/status/ 177451843625041922, 2012 **303** Azzah Sultan zit. n.: Nayantara Dutta, *Unapologetically Muslim: The World's New Superpower*, 2018 **303** Kasten Aheda Zanetti, *I created the burkini to give women freedom, not to take it away*, in: *The Guardian* **304** Überschrift zit. n.: Abū-r-Riḍā', Muḥammad Ibn Aḥmad Ibn Rassoul, Al-Buchari, *Auszüge aus dem Ṣaḥīḥ Al-Buḫāryy, Buch 7. Die Vorzüglichkeit der Prophetengefährten*, Hadith 3650, 2007, S. 294 **304** unten Yasir Qadhi zit. n.: *Third-generation Muslims in the West are devising a new Islam for themselves. How Islam is adapting to life in the West*, in: *The Economist*, 14.02.2019 **305** Website des *Mecca Institute*, www.meccainstitute.org